跨区域复杂应急决策模型与方法

朱 莉 曹 杰 孙发孟 著

科 学 出 版 社
北 京

内 容 简 介

本书以跨区域应急决策为研究对象，关注真实跨区域应急场景中常展现的异质性、多维性、多主体和动态性等复杂特征，介绍面向重大突发事件的各种复杂情境下跨区域应急决策理论与方法。全书内容分为四个专题部分：第一部分聚焦异质性，重点研究地区异质、决策者和受灾者行为异质对跨区域应急决策的影响；第二部分聚焦多维性，从救援效率、公平和优先等多维决策以及多维应急物流服务等角度开展研究；第三部分聚焦多主体，重点分析跨区域应急决策中供应企业与各级政府之间的博弈关系；第四部分聚焦动态性，在跨区域应急体系自身所具复杂动力学机制分析的基础上，重点探究动态需求对跨区域应急决策的影响。

本书可作为高等院校管理类本科高年级学生的研修教材，也可作为管理科学与工程、应急管理、行政管理及公共管理等专业的研究生教学参考书，同时还可作为政府、企业管理部门相关人员开展本行业领域复杂应急决策方法学习和培训的参考工具书。

图书在版编目(CIP)数据

跨区域复杂应急决策模型与方法/朱莉，曹杰，孙发孟著. —北京：科学出版社，2021.12
ISBN 978-7-03-070944-8

Ⅰ. ①跨… Ⅱ. ①朱… ②曹… ③孙… Ⅲ. ①突发事件–应急对策–研究–中国 Ⅳ. ①D63

中国版本图书馆CIP数据核字(2021)第261800号

责任编辑：许 蕾／责任校对：崔向琳
责任印制：张 伟／封面设计：许 瑞

科学出版社 出版
北京东黄城根北街16号
邮政编码：100717
http://www.sciencep.com

北京中科印刷有限公司 印刷
科学出版社发行 各地新华书店经销
*

2021年12月第 一 版　开本：720×1000　1/16
2021年12月第一次印刷　印张：19
字数：383 000
定价：139.00元
(如有印装质量问题，我社负责调换)

前　言

　　国内外频繁发生的各类突发事件严重影响社会和人民的生命财产安全，提高重大突发事件的应急应对能力是全世界关注的焦点。以当下肆虐全球的新冠疫情为例，由于重大突发事件可能波及多个地区，并且造成的危害往往超过单个区域的应对能力，跨区域应急已成为防范和处置重大突发事件的常用手段。为了实现有效的跨区域应急，必须建立一套打破区域边界、合理统筹资源的跨区域优化运作方案，以保障各区域间的高效合作、促进应急协同效应的有序形成、提升跨区域应急决策的最大效能，最终全面提高应对重大突发事件的能力。因此，面向重大突发事件的跨区域应急优化决策研究意义重大。

　　然而，真实的跨区域应急运作中有许多需要重视却常被忽略的复杂性现象：如各类异质参与对象普遍存在、决策评判标准和决策过程的多维性、决策参与主体的多元化、不断演化的突发事件和相应处置过程间的动态交互性等。这些切实存在的复杂特征导致跨区域协调部署、资源集成等应急活动面临很多现实难题：例如，面对具有空间特征差异的各地区、身处不同区域的多元化合作主体及各应急决策过程的多维性，如何处理这些复杂性，实施更高效的跨区域应急决策？又如，突发事件不断发生发展变化，各对象在跨区域应急过程中呈现出动态交互的演化特征，在事态变化与应对处置相互影响下如何做到及时有序的跨区域应急？这些均可归结为跨区域应急决策中亟须解决的各类复杂性所带来的影响。若在跨区域应急优化中不充分考虑各种复杂因素，将很可能导致低效和不准确的应急决策，甚至造成整个跨区域应急决策体系的失效。由此，构建一套科学的跨区域复杂应急决策模型与方法体系，在重大突发事件频发的当下社会显得十分必要和迫切。

　　本书正是基于上述研究视角，聚焦跨区域应急决策中存在的异质性、多维性、多主体和动态性等复杂特征，充分应用定性与定量分析相结合、静态与动态研究相结合、多学科理论交叉融合等创新方法，深入分析各类复杂特性对跨区域应急决策所造成的影响，探讨如何针对性选择合适的理论和方法去解决这些跨区域复杂应急问题，并提出相应的科学决策机制。特别地，本书所介绍的复杂应急决策各类模型和方法，充分吸收了运筹学理论与建模、博弈论、系统动力学和灰色预测模型等理论方法之精华，并将其综合应用于跨区域应急情境中。这种运用多种理论交叉融合的研究手法不仅有助于更加科学地认识跨区域复杂应急决策过程，同时对于帮助读者了解应急管理与应急决策相关学术前沿、学习管理科学与工程领域热门主流的研究工具以及培养独特新颖的创新思维和科研视角等方面均有重要作用。

本书主要包括以下内容：

第一部分(第1~4章)：面向异质性的跨区域复杂应急决策。从地区异质性、决策者异质性、受灾者异质性以及决策相关人员行为异质性等方面入手，针对性探究各种异质性的定量表征方式，全面分析跨区域应急中各类异质性对决策过程的影响，构建考虑各种异质性的跨区域复杂应急决策模型，介绍所构模型的求解方法并实施相应案例或算例分析。

第二部分(第5~8章)：面向多维性的跨区域复杂应急决策。一方面，针对决策目标的多维性，基于救援效率、救援公平以及救援优先性等多种决策考量冲突共存的现实，构建兼顾多维目标的跨区域复杂应急决策模型；另一方面，针对决策过程的多维性，以伤员救治、物资调配和灾民疏散等多维救援物流过程为例，构建考虑多维物流过程的跨区域复杂应急决策模型。针对所构模型，探寻模型求解方法并实施案例或算例分析。

第三部分(第9~11章)：面向多主体的跨区域复杂应急决策。分析应急资源供应方、受灾区域地方政府和中央政府等多元化主体间的相互博弈对跨区域复杂应急决策的影响。首先，分别在资源配给或共享模式前提下，构建供应方与不同灾区地方政府间的应急资源分配博弈模型，探究中央政府选择差异化或统一定价政策下跨区域应急决策方法；接着，构建中央政府、供应方和灾区地方政府之间的多方博弈模型，探究中央政府价格管控下跨区域多主体间应急资源分配的多方博弈决策方法。

第四部分(第12~14章)：面向动态性的跨区域复杂应急决策。首先，从讨论跨区域复杂应急决策的动态机制入手，介绍跨区域应急物资协同调配的系统动力学模型构建方法。接着，针对灾害场景下实时动态的应急物资需求，探究面向动态需求的跨区域应急分配和路径决策模型构建与求解方法。最后，运用灰色神经网络方法对应急过程中待救人数实施动态预测，构建跨区域应急救援动态调度优化模型，设计模型求解方法并实施算例分析。

整本书介绍了面向重大突发事件的各种复杂情境下跨区域应急决策理论与方法，涵盖了应急管理与应急决策的大部分前沿内容，研究视角独特新颖、逻辑严密且具较强的现实意义，介绍的理论模型与方法均是当前管理科学与工程领域热门的研究工具，研究思路反映出应急管理领域研究发展的动向观点，具有较强的科学应用价值。

本书可作为高等院校管理类本科高年级学生的研修教材，也可作为管理科学与工程、应急管理、行政管理及公共管理等专业的研究生教学参考书，同时还可作为政府、企业管理部门相关人员开展本行业领域复杂应急决策方法学习和培训的参考工具书。

本书的推广可提升跨区域协同应急决策理念和理论方法知识体系的普及力度，提高全社会对跨区域协同应急决策的接受程度和意识，促进交叉领域合作创新思维的培养，在应急领域知识传播方面具有良好的社会效益，在有效降低重大突发事件应对损失方面有间接提高经济效益的作用。

本书的出版得到了国家自然科学基金面上项目"基于异构救援网络的灾后应急物流建模与优化研究"（项目编号：71571103）和国家社会科学基金重大项目"中国社会应急救援服务体系建设研究"（项目编号：16ZDA054）的资助，也得到了科学出版社的大力支持，在此表示感谢！同时感谢博士研究生韩鹤，硕士研究生储德水、华梁飞、陈洁、胡晨可、贾祥静、顾珺、郭豆和丁家兰，他们参与了本书部分章节案例数据搜集和仿真分析的工作，绘制了部分章节的图表，并在本书初稿完成之际仔细阅读了初稿，帮助校对了部分章节的文字，并绘制了部分章节的图表。

由于时间仓促和作者水平有限，书中不当之处在所难免，请读者批评指正。

作　者

2021 年 10 月

目 录

前言

第一部分 面向异质性的跨区域复杂应急决策

第1章 考虑地区异质性的跨区域应急决策 ······ 3
1.1 决策问题描述与相关研究 ······ 3
1.2 地区异质性的表征 ······ 4
    1.2.1 应急反应时间的差异化 ······ 4
    1.2.2 各灾区需求的差异化 ······ 5
1.3 考虑地区异质性的跨区域应急决策模型构建 ······ 6
    1.3.1 模型假设与符号说明 ······ 6
    1.3.2 面向地区异质性的应急选址-分配模型 ······ 6
1.4 考虑地区异质性的跨区域应急决策模型求解 ······ 7
    1.4.1 模型求解算法设计 ······ 8
    1.4.2 模型求解算法步骤 ······ 9
1.5 考虑地区异质性的跨区域应急决策案例分析 ······ 10
    1.5.1 案例相关数据采集 ······ 10
    1.5.2 案例求解结果比较 ······ 11
    1.5.3 案例参数分析 ······ 12
1.6 本章小结 ······ 15
参考文献 ······ 16

第2章 考虑决策者异质性的跨区域应急决策 ······ 18
2.1 决策问题描述与相关研究 ······ 18
2.2 决策者异质性的表征 ······ 19
    2.2.1 初始决策时长的差异化 ······ 19
    2.2.2 决策者学习能力的差异化 ······ 20
2.3 考虑决策者异质性的跨区域应急决策模型构建 ······ 20
    2.3.1 模型假设与符号说明 ······ 21
    2.3.2 面向决策者异质性的应急选址-分配模型 ······ 21
2.4 考虑决策者异质性的跨区域应急决策模型求解 ······ 23
2.5 考虑决策者异质性的跨区域应急决策案例分析 ······ 25

2.5.1　案例相关数据采集 ··· 25
　　　2.5.2　案例求解结果比较 ··· 27
　　　2.5.3　案例参数分析 ·· 29
　2.6　本章小结 ··· 44
　参考文献 ·· 44
第3章　考虑受灾者异质性的跨区域应急决策 ·· 46
　3.1　决策问题描述与相关研究 ··· 46
　3.2　考虑受灾者异质性的跨区域应急决策模型构建 ··························· 47
　　　3.2.1　模型假设与符号说明 ··· 48
　　　3.2.2　面向受灾者异质性的跨区域应急路径优化模型 ··················· 48
　3.3　考虑受灾者异质性的跨区域应急路径优化模型求解 ····················· 50
　　　3.3.1　模型求解算法设计 ··· 50
　　　3.3.2　模型求解算法步骤 ··· 51
　3.4　考虑受灾者异质性的跨区域应急决策算例分析 ··························· 52
　　　3.4.1　仿真算例相关设置 ··· 52
　　　3.4.2　算例求解结果比较 ··· 54
　　　3.4.3　算例参数分析 ·· 56
　3.5　本章小结 ··· 58
　参考文献 ·· 59
第4章　考虑异质性行为的跨区域应急决策 ·· 60
　4.1　决策问题描述与相关研究 ··· 60
　4.2　异质性行为的定量表征 ·· 62
　4.3　考虑异质性行为的跨区域应急决策模型构建 ······························ 63
　　　4.3.1　模型假设与符号说明 ··· 63
　　　4.3.2　面向异质性行为的跨区域应急物资动态调度优化模型 ··········· 64
　4.4　考虑异质性行为的跨区域应急决策模型近似处理 ························ 67
　4.5　考虑异质性行为的跨区域应急决策案例分析 ······························ 69
　　　4.5.1　案例相关数据采集 ··· 69
　　　4.5.2　案例求解结果比较 ··· 70
　　　4.5.3　案例参数分析 ·· 73
　4.6　本章小结 ··· 76
　参考文献 ·· 76
　附录4-A ·· 79

第二部分　面向多维性的跨区域复杂应急决策

第5章　兼顾效率和公平的跨区域应急决策 ··· 87
5.1　决策问题描述与相关研究 ··· 87
5.2　考虑效率和公平的跨区域应急决策建模准备 ··· 88
5.2.1　模型假设与符号说明 ··· 88
5.2.2　绝对和相对剥夺成本 ··· 89
5.3　兼顾效率和公平的跨区域应急救援路径优化模型 ··· 91
5.3.1　模型构建 ··· 91
5.3.2　不同区域划分原则下的协同应急救援策略 ··· 92
5.4　兼顾效率和公平的跨区域应急决策算例分析 ··· 93
5.4.1　仿真算例相关设置 ··· 93
5.4.2　算例求解结果对比 ··· 94
5.5　本章小结 ··· 98
参考文献 ··· 99

第6章　兼顾公平和优先的跨区域应急决策 ··· 101
6.1　研究背景与决策问题描述 ··· 101
6.2　相关研究综述 ··· 102
6.2.1　多目标应急救援路径优化研究 ··· 102
6.2.2　不同受灾程度伤员的救援优先级研究 ··· 103
6.2.3　面对差异化需求的运输策略研究 ··· 104
6.3　兼顾公平和优先的跨区域应急救援路径优化模型 ··· 105
6.3.1　模型假设与符号说明 ··· 105
6.3.2　绝对和相对剥夺成本 ··· 106
6.3.3　模型构建 ··· 107
6.3.4　模型应用 ··· 110
6.4　兼顾公平和优先的跨区域应急决策模型求解 ··· 110
6.4.1　蚁群算法步骤 ··· 111
6.4.2　蚁群算法验证 ··· 112
6.5　兼顾公平和优先的跨区域应急决策案例分析 ··· 114
6.5.1　案例相关数据采集 ··· 114
6.5.2　案例求解与算法对比 ··· 117
6.5.3　不同模型的比较分析 ··· 119
6.5.4　案例参数分析 ··· 123
6.6　本章小结 ··· 126

参考文献 ·129· 126
　附录 6-A：模型Ⅰ和Ⅱ的 NP-hardness 证明 131
　附录 6-B：基于模型Ⅰ和模型Ⅱ的对比分析 131
　附录 6-C：基于模型Ⅰ和模型Ⅱ的参数敏感性分析 132

第 7 章　考虑多维目标的跨区域应急决策 135
　7.1　决策问题描述与相关研究 135
　7.2　考虑多维目标的跨区域应急决策模型构建 137
　　7.2.1　模型假设与符号说明 137
　　7.2.2　面向多维目标的跨区域应急选址-调配优化模型 138
　7.3　考虑多维目标的跨区域应急决策模型求解 140
　7.4　考虑多维目标的跨区域应急决策算例分析 147
　　7.4.1　仿真算例相关设置 147
　　7.4.2　算例求解过程及结果 149
　7.5　本章小结 158
　参考文献 158

第 8 章　考虑多维物流过程的跨区域应急决策 161
　8.1　灾后应急体系的多维物流过程 161
　8.2　考虑多维物流过程的跨区域应急决策问题描述 162
　8.3　考虑多维物流过程的跨区域应急决策模型 164
　　8.3.1　模型假设与符号说明 164
　　8.3.2　面向多维物流过程的应急路径协同优化模型构建 165
　8.4　考虑多维物流过程的跨区域应急决策模型求解 167
　8.5　考虑多维物流过程的跨区域应急决策案例分析 169
　　8.5.1　案例相关数据采集 169
　　8.5.2　案例求解结果对比 170
　8.6　本章小结 173
　参考文献 174

第三部分　面向多主体的跨区域复杂应急决策

第 9 章　配给模式下跨区域多主体应急博弈决策 179
　9.1　决策问题描述与相关研究 179
　9.2　配给模式下跨区域多主体应急资源分配博弈模型构建 181
　　9.2.1　模型假设与符号说明 182
　　9.2.2　模型构建 183

9.3　面向差异化定价的跨区域多主体应急资源配给博弈决策……………… 186
  9.3.1　差异化定价下配给博弈模型构建…………………………………… 186
  9.3.2　差异化定价下配给博弈算例分析…………………………………… 189
9.4　面向统一定价的跨区域多主体应急资源配给博弈决策………………… 190
9.5　不同定价策略下跨区域多主体应急资源配给博弈的对比……………… 192
  9.5.1　差异化定价与统一定价的博弈模型对比…………………………… 192
  9.5.2　差异化定价与统一定价的博弈算例对比…………………………… 195
9.6　本章小结……………………………………………………………………… 196
参考文献……………………………………………………………………………… 197

第10章　共享模式下跨区域多主体应急博弈决策……………………………… 198
10.1　决策问题描述与相关研究………………………………………………… 198
10.2　共享模式下跨区域多主体应急资源分配博弈模型构建………………… 200
10.3　面向差异化定价的跨区域多主体应急资源分配博弈决策……………… 201
  10.3.1　差异化定价下共享分配博弈模型构建…………………………… 201
  10.3.2　差异化定价下共享分配博弈算例分析…………………………… 205
10.4　面向统一定价的跨区域多主体应急资源分配博弈决策………………… 207
  10.4.1　统一定价下共享分配博弈模型构建……………………………… 207
  10.4.2　统一定价下共享分配博弈算例分析……………………………… 210
10.5　不同定价策略下跨区域多主体应急资源分配博弈的对比……………… 212
10.6　本章小结…………………………………………………………………… 215
参考文献……………………………………………………………………………… 216

第11章　中央政府管控下跨区域多主体应急博弈决策………………………… 218
11.1　不同定价策略下面向两种模式的跨区域应急博弈对比………………… 218
  11.1.1　差异化定价下两种模式的对比…………………………………… 218
  11.1.2　统一定价下两种模式的对比……………………………………… 221
11.2　配给和共享模式下中央政府两种价格管控策略对比…………………… 223
  11.2.1　配给模式下两种定价策略的对比………………………………… 223
  11.2.2　共享模式下两种定价策略的对比………………………………… 224
11.3　考虑中央政府管控的跨区域应急分配多方博弈分析…………………… 224
  11.3.1　多方博弈相关研究………………………………………………… 224
  11.3.2　面向中央政府管控的跨区域多主体间博弈决策………………… 226
11.4　本章小结…………………………………………………………………… 232
参考文献……………………………………………………………………………… 233

第四部分　面向动态性的跨区域复杂应急决策

第12章　跨区域应急物资协同调配的动力学研究 ··············· 237
  12.1　决策问题描述与相关研究 ·································· 237
  12.2　面向传染病疫情的跨区域应急调配系统动力学模型 ············ 238
    12.2.1　建模背景与模型假设 ···································· 239
    12.2.2　因果关联分析 ·· 240
    12.2.3　系统数据流图 ·· 241
    12.2.4　跨区域应急物资协同调配方案 ···························· 241
  12.3　面向传染病疫情的跨区域应急物资协同调配案例分析 ··········· 243
    12.3.1　案例背景及相关方程设定 ································ 243
    12.3.2　动力学模型检验 ·· 245
    12.3.3　案例参数分析 ·· 246
  12.4　本章小结 ··· 251
  参考文献 ··· 251

第13章　基于动态需求的跨区域应急决策 ··························· 254
  13.1　决策问题描述与相关研究 ···································· 254
  13.2　基于动态需求的跨区域应急调配决策建模准备 ·················· 255
    13.2.1　模型假设与符号说明 ····································· 255
    13.2.2　各救援阶段的动态需求表征 ······························· 256
    13.2.3　应急救援的不同分配策略 ································· 257
    13.2.4　反映灾民心理创伤的剥夺成本 ····························· 258
  13.3　基于动态需求的跨区域应急调配决策模型构建 ················· 259
  13.4　基于动态需求的跨区域应急调配决策模型求解 ················· 260
  13.5　基于动态需求的跨区域应急调配决策案例分析 ················· 261
    13.5.1　案例场景及求解对比 ····································· 262
    13.5.2　案例参数分析 ·· 263
    13.5.3　案例分析启示 ·· 268
  13.6　本章小结 ··· 268
  参考文献 ··· 269

第14章　基于灰色神经网络动态预测的跨区域应急决策 ··············· 271
  14.1　决策问题描述与相关研究 ···································· 271
  14.2　基于灰色神经网络动态预测的跨区域应急决策模型 ·············· 273
    14.2.1　模型假设与符号说明 ····································· 273
    14.2.2　基于灰色神经网络的待救援伤员人数预测 ··················· 274

  14.2.3 模型构建 …………………………………………………… 275
14.3 基于灰色神经网络动态预测的跨区域应急决策模型求解 ………… 276
  14.3.1 NSGA-Ⅱ算法 …………………………………………… 277
  14.3.2 NSGA-Ⅱ和蚁群混合算法 ……………………………… 277
14.4 基于灰色神经网络动态预测的跨区域应急决策算例分析 ………… 278
  14.4.1 仿真算例相关设置 ……………………………………… 278
  14.4.2 两种算法求解对比分析 ………………………………… 281
  14.4.3 算例参数分析 …………………………………………… 285
14.5 本章小结 ………………………………………………………… 287
参考文献 …………………………………………………………………… 287

第一部分
面向异质性的跨区域复杂应急决策

异质性(heterogeneity)是指广泛存在的、由不同部分组成或不同原因导致的多样化种类或性质，它是自然界和人类社会的一个本质特征，在物理、化学、医学、社会学、信息技术等领域都对其有悠久的研究历史。跨区域应急决策过程中涉及多方面的异质性，例如多个区域在经济发展水平、道路通达性等方面具有异质性，政府、企业、民间组织等各救援主体之间存在异质性行为，各灾区具不同年龄、性别、教育背景的受灾者在应急救援中也表现出各种异质特征等。亟须探讨这各类异质性对整个跨区域复杂应急决策有何影响，只有深刻了解其影响机理并针对性实施应对方案，

第1章 考虑地区异质性的跨区域应急决策

重大灾害影响下的多个区域存在一定程度的地区异质性，如灾区不同的受灾程度、救援区域不同的响应能力等。本章作为整本书的开篇章节，选择以"差异化反应时间"作为综合表征各救援区域地区异质性的关键指标，并用差异化物资需求来刻画各灾区的地区异质性，探讨将反应时间因素纳入应急总成本考量时的最优选址和物资分配(location-allocation problem, LAP)优化决策问题。

1.1 决策问题描述与相关研究

面临重大灾害事件如何快速开展科学高效的灾后应急物资供给，以最大限度减少灾区人员伤亡和财产损失，是应急救援决策体系中需要解决的重要问题。灾后应急物资的供给决策常涉及两个关键任务[1]：在灾区附近选择建立一些临时救援物资配送中心(简称为救援中心)，让来自各地供应点的救助物资在此集聚后再依照各灾区需求进行统一调度分配。这一过程被称为应急物资的选址-分配优化，有利于缓解应急救援系统可能出现的拥塞现象，实现应急救援体系整体的协调[1]。

物资的选址-分配是物流运营优化中的经典问题，多年来诸多学者从多目标决策[2,3]、随机约束[4]以及高效求解算法[5,6]等角度予以关注。而应急场景中的物资选址-分配相关研究，大多是关于灾前的计划布局决策，如文献[7]~[9]讨论在灾害准备阶段如何对应急物资实施科学的预先配置。也有部分研究关注灾后如何开展救援调配工作。如马祖军等[10]讨论突发灾害后如何选择灾区附近仓库作为候选应急物流中心的问题，并探讨"灾区外围物资集散点至选定的应急物流中心再到灾区需求点"之间的物资合理调配优化。王海军等[11]考虑灾区需求和救援车辆运输时间的不确定，将机会约束规划方法应用于灾后配送中心的选址和救援物资的发放决策中。

无论灾前还是灾后，这些 LAP 相关文献基本都是在"多供应点-多受灾点"的普适场景下进行供应点的选择和供应点到受灾点的物资分配优化，较少有研究关注到重大灾害影响下各供应(受灾)地区实质存在的异质性特征。例如不同灾区受灾程度的差异会使得对救援物资的需求量不同，再如各供应点或救援中心所在区域的地理位置、经济水平、道路通达性等不同发达程度也会导致救援呈现差异化效应。这些现实存在的异质性因素需要被考虑到选址-分配优化中去，否则会影响应急决策方案的有效性。

基于此，本章首先构造一个包含多个指标因素的综合评价体系，用来区分各备选救援中心处面对灾害事件应急反应时间的快慢，结合各灾区不同受灾程度，形成一套针对地区异质性的表征方法[12]。然后，再构建一个考虑地区异质性的跨区域应急选址-分配模型，设计并应用遗传算法对所构模型在2008年汶川地震案例背景下实施仿真求解,将求解结果与不考虑地区异质性的选址-分配方案做对比分析，并对案例关键参数进行敏感性分析[12]。本章研究为面向地区异质性跨区域应急救援体系的有效构建提供有益参考。

1.2 地区异质性的表征

研究问题场景是某重大突发地质灾害的爆发使多个邻近地区均受到不同程度影响，此处邻近地区大到可涉及多个邻省(自治区、直辖市)、小到可指同一城市的多个划片区。例如，据《汶川地震灾害范围评估结果》(民发〔2008〕105号)，2008年汶川地震中四川省内极重灾区就涉及10个县(市)，重灾区29个县(市、区)，一般灾区更达100个县(市、区)；再如，2010年青海玉树地震波及的范围约3万平方公里，造成12个乡镇受灾，其中极重灾区约900平方公里，875 km公路几近瘫痪。本节探讨在不同程度的受灾地区附近选择建立多个临时救援中心，并分析从供应点到救援中心、救援中心到灾区的物资分配优化问题。

1.2.1 应急反应时间的差异化

参考文献[1,13]，有许多因素会影响救援中心处的应急反应时间，主要包括其所在区域的经济发展水平、自然地理位置、物流发达程度、受灾害影响程度、综合交通可达性、基础设施竞争力以及应急政策关注度等。因此，选择以应急反应时间的差别为指标来反映各救援中心异质性特点，构造一个由救援中心j所在地区经济发展水平E_j、自然地理位置G_j、物流发达程度L_j、受灾害影响程度A_j、综合交通可达性R_j、基础设施竞争力O_j、应急政策关注度P_j等因素组成的综合评价体系，来评估各救援中心处应急反应时间T_j的差别。

对这些影响救援区域地区异质性的各指标因素进行相应数据搜集，具体操作如下：在衡量救援中心处经济发展水平时，调研该城市GDP、人口数量、居民人均可支配收入和人均消费支出这四方面数据[14]；选用货物周转量来测评物流发达程度[15]；以各救援中心到各供应点以及到各灾区的距离来区分各备选点的自然地理位置；综合运用一些可达性计算方法来估测区域交通可达性[16]；在对各救援中心受灾害影响程度进行评估时，考虑所在区域距灾区距离、伤亡人数、经济损失和灾害强度这四方面因素[17]；用城市基础设施竞争力指数来衡量各救援中心区域在基础设施方面的投入[18]；在度量应急政策关注度时，选择以政府官方网络新闻客户端等媒体的用户数量来表示各区域民众对相关政策的关心程度,这是考虑到在当下电子信息社会,政策信息常通过传统媒体和网络新媒体等方式同时传递,关注某网络新闻媒体的用户数在一定程度上能体现相关政策的关注度[19]。

明确评估体系中各指标因素并经调研获得相关基础数据,按照各因素对应急反应时间的影响作用分为正向(G_j、A_j、R_j)和负向指标(E_j、L_j、O_j、P_j)[1,13]。由于各指标因素具有不同的单位和差别化的变异程度,为了消除量纲和变量数值变异的影响,可将各正向和负向指标因素分别按照公式(1-1)和公式(1-2)进行平移极差变换[12]:

$$q'_{(jr^+)} = \frac{q_{(jr^+)} - \min\{q_{(jr^+)}\}}{\max\{q_{(jr^+)}\} - \min\{q_{(jr^+)}\}}, \quad r^+ = 1,2,\cdots,R^+, \quad j = 1,2,\cdots,J \quad (1-1)$$

$$q'_{(jr^-)} = \frac{\max\{q_{(jr^-)}\} - q_{(jr^-)}}{\max\{q_{(jr^-)}\} - \min\{q_{(jr^-)}\}}, \quad r^- = 1,2,\cdots,R^-, \quad j = 1,2,\cdots,J \quad (1-2)$$

$q'_{(jr^+)}$ 和 $q'_{(jr^-)}$ 分别表示救援中心 j 在第 r 个正向和负向指标上的标准化处理数据,相应地,$q_{(jr^+)}$ 和 $q_{(jr^-)}$ 是救援中心 j 分别在第 r 个正向和负向指标上的原始数据,R^+ 和 R^- 分别是评估各救援中心应急反应时间指标时考虑正向和负向指标的个数。

经公式(1-1)和公式(1-2)处理的数据仍可能会出现差异化的离散程度,故还需将每一组数据平均化后得如下形式的各救援中心处标准化数据平均值:$T_j = \frac{1}{R^+ + R^-} \left(\sum_{r^+=1}^{R^+} q'_{(jr^+)} + \sum_{r^-=1}^{R^-} q'_{(jr^-)} \right)$,以此作为各救援中心差异化应急反应时间指标的度量。

1.2.2 各灾区需求的差异化

除了表征各备选救援中心差异化的应急反应时间外,应急物资选址-分配优化中还需考虑到各灾区不同的受灾情况。为此,本章选用各灾区差别化的应急物资需求量来刻画受灾程度的异质性。参考文献[20],各灾区 k 的应急物资需求 D_k 与受灾等级 λ_k、幸存人数 δ_k,以及幸存者对物资的人均消耗率 β_k 相关,可用函数关系式(1-3)表达:

$$D_k = \lambda_k \times \delta_k \times \beta_k \quad (1-3)$$

其中,灾区幸存人数可由灾后事故总结报告获知;对某类应急物资的人均消耗率可参照人道主义救援最低标准来估测[21];而对于各灾区受灾等级,可由受灾危险度、受灾强度测度、经济损失以及伤亡人数统计等关键指标加以综合评估[17]。

1.3 考虑地区异质性的跨区域应急决策模型构建

将上述差异化时间因素作为反映不同救援时效性的决策度量集成入选址-分配优化中,结合各灾区不同受灾程度,构建一个考虑地区异质性的应急物资选址-分配模型。

1.3.1 模型假设与符号说明

本章所构模型属于多中心选址问题,与单中心选址相比,用来解决多中心选址问题的研究方法有双层规划法、CFLP(capacitated facility location problem)法、Baumol-Wolfe法等[22]。现以Baumol-Wolfe法为基本原型进行模型的假设。

假设条件:① 供应点和备选救援中心的位置、数量均已知;② 考虑成本或资源约束,从所有备选点中选出一定数量的来建立临时救援中心;③ 在各备选点构建临时救援中心所需的固定成本已知;④ 救援中心处对物资的处理成本是有关物资流量的凹函数,且其单位物资处理成本已知;⑤ 讨论单种应急物资单次分配优化情形;⑥ 使用同种运输方式、同种车型由供应点到救援中心、救援中心至灾区进行应急物资的运输,且单位物资运输成本的大小取决于两区域间的运输距离;⑦ 不考虑各供应点间或各救援中心间物资的相互救助。

设 $\mathcal{I}=\{1,\cdots,i,\cdots,I\}$ 是应急救援物资分配系统中 I 个供应点的序号集合,$\mathcal{J}=\{1,\cdots,j,\cdots,J\}$ 为 J 个救援中心备选点的序号集合,$\mathcal{K}=\{1,\cdots,k,\cdots,K\}$ 为 K 个受灾区域的序号集合。第 i 个供应点的总供应量用 S_i 表示,选定第 j 个备选点建立救援中心的最大物资容量为 C_j,第 k 个受灾区域处的应急物资需求量为 D_k。

从供应点 i 到救援中心 j 的单位物资运输成本为 c_{ij},相应的物资分配量是 x_{ij}。从救援中心 j 到灾区 k 的单位物资运输成本为 c_{jk},相应物资分配量记为 y_{jk}。z_j 是用来描述救援中心选择情况的0-1整数变量,$z_j=1$ 表示第 j 个备选点被选中建立救援中心,否则 $z_j=0$。在备选点 j 上建立救援中心的固定成本为 g_j,救援中心备选点 j 处对单位物资的处理成本(包括集散、装配等操作)用 b_j 表示。救援中心备选点 j 处应急反应时间长短的区分用 T_j 表示。α 意味着在各救援中心做出应急反应的单位时间内可能造成的人员伤亡和财产损失,也可理解为单位反应时间-损失成本转换系数。

1.3.2 面向地区异质性的应急选址-分配模型

考虑地区异质性的跨区域应急选址-分配模型的决策问题是:从总共 J 个备选点中至多选择 M 个来建立救援中心,由多个供应点对选中的救援中心进行合理供给，并将这些救援中心的应急物资分别配送给 K 个灾区实施救助，使各灾区需求量均得到满足且分配的物资不超过各供应点和各救援中心的容量限制。

$$\min f = \min \left(\sum_{j=1}^{J}\sum_{i=1}^{I} c_{ij}x_{ij} + \sum_{k=1}^{K}\sum_{j=1}^{J} c_{jk}y_{jk} + \sum_{j=1}^{J} g_j z_j + \sum_{j=1}^{J} b_j z_j W_j^{\theta} + \alpha \sum_{j=1}^{J} T_j z_j \right) \quad (1\text{-}4)$$

$$\text{s.t.} \quad \sum_{j=1}^{J} x_{ij} \leqslant S_i, \qquad i=1,2,\cdots,I \quad (1\text{-}5)$$

$$\sum_{j=1}^{J} y_{jk} \geqslant D_k, \qquad k=1,2,\cdots,K \quad (1\text{-}6)$$

$$\sum_{i=1}^{I} x_{ij} = \sum_{k=1}^{K} y_{jk} = W_j, \qquad j=1,2,\cdots,J \quad (1\text{-}7)$$

$$W_j \leqslant z_j \cdot C_j, \qquad j=1,2,\cdots,J \quad (1\text{-}8)$$

$$\sum_{j=1}^{J} z_j \leqslant M \quad (1\text{-}9)$$

$$x_{ij} \geqslant 0, y_{jk} \geqslant 0, \quad i=1,2,\cdots,I; j=1,2,\cdots,J; k=1,2,\cdots,K \quad (1\text{-}10)$$

$$z_j = \begin{cases} 1, & \text{救援中心}j\text{被选中} \\ 0, & \text{救援中心}j\text{未被选中} \end{cases} \quad (1\text{-}11)$$

目标函数(1-4)是最小化救援中心选址-物资分配系统的广义应急总成本，由四类成本组成：物资从供应点被送至救援中心，以及从救援中心到灾区所耗总运输成本；建立多个救援中心所需花费的总固定成本；救援中心处对应急物资汇集分散的总处理成本(其中 W_j 是第 j 个备选救援中心处物资总流量，θ 是体现物资规模的流量指数，$0<\theta<1$)；以及救援中心处对灾害实施应急反应的时间损失成本。约束条件(1-5)意味着某供应点运到各救援中心的物资总量不超过该供应点的总供给能力。约束条件(1-6)表示各救援中心向某灾区输送的救援物资总量须满足该灾区对物资的需求。约束条件(1-7)是关于救援中心处物资总流量的表达式，含义是各救援中心处的物资输入总量等于物资输出总量。约束条件(1-8)是各救援中心处对物资总流量的容量限制。约束条件(1-9)是对选择建立救援中心的个数约束。约束条件(1-10)和(1-11)分别是对物资分配决策变量的非负限制及指明选址决策变量是0-1变量。

1.4 考虑地区异质性的跨区域应急决策模型求解

上述所构考虑各救援中心和灾区异质性的选址-分配模型属于典型的混合整数规划，决策问题包括救援中心的选址和上下三层级间的物资分配，模型变量和约束较多，求解复杂性会随着问题规模的增大而快速增加。而应急物资救援活动本身具有强时效性要求，寻优效率较高的智能优化算法能克服传统精确算法单点搜索效率低的缺点，是求解此类模型的主要方法。

1.4.1 模型求解算法设计

与其他常用的粒子度、模拟退火以及蚁群等智能优化算法相比，遗传算法具有多点并行搜索、不依赖函数的可导性、不易陷入局部最优、速度较快及鲁棒性较强等优点[23,24]。针对所构模型特点综合考虑，这里选择应用遗传算法实施模型求解。

1. 编码选择

决策变量 z_j 包含数值分析与逻辑分析两部分，用二进制编码；x_{ij} 和 y_{jk} 属于数值类型，若采用二进制编码，会出现问题规模变大时算法搜索空间增加幅度较大的现象，故在此采用浮点数编码方法，如此编码串不会太长且运算效率较高。

设计 3 个子串：子串 1 表示救援中心备选点 j 是否被选中，1 表示被选中，否则为 0；子串 2 表示由供应点 i 到救援中心 j 的物资量；子串 3 表示由救援中心 j 至灾区 k 的物资量。

2. 初始化种群

设置一定种群规模，随机产生初始种群。种群大小会影响遗传算法求解结果的全面性和计算效率：种群较小时，运算速度快，但无法保障其多样性；种群较大时，虽满足多样性，但计算量增加，运行效率低。对本章所构模型的求解，随机数易使每次运行结果都不尽相同，然而当种群个数大于 50 时，能够使算法在较广搜索范围对最优解的确定更加精准和稳定。

3. 设计适应度函数

$$\text{Fit}(f) = \begin{cases} B_{\max} - f, & f < B_{\max} \\ 0, & \text{其他} \end{cases} \tag{1-12}$$

因所构模型是求解最小值问题，故取一个相对较大数 $B_{\max}$ 作为目标函数 f 的最大估计值。设置如公式(1-12)的适应度函数，以保障群体中较好的个体具有较高的适应度值。

4. 选择操作

$$p_h = \frac{\text{Fit}_h}{\sum_{h=1}^{H} \text{Fit}_h}, \quad h = 1, 2, \cdots, H \tag{1-13}$$

选择是从群体中挑选优质个体组成新群体的过程，其目的是避免丢失遗传信息的同时提高全局收敛性。在此采用轮盘赌选择策略复制个体进入下一代。p_h是第h个个体被选中的概率，Fit_h是第h个个体的适应度。公式(1-13)表示对个体的选择概率与其适应度值成正比。

5. 交叉和变异操作

在将原有优良基因遗传给下一代的同时，为产生更加复杂的基因结构个体，保证种群多样性，提高算法的全局搜索能力，对决策变量z_j进行交叉操作。考虑到操作简单及计算量小的优点，本章选择单点交叉方式[23,24]。为防止出现误码和信息丢失现象，且为增强算法局部寻优能力和有效性，也对$z_j=1$时所对应的决策变量x_{ij}和y_{jk}进行变异操作，在此选择非均匀变异。相较于其他变异方法，非均匀变异方式更侧重于搜索父代附近的微小区域，且能使个体在搜索空间内自由移动[23,24]。不同的交叉、变异算子会明显影响算法的收敛速度，故求解时需综合考虑给予合理取值。

6. 算法终止条件

设定算法终止的最大迭代次数 MAXGEN。当迭代次数 gen>MAXGEN 时，算法结束，此时将进化过程中出现的具有最大适应度的个体作为模型最优解。

1.4.2 模型求解算法步骤

步骤 1：初始化，随机生成若干选址-分配决策方案的个体，设置迭代计数器 gen=0，设置最大迭代次数 MAXGEN。

步骤 2：将模型中的目标函数转化为适应度函数 $\text{Fit}(f(x))$。

步骤 3：对每个个体进行解码，得到选址-分配方案和各个体的适应度值。

步骤 4：判断步骤 3 中适应度值最大的个体是否满足约束条件限制，若满足则转步骤 7，若不满足则转步骤 5。

步骤 5：根据轮盘赌选择法对个体进行选择，并采用单点交叉和非均匀变异对个体进行交叉、变异操作，产生新一代个体。

步骤 6：令 gen=gen+1，转步骤 3。

步骤 7：判断是否满足终止条件，当 gen>MAXGEN 时，算法终止。

步骤 8：输出最优结果。

1.5 考虑地区异质性的跨区域应急决策案例分析

下面以 2008 年汶川地震为讨论案例，依托所建指标体系采集真实数据再结合相关参数设置，将遗传算法应用于所构模型求解，并将最优解与未考虑地区异质性的应急物资选址-分配方案进行对比，结合对关键参数实施敏感性分析，以验证模型和算法的可行性和有效性。

1.5.1 案例相关数据采集

2008 年汶川地震伤亡惨重，从多个极重或较重受灾区域中选择汶川县、北川羌族自治县(以下简称北川县)、绵竹市、青川县、都江堰市、广元市朝天区(以下简称朝天区)这 6 个($K=6$)作为需要接受应急物资救助的灾区需求点，2 个应急物资供应点($I=2$)选定为南京和广州，灾区附近可供选择构建临时救援中心的 5 个备选点($J=5$)分别为重庆、成都、昆明、贵阳和兰州。考虑救援时效性和成本等原因，假定从 5 个备选点中至多选择 3 个建立临时救援中心实施物资的集散，即 $M=3$。本案例中仅关注震后各灾区对瓶装矿泉水这类应急物资的紧急需求。由 Baumol-Wolfe 模型经验值将救援中心处流量指数 θ 设置为 1/2[22]。为体现应急救援中时间紧迫性要求，特将救援中心处单位反应时间-损失成本转换系数 α 设置为较大取值 500000。

对 2008 年 5 个备选救援中心处应急反应时间相关的指标数据实施网络调研。对这些基础数据进行如 1.2.1 节所述的去量纲标准化处理，最终计算出衡量各备选救援中心应对灾害反应时间快慢的 T_j 值，分别为：重庆(0.24)、成都(0.37)、昆明(0.64)、贵阳(0.57)和兰州(0.72)。参考震后评估报告和相关统计年鉴，分别搜集 6 个灾区在受灾面积、受灾人口和受灾强度等方面的原始指标数据，以此评估出各灾区受灾等级(表 1.1)。连同统计的各灾区幸存人数和参考的人均水资源消耗量[21]，能由公式(1-3)测算出各灾区对应急物资差别化的需求量，列于表 1.1。

表 1.1 各灾区应急物资需求估测所需的相关指标数据

指标	灾区					
	汶川县	北川县	绵竹市	青川县	都江堰市	朝天区
受灾等级	0.67	0.73	0.82	0.21	0.52	0.1
幸存人数/人	81565	139953	235620	509181	606612	207822
人均水资源消耗量/(kg/天)	1.34	1.46	1.64	0.42	1.04	0.2
物资需求量/t	73.2	149.2	316.9	44.9	328.1	4.2

另调研 2 个供应点到 5 个备选救援中心，以及 5 个备选救援中心到 6 个灾区的单位应急物资运输成本，见表 1.2。表 1.2 中还列出 5 个备选救援中心的容量约束、被选为构建救援中心的固定成本和各备选救援中心处对单位应急物资的处理成本。此外，两供应点处对瓶装矿泉水的物资供应限制均设置为 1000 t。

表 1.2 相关成本和容量约束数据

c_{ij} 或 c_{jk} /(百元/t)	南京	广州	汶川县	北川县	绵竹市	青川县	都江堰市	朝天区	C_j/t	g_j/百元	b_j/(百元/t)
重庆	14	13.8	8.5	7.8	7.5	8.6	7.6	8	1150	600	65
成都	15.5	15.3	4.5	5	4	7.2	2.5	7	1150	900	60
昆明	18	14	12	12.5	11.5	13	11.3	12.8	1000	600	55
贵阳	15	12.5	10.6	10.5	6	10.8	10.2	10.7	1050	750	55
兰州	16	20	12.5	11	11.5	9.5	12	10.5	950	750	50

1.5.2 案例求解结果比较

算法相关参数设置为：种群个数为 200、交叉算子为 0.65、变异算子为 0.35、最大迭代次数为 2000。在 MATLAB R2015a 中实现用来求解模型的遗传算法，在汶川地震案例背景下以救援中心差别化应急反应时间和灾区受灾差异为例，得出面向地区异质性的应急物资选址-分配优化方案：救援中心最佳选择建立在重庆和成都，并将供应点到 2 个救援中心，以及这 2 个救援中心到 5 个灾区的应急物资最优分配量列于表 1.3。

表 1.3 考虑与不考虑地区异质性的应急物资选址-分配最优方案比较

救援中心最优选址		供应点到救援中心的量/t		救援中心到灾区的量/t						各区域物资量标准差/t		运营成本/百元	时间损失成本/百元
		南京	广州	汶川县	北川县	绵竹市	青川县	都江堰市	朝天区	救援中心	灾区		
考虑	重庆	295.9	94.7	105.2	1.7	65.3	104.3	100.2	13.8	492.1	127.5	34610	305000
	成都	418	668.6	99.4	265.1	277.1	47.6	329.8	67.6				
不考虑	成都	201.2	266.2	95.6	70.9	59.7	109.1	103.1	29	15.4	27.2	37256	470000
	贵阳	115	330.6	58.9	59.4	66.1	59.8	93.7	107.7				

此外，为了比较分析，也对相同案例场景下不考虑地区异质性的应急物资救援方案进行求解（见表1.3），即决策目标不考虑对差异化应急反应时间损失成本的考量、且约束条件对6个灾区的受灾情况也不做特意区分：受灾等级均设为0.4、人均水资源消耗量统一取值为0.8 kg/天。为避免最优方案的偶然性，这里特将考虑和不考虑地区异质性的选址-分配决策模型分别进行20次的运行求解，发现两种情形下的最优解比较均展现出如表1.3中类似的规律。

首先，观察表1.3中两种情形下最优选址方案的比较，发现考虑地区异质性时选中的正是应急反应时间较快的2个救援中心备选点，故从救援时效性角度来看，考虑地区异质性的选址方案更加合理；然后，经对比发现表1.3中两种情形下应急物资的最优分配也存在较大差别。考虑地区异质性时2个救援中心从供应点获得物资的总量更具差异化（表现为标准差较大，492.1>15.4），且6个灾区从救援中心获得物资总量的差异性也更加明显（127.5>27.2）。这恰好说明若将地区异质性纳入应急决策考量中，会使得应急方案更关注救灾和受灾的差异性，以致应急物资的集散分配更具针对性和有效性；最后，比较表1.3中两种情形下应急方案所致的运营成本和时间损失成本，其中运营成本包含运输成本、救援中心处固定构建成本及物资处理成本。发现考虑地区异质性的应急物资救援方案显然更优，不仅因选择反应时间较快的2个救援中心而使时间损失成本较低（305000<470000），且运营成本相较不考虑地区异质性的情形也耗费更低（34610<37256），其主要原因在于同为已满足物资需求的情景，不考虑地区异质性时的物资分配出现浪费更严重的现象，故易导致其运营成本更高。

上述比较分析说明若将真实存在的地区异质性这一现象考虑进应急优化中，能使决策方案的现实指导意义加强，从而更好地在实际救援过程中被贯彻执行、更大限度发挥应急效用。

1.5.3 案例参数分析

最后对关键参数进行敏感性分析以验证所构模型和算法的可行性和有效性，得出相关结论为相关部门跨区域应急决策提供参考建议。

1. 地区异质性因素的影响

模型关注的地区异质性因素反映在两方面：体现救援中心异质性的反应时间指标 T_j 和刻画灾区异质性的物资需求 D_k。由于后者是相对客观因素，故在此仅探讨救援中心反应时间指标因素的变化对救援方案的影响，以救援中心备选点重庆为例，图1-1展现了对应急物资分配总量和应急总成本的影响。其中有关应急反应时间影响因素，在此选择观察物流发达程度（以货物周转量度量）和应急政策关注度（以政府官方微博粉丝数衡量）的变化。

结果显示,货运周转量与政府官方微博粉丝数的变化虽然均没有引起救援中心最优选址方案的改变,但从图 1-1(a)和图 1-1(b)中可看出:货运周转量的减少使应急救援物资分配总量和应急总成本呈现增大趋势;而随着政府官方微博粉丝数的增加,物资分配总量和应急总成本均越来越少。这是因为,救援中心所在城市货运周转量的减少意味着该区域物流发达程度减弱,一定程度上导致应急反应时间增大,响应的不及时易造成救援物资在满足需求后的浪费更加严重;而粉丝数的增大某种意义上反映应急相关政策关注度的提升,易使面对灾害的反应时间缩短、应急响应更及时,能有效减缓救援物资的过度调配,从而提高应急救援行动的准确性。

此外,也观察直接改变应急反应时间指标对应急救援决策的影响,仍以备选点重庆为例,发现随着重庆应急反应时间指标的增大,最优选址方案将不再选择重庆作为救援中心;而应急物资的分配同样因更迟缓的响应易出现过度救援的现象,继而引发愈发高额的应急总成本(见图 1-1(c))。

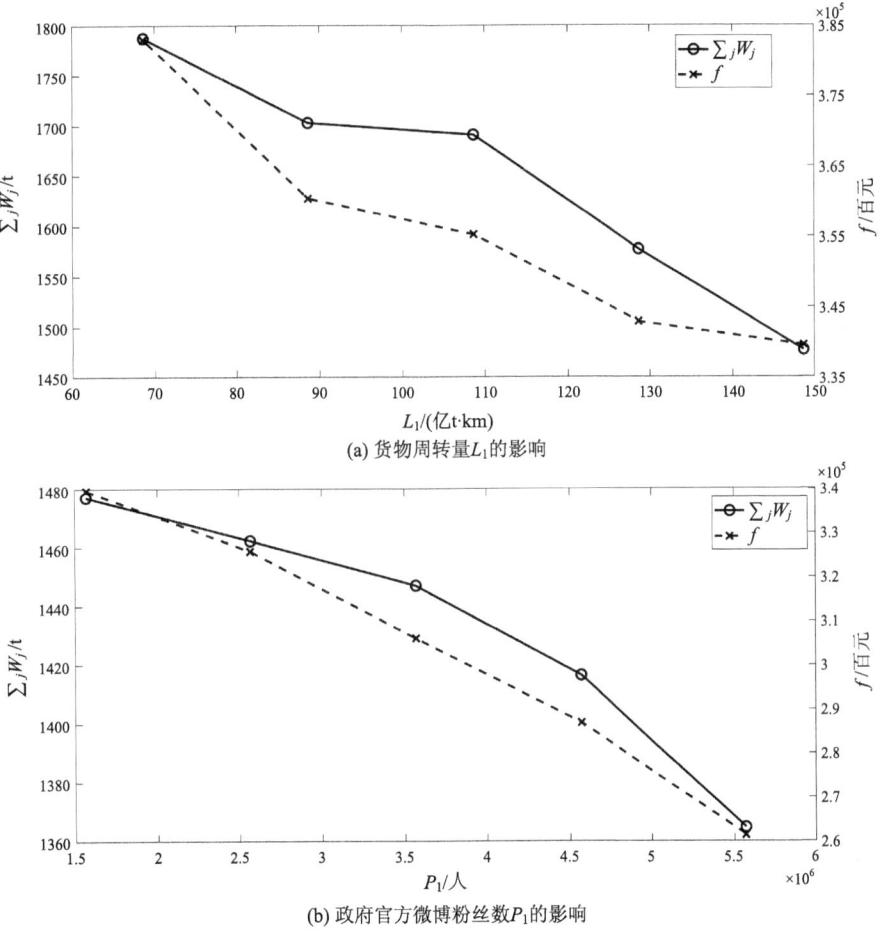

(a) 货物周转量L_1的影响

(b) 政府官方微博粉丝数P_1的影响

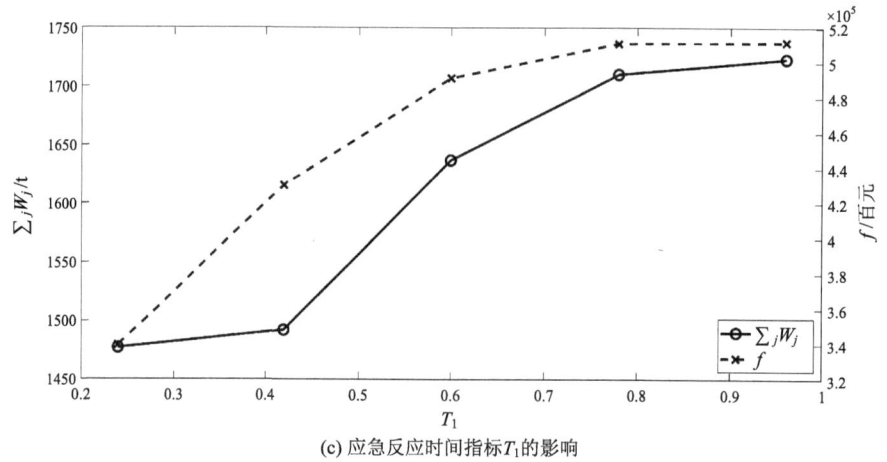

(c) 应急反应时间指标T_1的影响

图 1-1 地区异质性因素对应急物资分配总量 $\sum_j W_j$ 和应急总成本 f 的影响

因此，在真实应急管理活动中，需提倡在常态下综合改善影响应急反应时间的各指标因素，例如从提高政策关注度的角度，鼓励应急管理者积极采取与媒体沟通、社会动员等措施，从而有效发挥新闻网络媒体等传播媒介的力量，加快灾害应对相关信息的对外传播，唤起社会各方面对应急救援活动的协作与支持，以实现更高效和准确的应急救援。

2. 单位反应时间-损失成本转换系数的影响

单位反应时间-损失成本转换系数 α 刻画应急救援活动的急迫性，这个参数的值越大，意味着在救援中心处单位应急反应时间里所造成的人员伤亡和财产损失(用成本来计量)越严重。其他参数不变，将 α 在 $\{500000, 50000, 5000, 500, 50\}$ 中改变取值，观察 α 变化对应急救援决策的影响，并将不同 α 情形下应急选址、最优物资分配量以及相关成本的变化列于表 1.4。

从表 1.4 可看出：① 改变 α 会使最佳选址方案出现明显变化。总体来看，随着 α 从 50 逐渐增大到 500000，最优选址方案越来越向应急反应时间短的救援中心备选点(重庆和成都)集中。这符合实际应急需求，即随着救援时效性要求的提高，救援中心选址更倾向于应急响应快的备选点。② 观察相关成本的变化，随着 α 的减小，一方面，救援急迫性变弱，逐渐类似于常规物资调配，时间成本自然呈下降趋势；另一方面，运营成本却呈增大趋势，究其原因发现很大程度上仍是因为在已满足需求的前提下物资分配总量仍在不断增大。这实际上再次演绎了救援响应临近结束时常常出现的应急物资浪费的现实局面，从侧面强调了为减缓过度救援现象，紧急状态比常态物资调配情形更亟须考虑区域的异质性，也间接表明在应急物资选址-分配方案优化中考虑地区异质性特征能够增强决策的准确性和有效性。

表 1.4　α 变化对应急选址-分配决策的影响

α	最优选址	供应点到救援中心的量/t		救援中心到灾区的量/t							物资总量/t	运营成本/百元	时间损失成本/百元
		南京	广州	汶川县	北川县	绵竹市	青川县	都江堰市	朝天区				
500000	重庆	295.9	94.7	105.2	1.7	65.3	104.3	100.2	13.8		1477.1	34610	305000
	成都	418	668.6	99.4	265.1	277.1	47.6	329.8	67.6				
50000	重庆	376.4	291.2	156.1	52.9	173.5	66.9	155.4	62.8		1518.8	39848	76500
	昆明	460	187.8	63.1	35.7	225.1	165.8	147.3	10.8				
	兰州	116.5	87	11.9	64.9	1.8	38.6	26.3	59.9				
5000	成都	301	96.1	47.6	99.06	53.48	89.4	59.9	47.6		1701.52	48314	8300
	昆明	196.2	485.8	101.8	1.98	157.7	200.5	179.3	40.8				
	兰州	280.7	341.8	124.4	92.1	136.3	131.3	132.2	6.1				
500	成都	82.6	871.9	66.8	208.5	199.2	19.4	200.4	260		1781.2	48639	505
	贵阳	747.4	79.4	185.3	118.7	173.6	101.8	185.5	61.9				
50	重庆	738.9	28.1	176	49.9	71.1	110.7	249.6	109.7		1802	48736.5	62.5
	成都	92.1	625.3	193.5	29.6	282.5	56.5	74.3	80.9				
	贵阳	123.2	194.4	86.4	92.8	33.5	69.4	8.1	27.5				

1.6　本章小结

救援物资的选址-分配决策是灾前准备或灾后响应的重要任务之一,关系到整个应急管理活动的成效。以往应急物资选址-分配研究中,大多忽略救援网络中各节点地区(供应点、救援中心和灾区)的异质性特征。本章创新性地构造"差异化的应急反应时间"这一指标来刻画备选救援中心异质性特征,且将其纳入选址-分配决策的优化目标中考量,并结合各灾区受灾差异,构建了一个考虑地区异质性的跨区域应急物资选址-分配模型。通过遗传算法对模型进行求解,并与未考虑地区异质性的选址-分配决策方案对比。最后以 2008 年汶川地震作为案例背景实施关键参数的仿真分析,全面论证所构模型和算法的可行性和有效性。模型求解和参数分析结果为相关部门在面对突发灾害时制定科学高效的应急管理方案提供有益参考。

未来研究可尝试突破单种物资单次分配的前提假定,考虑实际应急救援中常出现的多种类物资多周期分配的场景;可进一步针对性构建更符合特定应急场景的综合评价体系，以实施对差异化应急反应时间和受灾差异的更合理有效度量；另外，所构决策模型未考虑各供应点或各救援中心间物资的相互救助，今后也可深入探讨多个救助供应点甚至各灾区之间救援物资相互协调应急决策的作用和影响。

参 考 文 献

[1] Balcik B, Beamon B M, Krejci C C, et al. Coordination in humanitarian relief chains: Practices, challenges and opportunities[J]. International Journal of Production Economics, 2010, 126(1): 22-34.

[2] Harris I, Mumford C L, Naim M M. A hybrid multi-objective approach to capacitated facility location with flexible store allocation for green logistics modeling[J]. Transportation Research Prat E: Logistics and Transportation Review, 2014, 66(1): 1-22.

[3] Hajipour V, Fattahi P, Tavana M, et al. Multi-objective multi-layer congested facility location-allocation problem optimization with Pareto-based meta-heuristics[J]. Applied Mathematical Modeling, 2016, 40(7-8): 4948-4969.

[4] Zhong S, Chen Y, Zhou J. Fuzzy random programming models for location-allocation problem with applications[J]. Computers & Industrial Engineering, 2015, 89: 194-202.

[5] 胡丹丹, 杨珺, 杨超. 拥塞型中转站选址设计和容量决策问题[J]. 系统管理学报, 2015, 24(2): 215-223.

[6] Ardjmand E, Young W A, Weckman G R, et al. Applying genetic algorithm to a new bi-objective stochastic model for transportation, location and allocation of hazardous materials[J]. Expert Systems with Applications, 2016, 51(1): 49-58.

[7] Rawls C G, Turnquist M A. Pre-positioning of emergency supplies for disaster response[J]. Transportation Research Part B. Methodological, 2010, 44(4): 521-534.

[8] 葛洪磊, 刘南. 复杂灾害情景下应急资源配置的随机规划模型[J]. 系统工程理论与实践, 2014, 34(12): 3034-3042.

[9] Paul J A, MacDonald L. Location and capacity allocations decisions to mitigate the impacts of unexpected disasters[J]. European Journal of Operational Research, 2016, 251(1): 252-263.

[10] 马祖军, 郑斌, 李双琳. 应急物资配送中带中转设施的选址-联运问题[J]. 管理评论, 2013, 25(10): 166-176.

[11] 王海军, 杜丽敬, 胡蝶, 等. 不确定条件下的应急物资配送选址-路径问题[J]. 系统管理学报, 2015, 24(6): 828-834.

[12] 朱莉, 丁家兰, 计梦婷. 考虑区域异质性的应急物资选址-分配优化[J]. 系统管理学报, 2018, 27(6): 1142-1149.

[13] Beamon B M, Balcik B. Performance measurement in humanitarian relief chains[J]. International Journal of Public Sector Management, 2008, 21(1): 4-25.

[14] Angalakudati M, Balwani S, Calzada J, et al. Business analytics for flexible resource allocation

under random emergencies[J]. Management Science, 2014, 60(6): 1552-1573.
[15] Caplice C, Sheffi Y. A review and evaluation of logistics metrics[J]. The International Journal of Logistics Management, 1994, 5(2): 11-28.
[16] Maćkiewicz A, Ratajczak W. Towards a new definition of topological accessibility[J]. Transportation Research Part B: Methodological, 1996, 30(1): 47-79.
[17] Crowther K G. Risk-informed assessment of regional preparedness: A case study of emergency potable water for hurricane response in Southeast Virginia[J]. International Journal of Critical infrastructure protection, 2010, 3(2): 83-98.
[18] Amann E, Baer W, Trebat T, et al. Infrastructure and its role in Brazil's development process[J]. The Quarterly Review of Economics and Finance, 2016, 62(4): 66-73.
[19] Litou L, Boutsis L, Kalogeraki V. Efficient techniques for time-constrained information dissemination using location-based social networks[J]. Information Systems, 2017, 64(2): 321-349.
[20] Sheu J B. Dynamic relief-demand management for emergency logistics operations under large-scale disasters[J]. Transportation Research Part E: Logistics and Transportation Review, 2010, 46(1): 1-17.
[21] The Sphere Project. The Sphere Handbook: Humanitarian Charter and Minimum Standards in Humanitarian Response (2011 edition)[S]. Rugby: Practical Action, 2011.
[22] Baumol W J, Wolfe P. A warehouse-location problem[J]. Operations Research, 1958, 6(2): 252-263.
[23] 汪定伟, 王俊伟, 王洪峰, 等. 智能优化方法[M]. 北京: 高等教育出版社, 2007.
[24] Michalewicz Z. Genetic Algorithms + Data Structures = Evolution Programs (3rd edition)[M]. Berlin: Springer-Verlag, 1996.

第 2 章　考虑决策者异质性的跨区域应急决策

跨区域应急决策过程中的异质性不仅体现在地区异质角度，也表现在多元化决策者(如政府、非政府组织、企业、公众和媒体等)异质性等方面，例如，不同决策者具有不完全一致的利益诉求，不同决策者具有差异化的应急响应能力等。这些决策者的异质性及其影响需要被纳入跨区域应急决策过程来考量。本章延续第 1 章的研究问题场景，继续关注跨区域应急调配中的选址-分配决策问题，探讨供应点和备选救援中心处决策者们在救援物资调配过程中以差异化响应能力为例展现的异质性及其对应急决策的影响。

2.1　决策问题描述与相关研究

本章决策问题仍然关注面向突发事件的应急救援中心选址及物资分配的优化，但与第 1 章讨论区域异质性有所不同，本章重点研究供应点和备选救援中心处决策者们的异质性(选择以差异化响应能力为表征)对应急选址-分配决策的影响。

具体地，本章特别将差异化响应能力纳入应急救援物资调配决策过程进行考量，分别从差异化初始决策时长和差异化学习能力函数(体现差异化学习率)两个维度综合地对供应点和备选救援中心处各决策者响应能力的异质性进行度量。事实上，学习能力因人而异，具有典型的异质性。目前有关差异化学习能力及其影响的研究大多集中在工业生产[1, 2]、流水车间零部件制造调度[3-6]、供应链[7-9]等领域，极少有文献在灾害应急救援场景下考察相关主体学习能力的高低对救援物资调配决策的影响。然而，决策者们学习能力的差别的确会影响应急决策方案的有效性，是应急管理活动中不容忽视的异质性因素之一。

为了准确地刻画差异化的初始决策时长，首先从应急救援响应决策出发，分析不同决策者实施差异化决策方案的影响因素，构造一个差异化响应速度的评价指标体系来度量初始决策时长的差异性；然后，结合差异化的学习率构造出一个差异化学习能力函数用来表征决策者们学习能力的异质性，并纳入应急决策目标(追求总成本最小和总决策时间最短)中予以考量，构建出考虑决策者异质性的跨区域应急物资选址-分配模型；接着，设计并应用 NSGA-Ⅱ算法对所构模型在 2017 年九寨沟地震案例背景下实施仿真求解，同时也应用 CPLEX 进行精确求解供比对，对两种方法下的求解结果进行对比分析以验证所设计算法的可行性和有效性；最后，基于案例将考虑与不考虑决策者异质性的跨区域应急物资选址-分配方案进行比较，并对模型关键参数实施敏感性分析。本章研究为面向决策者异质性跨区域应急救援体系的有效构建给出一定管理启示。

2.2 决策者异质性的表征

决策者的异质性体现在多方面，如不同决策者面对同一灾害应急场景有不同的风险态度，不同决策者在应急救援中展现区别化的响应速度，不同决策者有着差异化的应急学习能力等。本章选择以差异化响应能力为例作为决策者异质性的表征，细分为两方面：初始决策时长的差异化和决策者学习能力的差异化。

2.2.1 初始决策时长的差异化

初始决策时长是指应急决策者们在灾害发生后决定是否及如何进行救援的反应时间，即是否及怎样开始实施应急响应的决策时间。一般来说，备选救援中心在应急响应决策中所展现的初始决策快慢程度，通常受该备选救援中心处经济发展水平、应急关注度、基础竞争力、安全性、自然地理位置、物流发达水平及交通通达度等因素的影响。参考文献[10]，经数据调研及计量实证分析发现，所处区域的经济发展水平、应急关注度、备选点安全性及交通通达度这4个因素与决策者开始应急响应及决策速度紧密相关。因此，这里采用经济发展水平、应急关注度、备选点的安全性和交通通达度这4个指标来定量描述决策者们差异化的初始决策时长。

全面衡量上述4个相关因素对应急决策速度的影响，发现对于应急响应决策时长而言，应急关注度、备选点的安全性和交通通达度为负向指标，经济发展水平为正向指标[10]。换句话说，研究发现：应急关注度越高、备选点越安全、交通越发达，应急响应时长越短；经济发展水平越高，应急响应时间越长。考虑到各影响因素有着不同的衡量维度以及差别化的变异程度，为消除变量量纲及数值变异的影响，首先将各正向和负向指标因素分别按1.2.1节中公式(1-1)和公式(1-2)进行平移极差变换处理[11]。经过公式(1-1)和公式(1-2)处理的数据仍可能会出现差异化的离散程度，同样参考文献[11]，分别采用公式(2-1)和公式(2-2)来对每一组数据进行平均化处理，得各救援中心和各供应点处的标准化数据平均值，以此分别实现对各救援中心和各供应点处差异化初始决策时长指标的度量。

$$t_j = \frac{1}{R_j^+ + R_j^-}\left(\sum_{r^+=1}^{R_j^+} q'_{(jr^+)} + \sum_{r^-=1}^{R_j^-} q'_{(jr^-)}\right) \tag{2-1}$$

$$t_i = \frac{1}{R_i^+ + R_i^-}\left(\sum_{r^+=1}^{R_i^+} q'_{(ir^+)} + \sum_{r^-=1}^{R_i^-} q'_{(ir^-)}\right) \qquad (2\text{-}2)$$

2.2.2 决策者学习能力的差异化

除了讨论应急救援物资调配过程中在供应点和备选救援中心处初始决策时长的差异化之外，还特别关注决策者们差异化学习能力对应急响应的影响。决策者差异化学习能力体现在两方面：① 在不同备选救援中心处决策者们的差异化学习能力；② 在从供应点到救援中心，以及救援中心到灾区的应急救援物资调配过程中决策者们的差异化学习能力。

一方面，分析不同备选救援中心处决策者们的差异化学习能力。考虑到影响决策者学习能力的相关因素众多，如个人因素[12]、经验[13]和社会环境[14]等。下面以地震灾害为例，针对这些相关影响因素进行相应指标数据的搜集，具体操作如下：在衡量个人因素时，调研供应点和备选救援中心处决策者们的年龄、学历及工作年限情况等[15]；在度量经验因素时，拟选用历经地震灾害的经验，故参考中国地震台网历年地震数据统计报告[16]，采用所处城市发生地震灾害的次数、级数及震源深度等来评估；另用各城市经济发展水平及抗震设防烈度[17]来反映社会环境因素。按照如下步骤来度量各备选救援中心处决策者所具学习能力的差异化：首先，采用熵值法，计算影响个人因素、经验及社会环境等因素的各二级指标权重，得出影响决策者学习能力的三方面因素的指标值；接着，参考文献[11]，采用公式(1-1)和公式(1-2)对各指标数据进行归一化处理；然后，利用公式(2-1)计算各备选救援中心处相关标准化数据的平均值，以此来表征各救援中心处决策者们差异化的学习率。

另一方面，借鉴文献[5,18]中量化生产调度运作过程中学习能力的方法，将采用2.3.2节中公式(2-11)和公式(2-12)来分别度量从供应点到救援中心，以及救援中心到灾区的应急救援物资调配过程中决策者们的差异化学习能力，它们也均与初始决策时长和差异化学习率等因素有关[19]。

2.3 考虑决策者异质性的跨区域应急决策模型构建

将上述对差异化初始决策时长和差异化学习能力等关键因素的刻画与度量集成表征为决策者异质性指标，并纳入跨区域应急选址-分配优化决策过程。构建一个考虑决策者异质性的跨区域应急选址-分配模型，关注各供应点和各救援中心处决策者差异化初始决策时长，以及各供应点到各救援中心（各救援中心到各灾区）的应急物资调配过程中决策者的差异化学习能力，探讨这些具异质性的决策者在不同程度受灾区域附近选择怎样建立多个临时救援中心,以及如何从供应点到救援中心、从救援中心到灾区进行物资优化分配的决策问题。

2.3.1 模型假设与符号说明

同第 1 章所构的地区异质性跨区域应急决策模型,本章模型也属于多中心选址问题,相较双层规划或 CFLP 等方法,仍采取以 Baumol-Wolfe 法[20]为原型进行模型假设。故本节模型假设与 1.3.1 节所述 7 个假设完全相同,另增加假设⑧:决策者们的决策行为是连贯有序的。

模型符号包括相关集合、参数和决策变量等,除大部分与 1.3.1 类似外,还有部分特别表征决策者异质性的相关符号。为便于建模分析,现分类展示模型符号如下。

(1) 相关集合定义:$\mathcal{I} = \{1,\cdots,i,\cdots,I\}$ 是应急救援物资分配系统中 I 个供应点的序号集合;$\mathcal{J} = \{1,\cdots,j,\cdots,J\}$ 是 J 个备选救援中心的序号集合;$\mathcal{K} = \{1,\cdots,k,\cdots,K\}$ 是 K 个受灾区域的序号集合。

(2) 相关参数定义:从供应点 i 到救援中心 j,以及从救援中心 j 到灾区 k 的单位物资运输成本分别记为 c_{ij} 和 c_{jk},S_i 为第 i 个供应点的总供应量;L_j 是第 j 个备选点被选作救援中心时所能承受的最大物资容量;D_k 是第 k 个灾区处的应急物资需求量,λ_k 是灾区 k 的受灾等级,δ_k 是灾区 k 的受灾人数,β_k 是灾区 k 的灾民对应急物资的人均消耗率。

从供应点 i 到救援中心 j,以及从救援中心 j 到灾区 k 进行救援的决策时间分别用 t_{ij} 和 t_{jk} 来表示;t_i 和 t_j 分别是第 i 个供应点和第 j 个救援中心处决策者的初始决策时长;α_i 表示第 i 个供应点处决策者的学习率,α_j 表示第 j 个救援中心处决策者的学习率;g_j 表示在备选点 j 处建立救援中心的固定成本,b_j 是备选救援中心 j 处单位物资处理成本(包括集散、装配等操作);W_j 是第 j 个备选救援中心处的物资总流量;θ 是用来反映物资规模的流量指数,$0 < \theta < 1$。

(3) 模型决策变量:x_{ij} 和 y_{jk} 分别表示从供应点 i 到救援中心 j,以及从救援中心 j 到灾区 k 的物资分配量;z_j 是用来表明救援中心选址情况的 0-1 整数变量,$z_j = 1$ 意味着选中第 j 个备选点并建立救援中心,否则 $z_j = 0$。

2.3.2 面向决策者异质性的应急选址-分配模型

考虑决策者异质性跨区域应急选址-分配模型的决策问题场景与第 1 章类似,也是针对基于"供应点-救援中心-受灾区域"的三层级应急救援物资分配网络:从 J 个备选点中至多选择 M 个作为救援中心,由供应点对其进行应急物资的合理供给,并将这些救援中心处的应急物资合理分配给 K 个灾区。但与 1.3.2 节中地区异质性模型的目标的不同在于,本章所构决策模型是一个双目标优化问题,探讨决策者异质性时除考量相关成本之外,还特别将不同决策者的决策时间最短化作为决策目标之一。

$$\min f_1 = \min\left(\sum_{j=1}^{J}\sum_{i=1}^{I}c_{ij}x_{ij} + \sum_{k=1}^{K}\sum_{j=1}^{J}c_{jk}y_{jk} + \sum_{j=1}^{J}g_j z_j + \sum_{j=1}^{J}b_j z_j W_j^{\theta}\right) \quad (2\text{-}3)$$

$$\min f_2 = \min\left(\sum_{j=1}^{J}\sum_{i=1}^{I}t_{ij} + \sum_{k=1}^{K}\sum_{j=1}^{J}t_{jk}\right)\cdot z_j \quad (2\text{-}4)$$

$$\text{s.t.} \quad \sum_{j=1}^{J}x_{ij} \leqslant S_i \quad (2\text{-}5)$$

$$\sum_{j=1}^{J}y_{jk} \geqslant D_k \quad (2\text{-}6)$$

$$D_k = \lambda_k \delta_k \beta_k \quad (2\text{-}7)$$

$$\sum_{i=1}^{I}x_{ij} = \sum_{k=1}^{K}y_{jk} = W_j \quad (2\text{-}8)$$

$$W_j \leqslant z_j \cdot L_j \quad (2\text{-}9)$$

$$\sum_{j=1}^{J}z_j \geqslant M \quad (2\text{-}10)$$

$$t_{ij} = t_i \cdot j^{\alpha_i} \quad (2\text{-}11)$$

$$t_{jk} = t_j \cdot k^{\alpha_j} \quad (2\text{-}12)$$

$$z_j = \begin{cases} 0, & \text{救援中心} j \text{未被选中} \\ 1, & \text{救援中心} j \text{被选中} \end{cases} \quad (2\text{-}13)$$

$$x_{ij}, y_{jk} \geqslant 0; i = 1, 2, \cdots, I; j = 1, 2, \cdots, J; k = 1, 2, \cdots, K \quad (2\text{-}14)$$

目标函数(2-3)是最小化整个选址-分配体系的广义应急总成本,由四部分组成:不仅有物资从供应点被送至救援中心,以及从救援中心到灾区所耗的总运输成本,也涉及建立多个救援中心所需花费的总固定成本,还包括救援中心处对应急物资进行汇聚分散等操作的总处理成本。目标函数(2-4)是最短化整个选址-分配体系中决策者们总的决策时间(由各供应点和各救援中心处决策者们做出应急响应决策所需时长构成)。约束条件(2-5)意味着从某供应点运送至各救援中心处的物资总量不能超出该供应点处总的供给能力。公式(2-6)表示各个救援中心向某灾区运送的救援物资总量至少要满足该灾区对物资的需求。公式(2-7)是灾区物资需求量的表达式,各灾区对应急物资的需求与受灾等级 λ_k、受灾人数 δ_k 以及灾民对物资

的人均消耗率 β_k 有关。公式(2-8)是救援中心处有关应急物资总流量的表达式，用来约束各救援中心处物资输入总量必须等于物资输出总量。公式(2-9)是对各救援中心处应急物资总流量的容量限制，令其不能超出救援中心所能承受的最大物资容量。公式(2-10)是建立救援中心个数的约束限制。公式(2-11)、(2-12)分别是供应点到救援中心，以及救援中心到灾区的应急响应决策时长表达式，被作为刻画决策者们差异化学习能力的函数，与初始决策时长和学习率有关。公式(2-13)和公式(2-14)是决策变量类型约束，指明选址决策是 0-1 变量以及应急物资分配量的非负限制。

2.4 考虑决策者异质性的跨区域应急决策模型求解

本章所构的考虑决策者异质性的跨区域应急物资选址-分配模型属于典型双目标混合整数规划，决策问题包括救援中心的选址以及"供应点-救援中心-受灾区域"三层级间的物资合理分配。相较于单目标模型，双目标模型的求解更为复杂，这里选择采用针对多目标优化问题的改进非支配排序遗传算法 NSGA-II 实施模型求解。NSGA-II 是由 Deb 等人于 2002 年提出的主流多目标遗传算法之一[21]，它降低了非支配排序遗传算法 NSGA(non-dominated sorting genetic algorithm)的复杂性，引入了精英策略，扩大了采样空间，防止最佳个体的丢失，提高了算法的运算速度和鲁棒性。NSGA-II 具有运行速度快、解集收敛性好的优点，成为其他多目标优化算法性能的基准，是学者们解决多目标调度优化问题的常用算法[21-23]。针对本章所构模型设计 NSGA-II 算法如下。

1. 染色体编码及初始种群的生成

针对所构模型的特点，设计三个子串：第一个子串为 0-1 决策变量 z_j，表示救援中心的选址情况，其长度为 n；第二个子串为决策变量 x_{ij}，表示供应点到救援中心的应急物资分配量，其长度为 $n \times m$；第三个子串为决策变量 y_{jk}，表示救援中心到灾区的应急物资分配量，其长度为 $n \times l$。其中，第二个子串和第三个子串是基于第一个子串 0-1 决策变量 z_j 来设计的。

将这三个子串合并为一条染色体，执行初始化操作，生成一个初始种群，初始种群大小记为 pop。接着，计算模型目标函数并将其作为该染色体的适应度值，生成一个初始矩阵。假设目标函数有 M 个，初始矩阵大小为 $\text{pop} \times (n + n \times m + n \times l + M)$。染色体的结构如图 2-1 所示。

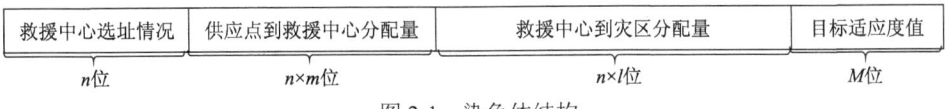

图 2-1 染色体结构

2. 非支配排序分层

生成初始种群后,接下来对每条染色体基于适应度值进行对比分层,具体操作如下:

(1) 将适应度值没有全部或部分大于等于其他染色体的染色体放在第一层;
(2) 把不满足(1)的所有染色体放到下一层,并且再次进行(1)的操作;
(3) 循环(1)(2)操作直到所有染色体均被分好层;
(4) 将同一层的染色体按照初始序列排序。

3. 计算拥挤距离

对染色体进行非支配排序分层后,计算染色体的拥挤距离,具体操作如下:

(1) 计算同层染色体的拥挤距离。
(2) 将所有目标函数值按从小到大的顺序排序。
(3) 针对各层目标函数值最大和最小的染色体,在它的第 $n+n\times m+n\times l+M+1+i$ 位上赋值 Inf。其中,第 $n+n\times m+n\times l+1$ 位是染色体层数,i 表示第 i 个目标函数,$i=1,2$。
(4) 任一条染色体拥挤距离计算公式如下:

$$Q_j = \frac{1}{N}\sum_{i=1}^{N}\frac{F_i^{j+1}-F_i^{j-1}}{(F_i^j)_{\max}-(F_i^j)_{\min}} \tag{2-15}$$

具体地,Q_j 是第 j 个染色体的拥挤距离,N 为最大层数,F_i^j 表示第 i 层第 j 个染色体的适应度值,$(F_i^j)_{\max}$ 和 $(F_i^j)_{\min}$ 分别表示第 i 层所有染色体的最大和最小适应度值。

(5) 对各染色体第 $n+n\times m+n\times l+M+1+i$ 位上的值进行求和,并把所得数值对第 $n+n\times m+n\times l+M+2$ 位进行赋值。

4. 选择操作

非支配排序后,执行选择操作以生成 pop/2 条染色体。再分别对比随机挑选出的两条染色体的层数以及拥挤距离。若染色体满足"层数小、拥挤距离大"的性质,则保留;否则剔除此条染色体。循环该操作 pop/2 次,如此便生成了 pop/2 条染色体。

5. 交叉与变异操作

采用双层模拟二进制交叉算法执行交叉操作,此交叉算法将子代的生成情况分为两部分来计算:第一部分是染色体的前 N 位,计算其子代生成情况,可得救援中心新的选址方案；第二部分是染色体的第 $N+1$ 到 $N+N\times M+N\times L$ 位，同样地对其子代生成情况进行计算。依此，对所构模型约束条件也分两部分进行限制，尤其第二部分的约束是基于第一部分初始值的。类似地，变异操作也按两部分计算来实现。

通过设置影响交叉和变异的概率算子来决定执行交叉或变异操作，设置规则为：若是大概率，执行交叉操作；小概率情形则执行变异操作。需要注意的是：若执行交叉操作，是在父代种群中选出两条染色体进行计算，最后输出两条染色体；若执行变异操作，是在父代种群中选出一条染色体进行计算，最后输出的也是一条染色体。重复执行 $pop/2$ 次这样的循环直到程序结束，种群数量是在 $pop/2$ 至 pop 之间，但接近初始种群大小 pop。

6. 重组

将分别通过交叉变异操作、执行分层和拥挤距离计算所得到的两个种群进行重组，生成一个新的种群。对所生成的新种群再一次执行非支配排序操作，再次生成一个新种群。对最新种群的同层染色体进行拥挤距离计算，并按从大到小的顺序排列，前 pop 条染色体被输出，继而得到一个 Pareto 较优解。最后，将最新种群作为初始种群进行循环操作，最大迭代次数为 gen 次，直至循环结束，输出 Pareto 最优解。

2.5 考虑决策者异质性的跨区域应急决策案例分析

下面以 2017 年九寨沟地震为例，基于所建指标体系调研真实数据，结合相关参数设置，将 NSGA-II 算法应用于所构模型求解，并将最优解与该模型在 CPLEX 软件中的求解结果进行对比分析，以验证算法的可行性和有效性。随后，再将最优解与未考虑决策者异质性的应急物资选址-分配方案进行对比，以验证所构模型的可行性和有效性。

2.5.1 案例相关数据采集

2017 年九寨沟地震造成四川和甘肃两省 8 个县受灾较严重，案例中将这 8 个县视为需要应急救援物资的受灾区域（$K=8$），具体为：九寨沟县、若尔盖县、红原县、松潘县、平武县、文县、舟曲县和迭部县。结合实际救援情况，案例选定成都、绵阳和重庆为应急物资供应点（$I=3$）。另选择灾区附近的 12 个城市作为备选救援中心（$J=12$），分别为：自贡市(1)、德阳市(2)、广元市(3)、广安市(4)、宜宾市(5)、内江市(6)、乐山市(7)、南充市(8)、雅安市(9)、资阳市(10)、巴中市(11)和陇南市(12)。综合考虑救援时效和成本等因素，本章案例假设至多选择在 3 个城市建立临时救援中心，即 $M=3$。这里仅关注震后各灾区对瓶装矿泉水这类应急物资的紧急需求，假设各供应点处对瓶装矿泉水的物资供应限制均为 1000 t，$\theta=1/2$。

首先，分别对供应点和备选救援中心处初始决策时长的各指标数据进行调研。然后，对搜集到的这些基础数据进行 2.2.1 节所述的去量纲归一化处理，最终计算出衡量各供应点和备选救援中心处初始决策时长的 t_i 和 t_j 值，分别为：成都(0.504)、绵阳(0.5)、重庆(0.55)；自贡市(0.82)、德阳市(0.45)、广元市(0.55)、广安市(0.67)、宜宾市(0.54)、内江市(0.65)、乐山市(0.21)、南充市(0.34)、雅安市(0.8)、资阳市(0.7)、巴中市(0.66)和陇南市(0.33)。

类似地，分别对供应点和备选救援中心的学习率相关指标数据进行调研，然后对搜集到的数据进行 2.2.2 节所述的熵值法及去量纲标准化处理，得出体现各供应点和备选救援中心处决策者学习能力的 α_i 和 α_j 值，分别为：成都(0.93)、绵阳(0.16)、重庆(0.62)；自贡市(0.68)、德阳市(0.74)、广元市(0.61)、广安市(0.38)、宜宾市(0.89)、内江市(0.51)、乐山市(0.55)、南充市(0.22)、雅安市(0.82)、资阳市(0.48)、巴中市(0.31)和陇南市(0.48)。如此，差异化初始决策时长和决策者差异化学习能力在案例中均有明确量化表征。

此外，为合理评估各灾区受灾等级，基于各灾区地理位置、震后评估报告和统计年鉴等，分别搜集 8 个灾区距震中距离、受灾人口和人均消耗情况等指标数据，由公式(2-7)计算出各灾区对应急物资的不同需求量，将部分调研数据和测算出的需求量列于表 2.1。

表 2.1 各灾区应急物资需求相关指标数据

指标	灾区							
	九寨沟县	若尔盖县	红原县	松潘县	平武县	文县	舟曲县	迭部县
受灾人数/人	144720	8901	6345	19393	40360	15333	9484	9372
人均消耗率/(kg/天)	1.34	0.72	0.66	0.58	1.02	0.38	0.34	0.54
受灾等级	0.67	0.36	0.33	0.29	0.51	0.19	0.17	0.27
物资需求量/t	129.930	2.307	1.382	3.262	20.995	1.107	0.548	1.366

另调研从供应点到备选救援中心，以及备选救援中心到灾区间的单位应急物资运输成本，并搜集 8 个备选救援中心处的容量约束、被选为构建救援中心的固定成本和各备选救援中心处对单位应急物资的处理成本，列于表 2.2。

表 2.2 相关成本和容量约束数据

		备选救援中心										
		自贡	德阳	广元	广安	宜宾	内江	乐山	南充	雅安	资阳	巴中	陇南
c_{ij} /(百元/t)	成都	6.7	5.1	7.8	7.7	7.5	6.7	6.2	7.2	6.1	5.7	8.3	9.3
	绵阳	7.9	5	6.5	7.5	8.7	7.7	7.5	6.5	7.4	6.7	7.6	8.1
	重庆	7	8.1	8.7	6	7.4	6.4	8	9.1	7.3	8	10.4
c_{jk} /(百元/t)	九寨沟县	10.8	8.4	7.5	10.1	11.6	10.6	10.4	9.3	10.2	9.7	8.9	6.8
	若尔盖县	11.4	9.6	10.2	11.8	12.2	11.4	10.8	11	10.4	10.6	11.6	8.3
	红原县	10.8	9.3	10.3	11.5	11.6	10.8	10.7	9.7	9.9	11.7	9.6
	松潘县	9.9	8.1	8.9	10.2	10.6	9.8	9.3	9.4	8.8	9	10.3	8.3
	平武县	9.5	7	7	8.9	10.2	10.2	9.2	9.1	8.2	8.9	8.3	8.4	7.5
	文县	10.7	8.5	6.7	9.4	11.4	10.3	10.5	8.6	10.4	9.8	8.2	6.2
	舟曲县	11.6	9.4	7.7	10.3	12	11.2	11.4	11.3	10.7	9.1	5.5
	迭部县	12.5	10.7	9.1	11.7	13.3	12.5	11.9	10.9	11.4	11.6	10.5	7.2
g_j / 百元		102.8	500	800	160	300	720	150	600	800	260	888	133
L_j /t		120	300	60	85	65	150	110	220	95	200	80	200
b_j /(百元/t)		45	55	25	30	25	45	45	50	35	50	30	50

2.5.2 案例求解结果比较

算法相关参数设置为：种群个数为 500、交叉算子为 0.9、变异算子为 0.1、最大迭代次数为 100。在 MATLAB R2015a 中实现用来求解模型的 NSGA-Ⅱ 算法，在九寨沟地震案例背景下以各供应点和各备选救援中心处差异化学习能力为例，得出面向决策者异质性的跨区域应急物资选址-分配优化方案。其中，备选救援中心的选址有六种方案：自贡、广安、宜宾、乐山、资阳和陇南，见表 2.3。从选址概率的角度出发，自贡市因选址概率最大(0.34)被视为本案例中救援中心最佳选址方案。为验证求解算法的有效性，这里也应用 CPLEX12.8 学术版对所构模型进行求解，结果同列于表 2.3。且将 NSGA-Ⅱ 算法下所得最优方案的应急物资分配量列于表 2.4。

表 2.3 NSGA-Ⅱ 与 CPLEX 最佳选址方案对比

	NSGA-Ⅱ						CPLEX
	自贡(1)	广安(4)	宜宾(5)	乐山(7)	资阳(10)	陇南(12)	乐山(7)或陇南(12)
总成本 f_1	1032567	1504179	1609865	2606322	3006839	13306111	14803270
总决策时间 f_2	3.462	1.483	4.121	3.664	2.313	1.978	4.528
选址概率	0.34	0.084	0.084	0.326	0.082	0.084	—
运行时长/s	120						459.711

一方面，通过表 2.3 中数据对比，NSGA-Ⅱ求解算法被验证是可行并有效的：① 从运行时长来看，NSGA-Ⅱ算法收敛速度较快，求解耗费 120 s；CPLEX 求解收敛速度相对较慢，运行时长近 460 s。② 从总成本来看，NSGA-Ⅱ算法下选址-分配方案所耗成本均绝对优于 CPLEX 方案。③ 从总决策时间来看，CPLEX 求解的最优方案需更长时间才能完成应急物资调配，NSGA-Ⅱ算法求得的调配方案在时效性方面有更好的保障。此外，NSGA-Ⅱ算法下的救援中心选址方案明显更具多样性，这在某种意义上展现了其面对灾害具更强的柔性。

表 2.4 基于 NSGA-Ⅱ算法的最优方案下应急物资分配量

		救援中心选址方案					
		自贡(1)	广安(4)	宜宾(5)	乐山(7)	资阳(10)	陇南(12)
x_{ij} /t	成都	190.7	137.82	268.98	49.01	270.35	109.32
	绵阳	12.21	139.29	39.68	120.44	34.65	97.4
	重庆	18.96	266.01	17.35	31.18	36.09	107.83
y_{ij} /t	九寨沟县	129.93	129.93	129.93	129.93	129.93	129.93
	若尔盖县	17.68	11.95	54.19	5.52	21.89	31.78
	红原县	10.33	36.6	2.4	10.73	23.2	27.68
	松潘县	6.05	66.76	7.66	3.26	39.32	26.78
	平武县	21	101.56	21	21	21	24.88
	文县	16.89	108.25	22.42	9.08	46.74	19.26
	舟曲县	18.63	30.39	26.15	7.64	33.92	20.18
	迭部县	1.37	57.68	62.27	13.48	25.1	34.05

另一方面，为了比较分析，也对相同案例场景下不考虑决策者异质性的应急物资救援方案进行求解，即决策目标中不考虑对差异化学习能力的考量。为避免最优方案的偶然性，在此仍对考虑和不考虑决策者异质性的选址-分配决策模型分别进行 20 次的运行求解，发现两种情形下的最优解比较均展现出如表 2.5 中类似的规律。

表 2.5 考虑与不考虑决策者异质性的应急物资选址-分配最优方案比较

		备选救援中心最佳选址方案					
		自贡(1)	广安(4)	宜宾(5)	乐山(7)	资阳(10)	陇南(12)
考虑	总成本 f_1	1032567	1504179	1609865	2606322	3006839	13306111
	总决策时间 f_2	3.462	1.483	4.121	3.664	2.313	1.978
	选址概率	0.34	0.084	0.084	0.326	0.082	0.084
不考虑	总成本 f_1	1037568	1610266	1505169	2554872	—	—
	总决策时间 f_2	11.394	9.594	4.074	15.468	—	—
	选址概率	0.332	0.308	0.354	0.006	—	—

观察表 2.5,发现:① 从最优选址方案个数来看,考虑决策者异质性情形比不考虑时的选址方案更具多样性,换言之,面向多变的突发灾害,考虑决策者异质性的救援方案具有更好的柔性。② 从总成本和总决策时间的比较来看,考虑与不考虑两种情形下救援方案所耗成本相差不大,但考虑决策者异质性的选址-分配方案所需时长明显更短,即考虑决策者异质性的应急救援方案在时效性方面有更好的保障。综上,考虑决策者异质性的跨区域应急物资选址-分配模型的可行性和有效性得以验证,换句话说,将真实存在的决策者异质性这一现象考虑进应急优化,能使决策方案在实际救援中发挥更好的应急效用。

2.5.3 案例参数分析

针对构建的考虑决策者异质性的跨区域应急物资选址-分配模型,现从选址-分配以及异质性相关角度,观察模型的四类关键参数变化对应急最优方案的影响,关键参数分别为:单位运输成本、救援中心个数限制、差异化初始决策时长以及差异化学习能力。

1. 单位运输成本的影响

改变物资在任一路段的单位运输成本,以成都与自贡间物资单位运输成本的变化为例,观察其对整个应急物资救援方案的影响,如图 2-2 所示。图 2-2(a)～(f)展现的是改变单位运输成本分别对六种选址方案下(自贡、广安、宜宾、乐山、资阳和陇南)总成本和总决策时间的影响情况。

整体而言,随着成都到自贡路段物资单位运输成本的增大,应急救援中心选址与 2.5.2 节中案例最优选址结果相同,仍为六种选址方案:自贡、广安、宜宾、乐山、资阳和陇南。观察图 2-2,发现:①成都到自贡段单位运输成本的增大仅对选择自贡为救援中心的应急方案总成本有较大影响,对于选择除自贡之外 5 个其他救援中心的应急方案总成本和总决策时间几乎无影响。这一现象符合常理,因改变的仅是成都至自贡的单位运输成本,其他备选救援中心到各供应点或各受灾区域的单位运输成本无任何变化,故对选址在其他救援中心的应急方案无任何影响。②成都至自贡的单位运输成本越大,选址在自贡作为救援中心的应急方案总成本越大,但增高趋势变缓。这一影响变化说明:灾后应急物资分配过程中,在保证有效快速救援的前提下,可采取控制单位运输成本的方式在一定程度达到降低应急成本的目的。

2. 救援中心个数限制的影响

改变建立救援中心个数的约束限制,从 $M=3$ 到 $M=7$,观察其对整个应急物资救援方案的影响,如图 2-3 所示。图 2-3 是一个 Pareto 图,横、纵坐标代表的是双目标,分别是应急选址-分配方案的总成本 $f(x_1)$ 和总决策时间 $f(x_2)$。从图 2-3

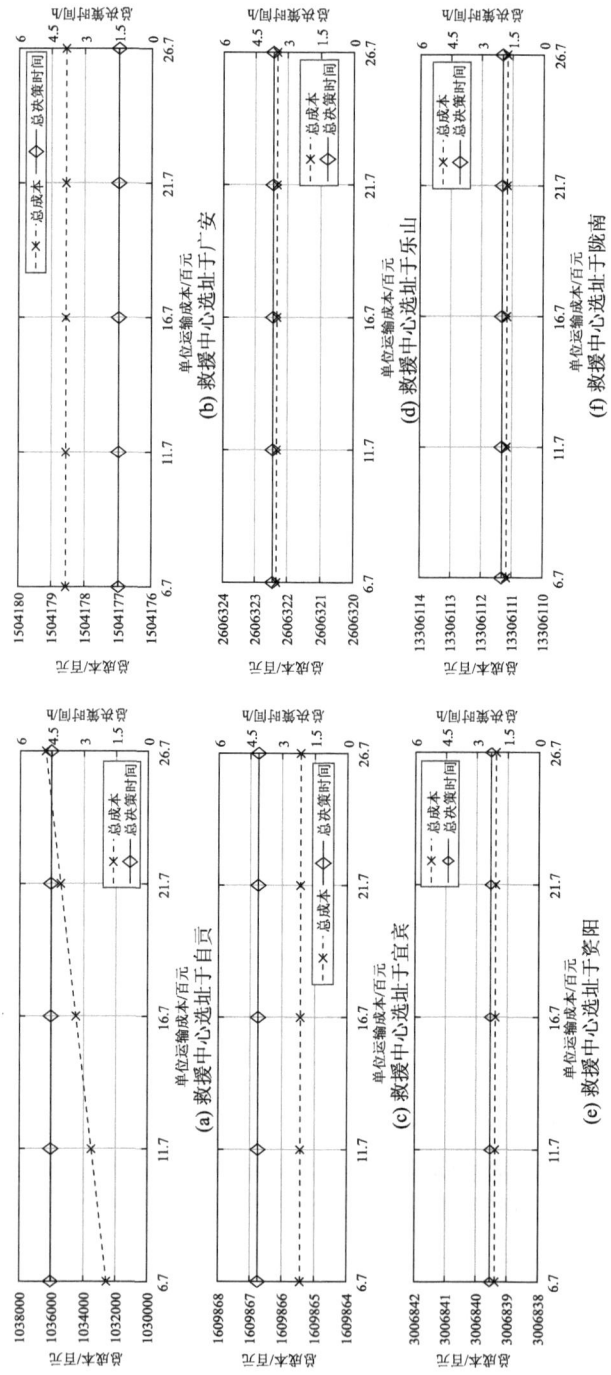

图 2-2 单位运输成本变化对总成本和总决策时间的影响

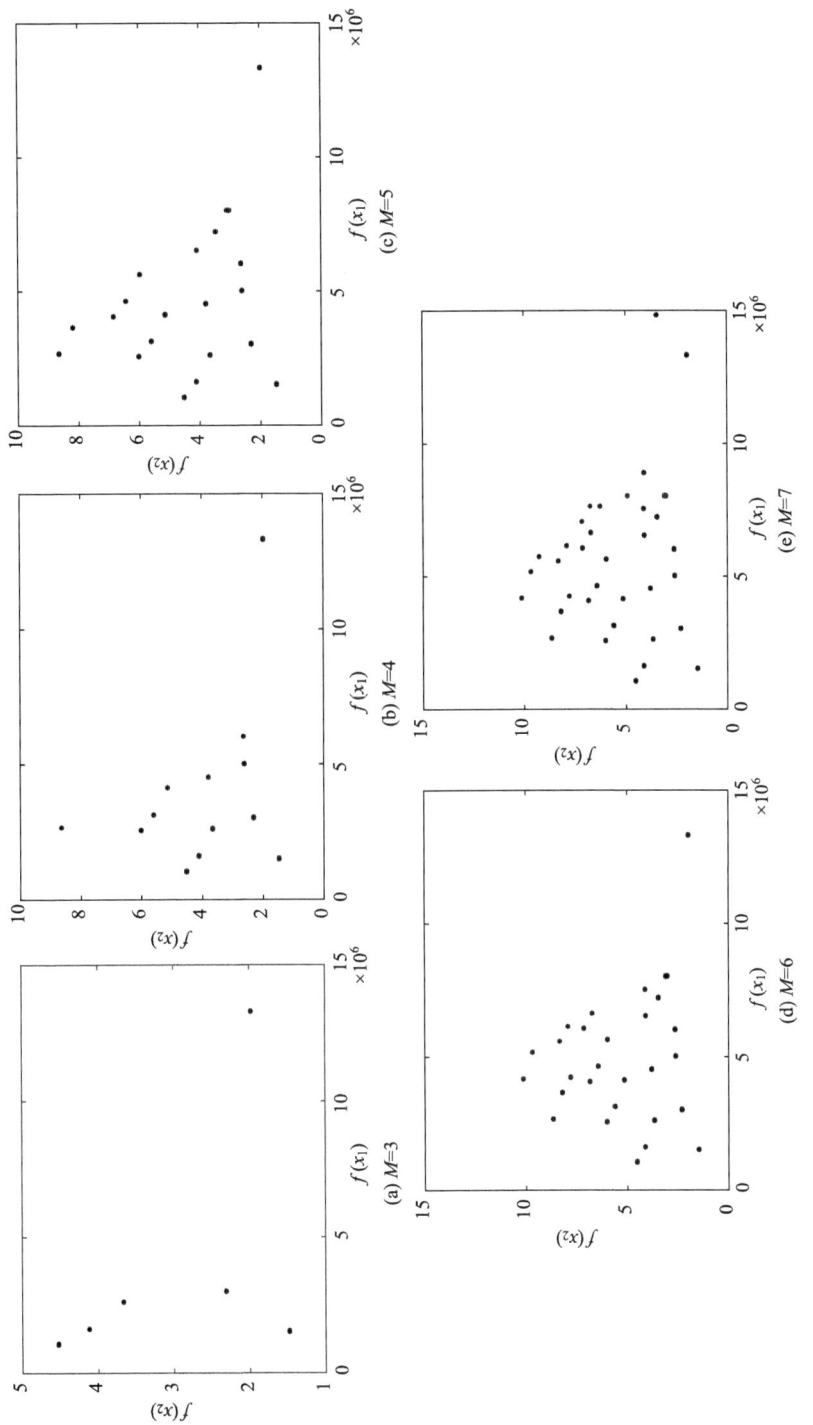

图 2-3 救援中心个数限制的变化对应急救援方案的影响

可发现:一方面,随着救援中心个数限制的放宽,最优解的数量明显增多,说明应急方案的多样性增强,这符合常识。另一方面,救援中心个数限制越宽松,最优解分布的整体趋势越向图 2-3 的右上方聚集,意味着最优应急方案下的总成本和总决策时间趋于增加。这验证了决策者在做建立应急救援中心个数决策时,需根据具体灾情确定适当数量,并非救援中心个数越多越好。本案例场景下 3 或 4 个救援中心个数限制就能较好实现快速有效的应急救援。

3. 差异化初始决策时长的影响

由 2.2.1 节,可采用经济发展水平、应急关注度、备选点的安全性和交通通达度这 4 个指标来定量表征决策者们差异化的初始决策时长。现分别针对供应点和备选救援中心,以各区域应急关注度和经济发展水平为例,探讨差异化初始决策时长的变化对整个应急物资救援方案的影响。

1) 供应点处应急关注度的变化

改变供应点处的应急关注度,以成都为例,观察应急关注度变化带来的影响,如图 2-4 所示。仍用图 2-4(a)~(f)展现改变供应点应急关注度分别对六种选址方案(自贡、广安、宜宾、乐山、资阳和陇南)总成本和总决策时间的影响情况。

作为供应点之一的成都处应急关注度变化对救援中心选址和总成本几乎无影响,救援中心选址仍为六种方案:自贡、广安、宜宾、乐山、资阳和陇南。观察图 2-4,发现:成都应急关注度的改变对各选址方案下的总决策时间均有较大影响。具体地,应急关注度越大,总决策时间越长。这一结论似乎有悖于"越关注越好"的常理。究其原因,发现成都应急关注度越大,的确会导致成都这个供应点的初始决策时长缩短,却也会使绵阳和重庆的初始决策时长增大,从而造成整体上三个供应点总的初始决策时长增大,故而增加了总决策时间。事实上,这类现象出现在很多真实应急场景中:例如 2021 年 7 月 20 日的河南暴雨,让郑州成了全中国的焦点,大量应急资源涌向郑州救灾,而新乡、鹤壁、安阳、周口等重灾区在暴雨初期收获的应急关注度相对较低,导致救灾初期对这些区域的应急资源分配相对延时,总决策时间增长。因此,为有效提升应急效果,可提倡在日常应急中加强预案构建和完善、在战时应急响应过程中加大媒体宣导和及时公开典型灾区应对效果等方式来缩短应急决策时间。

2) 备选救援中心处应急关注度的变化

改变备选救援中心处的应急关注度,以自贡为例,观察应急关注度变化带来的影响,如图 2-5 所示。类似地,用图 2-5(a)~(f)展现改变备选救援中心应急关注度分别对六种选址方案(自贡、广安、宜宾、乐山、资阳和陇南)总成本和总决策时间的影响情况。

第 2 章　考虑决策者异质性的跨区域应急决策

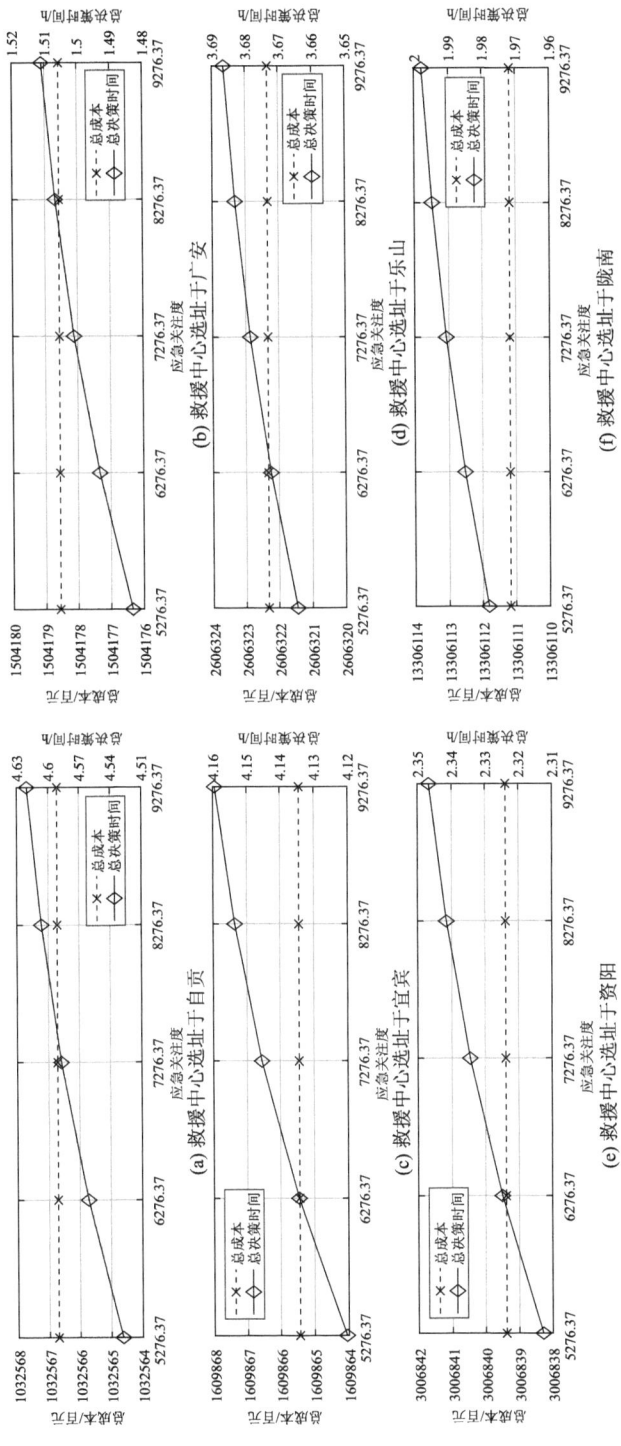

图 2-4　供应点处应急关注度变化对总成本和总决策时间的影响

作为备选救援中心之一的自贡处应急关注度变化对救援中心选址和总成本几乎无影响，救援中心选址仍为六种方案：自贡、广安、宜宾、乐山、资阳和陇南，这与供应点处应急关注度变化的影响一致。观察图 2-5，发现：除了广安被选为救援中心情形（图 2-5(b) 显示总决策时间变化不大），改变自贡应急关注度对其他各选址方案下的总决策时间均有较大影响。由图 2-5(a)，对自贡的应急关注度越大，自贡处的总决策时间逐渐减少直至不变，这比较符合常理，对应急越关注相对越容易快速有效地决策，但决策时间不能无止境地降低，必然会存在一个下限。图 2-5(c)～(f) 展现了随着自贡处应急关注度的增大，宜宾、乐山、资阳和陇南选址方案下的总决策时间大体呈上升的趋势，这与上述供应点处应急关注度变化造成的影响同原因。若仅对某区域应急关注多，有时容易对其他区域相对忽视，导致其他区域的初始决策时长增大，故而增加其他区域的总决策时间。同样可通过构建合理预案和加大信息沟通等方式来缩短决策时间，实现协同应急效能。

综上所述，无论是供应点还是备选救援中心处，都应重视提升相关区域整体应急关注度，而非仅着力于个别区域的改善，如此才能实现高效应急。

3) 供应点处经济发展水平的变化

改变供应点处的经济发展水平，仍以成都为例，观察经济发展水平变化带来的影响，如图 2-6 所示。用图 2-6(a)～(f) 展现改变供应点经济发展水平分别对 6 种选址方案（自贡、广安、宜宾、乐山、资阳和陇南）总成本和总决策时间的影响情况。

随着成都经济发展水平的提升，最优选址结果和总成本不变，应急救援中心选址仍为自贡、广安、宜宾、乐山、资阳和陇南这六种方案。观察图 2-6，发现：随着成都经济发展水平的提升，六种选址方案下的总决策时间均减少，且下降态势逐渐趋缓。这符合常理。区域经济越发达，应急响应相对越迅速。故提高经济发展水平对提升应急效能有正向作用。

4) 备选救援中心处经济发展水平的变化

改变备选救援中心处的经济发展水平，仍以自贡为例，观察经济发展水平变化带来的影响，如图 2-7 所示。图 2-7(a)～(f) 展现改变备选救援中心经济发展水平分别对六种选址方案（自贡、广安、宜宾、乐山、资阳和陇南）总成本和总决策时间的影响情况。

自贡经济发展水平的提高，对最优选址结果和总成本基本无影响，应急救援中心选址仍为自贡、广安、宜宾、乐山、资阳和陇南这 6 种方案。观察图 2-7，发现：除了陇南被选为救援中心情形（图 2-7(f) 显示总决策时间变化不大），改变自贡的经济发展水平对其他各选址方案下的总决策时间均有较大影响。由图 2-7(a)，自贡的经济发展水平越高，自贡处的总决策时间逐渐增加直至不变，这

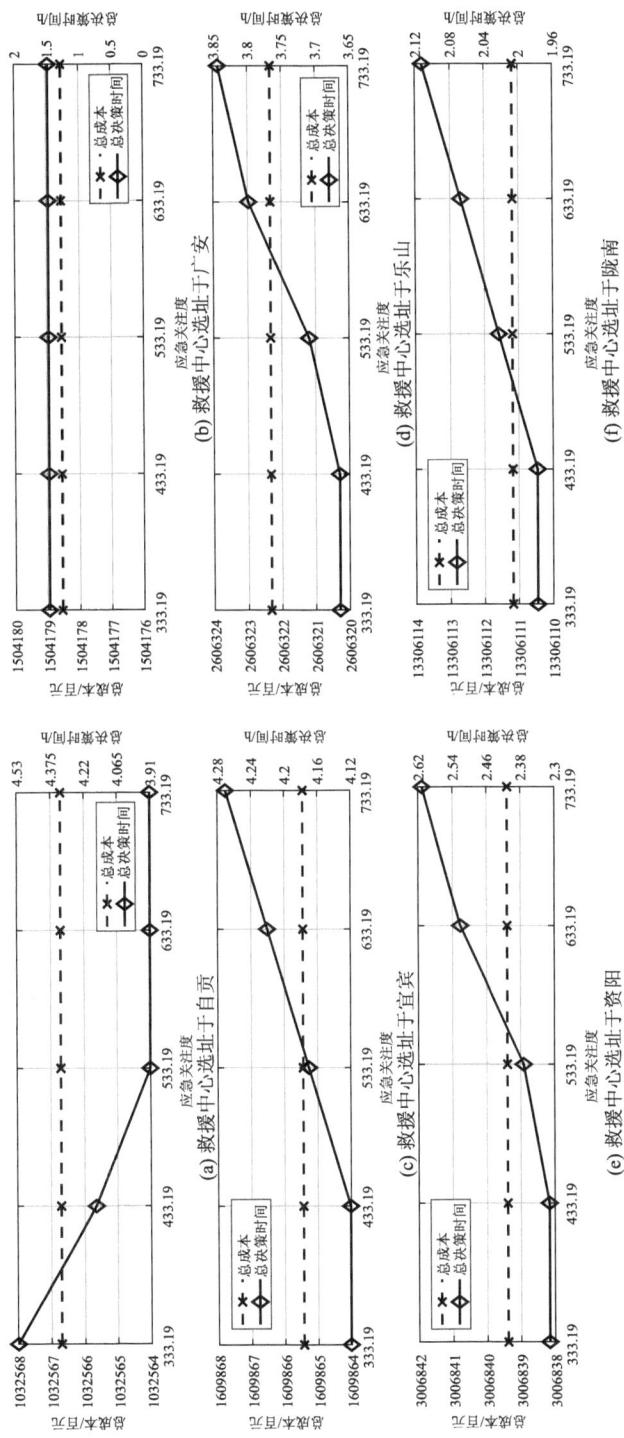

图 2-5 备选救援中心处应急关注度变化对总成本和总决策时间的影响

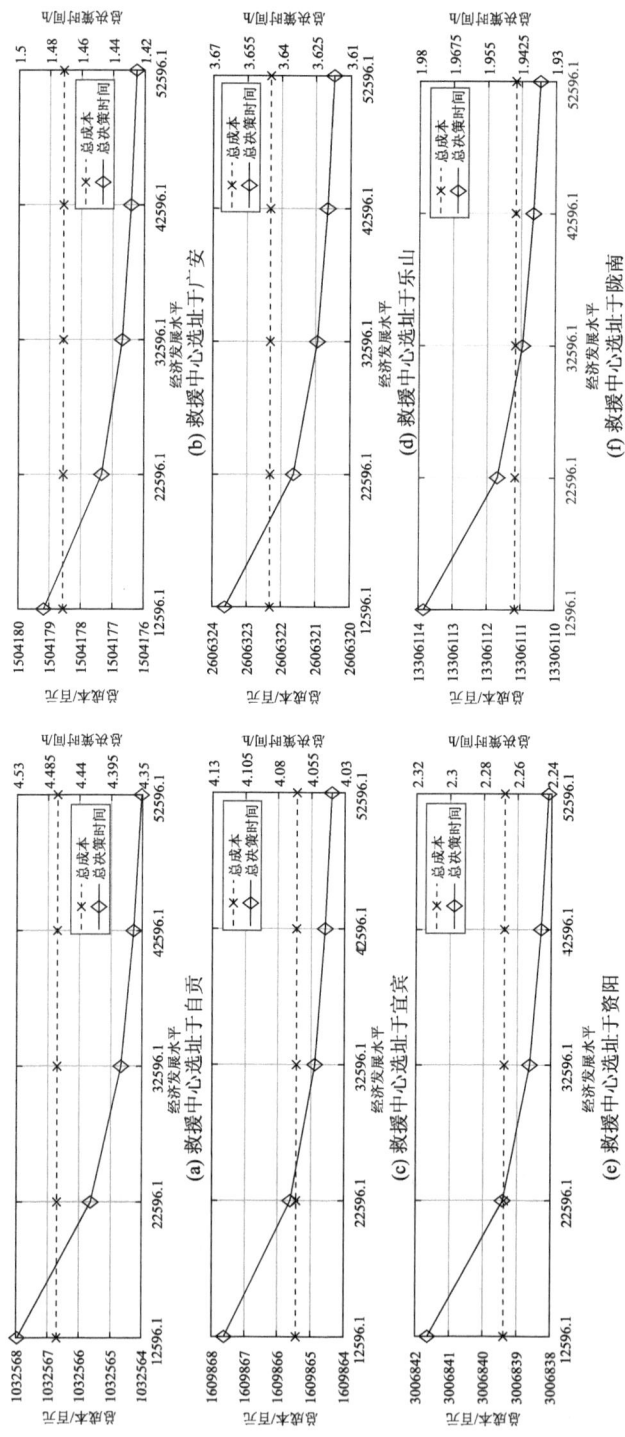

图 2-6 供应点处经济发展水平对总成本和总决策时间的影响

第 2 章 考虑决策者异质性的跨区域应急决策

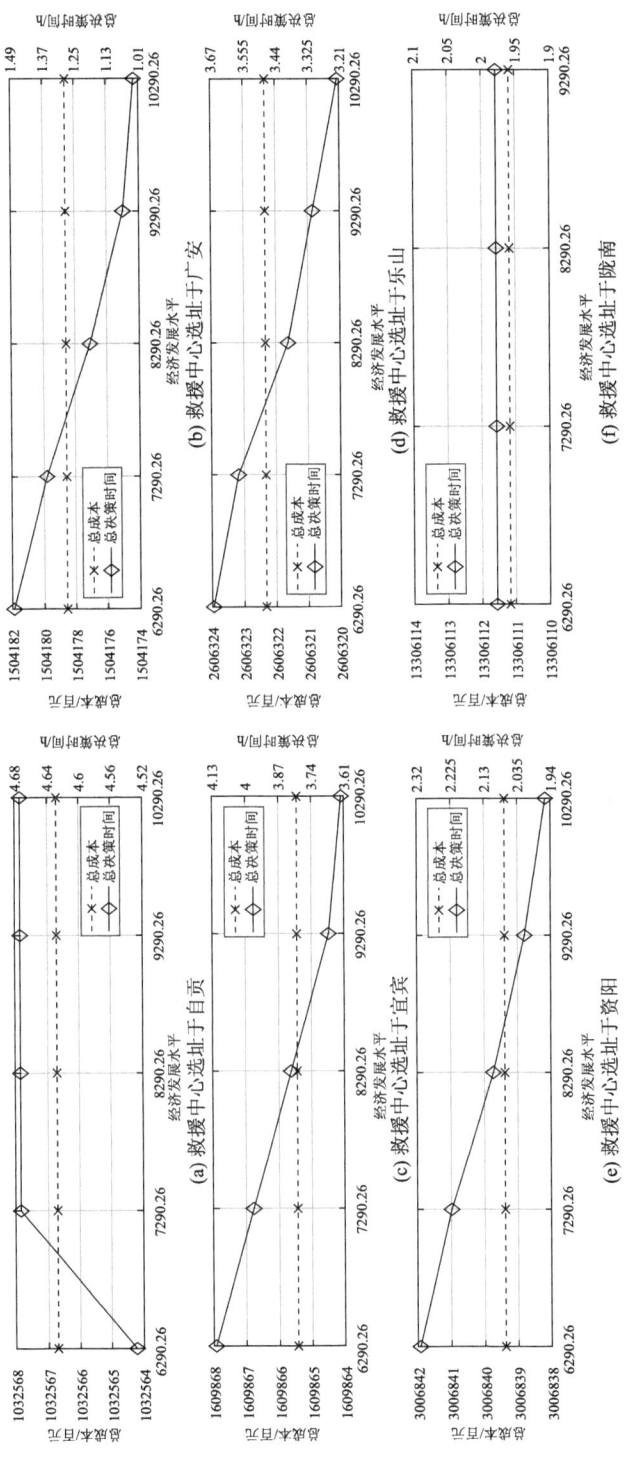

图 2-7 备选救援中心处经济发展水平变化对总成本和总决策时间的影响

结论看上去似乎有悖于"越发达越好"的常理。究其原因，发现随着自贡经济发展水平的提升，其作为备选救援中心的初始决策时长逐渐增加直至上限，导致总决策时间增加。这是因为越发达的区域，通常行政区划级别越高，在越高级别的区域建立应急救援中心可能需综合考虑的因素更多，需付出的初始决策时间相对更长。图 2-7(b)~(e) 展现了随着自贡处经济发展水平的提升，广安、宜宾、乐山和资阳选址方案下的总决策时间均呈下降趋势。这也有点出乎意料。进一步分析发现是因为自贡经济发展水平越高，不仅导致自贡市初始决策时长增加，也使广安、宜宾、乐山和资阳处初始决策时长相对缩短，故而减少了这些备选救援中心处的总决策时间。

综上所述，在实际应急决策过程中各区域经济发展水平不容忽视：防灾时，可尽量选择经济发展水平较高的区域作为供应点，这样更有利于灾后快速有效地救援。灾后，需要建立临时应急救援中心时，不一定选址于经济发展水平高的区域，与灾区间的交通便捷度或分配覆盖度等因素在救援中心选址时可能是更需要考虑的重要因素。

4. 差异化学习能力的影响

由 2.2.2 节，决策者们差异化学习能力受个人因素、经验及社会环境等的影响。仍分别针对供应点和备选救援中心，以各区域决策者们的个人因素和各区域经验因素为例，探讨差异化学习能力的变化对整个应急物资救援方案的影响。

1) 供应点处决策者个人因素的变化

改变供应点处决策者个人因素的指标(如年龄、学历及工作年限)，以成都为例，观察决策者个人因素指标变化带来的影响，如图 2-8 所示。仍用图 2-8(a)~(f) 展现改变供应点处决策者个人因素分别对六种选址方案下(自贡、广安、宜宾、乐山、资阳和陇南)总成本和总决策时间的影响情况。

作为供应点之一的成都处决策者个人因素变化对救援中心选址结果和总成本几乎无影响，最优选址仍为六种方案：自贡、广安、宜宾、乐山、资阳和陇南。观察图 2-8，发现：除了对自贡为救援中心情形几乎无影响(图 2-8(a) 显示总决策时间变化不大)之外，改变成都处决策者个人因素对其他各选址方案下的总决策时间均有较大影响。由图 2-8(b)~(f)，随着成都处决策者个人因素指标的减小，各选址方案下的总决策时间增加。这是因为所构模型中个人因素指标直接关联学习率，指标越小意味着学习率越低，即学习能力越差，故而在应急决策时需要更长的总决策时间。

2) 供应点处经验因素的变化

改变供应点处经验因素的指标(如所在区域发生地震灾害的次数、级数及震源深度)，以成都为例，观察供应点处经验因素变化带来的影响，如图 2-9 所示。

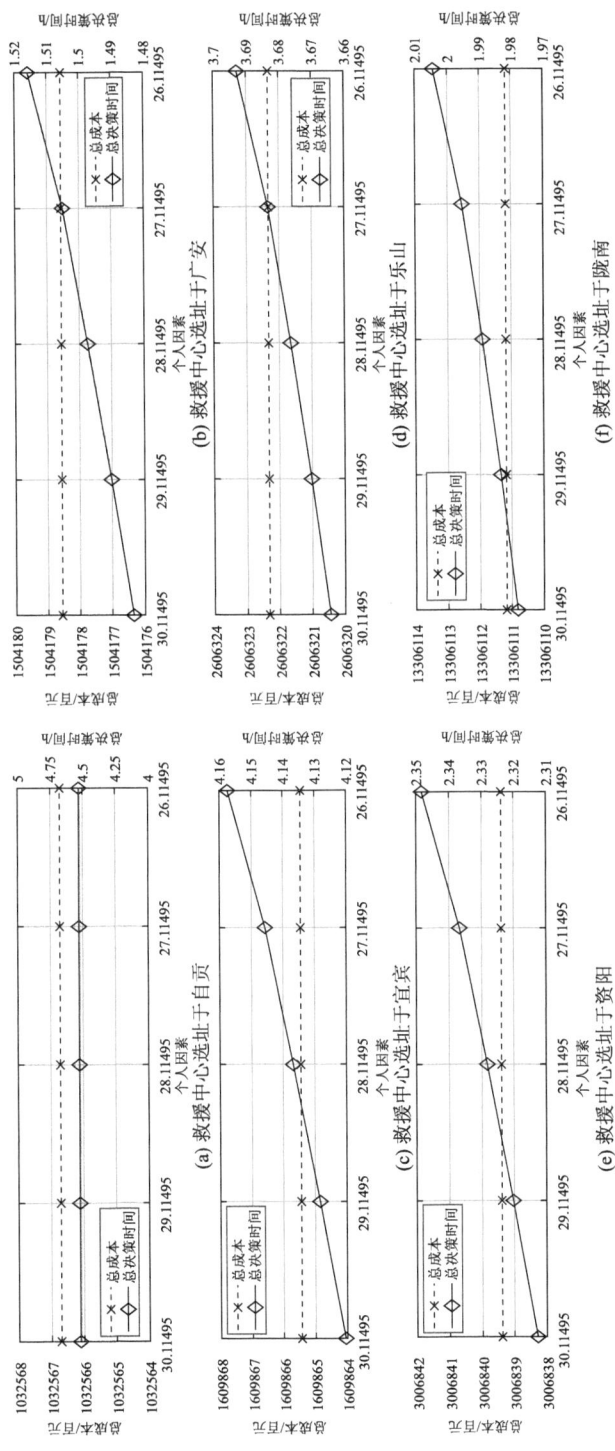

图 2-8 供应点处决策者个人因素对总成本和总决策时间的影响

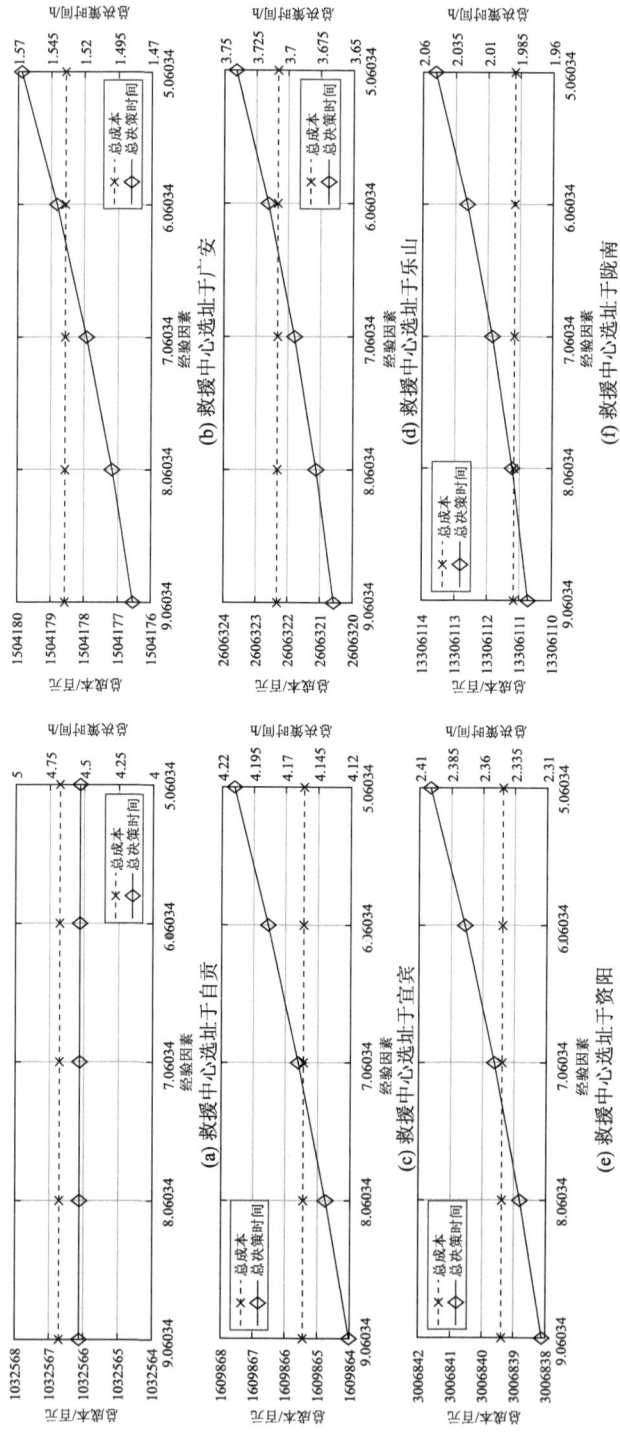

图 2-9 供应点处经验因素对总成本和总决策时间的影响

图 2-9(a)~(f)展现改变供应点处经验因素分别对六种选址方案下(自贡、广安、宜宾、乐山、资阳和陇南)总成本和总决策时间的影响情况。

作为供应点之一的成都处经验因素变化对救援中心选址结果和总成本几乎无影响，最优选址同为六种方案。观察图 2-9，发现与图 2-8 展示的变化趋势基本一致：除了自贡为救援中心方案下总决策时间基本无变化之外，成都处经验因素指标越小，各选址方案下的总决策时间越长。究其原因，发现类似于个人因素，经验因素指标越小，意味着学习率越低，换句话说，下降的学习能力直接导致应急决策需耗费更长的总决策时间。

3) 备选救援中心处决策者个人因素的变化

改变备选救援中心处决策者个人因素的指标，以自贡为例，观察决策者个人因素指标变化带来的影响，如图 2-10 所示。图 2-10(a)~(f)同样展示改变备选救援中心处决策者个人因素分别对六种选址方案下总成本和总决策时间的影响情况。

作为备选救援中心之一的自贡处决策者个人因素变化也对救援中心选址结果和总成本无影响，最优选址同为六种方案。观察图 2-10，发现：自贡处决策者个人因素指标的增大仅对选择自贡为救援中心的应急方案总决策时间有较大影响，对于选择除自贡之外 5 个其他救援中心的应急方案总决策时间几乎无影响。随着自贡处决策者个人因素指标越大，自贡被选为救援中心情形下的总决策时间越短，这一变化趋势符合常理。因为增大的仅是自贡处决策者个人因素指标，直接导致仅自贡处决策者的学习率提高、学习能力提升，故而花费在应急决策上的时间就越短。

4) 备选救援中心处经验因素的变化

改变备选救援中心处经验因素的指标，仍以自贡为例，观察备选救援中心处经验因素变化带来的影响，如图 2-11 所示。类似地，用图 2-11(a)~(f)展现改变备选救援中心处经验因素分别对六种选址方案下总成本和总决策时间的影响情况。

作为备选救援中心之一的自贡处经验因素变化对救援中心选址结果和总成本几乎无影响，最优选址同为六种方案。观察图 2-11，发现与图 2-10 展示的变化趋势基本一致：随着自贡处经验因素指标的增大，选择自贡为救援中心的应急方案总决策时间明显减少，而选择自贡以外其他救援中心应急方案的总决策时间几乎不变。这是因为，自贡处经验因素指标越大，仅仅意味着自贡处决策者的学习率提升，其学习能力的提高自然缩短了自贡处应急决策总时间。

综上所述，在实际应急物资分配运作中，为快速有效地进行应急救援决策，无论是每个供应点还是备选救援中心处决策者不仅需重视努力提高个人素质(如提升学历水平)，还应该注意总结各类灾害经验(如可通过积极参与各项灾后救援任务来积累经验)，以提高面对灾害的应急技能学习能力，从而实现高效应急。

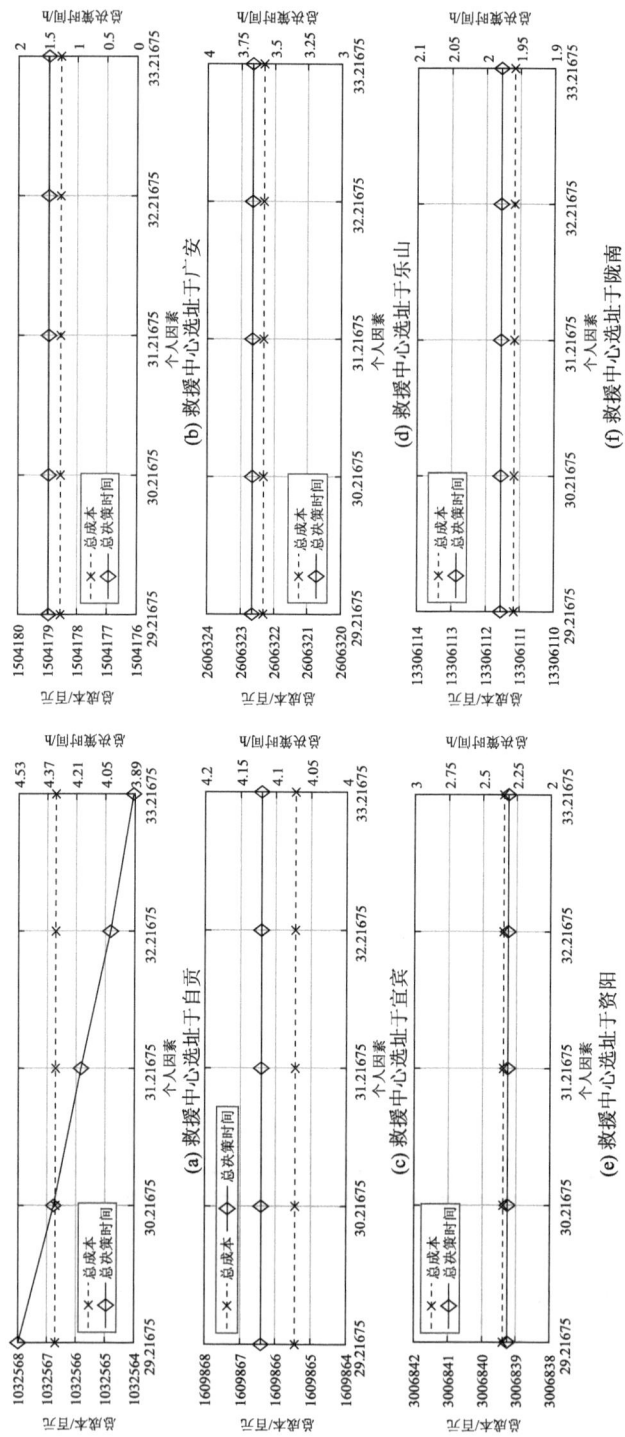

图 2-10 备选救援中心处决策者个人因素对总成本和总决策时间的影响

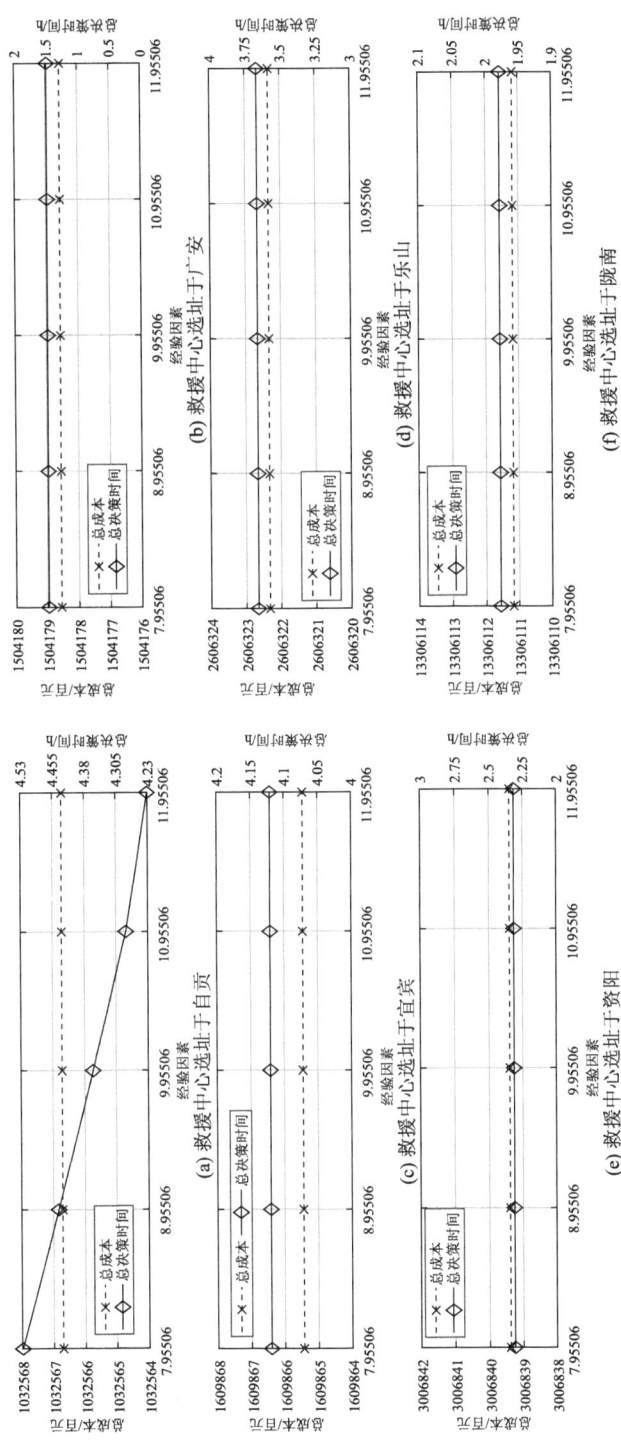

图 2-11　备选救援中心处经验因素对总成本和总决策时间的影响

2.6 本章小结

跨区域复杂应急中多元化决策者的异质性及影响不容忽视。与第 1 章相同的研究场景，本章继续关注应急决策中必不可少的一个重要环节：救援物资调配过程的选址-分配优化。以往的应急选址-分配相关研究，几乎未综合考虑过不同决策者在应急响应过程中的异质性。本章创新性地构造"差异化初始决策时长"以及"差异化学习能力函数"这两个典型异质性指标来刻画跨区域应急中各供应点和备选救援中心处决策者的异质性，构建出考虑决策者异质性的跨区域应急物资选址-分配模型。通过 NSGA-II 算法对模型进行求解，与 CPLEX 求解结果进行比较以验证算法有效性，将考虑与未考虑决策者异质性的选址-分配决策方案对比分析以验证所构模型的有效性。以 2017 年九寨沟地震为案例背景实施关键参数仿真分析，模型求解和参数分析结果为相关部门科学地应急决策提供重要的管理启示。未来研究可考虑除决策时长和学习能力之外的决策者异质性因素及影响，也可尝试构建更真实的跨区域多种应急物资多周期协同分配的复杂模型。

参 考 文 献

[1] El Mouayni I, Etienne A, Lux A, et al. A simulation-based approach for time allowances assessment during production system design with consideration of worker's fatigue, learning and reliability[J]. Computers & Industrial Engineering, 2020, 139: 105650.

[2] Feng L, Chan Y L. Joint pricing and production decisions for new products with learning curve effects under upstream and downstream trade credits[J]. European Journal of Operational Research, 2019, 272(3): 905-913.

[3] Fu Y, Ding J, Wang H, et al. Two-objective stochastic flow-shop scheduling with deteriorating and learning effect in Industry 4.0-based manufacturing system[J]. Applied Soft Computing, 2018, 68: 847-855.

[4] Expósito-Izquierdo C, Angel-Bello F, Melián-Batista B, et al. A metaheuristic algorithm and simulation to study the effect of learning or tiredness on sequence-dependent setup times in a parallel machine scheduling problem[J]. Expert Systems with Applications, 2019, 117: 62-74.

[5] Pei J, Cheng B, Liu X, et al. Single-machine and parallel-machine serial-batching scheduling problems with position-based learning effect and linear setup time[J]. Annals of Operations Research, 2019, 272(1-2): 217-241.

[6] Wu C C, Lin W C, Zhang X, et al. Tardiness minimisation for a customer order scheduling problem with sum-of-processing-time-based learning effect[J]. Journal of the Operational Research Society, 2019, 70(3): 487-501.

[7] Yu B, Wang J, Lu X, et al. Collaboration in a low-carbon supply chain with reference emission

and cost learning effects: Cost sharing versus revenue sharing strategies[J]. Journal of Cleaner Production, 2020, 250: 119460.

[8] Afshari H, Jaber M Y, Searcy C. Investigating the effects of learning and forgetting on the feasibility of adopting additive manufacturing in supply chains[J]. Computers & Industrial Engineering, 2019, 128: 576-590.

[9] Wei Q, Zhang J, Zhu G, et al. Retailer vs. vendor managed inventory with considering stochastic learning effect[J]. Journal of the Operational Research Society, 2019, 71(4): 1-19.

[10] 丁家兰. 考虑行为异构的应急调配优化研究[D]. 南京: 南京信息工程大学, 2020.

[11] 朱莉, 丁家兰, 计梦婷. 考虑区域异质性的应急物资选址-分配优化[J]. 系统管理学报, 2018, 27(6): 1142-1149.

[12] Sariyska R, Lachmann B, Markett S, et al. Individual differences in implicit learning abilities and impulsive behavior in the context of Internet addiction and Internet Gaming Disorder under the consideration of gender[J]. Addictive Behaviors Reports, 2017, 5: 19-28.

[13] Chen G, Zhou Q, Liu W. Organizational learning from experience: Current status in multilevel perspective, integration model and future direction[J]. Nankai Business Review International, 2017, 8(2): 122-157.

[14] Wu Y. Organizational structure and product choice in knowledge-intensive firms[J]. Management Science, 2015, 61(8): 1830-1848.

[15] Rai L, Chunrao D. Influencing factors of success and failure in MOOC and general analysis of learner behavior[J]. International Journal of Information and Education Technology, 2016, 6(4): 262-268.

[16] 中国地震台网历史查询[EB/OL]. http://www.ceic.ac.cn/history, 2020-10-15.

[17] Zhang X, Tang W, Huang Y, et al. Understanding the causes of vulnerabilities for enhancing social-physical resilience: Lessons from the Wenchuan Earthquake[J]. Environmental Hazards, 2018, 17(4): 292-309.

[18] Sun X, Geng X N, Wang J B, et al. Convex resource allocation scheduling in the no-wait flowshop with common flow allowance and learning effect[J]. International Journal of Production Research, 2019, 57(6): 1873-1891.

[19] Yelle L E. The learning curve: Historical review and comprehensive survey[J]. Decision sciences, 1979, 10(2): 302-328.

[20] Baumol W J, Wolfe P. A warehouse-location problem[J]. Operations Research, 1958, 6(2): 252-263.

[21] Deb K, Pratap A, Agrawal S, et al. A fast and elitist multiobjective genetic algorithm: NSGA-II[J]. IEEE Transactions on Evolutionary Computation, 2002, 6(2): 182-197.

[22] Song W J, Zhang C Y, Lin W W, et al. Flexible job-shop scheduling problem with maintenance activities considering energy consumption[J]. Applied Mechanics and Materials, 2014, 521: 707-713.

[23] Wang H, Fu Y, Huang M, et al. A NSGA-II based memetic algorithm for multiobjective parallel flowshop scheduling problem[J]. Computers & Industrial Engineering, 2017, 113: 185-194.

第3章 考虑受灾者异质性的跨区域应急决策

除了地区异质性和决策者异质性，跨区域应急面对的救援对象"不同受灾者"间也存在异质性(如各灾区待救人员有不同程度的受伤)，这些受灾者差异性及其影响在跨区域应急决策过程中同样不容忽视。整个应急管理过程包括预防准备、监测预警、处置救援和恢复重建四个阶段，这里仍研究跨区域应急处置救援决策问题。处置救援被认为是应急管理的核心任务，其中受灾群众如何被紧急转移以及大量应急物资怎样被快速送至各受灾区域等现场处置问题，均属于应急救援路径的优化选择决策。解决救援路径决策难题对于突发事件发生后减少生命财产损失、促进全面高效的应急管理体系建设至关重要。具体地，本章关注各灾区待救人员的不同受伤程度，用"伤员在途可坚持时间"的区别来表征差异化受灾情形，研究带有时间窗限制、考虑受灾者异质性的跨区域应急救援路径优化问题。

3.1 决策问题描述与相关研究

本章关注的决策问题是跨区域应急救援路径的选择优化。应急救援路径决策在定量建模时本质上就是车辆路径问题(vehicle routing problem, VRP)，可按研究对象不同被分为物资调度路径选择和人员运输(尤其伤员撤退至各医疗中心或避难场所)的路径优化问题[1,2]。在此聚焦伤员运输路径优化相关研究，不同受伤程度常被视为区别于物资运输的关键因素之一[2]。的确，伤员伤情的严重程度间接体现了受灾差异，在面对极其有限的应急资源进行运营优化时，对伤员进行分类分级对待十分必要，这在医疗管理领域被称为 Triage[3,4]。已有的 Triage 丰富理论成果在研究方法上多采用排队论[4]，主要探讨基于伤员分级应急救援资源(如救护车、病床、医护人员以及手术室等)的合理分配，也有讨论考虑伤员受伤等级时如何确定运输优先级别[3]，较少研究工作关注伤员分类分级对路径选择的影响。

不同于 Triage 研究视角和方法，伤员运输的 VRP 文献常采用多种处理方式来刻画伤员等级分类对应急救援路径选择的影响：有的在 VRP 模型里将伤员处理成特殊的一种物资流，采取类似于对具有不同需求级别商品进行分类的方式，对轻重伤患者赋予不同权重来做区分，以最大化考虑不同伤员优先救援等级的加权和作为决策目标来选择最优路径方案[2]；也有文献在 VRP 模型目标函数中构造不同的救愈概率函数来体现不同受伤程度[5,6]；还有在 VRP 模型约束条件中选用不同的时间窗限制来区分伤员差异化的受伤等级[7-9]。本章的研究手段与时间窗区方法相近,尤其文献[9]提出各类型车辆所具最大运输时长限制的不同对本章模型构建思路的形成具有重要启发。

值得注意的是,综合来看,一方面,带时间窗的应急 VRP 相关研究,大多都是在同质性"单(多)出救点、单(多)受灾点"场景下讨论路径优化,虽有文献[7]~[9]关注不同受伤程度人员的救援,但较少探讨对灾害下各区域中具有差别化受灾程度的伤员如何实施救援车辆路径优化决策。而重大突发灾害事件常波及多个区域,这些区域在经济发展水平、人口密度、道路通达性等方面均存在异质特征;另一方面,为刻画伤员受伤程度的不同,带时间窗应急 VRP 模型常采用的方式是对车辆抵达伤员处的时间窗进行差别限制[7, 8],却忽略了具有受灾差异的各伤员能够忍受从被车辆接收到被送至医疗中心接受救治成功的最大时间间隔(以下简称"伤员在途可坚持时间")也具有差异性。尤其救援车辆到达各受灾区域将伤员接上车后,有时并非直接送至医疗中心,而是顺而赶往其他受灾区域一并解救伤员,若在路径优化决策时不考虑伤情轻重,极可能造成伤员伤情恶化、错过最佳救援时机。因此,重大灾害下救援车辆在途经具有异质性特征的不同区域时,面对不同受灾程度的伤员如何合理规划救援路径,是跨区域应急救援决策过程中迫切需要解决的现实问题。

基于此,考虑应急救援场景强时效性要求,本章采用时间窗 VRP 基础模型框架来研究考虑受灾者异质性的跨区域应急救援路径选择问题。与相关研究不同的是,本章研究不仅考虑伤员在受灾区域等待救援时间窗约束的不同,还细化关注不同受灾程度伤员从被接上救援车辆到被运至医疗中心所历经整个运输时长的不同限制,即创新性地以不同程度伤员在途可坚持时间的差异化来刻画受灾者异质性。此外,为反映面向灾害的各区域异质性特征,特别采用灾害影响下差异化的车辆行驶速度来客观度量。最终构建一个以救援车辆行驶总时间最短为目标、考虑受灾者异质性的跨区域应急路径选择优化模型,设计并应用改进后的蚁群算法对模型实施案例仿真求解,讨论考虑受灾者异质性对整个跨区域救援路径优化方案的影响,并通过对关键参数的敏感性分析验证模型和算法的可行性和有效性,得出相关结论,为相关部门构建高效的应急决策体系提供有益参考。

3.2 考虑受灾者异质性的跨区域应急决策模型构建

模型研究场景是某重大突发灾害的爆发使多个邻近区域均受到不同程度影响,关注对多个邻近受灾区域里不同程度受伤人员实施救援的车辆路径优化问题。正如 1.2 节所述,此处邻近区域大到可涉及多个邻省(自治区、直辖市),小到可指同一城市的多个划片区。例如,2008 年汶川地震和 2010 年玉树地震均波及多个邻近区域;再如,2012 年夏季的特大暴雨席卷北京、天津和河北省大部分地区,致使整个京津冀城市群遭受不同级别损失。模型决策问题是：在多个邻近灾区内或附近建有一个大型医疗中心，若干救援车辆从该医疗中心出发，对各灾区内不同程度伤员实施应急救援任务后送回至医疗中心，需要对应急救援路径进行选择决策，要求选择的应急救援路线不能重复且救援总时间最短。

3.2.1 模型假设与符号说明

模型假设条件如下：① 突发灾害事件影响的受灾区域位置和等待救援的伤员数量已知；② 救援车辆车型相同，车辆最大荷载人数唯一并已知，且任意一个受灾区域的伤员数不超过单车容量；③ 每个受灾区域处有且仅有一辆车负责对其实施伤员救治；④ 救援车辆在每个受灾区域停留的时间与此受灾区域内待救伤员人数成正比；⑤ 救援车辆往来于各受灾区域间的行驶速度与各受灾区域间道路的受损程度直接相关；⑥ 受灾害不同程度影响的各受灾区域处伤员在途可坚持时间存在差别，同一受灾区域处不同伤员的在途可坚持时间相同。

设医疗中心共有 K 辆救援车辆，任一救援车辆用 $k(k=1,2,\cdots,K)$ 表示，每辆车最多可荷载伤员人数为 W；用 i 或 j 指那些有待救伤员需求的不同受灾区域(以下简称受灾点)，有待救伤员需求的受灾点总个数为 N；第 k 辆车途经并实施救援的受灾点个数为 n_k($n_k=0$ 的含义是未使用第 k 辆车)；集合 R_k 表示第 k 辆车的行驶路线，用 r_{ki} 代表在路线 R_k 中途经顺序为 i 的受灾点，即 $R_k=\{r_{k0},r_{k1},\cdots,r_{ki},\cdots,r_{kn_k},r_{k(n_k+1)}\}$，其中 r_{k0} 和 $r_{k(n_k+1)}$ 分别表示车辆从医疗中心出发和车辆回到医疗中心的情形。

受灾点 i 到 j 的距离为 $d_{ij}(i,j=0,1,2,\cdots,N)$，其中 $i=0$ 或 $j=0$ 表示医疗中心；受灾点 i 内需要被救援的伤员人数用 q_i 来表示；救援车辆必须在时间窗 $[0,b_i]$ 内到达各受灾点 i；救援车辆行至各受灾点 i 后从开始接收伤员到将其顺利送到医疗中心接受救治成功的最大时间间隔(即伤员在途可坚持时间)为 c_i；用 s_i 表示救援车辆抵达受灾点 i 的时刻，t_{ij} 是救援车辆由受灾点 i 到受灾点 j 的行驶时间，ut_i 是在受灾点 i 处安排每一位伤员上车所耗费的时间；用 v_{ij}^0 表示救援车辆在未受灾情况下从受灾点 i 行驶到受灾点 j 的正常通行速度，v_{ij} 是突发灾害发生后救援车辆从受灾点 i 到 j 路段上的平均通行速度，ε_{ij} 是受灾点 i 与 j 路段间受灾害影响的速度衰减系数。

3.2.2 面向受灾者异质性的跨区域应急路径优化模型

考虑应急救援强时效性要求，面向受灾者异质性的跨区域应急路径优化模型决策目标是在符合各车辆荷载、车辆总数量限制以及满足各方面时间关联约束的前提下，寻求使救援行驶总时间最短的最优应急路径选择方案。

$$\min f = \sum_{k=1}^{K}\sum_{i=1}^{n_k+1} t_{r_{k(i-1)}r_{ki}} \cdot \text{sign}(n_k - 1) \tag{3-1}$$

s.t.
$$\sum_{i=1}^{n_k} q_{r_{ki}} \leqslant W, \quad k = 1, 2, \cdots, K \tag{3-2}$$

$$0 \leqslant n_k \leqslant N, \quad k = 1, 2, \cdots, K \tag{3-3}$$

$$\sum_{k=1}^{K} n_k = N \tag{3-4}$$

$$R_{k_1} \cap R_{k_2} = \varnothing, \quad \forall k_1 \neq k_2 \tag{3-5}$$

$$R_k = \{r_{ki} \mid r_{ki} \in \{1, 2, \cdots, N\}, \quad i = 1, 2, \cdots, n_k\} \tag{3-6}$$

$$s_{r_{k(i-1)}} + ut_{r_{k(i-1)}} \cdot q_{r_{ki}} + t_{r_{k(i-1)}r_{ki}} = s_{r_{ki}} \tag{3-7}$$

$$s_{r_{ki}} \leqslant b_i, \quad i = 1, 2, \cdots, N \tag{3-8}$$

$$s_{r_{k(n_k+1)}} - s_{r_{ki}} \leqslant c_i, \quad i = 1, 2, \cdots, n_k \tag{3-9}$$

$$\text{sign}(n_k - 1) = \begin{cases} 1, & n_k \geqslant 1 \\ 0, & \text{其他} \end{cases} \tag{3-10}$$

$$v_{r_{k(i-1)}r_{ki}} = v^0_{r_{k(i-1)}r_{ki}} \cdot \varepsilon_{r_{k(i-1)}r_{ki}} \tag{3-11}$$

$$t_{r_{k(i-1)}r_{ki}} = \frac{d_{r_{k(i-1)}r_{ki}}}{v_{r_{k(i-1)}r_{ki}}} \tag{3-12}$$

目标函数(3-1)是最小化所有救援车辆总的行驶时间；约束条件(3-2)意味着每辆救援车辆历经 n_k 个受灾点后救助伤员总人数不超过该辆车的荷载容量限制；约束条件(3-3)表明每辆救援车辆在行驶路径上所历经受灾点的个数限制,其不超过有实际待救伤员需求的受灾点总数量；公式(3-4)和(3-5)这两个约束条件共同确保每个有待救伤员需求的受灾点都能得到救援,且限制任一受灾点仅由一辆车前往救助；约束条件(3-6)是第 k 辆车依次对各受灾点处伤员实施救治所形成的救援路径；约束条件(3-7)是救援车辆依次抵达并对前后两受灾点处伤员实施救助的时间关联表达式,具体含义是车辆 k 到达当前受灾点的时刻等于"该车辆到达前一个受灾点时刻"与"在前一受灾点安排所有伤员上车所耗时间",以及"从前一受灾点到当前受灾点的行驶时长"之总和；约束条件(3-8)是救援车辆到达各受灾点处的不同时间窗约束；公式(3-9)是对不同受灾点处伤员在途可坚持时间的约束表达,用以确保各受灾点处伤员必须在各自可坚持时长内被顺利送达医疗中心接受救治；约束条件(3-10)是明确界定哪些车辆参加伤员救治活动,只有当第 k 辆车至少对1个受灾点实施救助时才意味着该车辆参与救援,此时取 $\text{sign}(n_k - 1) = 1$,否则认为该车辆未参与救援(即 $\text{sign}(n_k - 1) = 0$)；约束条件(3-11)表明救援车辆通行速度随灾害影响下衰减系数的变化而变化；约束条件(3-12)则是救援车辆行驶历经前后两受灾点所耗时间与通行速度,以及两受灾点间距离的关系表达式。

3.3 考虑受灾者异质性的跨区域应急路径优化模型求解

所构模型属于时间窗 VRP 优化范畴,是一个 NP-hard 问题,模型变量和约束条件的增加会导致其求解难度快速上升[10]。目前有多种求解算法,大体可分为精确算法和启发式算法(经典启发式和元启发式)两类,这里选用元启发式算法中的一种——蚁群算法来对模型实施求解。

3.3.1 模型求解算法设计

之所以选择蚁群算法进行模型求解,是因为本章所构模型在带时间窗 VRP 基础上增加了在途可坚持时间限制和灾后速度衰减约束,求解工作更加烦琐。而蚁群算法中的正反馈原理能够在一定程度上加快寻优进程,且作为一种并行算法本质上可通过个体间的信息交互来搜索全局最优解,特别适合解决带时间窗 VRP 的路径寻优问题。现针对所构模型特点,选择将传统蚁群算法进行改进设计并应用于模型求解。

1. 状态转移规则

将救援车辆看成蚂蚁,蚂蚁 $k(k=1,2,\cdots,m)$ 依据各受灾点间连接路径上的信息素浓度决定其下一个要访问的受灾点。设 $P_{ij}^k(t)$ 表示蚂蚁 k 在 t 时刻从受灾点 i 转移到受灾点 j 的概率,其计算公式如下:

$$P_{ij}^k(t) = \begin{cases} \dfrac{(\tau_{ij}(t))^\alpha \cdot (\eta_{ij}(t))^\beta}{\sum\limits_{j \in J_k}(\tau_{ij}(t))^\alpha \cdot (\eta_{ij}(t))^\beta}, & j \in J_k \\ 0, & j \notin J_k \end{cases} \quad (3\text{-}13)$$

$$\eta_{ij} = \begin{cases} v_{ij}^0 \cdot \varepsilon_{ij} \cdot \mathrm{e}^{-p}, & j \in J_k \\ 0, & j \notin J_k \end{cases} \quad (3\text{-}14)$$

其中,τ_{ij} 是信息素浓度函数,表示各受灾点间连接路径上的信息素浓度。η_{ij} 是启发函数,由文献[11],可采用函数式(3-14)来表达,意味着蚂蚁从受灾点 i 选择转移到受灾点 j 的期望程度。值得一提的是,这里在对启发函数构造时特别考虑了受灾害影响的道路通行状况信息,特用参数 p 来刻画。由公式(3-14),p 值越大(意味着道路受阻情况越严重),会导致 η_{ij} 值越小,其含义是以通行状况为指标的某条道路受灾情况越糟糕,蚂蚁选择该条路径的概率越小,即启发函数值越小。用 J_k 表示蚂蚁 k 下一步面临可选择访问的受灾点集合;α 是信息素重要程度因子,其取值越大意味着信息素浓度在受灾点状态转移中发挥的作用越大；相应地，β 是启发函数重要程度因子，β 越大表明启发函数在受灾点状态转移中的影响越大。

2. 局部更新策略

当所有蚂蚁完成一次路径选择后，各受灾点间连接路径上的信息素浓度按照如下策略进行实时更新循环：

$$\tau_{ij}(t+1) = (1-\rho) \cdot \tau_{ij}(t) + \sum_{k=1}^{m} \Delta \tau_{ij}^{k}(t) \tag{3-15}$$

其中，$\rho(0<\rho<1)$ 是信息素挥发因子，表示信息素的挥发程度；$\Delta \tau_{ij}^{k}(t)$ 表示第 k 只蚂蚁从受灾点 i 到受灾点 j 路途中在 t 时刻释放的信息素浓度。

3. 全局更新策略

针对蚂蚁释放信息素问题，Dorigo 和 Gambardella 曾给出三种不同的模型来予以描述[12] (ant cycle system 模型、ant quantity system 模型和 ant density system 模型)，不同模型的差别在于对信息素浓度增加的求法不同。在此采用如下 ant cycle system 模型来表达信息素浓度的增加：

$$\Delta \tau_{i,j}^{k}(t, t+1) = \begin{cases} \dfrac{Q}{L_k}, & \text{边}(i,j)\text{在蚂蚁}k\text{的路径上} \\ 0, & \text{否则} \end{cases} \tag{3-16}$$

其中，Q 是信息素强度系数，其含义是蚂蚁循环一次所释放信息素的总量；L_k 是第 k 只蚂蚁行驶路径的总长度。

3.3.2 模型求解算法步骤

步骤 1：设置蚁群算法的初始参数。包括蚂蚁数量 m、信息素重要程度因子 α、启发函数重要程度因子 β、信息素挥发因子 ρ、信息素强度系数 Q、最大迭代次数 NC_{max}、各路径信息素及其更新量的初始值。

步骤 2：构建解空间。将 m 只蚂蚁随机置于 N 个受灾点，每只蚂蚁根据状态转移规则初步确定下一步要访问的受灾点，到达下一个受灾点后判断是否同时满足约束条件(3-2)和(3-8)；若满足，当 m 只蚂蚁遍历所有受灾点后，转步骤 3；否则，重新依据状态转移规则选择接下来要访问的受灾点。

步骤 3：检验可行解。判断 m 条路径中的每条路径是否满足公式(3-9)，将不满足该约束条件的路径长度设置为一个极大的正数。

步骤 4：应用 2-opt 方法对可行解实现更新。具体地，反向交换路径中的部分弧，若交换后路径长度缩短，则将可行解进行更新改进。

步骤 5： 更新信息素。记录当前迭代次数中的最优解，同时根据公式(3-15)和(3-16)对各受灾点相连路径上的信息素浓度进行更新。

步骤 6： 判断是否终止。若 $NC < NC_{max}$，则令 $NC = NC + 1$，同时清空记录表，转到步骤 2；否则，算法终止，输出最优结果。

3.4　考虑受灾者异质性的跨区域应急决策算例分析

下面设计仿真算例将改进的蚁群算法应用于所构模型进行求解，且与未考虑受灾者异质性的 VRP 模型最优路径方案进行对比，并通过进一步对关键参数实施敏感性分析，以验证模型和算法的可行性和有效性。

3.4.1　仿真算例相关设置

某地震波及地处邻近、有不同程度人员伤亡的 19 个区域，面对影响多区域的地震灾害，另选择 1 处应急救助机构(如大型医院)作为医疗中心，考虑从该医疗中心分派车辆分别将 19 个受灾区域处的伤员接回运至医疗中心接受救治，决策问题是针对这具有不同程度受伤人员的 19 个灾区实施多车辆救援行驶路径的选择优化。为刻画不同区域在地理位置、人口数量、经济发展水平等方面所存在的差别，首先构建一个灾害评估体系对所有区域的受灾等级进行衡量，然后依据不同受灾等级来合理设定各受灾区域间的行驶速度衰减系数、救援车辆到达各受灾区域的时间窗以及各灾区伤员在途可坚持时间等模型关键参数。

1. 灾害评估体系的构建

选择经济发展水平 A_1、道路通达性 A_2、震中距 A_3 和伤亡人数 A_4 这四个指标[13]来评估各区域受地震灾害的影响程度。简述评估方法如下：首先对各受灾区域在这四个指标方面的相关数据进行采集，其中经济发展水平指数可依托各地区 GDP 值测定，道路通达性指数可依据各区域交通流量密度设置，震中距根据 Google 地图测算，伤亡人数由特定灾情数据统计而得。将这些相关指标数据列于表 3.1，区域 1 是医疗中心、区域 8 是震中所在地。由于各指标数据的单位值不一致，故需对其分别采取去量纲化的处理；然后运用层次分析法，构造判断矩阵

$$A = \begin{pmatrix} 1 & 1/2 & 4 & 3 \\ 2 & 1 & 7 & 5 \\ 1/4 & 1/7 & 1 & 1/2 \\ 1/3 & 1/5 & 2 & 1 \end{pmatrix}$$，并利用特征值法得出四个指标因素的权重分别为

$(w_1, w_2, w_3, w_4) = (0.29, 0.53, 0.07, 0.11)$。

表 3.1 各区域地理位置及灾害评估体系的指标数据

区域	位置坐标	经济发展水平	道路通达性	震中距/km	伤亡人数/个	区域	位置坐标	经济发展水平	道路通达性	震中距/km	伤亡人数/个
1	(0,0)	220	250	106	0	11	(−56, 25)	210	245	161	1
2	(−74, 8)	211	220	164	3	12	(−41, −44)	204	189	109	2
3	(−70, −115)	92	104	132	1	13	(−43, 94)	86	102	209	2
4	(−102, −105)	156	135	162	3	14	(−78, 78)	141	117	215	3
5	(−117, 11)	189	109	202	2	15	(70, 20)	153	133	109	3
6	(10, −50)	177	144	62	2	16	(56, −28)	196	169	60	1
7	(−94, −50)	166	180	158	3	17	(20, 50)	80	102	143	3
8	(59, −88)	85	100	0	4	18	(−14, −104)	210	246	75	2
9	(−53, 76)	126	108	164	3	19	(80, 104)	214	198	193	2
10	(−20, −120)	135	142	85	3	20	(0, −106)	163	147	62	4

2. 各区域受灾等级的划分及区域异质性参数的设定

依据去量纲化处理后的灾害指标数据及各指标因素相应权重,可测算出各区域不同受灾程度的评估值,列于表 3.2。再据此受灾评估值对模型相关参数进行合理设定:一方面,依受灾评估值将区域划分成不同受灾等级,其中受灾等级为 1 表示受灾害影响程度最大,受灾等级为 4 表示受灾害影响程度最小;并对不同级别的受灾区域设置不同的时间窗 b_i(即最迟到达时间)和差异化的伤员在途可坚持时间 c_i,同列于表 3.2;另一方面,对各区域受灾程度评估值采用两两配对并实施

表 3.2 各区域受灾等级和异质性参数设置

区域	评估值	受灾等级	b_i	c_i	区域	评估值	受灾等级	b_i	c_i
1	0.78	4	6	6	11	0.73	4	6	6
2	0.45	2	3	1.5	12	0.49	2	3	1.5
3	0.64	3	4.5	3.5	13	0.61	3	4.5	3.5
4	0.41	2	3	1.5	14	0.47	2	3	1.5
5	0.56	3	4.5	3.5	15	0.34	2	3	1.5
6	0.4	2	3	1.5	16	0.54	3	4.5	3.5
7	0.43	2	3	1.5	17	0.4	2	3	1.5
8	0.07	1	2	1	18	0.48	2	3	1.5
9	0.41	2	3	1.5	19	0.6	3	4.5	3.5
10	0.32	2	3	1.5	20	0.15	1	2	1

加和平均处理，用来刻画任意两灾区之间以道路损坏程度为表征的受灾影响，并以此作为两灾区间车辆行驶速度的衰减系数，进而由公式(3-11)得出灾后救援车辆在两受灾区域间的平均行驶速度。

3.4.2 算例求解结果比较

算例求解中其他相关参数设置为：蚂蚁数目 $m=20$，信息素重要程度因子 $\alpha=1$，启发函数重要程度因子 $\beta=1$，信息素挥发因子 $\rho=0.15$，最大迭代次数 $\mathrm{NC_{max}}=60$，信息素强度系数 $Q=10$，救援车辆最大荷载人数 $W=13$，伤员上车耗费时间为 0.15 h，未受灾时车辆正常通行速度由随机生成矩阵获得。在 MATLAB R2010b 中实现用于模型求解的改进蚁群算法，得出此仿真算例场景下考虑受灾者异质性的跨区域应急救援车辆最优路径图，如图 3-1 所示。另外，为便于比较，特对忽视伤员在途可坚持时间约束且不刻画各区域灾后车辆行驶速度差异性时的应急路径决策实施仿真求解，得出不考虑受灾者异质性的跨区域最优应急路径方案(如图 3-2 所示)，并将两种情形下的路径选择方案、最短救援行车总时间及总距离对比列于表 3.3。

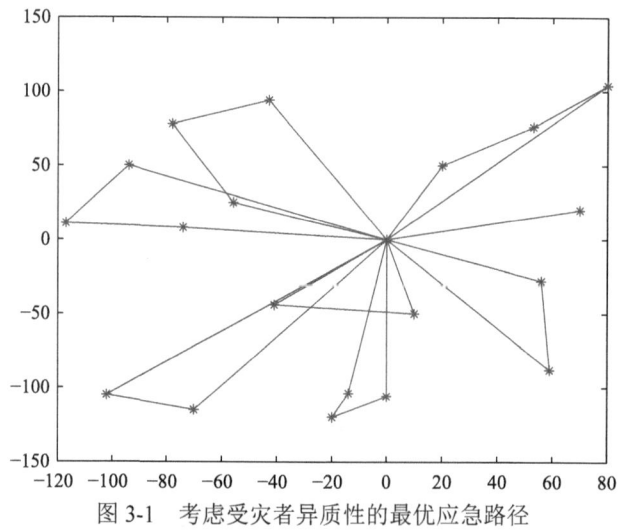

图 3-1 考虑受灾者异质性的最优应急路径

由图 3-1、图 3-2 和表 3.3 可知，考虑与不考虑受灾者异质性(以伤员在途可坚持时间的差异化约束为指标)的跨区域应急救援路径优化方案间存在明显不同。例如，若不考虑各区域异质伤员在途可坚持时间存在差异，最优方案中第 1 条路径为 1→3→4→2→1，即车辆依次对区域 3、4 和 2 处伤员实施救援后回到医疗中心。而在考虑受灾者异质性场景下，由表 3.2 可知，区域 4 被评估为受灾等级较高(第 2 等级，仅次于震中地)，伤员受灾害影响严重而致在途可坚持时间较短，

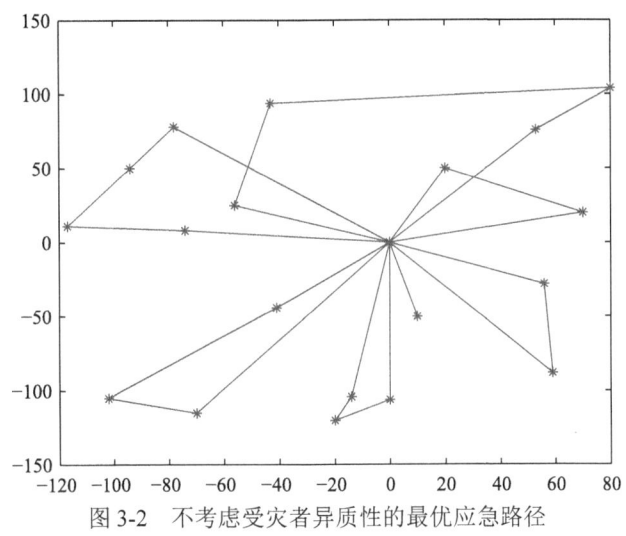

图 3-2 不考虑受灾者异质性的最优应急路径

因而车辆在接收区域 4 处伤员后若再继续前往区域 2 实施救援变得不再可行，故考虑受灾者异质性时车辆 1 的最优路径变为 1→3→4→1。再如，对比两场景中第 4 条路径，发现考虑受灾者异质性的车辆在救援区域 8 和 16 后直接返回医疗中心，区域 15 则由另派车辆直接提供救援（路径 8）。这是因为考虑受灾者异质性时区域 15 也被评估为受灾较重区域，故其伤员可接受的救援时间窗较严格，而车辆在对区域 8 和 16 施救后便已严重超出区域 15 的时间窗约束，因而不再前往区域 15。路径选择的变化使两种情形下最短救援行车总时间和总距离也呈现较大差异（见表 3.3），这种种差别均表明不考虑各区域受灾者异质性这一现实因素的路径规划难以有效服务于真实应急决策。

表 3.3 两种情形下的应急救援最优路径及最短救援行车总时间

不考虑受灾者异质性		考虑受灾者异质性	
路径序号	行车路线	路径序号	行车路线
1	1→3→4→2→1	1	1→3→4→1
2	1→5→7→11→1	2	1→2→5→7→1
3	1→6→20→1	3	1→6→12→1
4	1→8→16→15→1	4	1→8→16→1
5	1→9→19→13→1	5	1→19→9→17→1
6	1→18→10→12→1	6	1→18→10→20→1
7	1→14→17→1	7	1→13→14→11→1
		8	1→15→1
最短行车总距离/km	2016.70	最短行车总距离/km	1899.50
最短行车总时间/h	113.13	最短行车总时间/h	46.96

3.4.3 算例参数分析

针对构建的考虑受灾者异质性的跨区域应急路径优化模型,现分别从算法参数和模型参数两个角度,观察关键参数变化对应急最优方案的影响,得出相关结论为相关部门科学指挥跨区域应急决策提供有益思路。

1. 算法参数的影响

为讨论算法参数 $m, \alpha, \beta, \rho, Q$ 对仿真结果的影响,对蚁群算法中每一个关键参数分别取 3 个不同的值,并对每组参数进行 20 次迭代,观察最优解长度和得到最优解需迭代次数的变化。结果发现:在其他参数不变的情况下,随着蚂蚁数量 m 的增加,整个蚁群算法的全局搜索能力变强、最优解长度变短,然而收敛速度在一定程度上变慢;随着信息素重要程度因子 α 的增大,蚁群算法全局搜索能力变弱、容易陷入局部最优解,收敛速度加快致使得到最优解的迭代次数相应减少;随着启发函数重要程度因子 β 的增大,蚂蚁选择路径时会更多考虑到如道路通行状况的区域异质性因素影响,但若 β 过小甚至极端情况等于 0 时,算法中蚂蚁就几乎无法利用任何启发信息,会使得求解算法很快陷入停滞或局部最优;信息素挥发因子 ρ 的变化对最优解长度及迭代次数影响不大,考虑到其效用是避免算法陷入局部最优以及增强算法全局搜索能力,故间接验证了算法相关参数设置的合理性;信息素强度系数 Q 的增加引起最优解长度相应增加,且数据收敛速度在一定范围内变快,导致获得最优解的迭代次数呈现减少趋势。上述这些现象均符合经典蚁群算法中各参数在模型求解设计中所发挥的作用,故本章所构模型和算法具有较好可行性,对实现科学的救援车辆路径优化决策而设置合理的算法参数具有重要意义。

2. 模型参数的影响

下面对模型中刻画伤员在途可坚持时间差异的关键参数 c_i 做敏感性分析。各受灾点处不同受伤程度伤员的在途可坚持时间受到多种因素共同作用,不仅各区域地理位置和区域内待救伤员人数等客观因素对其有影响,而且如应急决策者风险态度此类主观因素也决定其值的大小。现选择改变决策者主观风险态度,观察由此而致的伤员在途可坚持时间变化对救援车辆最优路径的影响。将决策者风险态度分为乐观、折中、悲观三类,不同的风险态度会直接导致区域受灾等级评估范围的变化,对各区域受灾等级的划分与认定也随之改变,进而影响到救援车辆到达各受灾区域的时间窗以及各灾区伤员在途可坚持时间的设置,将相应参数变化列于表 3.4。

表 3.4 决策者不同风险态度下的各区域受灾等级划分

受灾等级	乐观范围	乐观范围各区域序号	折中范围	折中范围各区域序号	悲观范围	悲观范围各区域序号	b_i	c_i
1	0.00~0.10	8	0.00~0.29	8, 20	0.00~0.40	6, 8, 10, 15, 17, 20	2	1
2	0.11~0.44	4, 6, 7, 9, 10, 15, 17, 20	0.30~0.49	2, 4, 6, 7, 9, 10, 12, 14, 15, 17, 18	0.41~0.59	2, 4, 5, 7, 9, 12, 14, 16, 18	3	1.5
3	0.45~0.60	2, 5, 12, 14, 16, 18, 19	0.50~0.69	3, 5, 13, 16, 19	0.60~0.75	3, 11, 13, 19	4.5	3.5
4	0.61~1.00	1, 3, 11, 13	0.70~1.00	1, 11	0.75~1.00	1	6	6

对表 3.4 中数据做简单整理说明：若应急决策者对风险持乐观态度，则被评定为 1、2、3、4 等级的受灾区域数量占区域总数量的比例分别是 5%、40%、35%、20%；若应急决策者持风险折中态度，则相应比例变为 10%、55%、25%、10%；而当应急决策者偏向风险悲观时，相应等级灾区比例分别为 30%、45%、20%、5%。以乐观和悲观决策情形为例，其他模型参数不变，观察基于这两种极端决策风险态度导致伤员在途可坚持时间变化下的跨区域应急路径方案和最短救援行车总距离，如图 3-3 和图 3-4 所示。

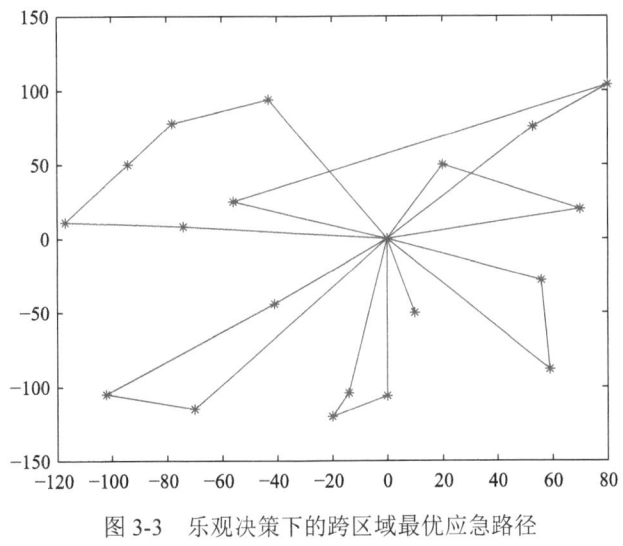

图 3-3 乐观决策下的跨区域最优应急路径

由表 3.4、图 3-3 和图 3-4 可知，应急决策者不同风险态度在一定程度上影响对各灾区伤员在途可坚持时间的判断，故而导致不同 c_i 取值下考虑受灾者异质性的跨区域最优应急救援路径明显不同。多次实验结果表明：乐观决策下的车辆最短救援总时间和总距离均比悲观决策的更短。这似乎很符合常理推断，但仍需注意的是，由于乐观风险态度可能低估各区域伤员差异化的受灾程度，在实际应急决策中应结合相关灾情各方面客观因素(如综合考量各灾区自然地理和人文经济等)对跨区域应急救援车辆实施合理调度。

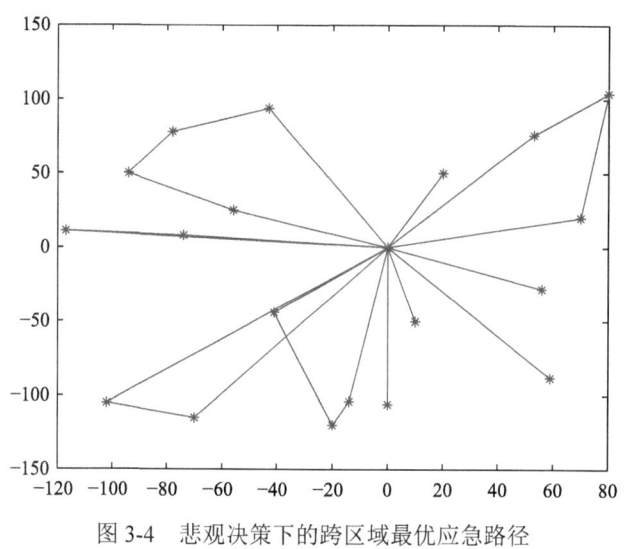

图 3-4　悲观决策下的跨区域最优应急路径

3.5　本章小结

伤员救援是灾后应急处置的关键任务之一，救援车辆及时高效的调度是顺利开展伤员救援工作的重要保障。以往带时间窗的应急救援车辆路径优化研究中，不仅忽略了伤员从被车辆接收至被运抵医疗中心整个过程可忍受时长的差异化限制，也较少考虑到各受灾区域异质特征对灾后救援车辆运输速度的影响。本章研究创新性地提出"伤员在途可坚持时间"这一概念来定量刻画受灾者异质性，并进一步深入探讨了可能影响该异质表征的众多因素(如不同区域差别化的受灾等级和应急决策者的不同风险态度等)。面对不同区域内具有差异化受灾状况的受灾者，本章建立了以最小化救援车辆行车总时间为决策目标的带时间窗的跨区域应急救援车辆路径优化模型，设计了一种改进的蚁群算法对仿真算例进行求解。讨论考虑受灾者异质性对整个跨区域应急救援路径优化方案的影响，并选择对以决策者风险态度为例的关键参数实施敏感性分析。通过仿真算例求解和参数分析验证了所构模型和算法的可行性和有效性，研究结果为构建高效的跨区域应急管理体系提供有益参考。

未来研究可尝试突破受灾区域位置和待救伤员人数已知这一假定，考虑实际应急决策中可能出现的其他诸多不确定情景；另外，本章仅讨论了受灾者异质性和决策者风险态度对伤员在途可坚持时间的影响，今后也可努力挖掘更多潜在时间关联因素间的相互作用。

参 考 文 献

[1] Braekers K, Ramaekers K, Nieuwenhuyse I V. The vehicle routing problem: State of the art classification and review[J]. Computers & Industrial Engineering, 2016, 99: 300-313.

[2] Jacobson E U, Argon N T, Ziya S. Priority assignment in emergency response[J]. Operations Research, 2012, 60(4): 813-832.

[3] Saghafian S, Hopp W J, Oyen M P V, et al. Complexity-augmented triage: A tool for improving patient safety and operational efficiency[J]. Manufacturing & Service Operations Management, 2014, 16(3): 329-345.

[4] Wex F, Schryen G, Feuerriegel S, et al. Emergency response in natural disaster management: Allocation and scheduling of rescue units[J]. European Journal of Operational Research, 2014, 235(3): 697-708.

[5] Jin S, Jeong S, Kim J, et al. A logistics model for the transport of disaster victims with various injuries and survival probabilities[J]. Annals of Operations Research, 2015, 230(1): 17-33.

[6] Sung I, Lee T. Optimal allocation of emergency medical resources in a mass casualty incident: Patient prioritization by column generation[J]. European Journal of Operational Research, 2016, 252(2): 623-634.

[7] Talarico L, Meisel F, Sörensen K. Ambulance routing for disaster response with patient groups[J]. Computers & Operations Research, 2015, 56: 120-133.

[8] Miranda D M, Conceição S V. The vehicle routing problem with hard time windows and stochastic travel and service time[J]. Expert Systems with Applications, 2016, 64: 104-116.

[9] Erera A L, Morales J C, Savelsbergh M. The vehicle routing problem with stochastic demand and duration constraints[J]. Transportation Science, 2010, 44(4): 474-492.

[10] Toth P, Vigo D. The vehicle routing problem[M]. Philadelphia: SIAM, 2001.

[11] Yuan Y, Wang D. Path selection model and algorithm for emergency logistics management[J]. Computers & Industrial Engineering, 2009, 56(3): 1081-1094.

[12] Dorigo M, Gambardella L M. Ant colony system: A cooperative learning approach to the traveling salesman problem[J]. IEEE Transactions on Evolutionary Computation, 1997, 1(1): 53-66.

[13] Wang Z. Uncertainty index based consistency measurement and priority generation with interval probabilities in the analytic hierarchy process[J]. Computers & Industrial Engineering, 2015, 83: 252-260.

第4章 考虑异质性行为的跨区域应急决策

前三章分别研究了跨区域应急决策中的地区异质性、决策者和受灾者异质性及其影响,本章聚焦跨区域应急决策相关人员(如决策者、受灾者)的行为异质性。的确,自然灾害的频发给人类生命及财产安全带来极大威胁,在以人道主义为本的应急救援活动中,被救灾民和施救决策者们异质性行为的影响确实值得关注。具体而言,本章研究一方面采用定量经济损失来差异化度量各灾民面对灾情或救援的不同心理感知,并将该经济损失作为一项成本支出纳入应急救援调度的社会成本决策目标予以考量;另一方面,在灾后物资调度决策中,关注具有异质性偏好的各应急决策者所展现出的不同救援态度。结合面向联合机会约束规划的动态供需平衡限制,最终探讨一个考虑灾民和决策者们异质性行为的多阶段灾后救援物资分配和应急路径优化决策问题。

4.1 决策问题描述与相关研究

本章决策问题围绕以下思路展开:灾后应急除了要考虑最小化时间[1]或成本[2]等救援效率、最小化未满足需求量[3]等救援有效性、最小化最大未满足需求量[4]等救援公平性问题之外,还需关注应急参与者们异质性行为对整个救援活动的影响,如灾民们面对灾情表现出的差异化心理痛苦感知或负面情绪[5-8],以及各决策者所展示的不同决策偏好等[9,10]。

根据调研,在行为运筹学和行为运作管理方面,已有一些研究强调参与者们各类行为对决策方案的重要影响。如Bendoly等[11]详细论述为什么在运营管理领域实施行为相关研究至关重要。Loch和Wu[12]将行为运筹的零散研究集结成册并构架出一个行为运筹管理的研究框架。Gino和Pisano[13]将一些行为和认知因素融入运营管理理论模型中,首次提出基于参与者行为的"行为运作"(behavioral operations)概念。也有学者聚焦应急救援活动中各参与者们的异质性行为,主要体现在灾民们对风险的不同心理感知以及各决策者的决策偏好或有限理性等。如王旭坪等[5]以最小化公众心理风险感知程度和物资未满足度为目标来探讨灾后应急物资如何优化调度的问题。Hu等[6]在灾民疏散路径选择和临时安置点选址决策中,定量刻画随等待救援时间延长而增大的灾民心理惩罚成本。Sheu和Pan[7]将最小化各灾民感知的心理痛苦作为灾后救援决策目标之一,得出在救援网络设计时考虑异构心理成本可提高灾民恢复力的结论。再如,Wu和Chen[9]在人道主义救援场景设计供应链契约时强调决策者有限理性和个人行为异质性的影响。曹杰和朱莉[10]讨论决策偏好下多种应急调配方式的随机选择问题。Paul 和 Zhang[14]全面评估决策者从风险规避到风险激进的不同态度对应急运输时间阈值的影响。的确,应急救援活动中人道主义特性尤为关键,如何将相关参与者们的异质性行为这一社会属性用合适的度量方式纳入救援决策,以更大程度提高救援有效性,是值得探讨的重要问题。

除关注决策目标的社会属性外,救援活动需随灾情实时变化,而动态实施也给应急优化带来较大困难。救援与灾情的互动性往往体现在多阶段物资动态供给与随机需求的均衡[15],学者们采用各类方法探讨这两者间的协调问题[16-22]。如 Rawls 和 Turnquist[16]构建动态分配模型,以满足不同灾害情景下对救援物资的需求。He 和 Liu[17]利用传染病扩散规律来预测医疗物资的需求,并基于动态需求来规划医疗物资的协同优化调度。Alem 等[18]提出一个动态两阶段随机网络流模型以解决不确定灾害发生后如何迅速向灾民实施人道主义援助问题。还有不少文献运用情景规划、机会约束和模糊数等技术来刻画动态灾害下的随机需求,如 Hu 等[19]采用情景树来描述灾后道路网络容量的不确定性和动态性,以此提出一个多阶段随机规划模型来实施应急救援分配。Garrido 等[20]利用机会约束规划来探讨既定救援服务水平下面向动态洪灾的随机需求满足问题。王海军等[21]运用三角模糊数来刻画三级应急物流网络中的物资需求量和供应量。朱莉和曹杰[22]为快速准确地满足灾害实时变化下的动态需求,研究基于模糊需求的面向灾害扩散的应急调配网络。不论采用哪种方法来刻画灾情变化与不确定需求,怎样合理表征救援需求的动态性,如何在保障一定需求满足的前提下提高应急效率是灾后救援决策中需要解决的另一个问题。

基于以上相关研究的述评分析,本章研究聚焦多阶段应急救援中灾民们因物资需求未获及时满足而感知的不同程度痛苦,将其量化成与遭遇痛苦不同时长有关的灾民异质性心理代价,并将之纳入应急决策目标衡量。采用联合机会约束规划来表征随机需求下面向动态灾害的各决策者对多阶段救援供需平衡的要求,利用不同置信水平来刻画决策者们的异质性行为偏好,构建一个以社会成本(含应急运输成本和灾民异质心理代价)最小化为目标、考虑决策者异质偏好的灾后应急物资动态调度优化模型。选择应用遗传算法进行模型求解,以 2008 年汶川地震为案例背景,通过对是否考虑异质性行为的救援调度方案实施对比分析来验证模型和算法有效性,并对救援频率、出救点个数、等待救援服务时长和决策者异质性偏好等关键参数进行敏感性分析,得出相关结论为相关部门制定应急管理政策提供有效参考。

4.2 异质性行为的定量表征

本章研究的一个关键问题在于异质性行为怎样被定量表征,在模型构建之前,需要探讨如何量化各灾民异质性的心理代价。借鉴人道主义运营研究领域学者 Holguín-Veras 及其团队的系列研究[23-25],采用物资剥夺/匮乏成本 (deprivation cost) 来衡量灾民因应急物资或救援服务需求未得到及时满足而遭遇痛苦的心理代价。这种异质性心理代价的大小与物资/服务匮乏时长、所需救援物资种类/数目,以及不同灾民自身经济社会属性等均有关[23-25]。例如,在应急救援过程中,食物和水都是人类生存的必备物资,短时间的缺乏会使人们在生理上感到饥饿和口渴,随着时间推移,这种饥饿和口渴的痛苦程度会逐渐加剧,最终造成营养不良甚至致人死亡;再如当遭遇地震、飓风等自然灾害后,急救和防疫类药品对于灾民非常重要,若此类物资配给不及时常会危及生命。

鉴于各灾民经济社会属性等数据收集困难,为便于分析,本章研究在度量不同灾民心理代价时仅关注物资匮乏时长对心理代价的影响,即将受灾者异质性行为表征为基于匮乏时长的灾民异质性心理代价。考虑到在救援过程中以相同时间间隔实施物资配给所致的匮乏时长最短[25],故令整个应急周期细分的各救援阶段内可被利用的救援时长相等。类似于需求未满足时惩罚函数的常见构造方式[24],现用各救援阶段 t 与需求产生阶段 t_0 间的差值来刻画灾民承受物资匮乏的时长,并据此关联表征灾民因物资匮乏而遭遇痛苦的程度 β_i^t,表达式如下:

$$\beta_i^t = \begin{cases} 0, & t < t_0 \\ (t - t_0) * (1 - \phi_i^t), & t \geq t_0 \end{cases} \tag{4-1}$$

$t < t_0$ 意味着救援在需求产生之前,此情形下灾民不遭受痛苦;$t \geq t_0$ 表示救援在需求之后,此时物资匮乏时长直接影响着灾民需求未及时满足而遭遇痛苦的程度。其中,ϕ_i^t 是一个判定函数,被用来判断在某救援阶段的物资配给 $\sum_{k \in K} U_{ik}^t$ 是否能满足该阶段内的物资需求 d_i^t:$\phi_i^t = \begin{cases} 1, & d_i^t < \sum_{k \in K} U_{ik}^t \\ 0, & d_i^t \geq \sum_{k \in K} U_{ik}^t \end{cases}$。若灾民需求能够得到满足则不存在痛苦遭遇,否则,就需要度量各灾民因获救不及时而遭受心理痛苦的程度。

从福利经济学的角度,灾民遭遇痛苦的程度可被视为一种心理代价或心理成本。根据文献[23]~[25]中大量实例数据的拟合结果,这里同样采用以 e 为底的指数函数形式来表达灾民因缺乏单位救援物资而导致的心理代价。构造如下基于灾民痛苦遭遇程度的心理代价函数 $\Gamma(\beta_i^t)$，体现物资匮乏时长对灾民心理代价的影响，a_1,a_2,a_3 均为常数，h 是各救援阶段内可被利用的相同救援时长：

$$\Gamma(\beta_i^t) = a_1 \cdot e^{a_2 \cdot h \cdot \beta_i^t} - a_3 \qquad (4-2)$$

4.3 考虑异质性行为的跨区域应急决策模型构建

重大灾害波及多个区域，灾民急需大量救援物资。考虑到救援车辆的容量和运力约束，以及救援物资本身供给量限制，很难实现一次性完全满足所有受灾区域救援需求。故这里构建的模型是讨论在整个救援周期分阶段、多批次地对各受灾点动态实施物资救援活动，其动态性主要体现在每阶段救援物资供求信息的实时更新会影响下一阶段应急物资调度决策。把各灾民遭遇痛苦的差异化心理代价纳入社会成本这一决策目标的度量中，通过最小化应急运输成本和灾民遇灾心理代价，在满足一系列救援容量限制的前提下实现应急物资合理分配及其配送路径优化。

4.3.1 模型假设与符号说明

模型的假设条件如下：① 应急出救点和受灾点的位置和数量均已知。② 心理代价的衡量建立在可用经济损失来量化灾民遭遇痛苦的基础上。③ 在整个救援周期内，对各出救点和受灾点的救援次数不作限制，即任一出救点可对多个受灾点进行救援物资的任意次配给、任一受灾点也可任意批次地接收来自多个出救点的任意次救援服务。④ 鉴于救援公平性原则，在整个救援周期被细分成的若干单个救援阶段内，各出救点只对各受灾点实施救援物资的单次配给，且各受灾点仅接收来自某一出救点处应急车辆的单次救援服务。同时考虑到救援的优先性和必要性，各阶段救援服务结束后各受灾点未被满足的物资需求可在下一阶段得到优先配给。⑤ 在单一运输方式下，各出救点采用同种车型对各受灾点进行单种应急物资的配给，单位时间内所耗运输成本相同，总运输成本的差异取决于各出救点至各受灾点间行车时长以及运输往返次数(由救援阶段数体现)的不同。⑥ 为节约救援成本，各阶段完成救援物资配给服务后，车辆按就近原则回到各出救点，不必返至原出发点。⑦ 不考虑各出救点间或各受灾点间救援物资相互协调的转运问题。⑧ 为强调人道主义公平性，各受灾点在同一救援阶段被要求确保实现相同的最低需求满足率。

用 D 表示受灾点集合，S 表示出救点集合，G 是整个应急救援物资调度网络，$G=(V,A)$，V 是救援物资调度网络中所有节点集合 $(V=D\cup S)$，R 是网络中各救援路线集合。用 i 表示物资出发点索引，j 表示物资到达点索引，$(i,j) \in R$。$T=\{1,2,\cdots,T,\cdots,\rho\}$，$T$ 是整个应急救援活动周期的集合，t 表示各救援阶段索引，整个救援周期细分为 ρ 个救援阶段。在每个救援阶段内能被用来实施物资救援的时长为 h 个小时。实施救援的车辆总数为 θ 辆，K 为救援物资运输车辆的集合，$K=\{1,2,\cdots,k,\cdots\}$，$k$ 是各车辆索引。

τ_i 是点 i 处灾民能够忍受的最长等待服务时长，τ_{ij} 是点 i 到点 j 的行车时长。救援车辆在单位时间内所耗运输成本用 c 来表示。$t_0 \in T$ 表示灾民初始遭遇灾害、救援物资需求产生之际。r_t 是 t 阶段需对所有受灾点予以保障的最低需求满足率。β_i^t 是点 i 处灾民在 t 阶段因需求未得到及时满足而遭遇痛苦的程度，用 $\Gamma(\beta_i^t)$ 表示灾民因缺乏单位救援物资而产生 β_i^t 程度痛苦所引致的心理代价。Γ' 指灾民需求在整个救援周期都未得到满足而导致的心理代价。每辆车的载重量均为 L，单位救援物资的重量用 w 来表示。d_i^t 表示 t 阶段点 i 处所需救援物资的数量，是一个随机变量。A_i 是点 i 处可提供的救援物资量。E 是车辆装载效率，表示救援人员在单位时间内装卸救援物资的数量。$1-\alpha$ 是联合机会约束规划的置信水平，用来反映具有异质性偏好的决策者所展现的不同救援态度。

模型决策变量：τ_{ik}^t 表示车辆 k 在 t 阶段对点 i 处实施物资救援服务的结束时间；x_{ik}^t 和 y_{ijk}^t 均是 0-1 变量，$x_{ik}^t=1$ 表示车辆 k 在 t 阶段从点 i 出发，否则为 0，$y_{ijk}^t=1$ 表示车辆 k 在 t 阶段从点 i 行至点 j，否则为 0；U_{ik}^t 是车辆 k 在 t 阶段从点 i 处装载的救援物资数量；为示区别，V_{ik}^t 表示车辆 k 在 t 阶段为满足本阶段需求而对点 i 实施配给的物资量、V_{ik}^{mt} 表示车辆 k 在 m 阶段就 t 阶段未满足需求而对点 i 实施配给的物资量（$m>t$）、V_{ik}^{tn} 表示车辆 k 在 t 阶段就 n 阶段未满足需求而对点 i 实施配给的物资量（$n<t$）。

4.3.2 面向异质性行为的跨区域应急物资动态调度优化模型

本章探讨的面向异质性行为的跨区域应急决策问题是：以应急物资救援调度的社会成本最小化(指运输成本和剥夺/匮乏成本之和)为决策目标[24,25]，即以降低应急运输成本和减轻各灾民遭遇痛苦的心理代价为目的，考虑各灾区需求在各救援阶段内得到一定程度满足且物资配给不超过各出救点及车辆容量限制的前提下，研究从多个出救点动态调度救援物资至多个受灾点的优化方案，具体包括对受灾点所需物资的合理配给以及对救援物资分配路径的优化选择。构建如下考虑异质性行为的灾后跨区域应急物资多阶段动态配给和路径优化的集成路径-分配模型(routing and allocation problem，RAP)。

$$\min \sum_{i \in D} \sum_{\delta=1}^{\rho-t_0} \left\{ \sum_{t=1}^{\rho-t_0-\delta+1} \left[\left(d_i^t - \sum_{k \in K} \left(V_{ik}^t + \sum_{m>t}^{t+\delta} V_{ik}^{mt} \right) \right) \cdot \Gamma\left(\beta_i^t\right) \right] \right\}$$
$$+ \left[\sum_{i \in D} \sum_{t \in T} d_i^t - \sum_{i \in D} \sum_{t \in T} \sum_{k \in K} \left(V_{ik}^t + \sum_{m>t} V_{ik}^{mt} \right) \right] \cdot \Gamma' \quad (4\text{-}3)$$
$$+ c \left[\sum_{t \in T} \sum_{i \in V} \sum_{j \in V} \sum_{k \in K} \left(y_{ijk}^t \cdot \tau_{ij} \right) \right]$$

s.t. $\quad U_{ik}^t = x_{ik}^t \sum_{j \in D} (V_{jk}^t + \sum_{n<t} V_{jk}^{tn}), \quad \forall i \in S; k \in K; t, n \in T \quad (4\text{-}4)$

$$\sum_{t \in T} \sum_{k \in K} U_{ik}^t \leqslant A_i, \quad \forall i \in S \quad (4\text{-}5)$$

$$w \left[\sum_{i \in D} (V_{ik}^t + \sum_{n<t} V_{ik}^{tn}) \right] \leqslant L, \quad \forall k \in K; t, n \in T \quad (4\text{-}6)$$

$$\sum_{i \in S} \sum_{k \in K} x_{ik}^t \leqslant \theta, \quad \forall t \in T \quad (4\text{-}7)$$

$$P\left[\sum_{i \in D} \sum_{k \in K} V_{ik}^t + \sum_{i \in D} \sum_{k \in K} \sum_{m>t} V_{ik}^{mt} \geqslant r_t \cdot \left(\sum_{i \in D} d_i^t \right) \right] \geqslant 1-\alpha, \quad \forall t, m \in T$$
$$(4\text{-}8)$$

$$\tau_{ij} \cdot y_{ijk}^t - \tau_j \leqslant 0, \quad \forall i \in S; j \in D; t \in T; k \in K \quad (4\text{-}9)$$

$$\tau_{ik}^t = U_{ik}^t / E, \quad \forall i \in S; t \in T; k \in K \quad (4\text{-}10)$$

$$\tau_{jk}^t = \tau_{ik}^t + \tau_{ij} + (V_{jk}^t + \sum_{n<t} V_{jk}^{tn})/E + B(1-y_{ijk}^t), \quad \forall (i,j) \in R; t, n \in T; k \in K \quad (4\text{-}11)$$

$$\max_{i \in D} \{\tau_{ik}^t\} \leqslant h, \quad \forall k \in K; t \in T \quad (4\text{-}12)$$

$$V_{jk}^t \leqslant B \cdot y_{ijk}^t, \quad \forall i \in S; j \in D; t \in T; k \in K \quad (4\text{-}13)$$

$$V_{jk}^{tn} \leqslant B \cdot y_{ijk}^t, \quad \forall i \in S; j \in D; k \in K; t, n \in T, n<t \quad (4\text{-}14)$$

$$\sum_{j \in D} \sum_{k \in K} y_{ijk}^t \geqslant 1, \quad \forall i \in S; t \in T \quad (4\text{-}15)$$

$$\sum_{i \in S} \sum_{k \in K} y_{ijk}^t = 1, \quad \forall j \in D; t \in T \quad (4\text{-}16)$$

$$\sum_{(i,l) \in A} y_{ilk}^t - \sum_{(l,j) \in A} y_{ljk}^t = 0, \quad \forall t \in T; k \in K \quad (4\text{-}17)$$

$$y_{ijk}^t = 0, \quad \forall i, j \in S \quad (4\text{-}18)$$

$$y_{ijk}^t = 0, \quad \forall i, j \in D \quad (4\text{-}19)$$

$$x_{ik}^t \in \{0,1\}; \ y_{ijk}^t \in \{0,1\}; \ \tau_{ik}^t, U_{ik}^t, V_{ik}^t, V_{ik}^{mt}, V_{ik}^{tn} \geqslant 0; \forall (i,j) \in R; t, m, n \in T, n<t, m>t; k \in K$$
$$(4\text{-}20)$$

决策目标函数(4-3)是最小化应急物资救援调度的社会成本,不仅从运营角度关注对应急运输成本的控制(见目标函数第三项),更重视缓解因物资匮乏而致各灾民遭遇痛苦的心理代价。需要注意的是,由于剥夺/匮乏成本是分各救援阶段来度量的,故目标函数中对灾民异质性心理代价的衡量由两部分组成:一部分表示在各救援阶段由于物资匮乏而致灾民心理代价的合计值(见目标函数第一项);另一部分则表示在整个救援周期结束后物资需求仍未被满足而引致灾民极大的心理代价(见目标函数第二项)，类似于生产销售周期结束后总需求仍未得到满足所给予的额外惩罚成本[25]，这部分目标的设置是为了强调满足灾民需求在应急救援活动中的重要性，体现以人为本和人道主义精神。公式(4-4)定义了每辆车在各阶段从各出救点处装载的救援物资数量。公式(4-5)是各出救点处所能提供救援物资数量的容量限制。公式(4-6)要求每辆车装载物资的总重量不超过车辆载重量。公式(4-7)是对救援车辆总数量的限制。公式(4-8)是采用一个联合机会约束规划来刻画多救援阶段情形下各决策者对努力达成供需动态平衡的态度，以确保各救援阶段内所有受灾点处至少实现最低需求满足率的概率不小于给定置信水平。之所以采用机会约束来表达，是因为考虑到灾害场景下不利情况发生时应急救援物资配给量可能无法满足物资需求量，即灾民需求有时难以得到绝对满足，故采用概率形式表明此原则：允许物资配给在一定程度上不满足灾民需求，但应急决策者应持有态度使物资需求得到满足的概率不小于某一置信水平。

公式(4-9)～(4-12)是时间窗相关的约束：公式(4-9)约束出救点与受灾点间的行车时间需在各受灾点可接受的最长等待服务时长内，否则不选择该出救点对此受灾点实施物资救援服务。公式(4-10)给出每辆车在各阶段各出救点处结束物资装载后拟向受灾点出发的时间。公式(4-11)是救援车辆连续途径两节点处完成物资分配后各自拟出发时间的关联关系，具体地，救援车辆在后一受灾点处的拟出发时间等于在前一受灾点处出发时间加上前后两节点间的行车时长再加上后一受灾点处卸载物资的时长。其中，B是一个极大数，用以明确此关联关系存在的前提：只有当车辆k在t阶段从点i行至点j时，关联关系才成立；否则，车从两受灾点处出发时间之间无直接、必然的关联。公式(4-12)要求各车辆在各阶段途径最后受灾点完成物资配给服务的时间必须在每阶段可实施救援的最大时长限制内。

公式(4-13)和(4-14)是不同决策变量之间的关联约束，同样以B这个极大数来关联限制，仅当出救点与某受灾点间存在救援车辆行驶时，才能对该受灾点分配救援物资以满足其在本阶段和以往阶段所产生的物资需求。公式(4-15)指各出救点在各阶段派出救援车辆至少对一个受灾点实施物资配给。公式(4-16)和(4-17)是各救援阶段内有关车辆流的平衡条件，要求每个阶段内任一受灾点能且仅能接受来自单个出救点处单辆车的救援配给，且救援车辆单向行驶、不存在往返、直至物资分配结束后就近返回出救点。公式(4-18)和(4-19)分别约束各个出救点之间、各个受灾点之间均不存在救援物资相互协调的转运配给现象。最后，公式(4-20)是对所有决策变量的类型约束，不仅包括对救援物资配给结束时间、救援物资装载量/分配量的非负限制，也指明车辆配置和车辆路径决策是0-1变量。

4.4 考虑异质性行为的跨区域应急决策模型近似处理

观察上述面向异质性行为的跨区域应急物资动态调度优化模型，发现由于约束条件(4-8)中包含随机变量 d_i^t，所构 RAP 模型是一个随机混合整数规划。考虑到出救点在物资十分有限或环境极度不利的情况下难以很好地提供救援，决策者允许受灾点需求保障在一定程度上低于最低满足率。换言之，公式(4-8)采用机会约束形式来确保在一定概率水平下各受灾点能够实现最低需求满足率。鉴于涉及多个救援阶段的联合机会约束(4-8)存在计算困难，首先讨论如何将其转化为近似等价的线性约束，再结合所构模型特点，应用合适算法实施求解，以获得灾后应急物资动态分配和救援车辆路径优化方案。

模型中联合机会约束条件(4-8)的求解通常需已知物资需求的概率分布，然而在灾害应急救援活动中，灾民对物资的需求往往具有较大不确定性和动态演化性，很难或根本无法获知其准确的概率分布。此时需放松已知不确定需求概率分布的假设，若仅已知需求分布的一阶和二阶矩，公式(4-8)可被改写为如下鲁棒联合机会约束[26]：

$$\ln f_{P \in \mathcal{P}} P\left[\sum_{i \in D} \sum_{k \in K} V_{ik}^t + \sum_{i \in D} \sum_{k \in K} \sum_{m > t} V_{ik}^{mt} \geq r_t \cdot (\sum_{i \in D} d_i^t) \right] \geq 1 - \alpha, \ \forall t, m \in T \quad (4\text{-}21)$$

其中，$\mathcal{P}$ 表示与救援物资需求概率分布具有相同性质(如相同一阶矩、二阶矩和支集)的所有可能概率分布的集合。由上、下确界的关联关系，公式(4-21)实际等价于

$$\text{Sup}_{P \in \mathcal{P}} P\left[U_{t \in T} \left(\sum_{i \in D} \sum_{k \in K} V_{ik}^t + \sum_{i \in D} \sum_{k \in K} \sum_{m > t, m \in T} V_{ik}^{mt} < r_t \cdot (\sum_{i \in D} d_i^t) \right) \right] \leq \alpha \quad (4\text{-}22)$$

现考虑采用传统的基于 Bonferroni 不等式的方法将其近似转化成数据确定的线性约束，以便于对近似等价的确定性模型实施求解。具体地，由 Bonferroni 不等式[27]，进一步有

$$\begin{aligned} & P\left[U_{t \in T} \left(\sum_{i \in D} \sum_{k \in K} V_{ik}^t + \sum_{i \in D} \sum_{k \in K} \sum_{m > t, m \in T} V_{ik}^{mt} < r_t \cdot (\sum_{i \in D} d_i^t) \right) \right] \\ & \leq \sum_{t \in T} P\left[\sum_{i \in D} \sum_{k \in K} V_{ik}^t + \sum_{i \in D} \sum_{k \in K} \sum_{m > t, m \in T} V_{ik}^{mt} < r_t \cdot (\sum_{i \in D} d_i^t) \right], \ \forall P \in \mathcal{P} \end{aligned} \quad (4\text{-}23)$$

另考虑到所构 RAP 模型涉及对救援物资的多阶段动态调度，故可将整个救援周期的机会约束条件细分为对 ρ 个救援阶段的物资供需水平分别进行约束。若将各救援阶段置信水平分别记为 $1-\alpha_1, 1-\alpha_2, 1-\alpha_t, \cdots, 1-\alpha_\rho$，则公式(4-8)可被写成

各细分阶段需满足的如下机会约束条件：

$$P\left[\sum_{i\in D}\sum_{k\in K}V_{ik}^t+\sum_{i\in D}\sum_{k\in K}\sum_{m>t}V_{ik}^{mt}\geqslant r_t\cdot(\sum_{i\in D}d_i^t)\right]\geqslant 1-\alpha_t,\forall t,m\in T \quad (4\text{-}24)$$

在此要求 $\sum_{t\in T}\alpha_t\leqslant\alpha$，则由公式(4-24)可得

$$\sum_{t\in T}P\left[\sum_{i\in D}\sum_{k\in K}V_{ik}^t+\sum_{i\in D}\sum_{k\in K}\sum_{m>t,m\in T}V_{ik}^{mt}<r_t\cdot(\sum_{i\in D}d_i^t)\right]\leqslant\alpha \quad (4\text{-}25)$$

再结合公式(4-23)和(4-25)，有

$$P\left[U_{t\in T}\left(\sum_{i\in D}\sum_{k\in K}V_{ik}^t+\sum_{i\in D}\sum_{k\in K}\sum_{m>t,m\in T}V_{ik}^{mt}<r_t\cdot(\sum_{i\in D}d_i^t)\right)\right]\leqslant\alpha \quad (4\text{-}26)$$

如此，被细分成 ρ 个救援阶段内的物资供需平衡的确须满足机会约束条件(4-24)。故而，类似于将 RAP 模型中联合机会约束条件(4-8)等价成鲁棒联合约束(4-21)的处理，ρ 个细分阶段机会约束组成的约束系统(4-24)也可被转化成如下鲁棒联合约束(4-27)：

$$\ln f_{P\in\mathcal{P}}P\left[\sum_{i\in D}\sum_{k\in K}V_{ik}^t+\sum_{i\in D}\sum_{k\in K}\sum_{m>t}V_{ik}^{mt}\geqslant r_t\cdot(\sum_{i\in D}d_i^t)\right]\geqslant 1-\alpha_t,\quad\forall t,m\in T \quad (4\text{-}27)$$

事实上，公式(4-27)是分布式鲁棒联合机会约束(4-21)的一个保守近似。在此采用 Nemirovski 和 Shapiro[28]所提出的方法来确定 α_t 值，即把联合机会约束中的 α 平均分给各细分阶段机会约束，令 $\alpha_t=\alpha/\rho$。并且参照 Calafiore 和 Ghaoui[29]所验证的分布式鲁棒机会约束近似等价线性形式，将公式(4-27)改写成公式(4-28)，至此完成将 RAP 模型中联合机会约束近似转化为确定性的线性约束：

$$\sigma^t\sqrt{\frac{\rho}{\alpha}-1}+\mu^t r_t-\sum_{i\in D}\sum_{k\in K}V_{ik}^t-\sum_{i\in D}\sum_{k\in K}\sum_{m>t,m\in T}V_{ik}^{mt}\leqslant 0 \quad (4\text{-}28)$$

其中，μ^t 是不确定需求的均值、σ^t 是标准差。

经上述线性近似处理后，RAP 模型中约束条件(4-8)被公式(4-28)所替代，将线性近似处理后的新模型记为模型 I。含目标函数(4-3)和约束条件(4-4)~(4-7)、(4-9)~(4-20)、(4-28)的模型 I 中变量和约束较多，求解复杂性会随着问题规模的增大而快速增加，寻优效率较高的智能优化算法因能克服传统精确算法单点搜索效率低的缺点而成为求解此类模型的主要方法。鉴于应急物资救援活动本身具有强时效性要求，与其他常用的粒子度、模拟退火以及蚁群等智能优化算法相比，这里采用具有多点并行搜索、不依赖函数可导性、不易陷入局部最优、速度较快及鲁棒性较强等优点[1,5]的遗传算法实施求解。具体遗传算法设计思路和步骤参见本书 1.4 节，在此不再赘述。

4.5 考虑异质性行为的跨区域应急决策案例分析

与第 1 章一样,以 2008 年汶川地震为案例场景,采用真实数据结合部分参数设置,将设计的遗传算法应用于 RAP 模型所近似等价的模型 I 求解,把所得最优解与未考虑异质性行为的传统灾后应急物资调度方案进行对比,即通过将考虑与不考虑异质性行为的跨区域应急决策做对比分析,以验证模型和算法的有效性,并对关键参数实施敏感性分析,得出一些管理启示。

4.5.1 案例相关数据采集

2008 年汶川地震伤亡惨重,这里选择灾区附近的 4 个区域作为供应救援物资的出救点,分别是:旺苍县(1)、什邡市的马井镇(2)、茂县的东兴乡(3)和德阳市罗江县[①]的万安镇(4)。震后亟须应急物资配给服务的有 21 个受灾区域,分别是:青川县(5)、元坝区[②](6)、利州区(7)、剑阁县(8)、朝天区(9)、苍溪县(10)、平武县(11)、北川县(12)、三台县(13)、盐亭县(14)、梓潼县(15)、安县[③](16)、罗江县(17)、中江县(18)、绵竹市(19)、什邡市(20)、都江堰市(21)、彭州市(22)、汶川县(23)、茂县(24)和理县(25)。为便于后续展示路径,特以括号中不同数字来分别指代各区域地点,如 1 表示旺苍县。

本案例中应急救援物资考虑为急救药品包,关注震后各灾区对急救药品包的需求,药品包内包括一定量的葡萄糖、医用消炎水、针管、纱布等医药物资。药品包属于消耗型物资,在不同救援阶段的初始时刻各灾区均会产生新的需求。4 个出救点均有一定量药品包的储备,共有 10 辆专用救援车辆可用来调配药品包。各出救点与各受灾点间,以及各受灾点之间的车辆行驶时间见本章附录 4-A 中表 A.1。救援车辆在单位时间内的运输成本为 7650 元/h。每份药品包的重量为 0.82 kg,每辆救援车辆的载重量限制为 50 t,救援人员实施药品包装卸操作效率为 68 t/h。震后对药品包实现调配的整个救援周期时长设为 40 个小时,分为 5 个救援阶段,即每阶段药品包配给的时长为 8 h,这主要基于 8 h 工作制惯例的考虑。以各灾区受灾等级、人口数量及人均消耗量为依据,估测出 21 个受灾点在各救援阶段对药品包需求的均值和标准差,列于本章附录 4-A 中表 A.2。各受灾点能接受的最长等待服务时长均设为 3.5 h,联合机会约束规划中 α 设为 0.1。基于匮乏时长的灾民异质心理代价函数中系数分别设为 $a_1 = a_3 = 0.015e^{1.5}$、$a_2 = 0.12$,极

[①] 现为罗江区。
[②] 现为昭化区。
[③] 现为安州区。

大心理代价 Γ' 取值为 $t=T, t_0=1$ 的 $\Gamma(\beta_i^t)$。

4.5.2 案例求解结果比较

将求解算法中的相关参数设置为：种群个数为 200，最大迭代次数设为 2000，交叉变异算子中的参数取值为 0.0025。在 MATLAB 2015a 中实现用来求解所构模型的遗传算法，得出汶川地震案例背景下考虑异质性行为的灾后五个救援阶段调度应急药品包的优化方案，见图 4-1 和本章附录 4-A 中表 A.3。其中图 4-1 中箭头所指方向表示救援车辆行驶方向，各边上数值含义是箭头所指向的各受灾点在各相应阶段接收来自对应出救点所配给药品包的总数量。调度应急药品包所耗费的运输成本合计 1135260 元，整个救援调度过程中所引致各灾民心理代价的经济衡量共约 186050 元。

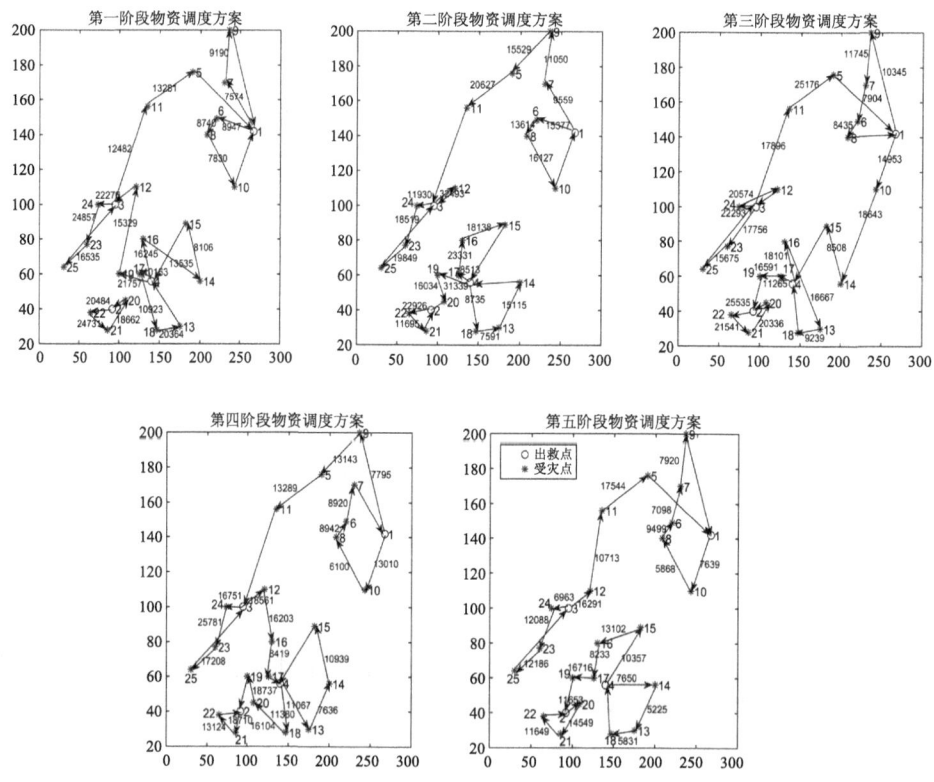

图 4-1 考虑异质性行为的灾后跨区域应急物资动态调度优化方案

实际上，所构 RAP 模型中有关异质性行为的考量主要体现在两点：① 目标函数中由于物资需求未被完全满足而导致各灾民产生的异质性心理代价；② 约束条件里具有异质性偏好的决策者对物资需求满足状况的不同要求。为比较分析，首先讨论完全考虑灾民心理代价情形(即仅以灾民异质性心理代价最小化作为决策目标)的应急救援物资调度方案,此时作为决策目标函数值的灾民心理代价随时间推移表现出先增后减的趋势。需注意的是,这不同于随时间呈指数型增长的剥夺/匮乏成本函数形态[24,25],因为在应急物资配给决策中若不考虑运输成本的影响,则意味着"不惜一切代价"的救援理念,即救援初期,灾民心理代价因等待时间逐渐递增至峰值;随后,时间越长,救援越充分,灾民心理代价逐渐减小。

接着,对相同案例场景下不考虑异质性行为的传统调度方案进行求解,有关不考虑灾民和决策者们异质性行为的建模方式,这里讨论基于常见固定惩罚模型[24,25](fixed penalty,FP)的应急物资救援调度方案。FP 模型是在决策目标中以固定惩罚因子方式来激励需求满足从而保障有效应急救援,其目标函数由救援运输成本以及对未满足需求施以惩罚的成本(即惩罚因子乘以未满足需求量)两部分组成,约束条件同 RAP 模型中公式(4-4)~(4-7)、(4-9)~(4-20),且为强调需求满足的重要性将惩罚因子取值为 RAP 模型中极大心理代价值。从药品包调度路径和需求满足度两角度对 RAP 与 FP 模型作对比观察。

1. 救援调度路径比较

以第一救援阶段为例,观察 RAP 和 FP 下药品包配给车辆路径优化,如图 4-2 所示。首先,从整体救援情况来看,RAP 占用的车辆数为 8、而 FP 决策下需派遣 9 辆车施救,RAP 方式下救援总耗时为 24.92 h、而 FP 情形下为 30.05 h。无论从以车辆数为代表的救援资源投入还是从救援耗时体现的应急时效性来看,所构 RAP 比传统 FP 模型的优化决策均更为有效。

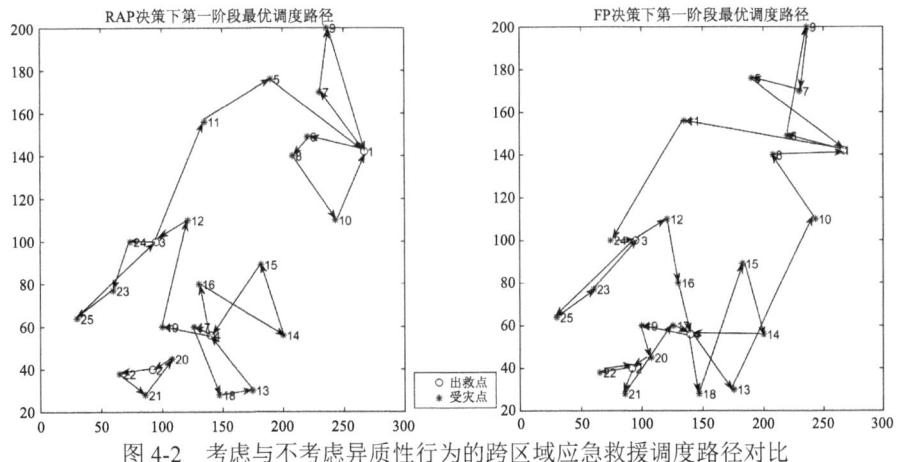

图 4-2 考虑与不考虑异质性行为的跨区域应急救援调度路径对比

其次,从受灾点来看,关注第一救援阶段中对药品包需求量最大的两个重灾区——汶川县(23)和安县(16),观察它们在 RAP 和 FP 模型下的最优路径以及被配给救援物资的时间：RAP 决策下到达汶川县仅需 0.95 h、FP 则需 2.27 h 才能将药品包送抵汶川县；RAP 模型将安县作为首个救援对象从出救点万安镇派出车辆予以药品包的配给，而 FP 的决策方案是先抵达受灾点北川县再前往安县。上述结果表明使用本章所构 RAP 模型时，对重灾区的救援优先级能够得以更充分的保障，究其原因在于 RAP 模型强调各灾民因未及时获救所致心理代价的影响，只有对具有较大物资需求的重灾区予以优先满足，才能实现灾后应急物资调度决策目标最优，获得更加合理有效的应急救援方案。

2. 救援需求满足度比较

以元坝区(6)、剑阁县(8)、朝天区(9)、绵竹市(19)、彭州市(22)和汶川县(23)这 6 个受灾点为例，分别观察在多阶段药品包配给中对它们的救援效果，图 4-3 是第一阶段药品包匮乏量由随后各阶段配给服务满足的情况。

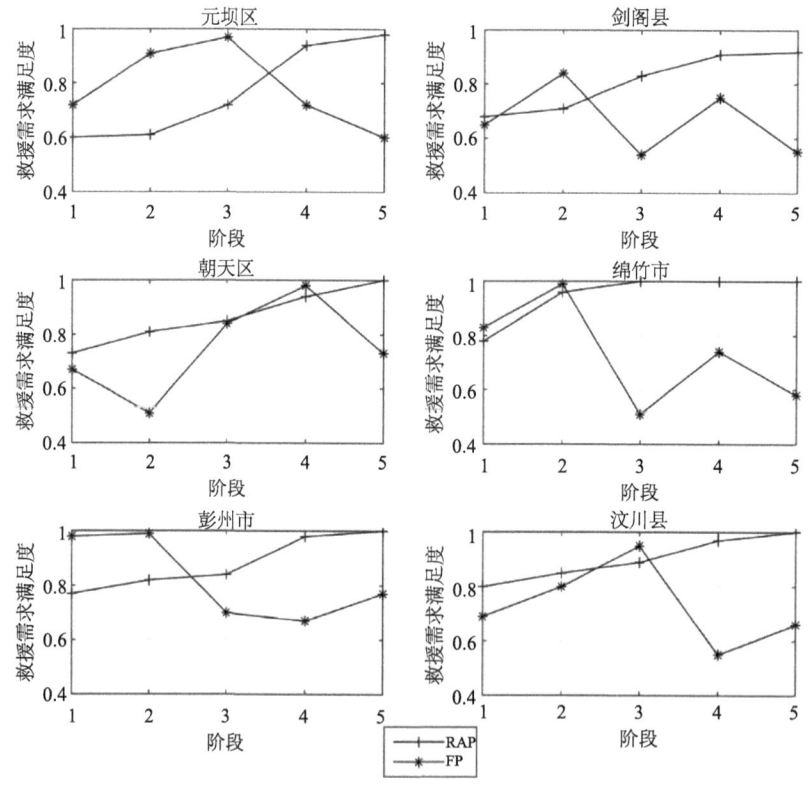

图 4-3　考虑与不考虑异质性行为的跨区域救援需求满足度对比

从图 4-3 可看出，RAP 决策下后续各阶段对在第一阶段匮乏药品包的需求满足度，随救援时间推移呈不断上升的趋势，尤其在第五阶段即整个应急救援周期结束时，RAP 决策基本能够实现对这六个灾区药品包需求的充分满足。而在 FP 方法下，各阶段药品包需求满足度呈波动形态，甚至元坝区和剑阁县这两个受灾地在最后一阶段的救援需求满足度跌至最低，从而出现部分灾民在救援初期对药品包的需求直至救援结束后仍未得到满足的局面，导致这些灾民生理和心理层面都承受极大痛苦，灾民心理代价急剧增加。故从需求满足度的视角，FP 方法也不如 RAP 模型所收获的应急救援效果理想。

分析这两种决策方式，发现需求满足状况出现明显差异的原因在于：传统 FP 模型大多由决策者主观赋予一个固定惩罚值来激励对未满足需求的进一步配给，忽视了各灾民因救援物资匮乏而遭受的心理痛苦，以及各决策者对需求满足的要求；而 RAP 模型强调必须在规定时间内完成对以往阶段匮乏物资需求的补充配给，否则不仅各灾民心理代价均会随着时间推移呈指数型增长，而且无法满足各决策者对需求保障的约束，这种应急决策方法正是由于从灾民和决策者双方面均重视物资调配的时效性才得以收获更好的救援需求满足度。

4.5.3 案例参数分析

针对构建的考虑异质性行为的跨区域应急物资动态调度优化模型，现选择对模型中关键参数进行敏感性分析，观察关键参数变化对跨区域最优应急决策方案的影响，得出相关结论为构建高效的跨区域应急管理体系提供有益参考。

1. 救援频率的影响

所构模型研究考虑异质性行为的灾后跨区域救援物资多阶段调度问题，整个救援周期内划分的阶段数体现救援频率，不仅关系到各出救点至各受灾点的调配往返次数、直接影响运输成本，且各灾民基于物资匮乏时长的异质性心理代价函数也与救援阶段数量紧密相关。现将案例中整个救援周期时长 40 个小时划分为 1、4、5、8 个不同救援阶段，即每阶段实施物资配给的时长分别为 40、10、8 和 5 h 情形时，应急物资救援调度社会成本的变化如图 4-4 所示。

由图 4-4 可看出，随着救援阶段数的增加，灾民们心理代价与运输成本呈现明显此消彼长的关系：灾民心理代价不断下降、调配应急药品包的运输成本不断增大。尤其当救援阶段数增加到 8 时，灾民们心理代价成本降为 39079 元，应急运输成本增至 179 万元左右，此时相对于应急救援调度的社会成本约 183 万元而言，灾民们心理代价小到基本可以忽略不计。这一现象符合常理：高频率的药品包调配必然导致高额的应急运输成本；而救援活动的频繁使灾民等待药品包救援的时长能够被缩短，故用来表征各灾民遭遇痛苦的心理代价得以降低。这说明，在应急救援物资调度决策过程中，需要合理决定救援阶段数，以实现运输成本与灾民承受心理代价之间的平衡。另一方面，图 4-4 也反映出：只有当救援活动频繁到一定程度时，才可以不考虑各灾民异质性心理代价的影响。换句话说，当前传统应急决策优化模型大多可能仅适用于及时快速的灾后救援响应场景，若应急救援活动达不到足够高的频次，就不能忽视各灾民心理代价度量对应急决策方案选择的影响。

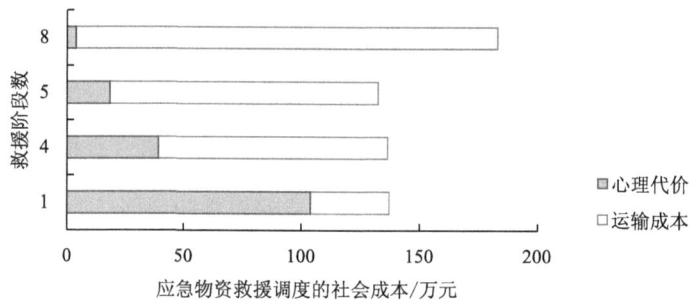

图 4-4　救援频率对应急物资救援调度社会成本的影响

2. 出救点数量及救援等待时长限制的影响

出救点的数量一定程度上体现救援系统的应急保障能力，对救援服务等待时长的约束则反映各受灾点处自身的承灾能力。观察出救点个数由 1 增至 6，以及灾区最长等待服务时长限制分别为 2.5、3 和 3.5 h 的情形下，应急救援调度社会成本的变化，如图 4-5 所示。由图 4-5 可知，不论等待服务时长约束的长短，随着出救点个数的增加，药品包救援调度社会成本均不断降低；而在出救点个数不

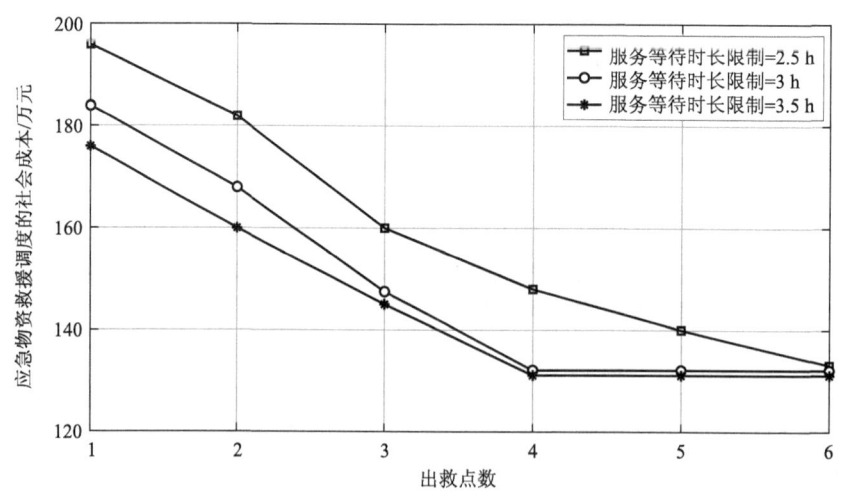

图 4-5　出救点数量及服务等待时长限制对应急物资救援调度社会成本的影响

变的前提下，受灾点可接受救援服务时长的增加会使整个应急救援调度社会成本减少。这一结果再次验证了：在日常防灾建设时，可采取加大应急资源投入和加强自身承灾能力相结合的方式来全面保障救援效率。

此外，当出救点个数为 4 时，受灾点等待服务时长约束为 3 h 和 3.5 h 情景下的应急调度社会成本相差无几。并且，随着出救点数量的增加，不同等待服务时长限制下应急调度社会成本的差距更在不断缩小，尤其当出救点个数增至 6 时，三种时长约束下救援调度的社会成本基本趋于一致。这说明，若能有足够的应急资源投入，各受灾点均能在满意的时限内收获救援药品包。至于如何确定合适的出救点个数以实现充足的救援保障，决策时仍需对各出救点的边际救援效率与其自身建设运营成本进行综合权衡。例如，关注图 4-5 中服务等待时长限制为 3.5 h 时出救点个数为 4 的情形，若决定增加第 5 个出救点，应急救援调度社会成本将下降 8639 元。可将该值作为选择增设出救点的基准边际救援效率以供比对，若某出救点的建设运营成本小于该值，则增设此出救点以提升整个药品包调度系统的救援效果，反之不增设。

3. 决策者异质性行为的影响

所构模型中联合机会约束的置信水平一定程度上体现应急决策者坚决保障需求满足的救援态度，置信水平越高表明决策者为满足灾民需求实施药品包配给的有效救援态度越强烈。观察置信水平 $1-\alpha$ 在 85%，90%，95%，99% 之间变化时，灾民心理代价、应急运输成本以及救援调度社会成本的变化，列于表 4.1。

表 4.1 以置信水平为例的决策者异质性行为对救援物资调度中各类成本的影响

置信水平/%	灾民心理代价/元	应急运输成本/元	救援的社会成本/元
85	219751	1099305	1319056
90	186050	1135260	1321310
95	155540	1299305	1454845
99	60942	1395404	1456346

表 4.1 中数据显示：随着置信水平的增加，灾民们心理代价不断降低，应急运输成本持续增加，跨区域救援调度的社会成本呈上升趋势。这是因为，置信水平的提高意味着决策者们对实现灾民需求满足有着更强烈的意愿，决策者们会倾向实施更为频繁的物资配给运作以减少各阶段内药品包的匮乏数量和匮乏时长，故而出现应急运输成本的增加和对灾民们遭遇痛苦的减缓。如此看来，在实际跨区域应急救援活动中，各决策者异质性行为等主观因素的影响的确也不容忽视。

4.6 本章小结

应急物资的有效协调调度是灾后跨区域应急响应的重要任务之一，关系到整个跨区域救援活动的成效。传统的灾后应急物资调度优化研究，大多忽略救灾过程中各施救主体或被救客体的异质性行为及其影响。事实上，不同灾民因未及时获得物资需求或救援服务会产生差异化的心理代价，不同应急决策者也常展现出差异化的决策偏好。本章研究运用经济损失来量化各灾民遭遇痛苦的异质性心理代价，并将其作为一项成本纳入应急救援调度的社会成本决策目标予以考量，且面向不同决策者异质性的救援态度，结合动态灾害下供需平衡的要求，构建了一个考虑异质性行为的灾后跨区域应急物资多阶段动态调度优化模型。对所构模型中的联合机会约束进行线性近似处理，以 2008 年汶川地震作为案例背景设计遗传算法对近似等价变换后的模型实施求解，并将所得最优解与不考虑异质性行为的传统灾后应急物资调度方案进行对比，从而论证所构模型和算法的有效性。最后，实施关键参数的仿真分析，研究结论为相关部门在面对突发灾害时制定科学高效的跨区域应急管理方案提供有益参考。

未来研究可尝试突破单种物资单车型单运输方式的前提假定，分析实际应急救援中常出现的多类物资多种车型甚至多模式联合运输的现实场景；可考虑更多异质性行为对应急决策的影响，如灾民和决策者在紧急状态下展现的有限理性和风险规避等行为；也可进一步针对性构建更符合特定应急场景的灾民异质性心理代价函数，以实现对未及时满足需求所致不同灾民遭遇痛苦的更精准有效度量；另外，还可深入探讨各出救点间或各受灾点间应急物资相互协调转运对跨区域应急救援活动的影响。

参 考 文 献

[1] Toro-Díaz H, Mayorga M E, Chanta S, et al. Joint location and dispatching decisions for Emergency Medical Services[J]. Computers & Industrial Engineering, 2013, 64(4):917-928.

[2] Tofighi S, Torabi S A, Mansouri S A. Humanitarian logistics network design under mixed uncertainty[J]. European Journal of Operational Research, 2016, 250(1): 239-250.

[3] Ahmadi M, Seifi A, Tootooni B. A humanitarian logistics model for disaster relief operation considering network failure and standard relief time: A case study on San Francisco district[J]. Transportation Research Part E: Logistics & Transportation Review, 2015, 75(1):145-163.

[4] Matl P, Hartl R F, Vidal T. Workload equity in vehicle routing problems: A survey and analysis[J]. Transportation Science, 2018,52(2):239-260.

[5] 王旭坪, 马超, 阮俊虎. 考虑公众心理风险感知的应急物资优化调度[J]. 系统工程理论与

实践[J]. 2013, 33(7): 1735-1742.

[6] Hu Z H, Sheu J B, Ling X. Post-disaster evacuation and temporary resettlement considering panic and panic spread[J]. Transportation Research Part B: Methodological, 2014, 69(69):112-132.

[7] Sheu J B, Pan C. A method for designing centralized emergency supply network to respond to large-scale natural disasters[J]. Transportation Research Part B: Methodological, 2014, 67(C):284-305.

[8] 王治莹, 岳朝龙. 舆情传播中考虑公众风险感知的多资源流应急优化调度[J]. 中国管理科学, 2016, 24(6): 115-123.

[9] Wu D Y, Chen K Y. Supply chain contract design: Impact of bounded rationality and individual heterogeneity[J]. Production and Operations Management, 2014, 23(2): 253-268.

[10] 曹杰, 朱莉. 考虑决策偏好的城市群应急协调超网络模型[J]. 管理科学学报, 2014, 17(11): 33-42.

[11] Bendoly E, Donohue K, Schultz K L. Behavior in operations management: Assessing recent findings and revisiting old assumptions [J]. Journal of Operations Management, 2006(24): 737-752.

[12] Loch C H, Wu Y. Behavioral Operations Management [J]. Foundations and Trends in Technology, Information and Operations Management, 2007, 1(3): 121-232.

[13] Gino F, Pisano G. Toward a theory of behavioral operations [J]. Manufacturing & Service Operations Management, 2008, 10(4):676-691.

[14] Paul J A, Zhang M. Supply location and transportation planning for hurricanes: A two-stage stochastic programming framework[J]. European Journal of Operational Research, 2019, 274(1): 108-125.

[15] 马祖军, 周愉峰. 大规模突发事件应急血液采集动态模型[J]. 系统工程学报, 2017, 32(1): 125-135.

[16] Rawls C G, Turnquist M A. Pre-positioning and dynamic delivery planning for short-term response following a natural disaster[J]. Socio-Economic Planning Sciences, 2012, 46(1):46-54.

[17] He Y, Liu N. Methodology of emergency medical logistics for public health emergencies[J]. Transportation Research Part E: Logistics & Transportation Review, 2015, 79:178-200.

[18] Alem D, Clark A, Moreno A. Stochastic network models for logistics planning in disaster relief[J]. European Journal of Operational Research, 2016, 255(1): 187-206.

[19] Hu S, Han C, Dong Z S, et al. A multi-stage stochastic programming model for relief distribution considering the state of road network[J]. Transportation Research Part B: Methodological, 2019, 123: 64-87.

[20] Garrido R A, Lamas P, Pino F J. A stochastic programming approach for floods emergency logistics[J]. Transportation Research Part E: Logistics & Transportation Review, 2015, 75:18-31.

[21] 王海军, 王婧, 马士华, 等. 模糊供求条件下应急物资动态调度决策研究[J]. 中国管理科学, 2014, 22(1): 55-64.

[22] 朱莉, 曹杰. 面向灾害扩散的模糊需求下应急调配优化研究[J]. 系统科学与数学, 2014, 34(6):663-673.

[23] Holguín-Veras J, Jaller M, Wassenhove L N V, et al. On the unique features of post-disaster humanitarian logistics[J]. Journal of Operations Management, 2012, 30(7-8):494-506.

[24] Holguín-Veras J, Pérez N, Jaller M, et al. On the appropriate objective function for post-disaster humanitarian logistics models[J]. Journal of Operations Management, 2013, 31(5):262-280.

[25] Pérez-Rodríguez N, Holguín-Veras J. Inventory-allocation distribution models for postdisaster humanitarian logistics with explicit consideration of deprivation costs[J]. Transportation Science, 2015, 50(4): 1261-1285.

[26] Ben-Tal A, Nemirovski A. Robust optimization-methodology and applications[J]. Mathematical Programming, 2002, 92(3): 453-480.

[27] Yuan Y, Li Z, Huang B. Robust optimization approximation for joint chance constrained optimization problem[J]. Journal of Global Optimization, 2017, 67(4): 805-827.

[28] Nemirovski A, Shapiro A. Convex Approximations of Chance Constrained Programs[J]. Siam Journal on Optimization, 2006, 17(4): 969-996.

[29] Calafiore G C, Ghaoui L E. On Distributionally Robust Chance-Constrained Linear Programs[J]. Journal of Optimization Theory and Applications, 2006, 130(1): 1-22.

第 4 章 考虑异质性行为的跨区域应急决策

附录 4-A

表 A.1 各出救点与各受灾点之间以及各受灾点之间的车辆行驶时间

(单位: h)

	青川县(5)	元坝区(6)	利州区(7)	剑阁县(8)	朝天区(9)	苍溪县(10)	平武县(11)	北川县(12)	三台县(13)	盐亭县(14)	梓潼县(15)	安县(16)	罗江县(17)	中江县(18)	绵竹市(19)	什邡市(20)	都江堰市(21)	彭州市(22)	汶川县(23)	茂县(24)	理县(25)
旺苍县(1)	2.50	0.48	0.72	1.15	1.01	1.62	3.04	0.94	2.11	2.62	1.56	1.35	1.74	2.20	1.76	2.20	3.08	2.52	2.41	1.95	3.07
马井镇(2)	3.32	3.11	2.92	2.48	3.23	3.51	2.80	1.34	1.67	2.18	1.76	0.99	0.78	0.98	0.47	0.12	0.68	0.26	1.75	2.23	2.41
东兴乡(3)	2.75	3.31	3.12	2.68	3.42	3.91	1.95	0.56	2.07	2.58	1.83	1.02	1.40	1.86	1.32	1.68	1.85	2.15	0.94	0.47	1.60
万安镇(4)	2.68	2.47	2.29	1.84	2.59	2.88	2.17	0.91	1.04	1.54	1.12	0.39	0.00	0.64	0.40	0.62	1.52	0.95	2.36	1.86	3.02
青川县(5)	0.00	2.05	1.87	1.40	2.17	2.71	1.34	2.19	3.00	3.50	2.17	2.48	2.69	3.13	3.03	3.21	4.03	3.46	4.88	3.98	5.53
元坝区(6)	2.05	0.00	0.24	0.69	0.56	1.16	3.27	2.62	2.79	2.63	2.13	2.28	2.48	2.94	2.82	3.00	3.82	3.26	4.67	3.77	5.33
利州区(7)	1.87	0.24	0.00	0.48	0.40	1.30	3.09	2.63	2.61	2.76	1.95	2.09	2.29	2.74	2.64	2.81	3.64	3.07	4.48	3.59	5.14
剑阁县(8)	1.40	0.69	0.48	0.00	0.81	1.36	2.13	1.98	2.16	2.65	1.50	1.65	1.85	2.29	2.19	2.37	3.20	2.63	4.04	3.14	4.70
朝天区(9)	2.17	0.56	0.40	0.81	0.00	1.56	3.40	2.94	2.91	3.02	2.25	2.39	2.59	3.04	2.94	3.12	3.94	3.38	4.79	3.89	5.02
苍溪县(10)	2.71	1.16	1.30	1.36	1.56	0.00	3.93	3.28	1.95	1.58	1.82	2.90	2.88	2.45	3.23	3.41	3.94	3.57	4.79	4.37	5.44
平武县(11)	1.34	3.27	3.09	2.13	3.39	3.93	0.00	1.39	2.59	3.08	2.04	1.82	2.21	2.67	2.23	2.73	3.56	2.99	2.88	2.42	3.55

续表

	青川县(5)	元坝区(6)	利州区(7)	剑阁县(8)	朝天区(9)	苍溪县(10)	平武县(11)	北川县(12)	三台县(13)	盐亭县(14)	梓潼县(15)	安县(16)	罗江县(17)	中江县(18)	绵竹市(19)	什邡市(20)	都江堰市(21)	彭州市(22)	汶川县(23)	茂县(24)	理县(25)
北川县(12)	2.19	2.62	2.63	1.98	2.94	3.28	1.39	0.00	1.58	2.08	1.35	0.54	0.91	1.36	0.84	1.20	2.24	1.46	1.49	1.03	2.16
三台县(13)	3.00	2.79	2.61	2.16	2.91	1.95	2.59	1.58	0.00	0.61	1.22	0.97	1.04	0.57	1.39	1.57	2.17	1.80	3.01	2.54	3.67
盐亭县(14)	3.50	2.63	2.76	2.65	3.02	1.58	3.08	2.08	0.61	0.00	0.97	1.52	1.54	1.12	1.89	2.07	2.60	2.23	3.45	3.03	4.11
梓潼县(15)	2.17	2.13	1.95	1.50	2.25	1.82	2.04	1.35	1.22	0.97	0.00	0.80	1.12	1.41	1.47	1.66	2.48	1.91	3.33	2.30	3.98
安县(16)	2.48	2.28	2.09	1.65	2.39	2.90	1.82	0.54	0.97	1.52	0.80	0.00	0.38	0.83	0.56	0.89	1.72	1.15	2.56	1.49	3.22
罗江县(17)	2.68	2.48	2.29	1.85	2.59	2.88	2.21	0.91	1.04	1.54	1.12	0.38	0.00	0.62	0.40	0.61	1.52	0.94	2.36	1.86	3.01
中江县(18)	3.13	2.94	2.74	2.29	3.04	2.45	2.67	1.36	0.57	1.12	1.41	0.83	0.62	0.00	0.88	0.75	1.64	1.14	2.51	3.02	3.20
绵竹市(19)	3.03	2.82	2.64	2.19	2.94	3.23	2.23	0.84	1.39	1.89	1.47	0.56	0.40	0.88	0.00	0.31	1.18	0.60	2.03	1.79	2.68
什邡市(20)	3.21	3.00	2.81	2.37	3.12	3.41	2.73	1.20	1.57	2.07	1.66	0.89	0.61	0.75	0.31	0.00	0.81	0.37	1.81	2.29	2.47
都江堰市(21)	4.03	3.82	3.64	3.20	3.94	3.94	3.56	2.24	2.17	2.60	2.48	1.72	1.52	1.64	1.18	0.81	0.00	0.41	0.91	1.39	1.56
彭州市(22)	3.46	3.26	3.07	2.63	3.38	3.57	2.99	1.46	1.80	2.23	1.91	1.15	0.94	1.14	0.60	0.37	0.41	0.00	1.48	1.96	2.14
汶川县(23)	4.88	4.67	4.48	4.04	4.79	4.79	2.88	1.49	3.01	3.45	3.33	2.56	2.36	2.51	2.03	1.81	0.91	1.48	0.00	0.48	0.67
茂县(24)	3.98	3.77	3.59	3.14	3.89	4.37	2.42	1.03	2.54	3.03	2.30	1.49	1.86	3.02	1.79	2.29	1.39	1.96	0.48	0.00	1.14
理县(25)	5.53	5.33	5.14	4.70	5.02	5.44	3.55	2.16	3.67	4.11	3.98	3.22	3.01	3.20	2.68	2.47	1.56	2.14	0.67	1.14	0.00

表 A.2 不同救援阶段下各受灾点处的需求均值（单位：个）及最低需求满足率 r_i

	青川县(5)	元坝区(6)	利州区(7)	剑阁县(8)	朝天区(9)	苍溪县(10)	平武县(11)	北川县(12)	三台县(13)	盐亭县(14)	梓潼县(15)	安县(16)	罗江县(17)	中江县(18)	绵竹市(19)	什邡市(20)	都江堰市(21)	彭州市(22)	汶川县(23)	茂县(24)	理县(25)	r_i
第一阶段	26028	14911	9754	12853	12589	14864	18908	27821	21454	20218	14792	29503	13371	13647	27894	22202	25019	26603	31071	24090	22339	0.7
第二阶段	19842	12361	13445	11363	12315	16627	17537	25357	13205	15643	13699	18428	10526	8881	27277	21256	21276	23961	20693	19010	18580	0.75
第三阶段	20535	10519	9373	9555	9697	14347	17733	24218	11421	12630	11808	16114	10180	12863	19488	18655	19659	20537	19723	16895	17595	0.8
第四阶段	17946	9620	8513	6665	7443	9564	16111	16735	10677	9775	11535	13514	7233	7846	18131	14092	15739	16939	18697	13794	15481	0.85
第五阶段	10452	6347	6609	5447	5823	6272	8202	12867	7113	8390	6471	10323	6083	5297	11824	7932	11744	9252	13197	8762	9376	0.9

表 A.3 考虑异质性行为的灾后应急救援药品包动态调度方案

出救点	1	2	3	4
第一阶段	6(8947)→8(8740)→10(7830) 7(7574)→9(9190)	22(20484)→21(24731) →20(16535)	11(12482)→5(20114) 24(22276)→23(24857)→25(16535)	16(16245)→14(13535)→15(8106) 17(10163)→18(10923)→13(20364) 19(21757)→12(15359)
第二阶段	$6\binom{11739}{3638}\to 8\binom{10694}{2920}\to 10\binom{9646}{6481}$ $7\binom{7465}{2094}\to 9\binom{8297}{2753}\to 5\binom{10511}{5019}\to 11\binom{15109}{5517}$	$22\binom{17909}{5017}\to 21\binom{11505}{190}$	$24\binom{10168}{1762}\to 23\binom{13237}{5282}\to 25\binom{15003}{4849}$ $12\binom{24707}{7785}$	$17\binom{6506}{2007}\to 16\binom{12259}{11072}\to 15\binom{13268}{4870}$ $18\binom{7091}{1644}\to 13\binom{6787}{805}\to 14\binom{9604}{5511}$ $19\binom{25448}{5891}\to 20\binom{12863}{3171}$
第三阶段	$9\begin{pmatrix}7716\\85\\2544\end{pmatrix}\to 7\begin{pmatrix}6192\\62\\5491\end{pmatrix}\to 6\begin{pmatrix}5674\\1675\\555\end{pmatrix}\to 8\begin{pmatrix}7077\\877\\481\end{pmatrix}$ $10\begin{pmatrix}8750\\447\\5755\end{pmatrix}\to 14\begin{pmatrix}12466\\893\\5284\end{pmatrix}\to 15\begin{pmatrix}6619\\1629\\260\end{pmatrix}$	$22\begin{pmatrix}20010\\254\\5271\end{pmatrix}\to 21\begin{pmatrix}15193\\79\\6268\end{pmatrix}\to 20$ $\begin{pmatrix}13209\\335\\6268\end{pmatrix}$	$11\begin{pmatrix}14675\\897\\2325\end{pmatrix}\to 5\begin{pmatrix}16758\\647\\7771\end{pmatrix}$ $23\begin{pmatrix}10693\\53\\7011\end{pmatrix}\to 25\begin{pmatrix}11692\\693\\3290\end{pmatrix}$	$16\begin{pmatrix}11565\\1848\\4689\end{pmatrix}\to 13\begin{pmatrix}10160\\267\\6240\end{pmatrix}\to 18\begin{pmatrix}6735\\893\\1612\end{pmatrix}$ $17\begin{pmatrix}6338\\1117\\3810\end{pmatrix}\to 19\begin{pmatrix}12062\\2775\\1754\end{pmatrix}$
第四阶段	$10\begin{pmatrix}7482\\98\\1079\\4351\end{pmatrix}\to 8\begin{pmatrix}4156\\164\\151\\1629\end{pmatrix}\to 6\begin{pmatrix}5067\\612\\66\\3197\end{pmatrix}\to 7\begin{pmatrix}6138\\22\\489\\2271\end{pmatrix}$	$21\begin{pmatrix}12151\\16\\2785\\3758\end{pmatrix}\to 22\begin{pmatrix}11962\\47\\669\\446\end{pmatrix}$	$12\begin{pmatrix}12342\\798\\75\\5346\end{pmatrix}\to 16\begin{pmatrix}10327\\301\\1278\\4297\end{pmatrix}\to 17\begin{pmatrix}4763\\75\\156\\3426\end{pmatrix}$ $24\begin{pmatrix}14747\\37\\7509\end{pmatrix}\to 12\begin{pmatrix}16163\\3853\\558\end{pmatrix}$	$13\begin{pmatrix}9986\\15\\159\\907\end{pmatrix}\to 14\begin{pmatrix}6581\\230\\704\\121\end{pmatrix}\to 15\begin{pmatrix}6513\\166\\143\\4118\end{pmatrix}$

第4章 考虑异质性行为的跨区域应急决策

续表

出救点	1	2	3	4
第四阶段	$9\begin{bmatrix}4373\\14\\1444\\1964\end{bmatrix}\to5\begin{bmatrix}8991\\203\\1263\\2685\end{bmatrix}\begin{bmatrix}10398\\12\\87\\2792\end{bmatrix}$		$24\begin{bmatrix}13361\\13\\1273\\2105\end{bmatrix}\to23\begin{bmatrix}18052\\390\\7339\end{bmatrix}\to25\begin{bmatrix}12743\\255\\221\\3988\end{bmatrix}$	$18\begin{bmatrix}5014\\184\\129\\6053\end{bmatrix}\to20\begin{bmatrix}11412\\28\\1154\\3510\end{bmatrix}\to19\begin{bmatrix}13997\\0\\53\\4688\end{bmatrix}$
第五阶段	$10\begin{bmatrix}4567\\0\\138\\1179\\1756\end{bmatrix}\to8\begin{bmatrix}3057\\25\\34\\594\\2157\end{bmatrix}\to6\begin{bmatrix}4499\\38\\0\\1252\\3710\end{bmatrix}\to7\begin{bmatrix}4674\\0\\0\\855\\1569\end{bmatrix}$ $\to9\begin{bmatrix}5473\\0\\37\\18\\2392\end{bmatrix}$	$20\begin{bmatrix}7683\\0\\401\\1780\\1789\end{bmatrix}\to21\begin{bmatrix}11003\\0\\686\\594\\2266\end{bmatrix}$ $\to22\begin{bmatrix}6847\\8\\99\\70\\4625\end{bmatrix}$	$12\begin{bmatrix}10274\\26\\14\\2327\\3650\end{bmatrix}\to11\begin{bmatrix}5529\\15\\244\\4925\end{bmatrix}\to5\begin{bmatrix}8295\\42\\244\\880\\8083\end{bmatrix}$	$15\begin{bmatrix}5837\\20\\26\\778\\3697\end{bmatrix}\to16\begin{bmatrix}10275\\34\\167\\219\\2407\end{bmatrix}\to17\begin{bmatrix}5409\\10\\48\\297\\2470\end{bmatrix}$ $\to19\begin{bmatrix}10402\\136\\19\\2109\\4051\end{bmatrix}$
			$24\begin{bmatrix}6578\\0\\52\\39\\294\end{bmatrix}\to23\begin{bmatrix}10049\\4\\38\\1381\\616\end{bmatrix}\to25\begin{bmatrix}7956\\0\\75\\1803\\2352\end{bmatrix}$	$14\begin{bmatrix}5420\\45\\45\\39\\2101\end{bmatrix}\to13\begin{bmatrix}4235\\0\\19\\298\\673\end{bmatrix}\to18\begin{bmatrix}3657\\0\\44\\55\\2075\end{bmatrix}$

备注：附录表 A.3 中括号外数值表示救援车辆途径各受灾点的标号；括号内数值表示车辆途经各受灾点所配给的药品包数量。第 n 个数据阶段括号内从行向量中从 1 到 n 行分别意味着满足本阶段需求所配给的药品包数量，以及满足第一阶段、第二阶段……第 $n-1$ 阶段匮乏需求而配给的药品包数量。需要指出的是，如第五阶段由出救点 1 调给受灾点 10 的药品包数量为 138 $\begin{bmatrix}4567\\0\\138\\1179\\1756\end{bmatrix}$ 含义是：在所接收的总数量为 7640 个药品包中，用来满足当前第五阶段所产生需求而配给的数量为 4567，用来满足第一阶段匮乏需求而配给的数量为 0，用来满足第二阶段匮乏需求而配给的数量为 138，用来满足第三阶段匮乏需求而配给的数量为 1179，用来满足第四阶段匮乏需求而配给的数量为 1756。

第二部分
面向多维性的跨区域复杂应急决策

多维性(multi-dimension)是指空间发展所具有的同时存在和发生作用的多种衡量标准。跨区域应急决策的多维性是指跨区域应急管理体系所面对的多种评价标准和不同服务过程，可以从相互关联的多角度来衡量和评判应急决策的优劣，例如跨区域应急可以从救援效率、救援公平性、救援有序优先性等多种角度来实施高效决策，灾后的跨区域应急服务同时涉及伤员救治、物资调配和灾民疏散等多种不同物流过程。这些多维特征始终伴随着跨区域应急决策整个过程，亟须探讨这些共存的多维性对整个跨区域复杂应急决策有何影响，以有效提升面向多维性的跨区域复杂应急决策方案的适用性。

第5章　兼顾效率和公平的跨区域应急决策

跨区域应急决策不仅要考虑救援效率、救援风险，还要切实考虑救援公平性问题。本章的跨区域应急决策面对灾害波及多个不同区域场景，构造相对剥夺成本来度量各受灾点处伤员遭遇痛苦的差异性，研究带有时间窗限制、考虑灾害救援差异的跨区域伤员协同救援问题。具体而言，考虑以救援总耗时最短、绝对和相对剥夺总成本最低为多个决策目标，探讨兼顾效率和公平的跨区域协同应急救援路径选择问题。

5.1　决策问题描述与相关研究

灾后跨区域应急救援路径的选择涉及多个方面，包括应急物资配送路径、伤员救援路径以及灾民撤退路径等优化决策。无论哪种路径的选择，都是一个多维度决策过程，需综合考量救援效率、救援有效性和公平性等因素[1-3]。公平性在应急救援中尤为重要，传统上大多采用物资需求满足等救援绩效的客观指标来度量，如以需求满足比例为表征的救援覆盖率最大[4]、未满足需求量的最小[5]、对各灾民施救服务水平间的差异最小等[6]。近年来也有少量研究开始从心理感知等主观角度去思考救援公平性问题：如文献[3]、[7]提出应急决策目标中需关注对灾民心理遭遇痛苦缓解的公平性；文献[8]考虑灾民非理性攀比心理，选择以所有灾区的损失攀比效应总和最小为目标来保障应急物资分配的公平性。

实际上，由于应急救援涉及人道主义运作，在应急决策中的确需要重视从心理层面对灾民痛苦、绝望、愤怒等负面情绪的缓解[9-11]。文献[9]在对灾后垃圾逆向处理物流决策中考虑灾民因等待医疗救援和灾后垃圾清除而产生的心理代价成本最小化。文献[11]在应急物资储备和分配决策中采用剥夺成本(deprivation cost)来衡量灾民因救援物资需求未得到及时满足而遭遇痛苦的心理代价。本章研究借鉴人道主义运营领域学者 Holguín-Veras 及其团队的系列研究[7,11]，选用剥夺成本来度量灾民灾后心理创伤。但由于一味地追求最小化灾民心理剥夺成本有时反而会导致救援不公平的现象[12]，故在此特提出跨区域伤员救援路径选择决策时在控制运营层面的效率因素(如成本、时间等)同时，更要做好伤民所受绝对剥夺成本以及相对剥夺成本的权衡与兼顾，即不仅重视灾民心理创伤的缓解，也要关注从心理层面感知救援的公平性。

另一方面，灾后应急救援路径的多目标决策基本都是在"单(多)出救点、单

(多)受灾点"的同一区域背景框架下讨论如何以不同决策目标准则去选择最优路径，很少有研究关注不同区域之间如何实施协同救援路径的优化，更鲜有文献对跨区域不同协同策略进行比较分析。本章研究也以此为切入点，面向灾害所涉多区域场景提出构建一个打破不同区域界限、跨区域伤员协同救援的创新模式，并对不同区域划分原则下的协同应急策略实施对比分析。具体地，本章研究针对灾后"多出救点、多受灾点"场景下的伤员救援问题，创新构造相对剥夺成本来衡量各伤员遭受痛苦程度的差异性，以救援时间最短、各灾区伤员绝对和相对层面的心理遭遇痛苦程度最小作为决策目标，分别将行驶距离和行驶时间作为划分不同区域的依据，构建跨区域不同协同模式下兼顾效率和公平的应急救援路径优化模型。应用蚁群算法对模型实施仿真求解，并将各区域独自应急的不协同情形分别与基于距离(时间)的跨区域协同应急情形进行对比分析，讨论跨区域不同协同策略的适用性和有效性，得出相关结论为相关部门构建高效的跨区域协同应急救援体系提供参考建议。

5.2 考虑效率和公平的跨区域应急决策建模准备

本节是考虑效率和公平的跨区域应急决策建模准备，包括模型假设、符号说明、绝对和相对剥夺成本函数的构造。研究问题的场景描述如下：某突发灾害的爆发对一些相邻区域内多个地点造成不同程度的影响。每个区域内均设有一个医疗中心，若干救援车辆从各医疗中心出发，对各自所属区域管辖范围内的所有受灾点处伤员实施救援后将其送回医疗中心，要求在应急救援所耗时间最短、且各伤员遭受心理痛苦及差异化程度最低的决策目标下对伤员救援路径进行选择。

5.2.1 模型假设与符号说明

模型假设条件：① 各区域内有且仅有一个医疗中心，医疗中心处在救援行动开始时没有待救伤员，故不受救援时间窗限制；② 相邻区域各受灾点位置和待救伤员数量均已知；③ 救援车辆数不限且车型相同，车辆最大荷载人数唯一并已知，且任意一个受灾点内伤员数量不超过单车容量；④ 各受灾点接受有且仅有一辆车对其实施伤员救援；⑤ 救援车辆在各受灾点处停留时间与该受灾点内伤员人数成正比；⑥ 救援车辆穿梭于各受灾点间的行驶速度与各受灾点间道路受损程度相关；⑦ 由于受灾害影响程度不同，各区域受灾点内伤员救援的时间窗约束，以及伤员在途可坚持时长(伤员从被接上各救援车辆到顺利至医疗中心接受救治这整个过程中能容忍的最大时间间隔)均存在差异；⑧ 医疗中心派出的车辆在各区域独自应急的不协同情形下仅负责救援本区域内各受灾点，在协同应急策略下可对其他区域内受灾点处伤员实施救援。

灾害影响总共 H 个区域，任意相邻的两个区域记作为 h 和 $h+1$，所有区域的集合表示为 $\mathcal{H}=\{1,2,\cdots,h,h+1,\cdots,H\}$。各区域内有 N 个受灾点，任一受灾点记作为 i 或 j，受灾点的集合表示为 $\mathcal{N}=\{1,2,\cdots,i,\cdots,j,\cdots,N\}$，另用 $\mathcal{N}'$ 和 $\mathcal{N}''$ 分别表示以距离和时间为区域划分原则下的受灾点集合。医疗中心共有 K 辆救援车辆，任一救援车辆记为 k，所有车辆的集合表示为 $\mathcal{K}=\{1,2,\cdots,k,\cdots,K\}$，每辆车荷载限制人数为 W_k。所有救援车辆均从各区域内医疗中心出发，遍历若干受灾点后返回医疗中心，特用 m 来表示医疗中心。区域 h 内受灾点 i 与点 j 间的距离表示为 d_{ij}^h，用 d_{im}^h 特指区域 h 内受灾点 i 与该区域医疗中心 m 间的距离。另用 $d_{im}^{h,h+1}$ 来表示区域 $h+1$ 处的医疗中心 m 到区域 h 内受灾点 i 的距离，而 $d_{im}^{h+1,h}$ 相应是区域 h 处医疗中心 m 到区域 $h+1$ 内受灾点 i 的距离。车辆 k 在区域 h 内从受灾点 i 行驶到点 j 所耗时间为 t_{ijk}^h，而 t_{imk}^h 表示车辆 k 在区域 h 内从受灾点 i 到该区域医疗中心 m 处所需的行驶时间。类似地，$t_{imk}^{h,h+1}$ 是车辆 k 从区域 $h+1$ 处医疗中心 m 到区域 h 内受灾点 i 所花费的时间，$t_{imk}^{h+1,h}$ 则是车辆 k 从区域 h 处医疗中心 m 到区域 $h+1$ 内受灾点 i 所耗时间。Γ_{ik}^h 表示区域 h 受灾点 i 处伤员等待车辆 k 救援时心理所感知的绝对剥夺成本，区域 h 内受灾点 i 与 j 处伤员等待车辆 k 救援所承受的相对剥夺成本用 $\mathrm{R}\Gamma_{ijk}^h$ 表示。

未受灾情况下车辆 k 在区域 h 内从受灾点 i 到点 j 间的平均行驶速度为 V_{ijk}^{h0}，V_{ijk}^h 表示灾害发生后救援车辆 k 在区域 h 内从受灾点 i 到点 j 路段上的平均通行速度，ε_{ijk}^h 表示车辆 k 在区域 h 内从点 i 到 j 路段上受灾害影响的速度衰减系数。区域 h 内受灾点 i 处需要被救援的伤员人数用 q_i^h 来表示；救援车辆必须在时间窗 $[0,a_i^h]$ 内到达各区域受灾点处，区域 h 内受灾点 i 处伤员在途可坚持时长为 b_i^h；t_{ik}^h 是车辆 k 在区域 h 内受灾点 i 处接收每位伤员上车所耗费的时间。用 0-1 决策变量 x_{ijk}^h 来刻画应急救援路径的选择，$x_{ijk}^h=1$ 意味着救援车辆 k 途经区域 h 内受灾点 i 与 j 之间，$x_{ijk}^h=0$ 则表示未经过。另一决策变量 s_{ik}^h 的含义是车辆 k 到达区域 h 受灾点 i 处的时刻，而 s_{mk}^h 特指车辆 k 返回区域 h 内医疗中心处的时刻。

5.2.2 绝对和相对剥夺成本

借鉴文献[7,11]，本章研究也采用剥夺成本来度量伤员在未收到救援物资时所承受痛苦的程度。不过值得注意的是，这里的剥夺成本与文献[7,11]所提的剥夺成本存在两处不同。

其一，本章研究认为伤员心理创伤的主观感受随应急救援过程的实施呈三阶段形态[13]，为示区别，在此特称之为绝对剥夺成本。绝对剥夺成本函数的三阶段形态如图 5-1 所示，概率密度函数表达如下：

$$f(t) = \begin{cases} e^{g_1 t} + e^h, & 0 \leq t < s_{ik}^h \\ -g_2 t + h_2, & s_{ik}^h \leq t < s_{ik}^h + t_{ik}^h \cdot q_i^h \\ e^{g_3 t} + e^{h_3}, & s_{ik}^h + t_{ik}^h \cdot q_i^h \leq t \leq s_{mk}^h \end{cases} \quad (\forall i \in \mathcal{N}, k \in \mathcal{K}, h \in \mathcal{H})$$

首先，灾害发生后，各灾区伤员在等待车辆救援时，其自身遭遇的绝对剥夺成本随等待时长呈指数上升[7,11]；接着，车辆抵达灾区，接收伤员上车并实施初步的医疗救助，在此期间伤员的痛苦开始缓解，绝对剥夺成本被视为呈线性下降态势[14]；然后，车内伤员在被送至医疗中心的在途行驶过程中所感知的绝对剥夺成本随行驶时间增加仍出现新的指数上升趋势，鉴于伤员已得到初步医疗救助，故此阶段上升速率相较第一阶段有所趋缓。

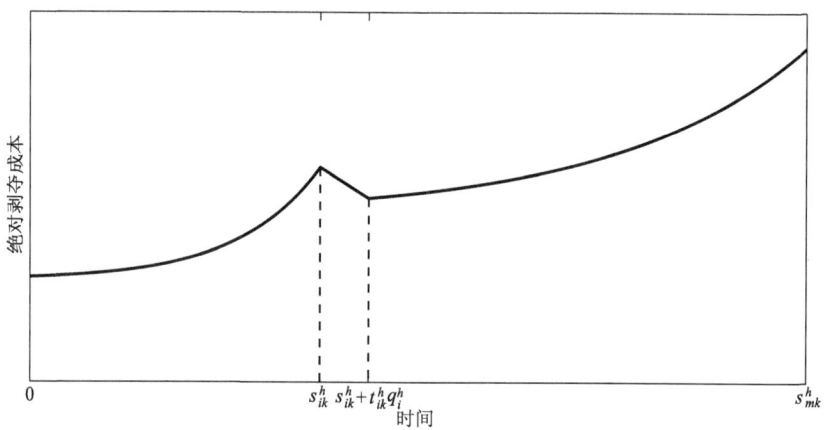

图 5-1　绝对剥夺成本函数曲线

其二，为强调人道主义应急救援中的公平性原则，在用三阶段绝对剥夺成本度量各伤员心理遭遇痛苦主观感受的基础上，本章研究创新性提出相对剥夺成本概念，通过衡量不同伤员心理创伤的差异性来表征救援的公平性。对相对剥夺进行度量的思路来源于经济学中运用基尼系数来衡量居民收入差距，目的在于通过最小化相对剥夺成本来实现从心理感知层面对救援公平性的保障。事实上，有很多种方式能够被用来刻画代表差异性的相对剥夺成本[14-17]，如最小化最大值、最小化范围度量、最小化绝对偏差、最小化标准差或最小化基尼系数等。在此参考文献[17]，采用最小化任意两受灾点处伤员绝对剥夺成本间的绝对偏差，来刻画用以反映公平性的相对剥夺成本函数，即 $R\Gamma_{ijk}^h = \left| \Gamma_{ik}^h - \Gamma_{jk}^h \right|$。

5.3 兼顾效率和公平的跨区域应急救援路径优化模型

将上述绝对和相对剥夺成本作为公平性维度的度量集成入应急救援路径优化决策中，构建一个兼顾效率和公平的跨区域应急救援路径优化模型，为跨区域协同应急模式的实施提供可行性和有效性分析。

5.3.1 模型构建

在伤员救援路径选择中，不仅考虑各救援车辆行驶总时长最短、同时关注各灾区伤员承受的绝对和相对剥夺总成本最低为多个决策目标，构建如下兼顾效率和公平的跨区域协同应急救援路径优化模型。

$$\min \sum_{h \in \mathcal{H}} \sum_{k \in \mathcal{K}} \sum_{i,j \in \mathcal{N}} t_{ijk}^h \cdot x_{ijk}^h \tag{5-1}$$

$$\min \sum_{h \in \mathcal{H}} \sum_{k \in \mathcal{K}} \sum_{i \in \mathcal{N}} \Gamma_{ik}^h \tag{5-2}$$

$$\min \sum_{h \in \mathcal{H}} \sum_{k \in \mathcal{K}} \sum_{i,j \in \mathcal{N}} R\Gamma_{ijk}^h \cdot x_{ijk}^h \tag{5-3}$$

$$\text{s.t.} \quad V_{ijk}^h = V_{ijk}^{h0} \cdot \varepsilon_{ijk}^h, \quad \forall i,j \in \mathcal{N}; k \in \mathcal{K}; h \in \mathcal{H} \tag{5-4}$$

$$t_{ijk}^h = d_{ij}^h / V_{ijk}^h, \quad \forall i,j \in \mathcal{N}; k \in \mathcal{K}; h \in \mathcal{H} \tag{5-5}$$

$$\Gamma_{ik}^h = \int_0^{s_{ik}^h} (e^{g_1 t} + e^{h_1}) dt + \int_{s_{ik}^h}^{s_{ik}^h + t_{ik}^h \cdot q_i^h} (-g_2 t + h_2) dt + \int_{s_{ik}^h + t_{ik}^h \cdot q_i^h}^{s_{mk}^h} (e^{g_3 t} + e^{h_3}) dt,$$
$$\forall i \in \mathcal{N}; k \in \mathcal{K}; h \in \mathcal{H} \tag{5-6}$$

$$R\Gamma_{ijk}^h = \left|\Gamma_{ik}^h - \Gamma_{jk}^h\right|, \quad \forall i,j \in \mathcal{N}; k \in \mathcal{K}; h \in \mathcal{H} \tag{5-7}$$

$$\sum_{k \in \mathcal{K}} \sum_{j \in \mathcal{N}} x_{ijk}^h = 1, \quad \forall i \in \mathcal{N}; h \in \mathcal{H} \tag{5-8}$$

$$\sum_{i \in \mathcal{N}} q_i^h \sum_{j \in \mathcal{N}} x_{ijk}^h \leqslant W_k, \quad \forall k \in \mathcal{K}; h \in \mathcal{H} \tag{5-9}$$

$$\sum_{j \in \mathcal{N}} x_{mjk}^h = 1, \quad \forall k \in \mathcal{K}; h \in \mathcal{H} \tag{5-10}$$

$$\sum_{i \in \mathcal{N}} x_{ipk}^h - \sum_{j \in \mathcal{N}} x_{pjk}^h = 0, \quad \forall p \in \mathcal{N}; k \in \mathcal{K}; h \in \mathcal{H} \tag{5-11}$$

$$\sum_{i \in \mathcal{N}} x_{imk}^h = 1, \quad \forall k \in \mathcal{K}; h \in \mathcal{H} \tag{5-12}$$

$$s_{ik}^h + t_{ik}^h \cdot q_i^h + t_{ijk}^h \leqslant s_{jk}^h + B \cdot (1 - x_{ijk}^h), \quad \forall i,j \in \mathcal{N}; k \in \mathcal{K}; h \in \mathcal{H} \tag{5-13}$$

$$s_{ik}^h \leq a_i^h, \quad \forall i \in \mathcal{N}; k \in \mathcal{K}; h \in \mathcal{H} \tag{5-14}$$

$$s_{mk}^h - s_{ik}^h \leq b_i^h, \quad \forall i \in \mathcal{N}; k \in \mathcal{K}; h \in \mathcal{H} \tag{5-15}$$

$$s_{ik}^h \geq 0, x_{ijk}^h \in \{0,1\}, \quad \forall i,j \in \mathcal{N}; k \in \mathcal{K}; h \in \mathcal{H} \tag{5-16}$$

目标函数(5-1)、(5-2)和(5-3)分别表示应急救援车辆行驶总时长、伤员遭遇的绝对和相对剥夺总成本最小化；约束条件(5-4)刻画救援车辆的行驶速度随灾害影响速度衰减系数的改变而变化；公式(5-5)是行驶速度、时间和距离之间的关系表达；公式(5-6)和(5-7)分别是伤员感知的绝对和相对剥夺成本函数表达式；约束条件(5-8)保证对各受灾点处伤员予以施救，且每个受灾点仅有一辆车前往救援；公式(5-9)确保救援车辆救助若干受灾点处的伤员总人数不超过该车辆荷载容量限制；公式(5-10)、(5-11)和(5-12)是标准流量守恒约束，表明各救援车辆从医疗中心出发并最终返回医疗中心；约束条件(5-13)是车辆抵达前后两受灾点处分别实施伤员救援的时间关联约束，其中 B 代表一个极大的数；公式(5-14)是救援车辆到达各区域受灾点处的不同时间窗约束；公式(5-15)是对不同区域受灾点处伤员在途可坚持时间窗的约束，以保障伤员能在各自可容忍时长内被顺利送抵医疗中心接受救治；公式(5-16)是各决策变量的类型约束。

5.3.2 不同区域划分原则下的协同应急救援策略

在讨论不同的区域划分原则之前，先定义各区域独自应急救援的不协同情形：各区域医疗中心派出的车辆仅负责救援本区域内受灾点处伤员，即不协同应急时车辆救援各区域的受灾点集合仍为 $\mathcal{N} = \{1, 2, \cdots, i, \cdots, j, \cdots, N\}$。

1. 以距离远近为区域划分的协同原则

以距离远近为区域划分的协同原则是指：面对灾害影响的不同区域，不受固有行政区域的约束，考虑将一些相较而言更靠近邻近区域医疗中心处的受灾点(如遍布在某区域边缘的一些受灾点)划入邻近区域，以作为邻近区域医疗中心施救的对象。

这种区域划分方法与商业物流网络中采取从距离最近配送中心调配物资来满足需求的原则相类似，以运输距离的长短作为车辆路径调度的依据。显然，在其他客观因素均相同的条件下，根据距离远近来重新划分区域的协同应急策略将缩短救援车辆行驶的总路程，运输成本相应减少，具有一定经济效益。在该区域划分原则下，协同救援的受灾点集合被调整为：$\mathcal{N}' = \mathcal{N} \cup \{i \mid d_{im}^{h+1,h} \leq d_{im}^{h+1}\} \setminus \{i \mid d_{im}^{h,h+1} \leq d_{im}^h\}$，即把区域 h 内更靠近区域 $h+1$ 医疗中心的受灾点划出并入区域 $h+1$，且将邻近区域 $h+1$ 内更靠近区域 h 医疗中心的受

灾点划出并入区域 h。

2. 以行驶时间长短为区域划分的协同原则

以距离远近为区域划分的原则,虽然能够保证车辆通行路程最短,但由于突发灾害发生后有时道路受损情况不一,严重地区甚至可能出现道路完全阻断、无法通行的情况,故也考虑以救援车辆行驶时间长短为区域划分的如下协同原则:将一些相较而言行驶至邻近区域医疗中心所耗时间更短的受灾点划入邻近区域,以作为邻近区域医疗中心施救的对象。

这种以行驶时间为依据来划分区域的方法能够保证救援所耗总时长最短,该原则下协同救援的受灾点集合被调整为:$\mathcal{N}'' = \mathcal{N} \cup \{i | t_{imk}^{h+1,h} \leq t_{imk}^{h+1}\} \setminus \{i | t_{imk}^{h,h+1} \leq t_{imk}^{h}\}$,即把区域 h 内能更快行至区域 $h+1$ 医疗中心的受灾点划出并入区域 $h+1$,同时将邻近区域 $h+1$ 处能够更快行驶到区域 h 医疗中心的受灾点纳入区域 h。

5.4 兼顾效率和公平的跨区域应急决策算例分析

本章所构模型属于带时间窗的车辆路径优化范畴,是典型的 NP-hard 问题[13],加之剥夺成本相关函数的非线性形式,拟采用常见的智能优化算法实施求解[18,19]。在计算复杂度比较方面,应用蚁群算法求解耗时约 30 s,相同算例场景下遗传算法却需耗费 180 s 才能完成模型求解。这是由于蚁群算法的正反馈原理能在一定程度上加快寻优进程,尤其作为一种并行算法可凭借个体间信息交互来快速搜索全局最优解,非常适用于解决所构的复杂路径寻优问题[20,21]。故应用蚁群算法在 MATLAB 7.0 中实施算例求解,算法步骤参见文献[18,19]。

5.4.1 仿真算例相关设置

某暴雨洪涝灾害波及 A、B 两个区域(省或市级范围),两区域均设有一个医疗中心(见表 5.1 中区域 A 和 B 的受灾点 1)以及各自具有不同程度伤员的 15 个受灾点(县区或街道范围),从医疗中心派出车辆分别将各受灾点处伤员接回至医疗中心接受救治。搜集各受灾点的地理位置坐标、各受灾点处伤员人数以及道路通达性等指标数据,综合采用层次分析法等评价方法得出有关各受灾点灾情的评估值,并根据受灾评估值对模型关键参数进行合理设置[18,19],将所有相关数据列于表 5.1:一方面,依据评估值将各受灾点分成三个等级,并对不同等级的受灾点设定不同的救援时间窗和伤员在途可坚持时间窗。其中,受灾等级为 1(评估值范围为 0~0.33)表示受灾害影响程度最大,受灾等级为 2 表示受灾程度适中(范围为

0.34~0.66),受灾等级为3(范围为0.67~1)表示受灾害影响程度最小。另一方面,对各受灾点的受灾程度评估值采用两两配对加和平均的处理方式,以作为两受灾点间车辆行驶速度的衰减系数被用来表征两受灾点之间道路的受损程度,进而得出灾后救援车辆在两受灾点间的行驶速度。

表5.1 两区域各受灾点处灾情相关的参数评估与设置

区域	受灾点	伤员数	评估值	受灾等级	a_i^h	b_i^h	受灾点	伤员数	评估值	受灾等级	a_i^h	b_i^h
区域 A	1	0	0.71	3	10000	10000	9	5	0.40	2	1.5	1.5
	2	3	0.71	3	2	2	10	3	0.65	2	1.5	1.5
	3	6	0.20	1	1	1	11	7	0.29	1	1	1
	4	2	0.70	3	2	2	12	2	0.56	2	1.5	1.5
	5	6	0.35	2	1.5	1.5	13	2	0.46	2	1.5	1.5
	6	1	0.70	3	2	2	14	2	0.76	3	2	2
	7	4	0.58	2	1.5	1.5	15	4	0.41	2	1.5	1.5
	8	3	0.53	2	1.5	1.5	16	2	0.50	2	1.5	1.5
区域 B	1	0	0.79	3	10000	10000	9	4	0.36	2	1.5	1.5
	2	3	0.56	2	1.5	1.5	10	5	0.31	1	1	1
	3	2	0.24	1	1	1	11	2	0.68	3	2	2
	4	3	0.37	2	1.5	1.5	12	1	0.73	3	2	2
	5	1	0.88	2	2	2	13	6	0.34	2	1.5	1.5
	6	5	0.34	2	1.5	1.5	14	2	0.72	3	2	2
	7	2	0.67	3	2	2	15	3	0.60	2	1.5	1.5
	8	3	0.45	2	1.5	1.5	16	4	0.36	2	1.5	1.5

5.4.2 算例求解结果对比

基于以上仿真算例场景求解最优应急救援路径,现将各区域独自应急的不协同情形分别与以距离或时间更短为区域划分依据的协同应急方案实施对比,并讨论各种情形下跨区域不同协同应急策略的适用性和有效性。

1. 各区域独自应急 v.s. 基于距离的跨区域协同应急

根据以距离更短为区域划分的协同应急原则,将虽隶属区域A、但距离上更靠近区域B的五个受灾点(A4、A6、A9、A15、A16)划拨至区域B医疗中心的救援范围。分别在两区域独自应急情形以及基于距离的跨区域协同应急策略下实施模型求解,将救援路径方案和决策目标值列于表5.2,并将两种救援情形下的最优路线示于图 5-2。

表 5.2 不协同独自应急与基于距离的跨区域协同应急对比

路径编号		不协同独自应急的路径		基于距离的跨区域协同应急路径
1	区域A	A1→A2→A7→A14→A1	区域A	A1→A2→A7→A14→A1
2		A1→A3→A1		A1→A3→A1
3		A1→A4→A9→A1		A1→A5→A1
4		A1→A5→A1		A1→A10→A8→A1
5		A1→A6→A16→A15→A1		A1→A11→A1
6		A1→A10→A8→A1		A1→A12→A13→A1
7		A1→A11→A1	区域B	B1→B12→B2→B13→B1
8		A1→A12→A13→A1		B1→B3→B16→B1
9	区域B	B1→B12→B2→B13→B1		B1→B4→A4→A9→B1
10		B1→B3→B1		B1→B15→B5→B14→B1
11		B1→B4→B16→B1		B1→B6→B7→B10→B1
12		B1→B14→B5→B15→B7→B1		B1→B8→B9→B1
13		B1→B6→B10→B1		B1→B11→B1
14		B1→B8→B11→B9→B1		B1→A6→A16→A15→B1
最短路径总长度/km		720		698
最小绝对剥夺总成本/元		9335		10255
最小相对剥夺总成本/元		11921		12456

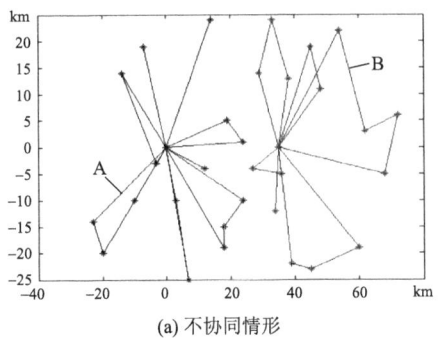 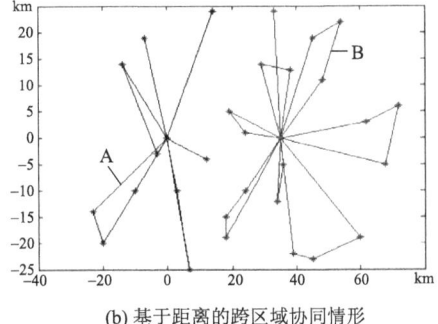

(a) 不协同情形　　　　　　　　　　(b) 基于距离的跨区域协同情形

图 5-2 不协同独自应急和基于距离的跨区域协同应急救援的最优路径

从表 5.2 的路径方案对比中不难发现，将某区域一些受灾点划分至距离更近的相邻区域医疗中心接受救援服务，这种基于距离的跨区域协同应急策略会使得车辆路径发生一系列变化。如原本在各区域独自应急下由区域 A 医疗中心施救的受灾点 A4 与 A9 改由区域 B 医疗中心负责救援，救援车辆路径由 A1→A4→A9→A1 相应地变成 B1→B4→A4→A9→B1。这是因为由区域 B 医疗中心对受灾点 A4 与 A9 实施救援，能够使救援车辆到这两受灾点的行驶距离大大缩短，在符合时间窗约束的前提下车辆甚至在行驶至 A4 和 A9 两受灾点之前还能对途中的受灾点 B4 处伤员实施救援。

再比较独自应急和基于距离的跨区域协同应急这两种情形下的决策目标相关值，显然以距离更短为区域划分依据的协同应急方案能更好地节约行驶路程，这从表 5.2 中显示的最短行驶路径总长由 720 km 减少至 698 km 中能够得到验证。然而，与独自应急的不协同情形相比，基于距离的跨区域协同应急策略造成的伤员心理创伤程度更为严重，最小绝对剥夺总成本由 9335 元增至 10255 元，且最小相对剥夺总成本由 11921 元上升至 12456 元，这表明以距离更短为区域划分的协同应急策略在公平缓解伤员心理痛苦方面却并没有显示出优势。这是因为在相同的道路受损条件下，车辆行驶路程越短，所耗费的行驶时间就越短，从医疗中心派出的车辆在满足既定时间窗约束下可以更加从容地去救援更多的受灾点。这也就意味着在基于距离的跨区域应急协同模式下，有些受灾点处伤员虽能够在规定时间窗内接受救援，但其等待车辆到达也许需要更长的时间、亦或是伤员自被接上车辆后所历经的在途运输时长可能被延至更长，这均会导致用来度量伤员心理创伤程度的绝对与相对剥夺总成本上升。例如，同样观察 A1→A4→A9→A1 与 B1→B4→A4→A9→B1 这两条路径，虽具有更短的行驶路程，但后者给伤员所造成的绝对与相对剥夺总成本均比前者更高。

基于表 5.2 和图 5-2 的对比分析，对参与跨区域应急救援决策的相关组织可提供如下管理建议：一味地依据距离最短来实施跨区域协同应急救援，虽救援车辆行驶总距离能够得到很好的控制，但在人道主义救援中更为关注的伤员痛苦遭遇缓解方面却不一定能取得好的效果。换句话说，基于距离的跨区域协同应急救援未必一定优于各区域独自应急情形。

2. 各区域独自应急 v.s. 基于时间的跨区域协同应急

由于表 5.1 算例场景下各路段所耗行驶时间的差别较小，导致以时间更短为区域划分依据的协同应急与基于距离的跨区域协同方案无明显差异。为了进一步观察基于时间的跨区域协同应急方案特征，随机假设若干受灾点至区域 A 或 B 医疗中心间的路段受灾损毁严重，设其车辆行驶速度降至 20 km/h。鉴于灾害下各路段受损程度对车辆行驶时间的影响，考虑以下基于时间的跨区域协同应急场景：区域 A 内医疗中心对区域 B 处受灾点 B12 和 B15 实施协同救援，而区域 A 中五个受灾点 A6、A7、A9、A15 和 A16 处伤员接受来自区域 B 内医疗中心的跨区域救援。

在此算例场景设置下，将两区域独自应急和基于时间的跨区域协同应急救援路径方案及相关决策目标值列于表 5.3，并于图 5-3 相应展示这两种救援情形下的最优路线。

表 5.3 不协同独自应急与基于时间的跨区域协同应急对比

路径编号	不协同独自应急的路径		基于时间的跨区域协同应急路径	
1		A1→A2→A14→A1		A1→A2→A14→A8→A1
2		A1→A3→A1		A1→A3→A1
3		A1→A4→A15→A16→A1		A1→A5→A1
4	区域A	A1→A5→A1	区域A	A1→A4→B12→A1
5		A1→A6→A13→A12→A1		A1→A10→A1
6		A1→A7→A8→A1		A1→A11→A1
7		A1→A9→A1		A1→A12→A13→A1
8		A1→A10→A1		A1→B15→A1
9		A1→A11→A1		B1→B2→B1
10		B1→B12→B2→B13→B1		B1→B3→B16→B1
11		B1→B3→B1		B1→B4→B1
12		B1→B4→B1		B1→B5→B14→B13→B1
13	区域B	B1→B14→B5→B15→B7→B1	区域B	B1→B11→B6→B7→B1
14		B1→B6→B8→B1		B1→B8→B9→B1
15		B1→B9→B11→B1		B1→B10→B1
16		B1→B10→B1		B1→A6→A16→A15→B1
17		B1→B16→B1		B1→A7→B1
18				B1→A9→B1
最短路径总长度/km		803		1027
最小绝对剥夺总成本/元		11526		9907
最小相对剥夺总成本/元		16159		15191

由表 5.3 可看出，基于时间的跨区域协同应急方案相较两区域独自应急情形需要更多救援车辆，且最短行驶路径总长也由 803 km 增至 1027 km。这表明面对道路差异化受损情境，以行驶时间长短为区域划分原则的协同应急模式可能需要耗费更高的运营成本才能保障救援时间更短。另一方面，表 5.3 显示基于时间的跨区域协同应急方案下伤员所遭受绝对和相对剥夺总成本更小，这说明基于时间的跨区域协同应急方案能更好地缓解各受灾点处伤员心理创伤程度。这一对比结果基本符合以更短时间为区域划分的协同应急模式的预期，充分展示了基于时间的跨区域协同应急方案对人道主义救援弱经济性特点的诠释，即花费更高的成本

以保障更好的救援时效性。

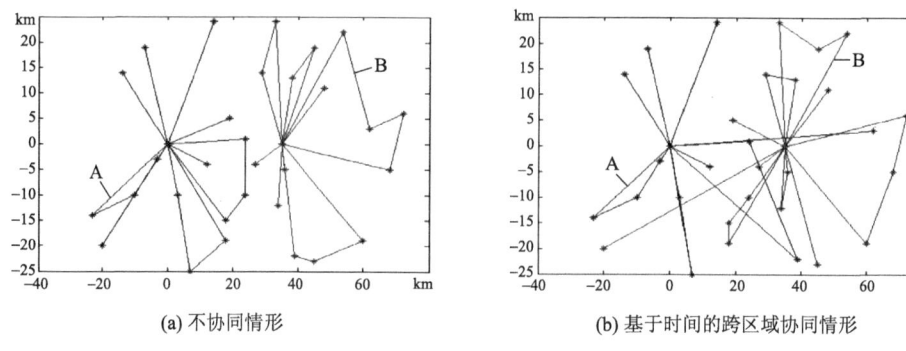

(a) 不协同情形　　　　　　　　(b) 基于时间的跨区域协同情形

图 5-3　不协同独自应急和基于时间的跨区域协同应急救援的最优路径

综合表 5.3 和图 5-3 的对比分析，能够提供给跨区域应急决策者以下管理建议：当各区域受灾程度差别较大时，尤其面对各区域路段所耗行驶时间差异性较大的应急救援场景，采用以时间更短为区域划分依据的协同应急模式能够更好地保障人道主义救援及其公平性。

3. 基于距离和基于时间的跨区域协同应急比较分析

结合表 5.2 和表 5.3 中跨区域应急路径优化选择的算例对比结果，发现无论哪种跨区域协同应急策略均有其一定的适用性，进而提出如下管理建议供灾害救援领域尤其跨区域应急决策者参考。

若各区域行驶路段的受灾差异不明显，具体表现为救援车辆在各路段上通行速度差别不大时，可考虑采用各区域独自应急方案。因为在受灾程度趋同的情形下，无论是基于距离还是基于时间的跨区域协同应急模式，虽能使整个救援路程和运输时长得以降低，但各受灾点处伤员遭遇的心理绝对和相对剥夺总成本均有一定程度的上升，这有悖于人道主义救援中以人为本的第一原则。而当各区域行驶路段的受灾差异显著时，则建议采用基于时间的跨区域协同应急方案，虽然在该协同应急模式下，反映物流运营成本的运输路径总长和救援车辆数量常会有所增加，但此协同策略可凭借把控时效性来提高救援效率，从而更加公平有效地缓解不同区域伤员面对灾害时所遭受的心理痛苦。

5.5　本章小结

面对重大灾害下"多出救点、多受灾点"场景，救援车辆及时高效的调度是顺利开展伤员救助工作的重要保障。传统带时间窗的应急车辆路径研究中很少关注打破地域界限的跨区域协同应急救援，更少有研究探讨跨区域不同协同策略下如何在最优路径选择时兼顾人道主义救援所要求的效率和公平。本章研究创新性地提出相对剥夺成本概念用来刻画伤员心理创伤缓解的公平性程度，并以救援时长最短、伤员心理痛苦被更有效更公平地缓解作为决策目标，构建兼顾效率和公平的跨区域协同应急救援路径选择模型。应用蚁群算法对模型实施算例仿真和对比分析，以各区域独自应急的不协同情形作为基准比对，分别将距离更短和行驶时间更短作为不同区域划分的依据，讨论基于距离和基于时间的跨区域协同应急策略的适用性和有效性。研究结果为相关部门制定合理高效的跨区域应急管理方案提供有益思考。

未来研究可进一步对所构模型中各参数实施敏感性分析，以找出影响跨区域协同应急救援的关键因素；也可尝试突破各区域受灾点位置和待救伤员人数已知这一假定，考虑实际应急救援决策中可能出现的诸多不确定情形；还可研究绝对和相对剥夺成本函数不同构造方式对应急救援决策的影响；另外，本章研究仅讨论了以距离和时间为区域划分依据的协同应急策略，今后也可深入探讨更多不同的跨区域协同应急模式的可行性。

参 考 文 献

[1] Gralla E, Goentzel J, Fine C. Assessing trade-offs among multiple objectives for humanitarian aid delivery using expert preferences[J]. Production and Operations Management, 2014, 23(6): 978-989.

[2] Huang K, Jiang Y, Yuan Y, et al. Modeling multiple humanitarian objectives in emergency response to large-scale disasters[J]. Transportation Research Part E: Logistics and Transportation Review, 2015, 75: 1-17.

[3] Gutjahr W J, Nolz P C. Multicriteria optimization in humanitarian aid[J]. European Journal of Operational Research, 2016, 252(2): 351-366.

[4] Balcik B, Beamon B M. Facility location in humanitarian relief[J]. International Journal of Logistics: Research and Applications, 2008, 11(2): 101-121.

[5] Özdamar L, Ekinci E, Küçükyazici B. Emergency logistics planning in natural disasters[J]. Annals of Operations Research, 2004, 129(1): 217-245.

[6] Huang M, Smilowitz K, Balcik B. Models for relief routing: Equity, efficiency and efficacy[J]. Transportation Research Part E: Logistics and Transportation Review, 2012, 48(1): 2-18.

[7] Holguín-Veras J, Pérez N, Jaller M, et al. On the appropriate objective function for post-disaster humanitarian logistics models[J]. Journal of Operations Management, 2013, 31(5): 262-280.

[8] 刘长石, 罗亮, 周鲜成, 等. 震后初期应急物资分配-运输的协同决策: 公平与效率兼顾[J]. 控制与决策, 2018, 33(11): 2057-2063.

[9] Hu Z H, Sheu J B. Post-disaster debris reverse logistics management under psychological cost

minimization[J]. Transportation Research Part B: Methodological, 2013, 55: 118-141.

[10] Sheu J B, Pan C. A method for designing centralized emergency supply network to respond to large-scale natural disasters[J]. Transportation Research Part B: Methodological, 2014, 67: 284-305.

[11] Pérez N, Holguín-Veras J. Inventory-Allocation distribution models for post disaster humanitarian logistics with explicit consideration of deprivation cost[J]. Transportation Science, 2015, 50(4): 1261-1285.

[12] Gutjahr W J, Fischer S. Equity and deprivation costs in humanitarian logistics[J]. European Journal of Operational Research, 2018, 270(1): 185-197.

[13] Zhu L, Gong Y, Xu Y, et al. Emergency relief routing models for injured victims considering equity and priority[J]. Annals of Operations Research, 2018, 283(1-2): 1573-1606.

[14] Cantillo V, Serrano I, Macea L F, et al. Discrete choice approach for assessing deprivation cost in humanitarian relief operations[J]. Socio-Economic Planning Sciences, 2018, 63: 33-46.

[15] Karsu Ö, Morton A. Inequity averse optimization in operational research[J]. European Journal of Operational Research, 2015, 245(2): 343-359.

[16] Matl P, Hartl R F, Vidal T. Workload equity in vehicle routing problems: A survey and analysis[J]. Transportation Science, 2018, 52(2): 239-260.

[17] Itani M N. Dynamics of deprivation cost in last mile distribution: The integrated resource allocation and vehicle routing problem[D]. Fargo: North Dakota State University, 2014.

[18] 朱莉, 顾珺, 马铮, 等. 面向受灾差异的跨区域应急救援路径优化[J]. 控制与决策, 2017, 32(5): 879-884.

[19] 朱莉, 丁家兰, 马铮. 应急条件下异构运输问题的协同优化研究[J]. 管理学报, 2018, 15(2): 1-8.

[20] Dorigo M, Gambardella L M. Ant colony system: A cooperative learning approach to the traveling salesman problem[J]. IEEE Transactions on Evolutionary Computation, 1997, 1(1): 53-66.

[21] Dorigo M, Stützle T. Ant Colony Optimization[M]. Cambridge: The MIT Press, 2004.

第6章 兼顾公平和优先的跨区域应急决策

在人道主义救援中,跨区域应急决策不仅需要考虑救援效率和救援公平性,还需要在各区域面对不同程度受灾时综合权衡救援优先性问题。与第5章类似,本章研究仍然关注伤员的跨区域应急救援路径选择优化决策,且也同样采用相对剥夺成本来表征救援公平性。不同的是,本章创新采用以在途可容忍受灾痛苦持续时间为时间窗口约束来刻画救援优先性,构建兼顾公平和优先性的跨区域应急救援路径优化模型,在证明所构模型是 NP-hard 问题后,同样选择设计蚁群算法对模型实施求解,并选择以 2017 年美国休斯敦洪水灾害为例进行案例分析,得出一些重要结论供应急决策者参考。

6.1 研究背景与决策问题描述

本章研究背景是针对因 2017 年美国夏季飓风哈维所致的休斯敦灾难性洪水而造成大量受伤人员的应急救援问题。2017 年,美国第四大城市休斯敦在 4 天时间里遭遇了一场暴雨,平均降雨量为 33 in,最大降雨量为 49.6 in。休斯敦境内的哈里斯郡有超过 136000 座建筑遭受洪水袭击,美国得克萨斯州官方报告至少有 9 人死亡,数十个社区每天请求救援超过 2000 次,那场暴雨洪水导致休斯敦超过 30000 人被迫离开家园[1]。在如此严重的洪涝灾害中,迫切需要快速有效的人道主义救援物流保障。人道主义救援物流活动实际占整个救灾工作的 80%[2,3],例如为受灾撤离者提供临时安全的避难所、从应急救援供应地向灾区调配救援资源、将受伤者运至应急医疗中心[4,5]。由于这些应急救援活动与伤员痛苦和伤员生存概率密切相关,故研究破坏性灾害中受伤人员的应急救援路线选择优化具有重要意义。

与以最短距离或最小运营成本为决策目标的商业领域路径优化不同,现有应急路径选择文献主要以最短化救援时间、最大化生存人数、或者尽量减少生命损失和伤员痛苦为决策目的[6-9]。而救援的公平公正性问题,尤其是从伤员痛苦的角度来看,作为人道主义救援行动的主要关注点和重要原则之一,需要在救援路径选择中被给予更多关注[2,3]。此外,在伤员应急救援路径优化过程中,很少有文献考虑不同受伤程度和不同生存概率对路径选择的影响。实际上,如休斯敦洪灾这样的重大灾害在跨区域范围会产生不同程度的影响,因此在伤员应急救援过程中不能忽视面对不同程度受灾的救援优先性问题。特别是当没有足够的救济资源来满足所有受灾者的需求时，重度伤员的确需要比轻度伤员获更高的救援优先权[10,11]。总而言之，很少有关于伤员应急救援路径选择优化研究探讨距离（成本）等定量经济指标和公平、优先等这些人道主义相关指标之间的权衡。基于此，本章研究的决策问题为：面对不同程度受伤灾民的救援路径选择，如何提出一种创新的路径选择方法和一种高效的运输策略，以实现兼顾公平和优先性的跨区域应急救援路径优化决策方案。

为了很好地解决这个优化决策问题，本章研究首先构建一个以救援总成本、绝对和相对剥夺成本最小化为目标的路径选择模型。其中绝对剥夺成本是对无法获得足够应急救援服务的灾民痛苦的经济衡量[12]，而相对剥夺成本是类似于基尼系数指数[13]，由任意两个绝对剥夺成本之间偏差的绝对值来表示的[14]、被用于描述伤员救援行动的公平性。值得关注的是，为了突出应急救援中的优先性，本章使用不同伤员在途可忍受痛苦持续时间的上界作为异质的时间窗约束，以此来表示不同伤员的差别化受伤程度。接着，通过比较是否考虑绝对和相对剥夺成本作为决策目标的两种路径选择模型，以及比较是否考虑各种在途可容忍痛苦时间窗口作为约束的两种模式，讨论了公平和优先对灾害下最优救援路径选择的影响。最后，创新提出了一种轻重伤员混合运输策略，并通过与传统分离运输策略的比较，验证所提混合运输策略所具较好的救援效果。

除了与第 5 章一样将相对剥夺成本纳入应急救援路径选择决策目标以表征救援公平性之外，本章研究还有一些创新贡献：① 提出以差别化的在途可容忍痛苦时间窗口来有效区分不同伤员受灾程度的不同，目的是在应急路径优化时突出救援优先性；② 面对不同受灾程度的伤员提出一种新的混合运输策略，并验证此混合运输策略在缓解人员痛苦和控制运营成本方面的优势。基于这些研究贡献，本章接下来会对相关研究做一个详尽的梳理总结；然后构建一个兼顾公平和优先的跨区域应急救援路径优化模型，针对所构模型设计蚁群算法来近似求解，并通过与遗传算法对比来验证有效性；最后将所构模型和算法应用于 2017 年美国休斯敦飓风后洪灾中的伤员救援路径决策，依托案例仿真分析和参数敏感性分析，得出一些重要的管理启示以供决策者参考。

6.2 相关研究综述

与本章研究相关的三个不同方面文献有：多目标应急救援路径优化研究、不同受灾程度伤员的救援优先级研究，以及面对差异化需求的运输策略研究。

6.2.1 多目标应急救援路径优化研究

多目标决策是人道主义应急救援路径选择问题的一个显著特征，但不同于商业领域路径优化首要关注的成本或距离，救援效率、救援有效性和公平性[14-17]在应急领域被普遍认为是重要的决策目标。

救援效率主要是指与成本等经济度量有关的传统绩效指标，如救灾中物资分配或运输成本等[6,7]。

救援有效性是衡量应急救援服务质量的一个指标，它可体现在几个方面：如响应时间、可靠性、减轻生命损失和缓解痛苦等。例如，Campbel 等[18]提出以最迟和平均到达时间作为应急响应指标，以表征运送关键物资车辆路径选择决策的有效性。Vitoriano 等[19]构造一个可靠性目标函数来刻画所有救援路径均未失效的概率。Hu 和 Sheu[20]、Sheu 和 Pan[5]将心理成本最小化作为决策目标，导致心理成本的感受是指一些压力、焦虑、悲伤和抑郁等负面情绪。Holguín-Veras 等[12]、Pérez 和 Holguín-Veras[21]提出剥夺成本概念来量化救援服务缺乏时人类的痛苦，并强调由物流成本和剥夺成本构成的社会总成本最小化是紧急情况下有效的应急决策目标。Wang 等[22]提出一种用剥夺水平来替换剥夺成本的全新方法来定量测算人类遭受的痛苦。

公平是指在资源分配或资源利用方面的平衡，以使伤员在人道主义援助中有同样的机会生存下来[14]。人道主义救援领域的研究人员越来越意识到救援公平公正的重要性，很多文献采用不同的方法来刻画公平性[13,23]，如最小-最大值、范围、平均绝对偏差、标准偏差和基尼系数等指标。Özdamar 等[24]将未满足需求的最小化视为调配救灾物资路径决策的公平性目标。Balcik 和 Beamon[6,7]选择用物资供应量占物资总获得量的百分比来表征覆盖率，并将其作为公平性指标。Huang 等[25]面对援助对象利用在救援路径优化决策中的服务水平差异来描述公平性。Ransikarbum 和 Mason[26]通过最大化救援分配过程中需求满足最小百分比的方法来表达救援公平性问题。

在上述这些应急救援路径选择优化的文献中，公平性通常是从一些定量的、经济的或货币的角度进行估测，很少会从受灾者的贫困、痛苦和负面情绪所反映的痛苦程度来进行判断。但实际上，负面遭遇所致的痛苦被视为一种更合适、更关键的绩效评估因素，尤其是在如抢救伤员和疏散灾民这类的救援运作场景中。另一方面，Gutjahr 和 Fischer[27]通过研究验证了一个观点：若单纯最小化剥夺成本容易导致较高程度的不公平。所有的这些相关工作都为本章提供一个研究动机：需要从受灾人员间相对痛苦遭遇的角度去讨论救援公平性问题，且有必要进一步探讨应急救援路径选择决策中效率、有效性和公平之间的综合权衡。

6.2.2 不同受灾程度伤员的救援优先级研究

在医疗管理相关文献中，根据不同患者的严重程度，按合理的量分配医疗资源的过程称为 Triage，即患者(伤员)鉴别分类或者治疗类选法[28,29]，换言之，按病情严重程度来合理配给资源施救。与 Triage 类似，应急救援的优先性也引起了广泛关注，尤其在资源有限且面对不同程度伤员情形时。在人道主义运作领域有三种主要方法来表征优先性，即优先分配、将生存概率纳入决策目标函数以及差异化的救援持续时间限制。

传统上，优先分配指的是从最紧急的受害者开始分配救援物资，然后再到那些不怎么紧急的受害者[30]。大多数研究通过分配不同紧急程度或者使用不同服务权重来区分救援优先级[31]，而 Sung 和 Lee[32]则认为优先分配策略应在分配所获回报、服务时间和紧急程度之间进行权衡。描述优先级的另一种方法是应用不同的生存概率来表征差异化的受害者受伤程度。如 Jin 等[33]的研究以生存概率超过一定水平的受影响人数最大化为决策目标。具体地，他们将所有受影响的人分为几个特定类型，不同类型的人因受到不同程度的伤害而具有不同的生存概率。

本章研究参考的是使用不同救援期限约束来表征不同救援优先级的文献，这系列相关文献为了表达不同的受伤程度，强调等待救援的时间不能超过某些特殊的硬约束，否则会出现救援无效的情况[34-36]。除了现场等待和接受急救治疗的时间外，整个应急响应时间还包括将受害者从最初灾害现场运送到最终医疗中心的时间，以及在医疗中心处等待和继续治疗的时间[37]。尤其，与新鲜或易腐产品的分销要求相类似，需要关注伤员能够忍受的在途运输时间窗[38-40]。事实上，大多数使用时间限制来表征救援优先顺序的应急路径选择优化研究只聚焦于差异化的到达时间窗口，而忽略了不同的在途可忍受痛苦时间窗，这极大地阻碍了救援解决方案的可行性和有效性。

6.2.3 面对差异化需求的运输策略研究

与本章研究密切相关的另一类文献是有关差异化需求下的运输优化策略研究。通常面对重大突发灾害场景，现有的救援物资不足以满足所有受灾地区和所有灾民的需要。救援机构必须基于灾区和灾民不同紧迫性所致的差异化需求，来决定如何最优分配现有的稀缺资源。通过对受灾地区和灾民进行适当分类，分组需求通常由相应的基于分组的分配策略来满足。例如，Sheu[41,42]将灾害影响的地区分为若干组，将具有相似紧急属性的区域分为一组，以便根据不同的优先顺序对各地救援需求做出有效反应。Sheu 和 Pan[4,5]将灾害幸存者分为三组，即正常人、老年人和有幼儿的妇女，以便区分不同幸存者群体所需救援服务的紧急程度。Zheng 等[43]提出了一种在火灾疏散场景中对疏散人群进行分类的方法。这些人道主义运作研究大多将救援需求分为紧急和非紧急两种类型，然后相应地实施不同种策略以实现各自的救援目标。

除了单独处理差异化需求外，商业实践中还存在各种运输优化策略，这些运输策略在商业领域早已被证明可以提高服务水平和运营效率。例如，Üster 和

Kewcharoenwong[44]给出卡车运输网络优化策略设计和分析，以提高卡车利用率和驾驶员利用率。Zhu 等[45]提出一种联合运输策略，将来自不同发货人的货物分组，并将这些分组的货物装载到同一车辆中，以实现高效长途运输。Harks 等[46]通过探讨灵活和循环交付模式相结合的可能性，构造了一个综合运输模型用以提高运输效率。尽管这些运输优化策略在面对差异化需求情形下改善运输性能方面表现良好，但之前的研究很少将其应用于人道主义救援场景。

6.3 兼顾公平和优先的跨区域应急救援路径优化模型

将 2017 年美国休斯敦市洪涝灾害作为研究背景，在此考虑以下应急救援过程：分配救援车辆(如救护车、救生艇或紧急疏散车辆)从安全场所(如急救医疗中心)到不同的灾区，然后从这些受影响的地点接回一些伤员，最后返回医疗中心。这里的伤员不仅指那些真正受伤的人，也包括那些在历经灾害后需要简单身体检查的人。为了在兼顾公平和优先的情况下为伤员找到最佳运输路径，需要将每辆车派往特定灾区，并对每辆车救援区域进行排序，在一些特定时间窗约束和车辆通行能力约束下以最大限度去降低运输成本和心理痛苦。为便于模型，在此仅考虑一个医疗中心，而多个医疗中心的更现实场景可在未来研究中予以讨论。

6.3.1 模型假设与符号说明

模型考虑的是所有路径都从同一指定医疗中心出发这样的一个救援场景。用 1 和 $n+1$ 来表示医疗中心，不同的是，1 是从医疗中心出发路径的起点，$n+1$ 是回到医疗中心路径的终点。用 $\mathcal{N}=\{2,\cdots,n\}$ 来表示灾区集合，其中 $n=2,\cdots,N$。有一个连接所有灾区和医疗中心的网络，节点之间的连接对应于网络的边。用 $\mathcal{K}$ 来表示救援车辆的集合，$\mathcal{K}=\{1,2,\cdots,k\}$，$k=1,2,\cdots,K$。

节点 i 到 j 之间使用车辆 k 的运输成本记为 c_{ijk}，$i \neq j$，它与车辆 k 在节点 i 与 j 之间的行驶距离 d_{ijk} 成正比。这意味着有表达式：$c_{ijk} = C \cdot d_{ijk} + D$，其中 C 和 D 是固定成本系数。需要注意的是，d_{ijk} 是灾难场景下的一种虚拟距离，与灾后动态行驶速度有关。将 V_{ijk}^0 定义为 i 与 j 之间使用车辆 k 的灾前或正常行驶速度，$i \neq j$。$V_{ijk}(t)$ 是在 t 时刻使用车辆 k 从 i 到 j 的灾后行驶速度，$i \neq j$。$\varepsilon_{ijk}(t)$ 体现灾害影响反映，它是 t 时刻使用车辆 k 从 i 到 j 的行驶速度衰减系数，$V_{ijk}(t) = V_{ijk}^0 \cdot \varepsilon_{ijk}(t)$。

假设所有的救援车辆都相同，每辆车 k 的容量用 W_k 表示。q_{ik} 是每个灾区 i 用车辆 k 救出的伤员人数 ($i \in \mathcal{N}$)。假设任何一个灾区被困伤员人数不超过一辆车的容量，这确保了救援路径不重复。t_{ijk} 是使用车辆 k 在每个弧 (i,j) 上的运输时间，

$i \neq j$,运输时间非负,且满足三角形不等式。在灾区 $i(i \in \mathcal{N})$ 中,车辆救援活动的开始应在给定的时间间隔内,称为时间窗口 $[0, u_i]$。救援车辆在时间窗 $[0, u_1]$ 内离开医疗中心,并在时间窗口 $[0, u_{n+1}]$ 内返回。不失一般性可假设 $u_1 = 0$。除救援等待时间窗口外,其他与时间相关的参数如下:t_{ik} 代表在灾区 $i(i \in \mathcal{N})$ 使用车辆 k 接载每名伤员需花费的时间;b_i 是指灾区 $i(i \in \mathcal{N})$ 处伤员在被送往医疗中心时,在途可最长忍受的痛苦时间。

上述伤员救援运输过程可表述为一个具有多个时间窗约束的车辆路径问题,其中包含以下两类决策变量:① 若车救援车辆 k 直接从 i 到 j,则决策变量 x_{ijk} 等于 1 ($\forall i \neq j, \forall k \in \mathcal{K}, i \neq n+1, j \neq 1$),否则为 0。② 决策变量 θ_{ik} 表示车辆 k 到达灾区 $i(i \in \mathcal{N})$ 并开始提供救援服务的时间,$\theta_{1k} = 0 (\forall k)$ 且 $\theta_{n+1,k}$ 表示车辆 k 返回医疗中心的到达时间。所构模型描述应急救援问题的决策目标是设计一套使运输成本和人员痛苦最小化的救援路径,以实现公平、高效的方式来救援灾区内所有伤员。

6.3.2 绝对和相对剥夺成本

模型决策目标中的人类痛苦是通过绝对剥夺成本和相对剥夺成本来体现的。绝对剥夺成本是对缺乏紧急救援服务时受伤人员痛苦的一种经济度量。与第五章一样,将受灾者的主观感受变化和一些社会经济特征纳入人道主义救援行动中,这里同样提出一个三阶段绝对剥夺成本函数:① 首先,当灾害发生时,各灾区伤者必须等待车辆救援服务,在此等待期间,绝对剥夺成本随着等待时间的延长呈指数增长[12];② 然后,当救援车辆到达灾区并开始运送伤员进行治疗时,绝对剥夺成本呈线性下降[47],这意味着,一旦受灾者得到救援服务,人员的痛苦可被线性减缓。③ 最后,与 Holguín-Veras 等[12]不同的是,这里认为在接载完灾区所有受伤人员后,伤员被送往医疗中心时其绝对剥夺成本呈新的指数增长。

图 6-1 展示了三阶段绝对剥夺成本形态,其中指数增长函数是基于 Holguín-Veras 等[12]研究实验而得的函数表达式。当伤员接受车辆救援服务后,绝对剥夺成本的增长略微放缓。绝对剥夺成本的概率密度函数为

$$f(t) = \begin{cases} e^{g_1 t} + e^{h_1}, & 0 < t \leq \theta_{ik} \\ -g_2 t + h_2, & \theta_{ik} < t \leq \theta_{ik} + t_{ik} \cdot q_{ik} \\ e^{g_3 t} + e^{h_3}, & \theta_{ik} + t_{ik} \cdot q_{ik} < t \leq \theta_{n+1,k} \end{cases} \quad (i \in \mathcal{N}, \forall k \in \mathcal{K})$$

绝对剥夺成本 Γ_{ik}^a 的表达式为

$$\Gamma_{ik}^a = \int_0^{\theta_{ik}} (e^{g_1 t} + e^{h_1}) dt + \int_{\theta_{ik}}^{\theta_{ik} + t_{ik} \cdot q_{ik}} (-g_2 t + h_2) dt + \int_{\theta_{ik} + t_{ik} \cdot q_{ik}}^{\theta_{n+1,k}} (e^{g_3 t} + e^{h_3}) dt$$

除了最大限度地降低各灾区伤员的绝对剥夺成本[12],模型还关注不同受灾地

区伤员在减缓人员遭遇痛苦方面的公平性问题。基于Γ_{ik}^a，在此提出Γ_{ijk}^r是采用车辆k救援i和j处伤员的相对剥夺成本，用Γ_{ijk}^r来表征人道主义救援行动中的公平性问题。实际上，有各种方法可用来构造相对剥夺成本函数，例如最小最大化绝对剥夺成本、最小化任意两灾区绝对剥夺成本间偏差的绝对值[48]等。本章与第5章一样，采用后一种方法，将相对剥夺成本函数表达成：$\Gamma_{ijk}^r = \left|\Gamma_{ik}^a - \Gamma_{jk}^a\right|$。

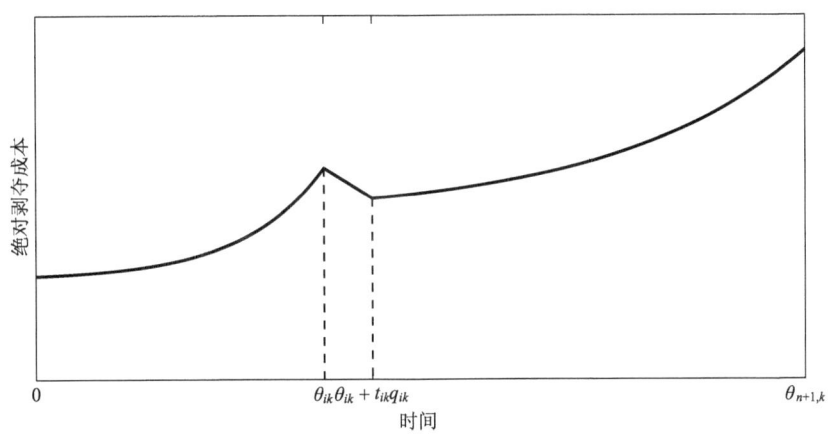

图 6-1　三阶段绝对剥夺成本

6.3.3　模型构建

首先，假设每个灾区仅一种类型的受伤程度，构建一个应急救援基本模型，称为模型Ⅰ。这意味着模型Ⅰ中的两个时间窗因子u_i和b_i可以在一定程度上反映灾害对不同地区的影响。接下来，通过放宽对相同受伤程度的假设，即考虑每个灾区伤员遭受不同的伤害程度情形，再构建一个应急救援扩展模型，称为模型Ⅱ。针对不同受灾程度的伤员，针对模型Ⅱ还提出一种混合运输策略以提高应急救援方案的有效性。

1. 基本模型Ⅰ

模型最优救援路径选择决策必须符合救援车辆容量和伤员在途可容忍时间窗约束。基本模型Ⅰ的数学表达如下：

$$\min \sum_{k \in \mathcal{K}} \sum_{j \in \{n+1\} \cup \mathcal{N}} \sum_{i \in \{1\} \cup \mathcal{N}} c_{ijk} \cdot x_{ijk} \tag{6-1}$$

$$\min \sum_{k \in \mathcal{K}} \sum_{i \in \mathcal{N}} \Gamma_{ik}^a \tag{6-2}$$

$$\min \sum_{k \in \mathcal{K}} \sum_{j \in \mathcal{N}} \sum_{i \in \mathcal{N}} \Gamma_{ijk}^r \cdot x_{ijk} \tag{6-3}$$

$$\text{s.t.} \quad c_{ijk} = C \cdot d_{ijk} + D, \quad \forall i \in \{1\} \cup \mathcal{N}, j \in \{n+1\} \cup \mathcal{N}, k \in \mathcal{K} \quad (6\text{-}4)$$

$$d_{ijk} = \int_{\theta_{ik}+t_{ik}\cdot q_{ik}}^{\theta_{jk}} V_{ijk}(t)\mathrm{d}t, \quad \forall i \in \{1\} \cup \mathcal{N}, j \in \{n+1\} \cup \mathcal{N}, k \in \mathcal{K} \quad (6\text{-}5)$$

$$V_{ijk}(t) = V_{ijk}^0 \cdot \varepsilon_{ijk}(t), \quad \forall i \in \{1\} \cup \mathcal{N}, j \in \{n+1\} \cup \mathcal{N}, k \in \mathcal{K} \quad (6\text{-}6)$$

$$\Gamma_{ik}^a = \int_0^{\theta_{ik}} (e^{g_1 t} + e^{h_1})\mathrm{d}t + \int_{\theta_{ik}}^{\theta_{ik}+t_{ik}\cdot q_{ik}} (-g_2 t + h_2)\mathrm{d}t + \int_{\theta_{ik}+t_{ik}\cdot q_{ik}}^{\theta_{n+1,k}} (e^{g_3 t} + e^{h_3})\mathrm{d}t, \quad \forall i \in \mathcal{N}, k \in \mathcal{K}$$

$$(6\text{-}7)$$

$$\Gamma_{ijk}^r = \left| \Gamma_{ik}^a - \Gamma_{jk}^a \right|, \quad \forall i \in \mathcal{N}, j \in \mathcal{N}, k \in \mathcal{K} \quad (6\text{-}8)$$

$$\sum_{k \in \mathcal{K}} \sum_{j \in (n+1) \cup \mathcal{N}} x_{ijk} = 1, \quad \forall i \in \{1\} \cup \mathcal{N} \quad (6\text{-}9)$$

$$\sum_{i \in \mathcal{N}} q_{ik} \sum_{j \in (n+1) \cup \mathcal{N}} x_{ijk} \leq W_k, \quad \forall k \in \mathcal{K} \quad (6\text{-}10)$$

$$\sum_{j \in \mathcal{N}} x_{1jk} = 1, \quad \forall k \in \mathcal{K} \quad (6\text{-}11)$$

$$\sum_{i \in \mathcal{N}} x_{i\varsigma k} - \sum_{j \in \mathcal{N}} x_{\varsigma jk} = 0, \quad \forall \varsigma \in \mathcal{N}, k \in \mathcal{K} \quad (6\text{-}12)$$

$$\sum_{i \in \mathcal{N}} x_{i,n+1,k} = 1, \quad \forall k \in \mathcal{K} \quad (6\text{-}13)$$

$$\theta_{ik} + t_{ik} \cdot q_{ik} + t_{ijk} \leq \theta_{jk} + M \cdot (1 - x_{ijk}), \quad \forall i \in \mathcal{N}, j \in \mathcal{N}, k \in \mathcal{K} \quad (6\text{-}14)$$

$$\theta_{ik} \leq u_i, \quad \forall i \in \mathcal{N}, k \in \mathcal{K} \quad (6\text{-}15)$$

$$\theta_{n+1,k} - \theta_{ik} \leq b_i, \quad \forall i \in \mathcal{N}, k \in \mathcal{K} \quad (6\text{-}16)$$

$$\theta_{ik} \geq 0, x_{ijk} \in \{0,1\}, \quad \forall i \in \{1\} \cup \mathcal{N}, j \in \{n+1\} \cup \mathcal{N}, k \in \mathcal{K} \quad (6\text{-}17)$$

模型决策的多目标包括总运输成本最小化(6-1)、总绝对剥夺成本最小化(6-2)和相对剥夺成本最小化(6-3);约束条件(6-4)是运输成本与运输距离之间的关系;运输距离和灾后行驶速度之间的关系如公式(6-5)所示;灾害对行驶速度的影响在约束条件(6-6)中给出;约束条件(6-7)和约束条件(6-8)分别用于定义绝对剥夺成本和相对剥夺成本;约束条件(6-9)规定每个灾区必须由一辆车提供救援服务,这称为车辆分配约束;不等式(6-10)确保任一救援车辆运载伤员都不超过其容量;约束条件(6-11)~(6-13)是标准流量约束,且确保所有救援车辆路径始于医疗中心、止于医疗中心;约束条件(6-14)规定,如果车辆 k 从 i 行驶到 j,则车辆 k 不能在一定时间(即 $\theta_{ik} + t_{ik} \cdot q_{ik} + t_{ijk}$)之前到达灾区 j,即这是车辆抵达前后两受灾点处分别实施伤员救援的时间关联约束,其中 M 是个任意大的数字;公式(6-15)是救援车辆到达各区域受灾点处的不同时间窗约束;不等式(6-16)是对不同区域受灾点处伤员在途可坚持痛苦时间窗的约束,以保障伤员能在各自可容忍时长内被顺利送抵医疗中心接受救治；公式(6-17)是各决策变量的类型约束。

2. 考虑不同受伤程度的模型Ⅱ

模型Ⅱ中讨论一种更为复杂的应急救援场景，最关键的是伤员的受灾程度不同。具体地，参考文献[35]，在此考虑两种类型的伤员：需立即治疗且需优先被接载的重伤者，以及可等待一段时间接受治疗且可被稍后接载的轻伤者。通常情况下，根据不同的救援优先级，对两种不同受灾程度伤员的应急救援问题被认为是一个两阶段分离的运输过程(重伤与轻伤人员分离)，如图6-2(a)所示：第一阶段只向重伤者提供救援服务、轻伤人员只能在第二阶段获救。

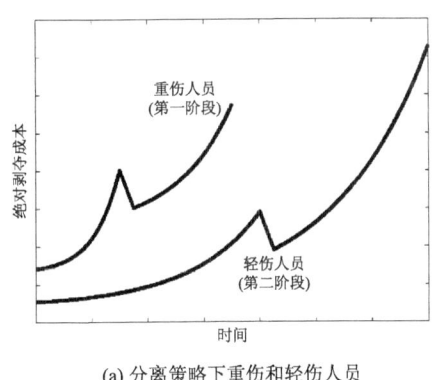
(a) 分离策略下重伤和轻伤人员

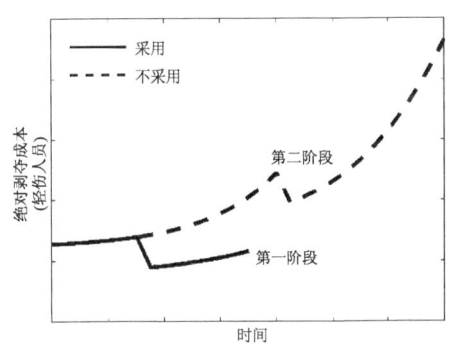
(b) 采用和不采用混合策略下轻伤人员对比

图 6-2　不同运输策略下的绝对剥夺成本

图6-2(a)展示了两阶段分离运输策略下重伤和轻伤人员的绝对剥夺成本，它显示了整个救援期间不同程度受伤人员的绝对剥夺成本的不同增长率。从图6-2(a)中可看出，无论是在车辆救援服务之前还是之后，重伤者的绝对剥夺成本都比轻伤者增长更快。而在从灾害现场到接载伤员期间，两种受伤程度伤员的绝对剥夺成本以相同的速度下降。

与图6-2(a)中传统分离救援过程不同，模型Ⅱ尝试探索另一种应用混合运输策略的应急救援过程。混合运输策略是在所有重伤人员获救后，允许在第一阶段将一些救援路径上最后行至区域里的一些轻伤人员接走。换句话说，在为严重受灾者提供救援服务后，如果存在一些救援车辆尚有空间，那么那些仍有空间的车辆路径最后行至灾区的一些轻伤人员可以在第一救援阶段获救。图6-2(b)对比展示了采用和不采用混合运输策略情形时，轻伤人员在绝对剥夺成本方面的不同变化，需要注意的是，在不采用混合运输策略时，轻伤人员只能在第二阶段获救。

鉴于不同程度伤员在等待和运输过程中可忍受的痛苦时间窗口不同，使用不同的符号 q_{ik}^s 和 q_{ik}^l 来区别表示在灾区 i 使用车辆 k 接载的重伤和轻伤人数。用 u_i^s 和

u_i^l 分别表示灾区 i 处重伤和轻伤人员的救援服务等待时间窗口。相应地，b_i^s 和 b_i^l 分别是灾区 i 重伤者和轻伤者在途最长可承受痛苦的时间窗口。另外，模型Ⅱ中还有不少类似以不同程度受伤来区分的符号表达，如决策变量 x_{ijk}^s 和 x_{ijk}^l、θ_{ik}^s 和 θ_{ik}^l。将这些新的区分符号替换到模型Ⅰ中相应的所有目标函数和约束条件(6-1)～(6-17)之后，仍需要补充下面两个额外约束给模型Ⅱ以反映不同受伤程度和混合运输策略的影响。

$$\xi_{ik}^{ll} = \min\left\{ W_k - \sum_{i=2}^{n} q_{ik}^s, q_i^l \right\}, \quad \forall i \in \mathcal{N}, k \in \mathcal{K} \tag{6-18}$$

$$\theta_{n+1,k}^s - \theta_{i,k}^s + t_{nk} \cdot \xi_{nk}^{ll} \leqslant b_i^s, \quad \forall i \in \mathcal{N}, k \in \mathcal{K} \tag{6-19}$$

公式(6-18)给出了第一次救援阶段在灾区 i 使用车辆 k 接载的轻伤受灾者人数 ξ_{ik}^{ll}，其中用 q_i^l 表示灾区 i 处轻伤人员的总数。这一约束条件正是针对混合运输策略特点而设计的，在混合运输策略中，首先对所有灾区处重伤人员进行救援，然后只要不超过车辆容量，在第一阶段某些救援路径上对最后行至灾区的部分轻伤人员实施救援服务。约束条件(6-19)强调，面对严重受伤人员的救援车辆到达时间，不仅受到不同灾区伤员在运输途中可承受最长痛苦时间窗的约束，也需要综合考虑那些在第一阶段救援车辆最后行至区域救助的那些轻微受伤人员的接载时间。

6.3.4 模型应用

本章所构兼顾公平和优先的应急救援路径优化模型，不仅在伤员救援路径选择决策中发挥着重要作用，还可以用于灾难救援行动中的其他路径选择决策[49]，例如救援物资的预置和分发[50]，以及灾民疏散路径优化[51]。事实上，除了人道主义场景外，以相对剥夺成本为表征的公平性决策目标也同样适用于描述商业环境下供应链分配场景中的公平性考量问题，即可通过对因缺乏供应服务而致心理痛苦进行经济评估的方式来度量供应公平性。此外，所构模型中救援优先级的不同体现在运输途中不同伤员可忍受痛苦的差异化时间窗口上，这种思想也同样可以很好地被用来描述商业物流和供应链环境中的差异化配送需求。除了所构模型之外，本章提出的已在商业环境中大获成功的混合运输策略，的确能够被更广泛地应用于人道主义运营过程中，用以提高救援绩效。例如，可将混合运输策略应用于多种类救援物资的分配-路径优化和不同类受灾者的疏散路径优化问题[4,5]。

6.4 兼顾公平和优先的跨区域应急决策模型求解

上述所构模型Ⅰ和模型Ⅱ均是为寻求最优救援路径、以最小化总运输成本以及最小化所有伤员绝对和相对剥夺成本为目标的多目标决策问题。多目标决策问题的帕累托前沿解实际可以通过多种方法求得[52]，但由于多目标求解问题并不是本章研究重点，故这里采用一种最简单的方法，即将这些多个目标进行标准化、化为一个统一的无量纲尺度以供后续比较分析。具体而言，对每个目标函数进行归一化处理，并通过 $(f-f_{\min})/(f_{\max}-f_{\min})$ 操作将各目标转换成[0,1]范围的值。

将所有归一化后的项加和成一个无量纲目标后，所构模型实际上被转化成一个具有一些时间窗约束的时变车辆路径优化问题，其中每条道路弧上的行驶速度是一个随时间连续变化的函数。因为即使是最简单的旅行商问题(travelling salesman problem, TSP)也是 NP-hard 问题[53]，故本章所构的扩展 VRPTW 模型也可被证明是 NP-hard 问题(见附录 6-A)。解决所构模型这类问题的算法分为精确型和近似型。近似算法通常是基于启发式算法，又可进一步被细分为经典启发式算法和元启发式算法。考虑到精确型方法求解效率低下，且无法在合理时间内给出最优解，因此启发式尤其是元启发式算法在模型求解中受到广泛关注[54]。

蚁群算法(ant colony optimization, ACO)是一种元启发式优化求解技术，它已被多次证明是解决路径优化问题的有效方法[55]。ACO 的本质是信息素轨迹的铺设和遵循行为，寻找路径的蚂蚁使用信息素作为通信媒介[56]。蚁群算法最初是用于 TSP 问题，后来也被成功应用于车辆路径选择问题[55,57-60]、二次分配问题[61]以及调度问题[62]。

在此选择尝试设计一种改进的 ACO 算法来求解所构模型，原因如下：一方面，ACO 算法独特的自动分析正反馈特性和固有的并行计算特征可使得收敛和全局优化加速，从而节约迭代次数和求解时间，时效性的提升对于应急场景的确是至关重要；另一方面，为了克服传统蚁群算法中常出现的停滞和早熟现象，这里特别使用 2-opt 法对可行解进行更新，以此提高最优解的质量。下面详细介绍求解模型 I 和模型 II 的 ACO 算法，并给出求解算法收敛性相关证明。

6.4.1 蚁群算法步骤

步骤 1：初始化。设置算法参数值，包括蚂蚁数量 m、信息素重要程度因子 α、启发函数重要程度因子 β、信息素挥发因子 ρ、信息素强度系数 Q、最大迭代次数 $NC_{\max}$。对于每条路径，也设置初始信息素浓度 $\tau_{ij}(0)$ 和初始信息素更新值 $\Delta\tau_{ij}^k(0)$。

步骤 2：蚂蚁求解方案的构造。将所有 m 只蚂蚁随机放置在 N 个节点上，在节点 i 处，第 k 只蚂蚁以一定概率选择下一个要移动到的节点 j，选择概率如下：

$$P_{ij}^k = \begin{cases} \dfrac{(\tau_{ij})^\alpha \cdot (\eta_{ij})^\beta}{\sum_{\varrho \in N_i^k}(\tau_{i\varrho})^\alpha \cdot (\eta_{i\varrho})^\beta}, & j \in N_i^k \\ 0, & j \notin N_i^k \end{cases} \quad (6\text{-}20)$$

其中，N_i^k 是在节点 i 处蚂蚁 k 的邻域；α、β 是分别描述对信息素轨迹和启发信息相对重要性的权重因子；τ_{ij} 被称为信息素浓度，是与每条路径弧 (i,j) 相关的信息素轨迹值；η_{ij} 是一个启发式值，用于测量从节点 i 到 j 的第 k 个只蚂蚁的可取性。特提出启发式函数(6-21)来描述道路不同状况的影响，这反映在参数 δ 中：δ 值越大意味着道路状况越严重，导致路径搜索的启发式值越小。

$$\eta_{ij} = \begin{cases} v_{ij}^0 \cdot \varepsilon_{ij} \cdot e^{-\delta}, & j \in N_i^k \\ 0, & j \notin N_i^k \end{cases} \quad (6-21)$$

在蚂蚁到达下一个节点后，它们必须判断模型 I 和模型 II 中的容量约束(6-10)和等待时间窗口约束(6-15)是否都被满足。如果这两个约束条件都被满足，则在所有蚂蚁访问完所有节点后，进入步骤 3；否则，重复步骤 2。

步骤 3：可行解的验证。在模型 I 中，如果任何路径都不满足约束条件(6-16)，则将路径长度设置为一个非常大的正值 M。类似地，如果模型 II 中任何路径均不满足不等式(6-16)和附加约束条件(6-18)、(6-19)，则也把非常大的正值 M 作为其长度。

步骤 4：可行解的更新。采用 2-opt 局部搜索方法来更新可行解[63]，该方法主要用来提升解的质量并选择当前最优路径来全局更新信息素。具体地，路径上一部分弧是反向交换的，如果反向交换后的路径长度进一步缩短，则更新可行解。

步骤 5：更新信息素。记录当前时刻的最优解，每条路径上信息素轨迹值随公式(6-22)和(6-23)更新：

$$\tau_{ij}(t+1) = (1-\rho)\tau_{ij}(t) + \sum_{k=1}^{m}\Delta\tau_{ij}^k(t) \quad (6-22)$$

$$\Delta\tau_{ij}^k(t) = \begin{cases} \dfrac{Q}{L_k}, & \text{如果第} k \text{只蚂蚁在时刻} t \text{经过路径}(i,j) \\ 0, & \text{否则} \end{cases} \quad (6-23)$$

其中，$\rho(0<\rho\leqslant 1)$ 是信息素挥发因子，代表信息素挥发速率；$\Delta\tau_{ij}^k(t)$ 是信息素更新值，是第 k 只蚂蚁在时刻 t 时在路径 (i,j) 上沉积的信息素量；Q 是信息素强度，这意味着当一只蚂蚁完成一个周期时信息素的增加量；L_k 是第 k 只蚂蚁的总行程长度。

步骤 6：判断是否终止。若 $NC < NC_{max}$，则令 $NC = NC+1$，转到步骤 2；否则，算法终止，输出最优结果。

6.4.2 蚁群算法验证

接下来，通过证明收敛于某值(收敛的基本类型)来验证 ACO 算法的收敛性，这保证了在给定时间足够的情况下，能以任意接近 1 的概率找到最优解。需要注意的是，虽然解空间收敛通常比值收敛的收敛性更强、更理想，但这里仅证明值收敛，因为一旦确定最优值，算法即停止，模型决策问题被解决。因此，值收敛性是求解所构模型需要的。在给出 ACO 算法的值收敛定理之前，有以下两个命题。

命题 6.1： 对于任何一个 τ_{ij}，有

$$\lim_{t \to \infty} \tau_{ij}(t) \leqslant \tau_{\max} = \frac{q_y(\gamma^*)}{\rho}$$

证明： 质量函数 $q_y(\gamma)$ 是关于 y 的非增函数，即如果 $y(\gamma_1) > y(\gamma_2)$，那么 $q_y(\gamma_1) \leqslant q_y(\gamma_2)$。$q_y(\gamma^*)$ 是最佳质量函数，其含义是：完成所有迭代之后，向任一路径能添加的最大可能信息素量。由于信息素的挥发，在迭代 1 次时最大可能信息素轨迹为 $(1-\rho)\tau_0 + q_y(\gamma^*)$，在迭代 2 次时可能出现的最大信息素轨迹为 $(1-\rho)^2\tau_0 + (1-\rho)q_y(\gamma^*) + q_y(\gamma^*)$。$\tau_{ij}^{\max}(t)$ 可用于表达在迭代 t 次时最大可能的信息素轨迹，即

$$\tau_{ij}^{\max}(t) = (1-\rho)^t \tau_0 + \sum_{i=1}^{t}(1-\rho)^{t-i} q_y(\gamma^*)$$

因为 $0 < \rho \leqslant 1$，这个最大可能信息素轨迹在迭代 t 次时渐近收敛到 $\frac{q_y(\gamma^*)}{\rho}$。

因此，$\lim\limits_{t \to \infty} \tau_{ij}(t) \leqslant \lim\limits_{t \to \infty} \tau_{ij}^{\max}(t) = \tau_{\max} = \frac{q_y(\gamma^*)}{\rho}$。 ∎

命题 6.1 表明最大可能信息素水平 $\tau_{\max}$ 是渐近地以信息素挥发为上界的。

命题 6.2： 一旦发现最优解 γ^*，有 $\lim\limits_{t \to \infty} \tau_{ij}^*(t) = \tau_{\max} = \frac{q_y(\gamma^*)}{\rho}, \forall (i,j) \in \gamma^*$，其中 τ_{ij}^* 是在 $(i,j) \in \gamma^*$ 上的信息素轨迹值。

证明： 一旦找到一个最优解，那么 $\forall t \geqslant 1, \tau_{ij}^*(t) \geqslant \tau_{\min}$。结合迭代最佳更新规则，得出 $\tau_{ij}^*(t)$ 单调增加的结论。

与命题 6.1 类似，迭代 t^* 次后发现第一个最优解 γ^*，迭代 1 次时最大可能信息素为 $(1-\rho)\tau_{ij}^*(t^*) + q_y(\gamma^*)$，迭代 2 次最大可能信息素 $(1-\rho)^2 \tau_{ij}^*(t^*) + (1-\rho)q_y(\gamma^*) + q_y(\gamma^*)$。$\tau_{ij}^*$ 是路径 $(i,j) \in \gamma^*$ 上的信息素轨迹值，用于表示在迭代 t 次时最大可能的信息素轨迹，$\tau_{ij}^*(t)$ 的表达式为

$$\tau_{ij}^*(t) = (1-\rho)^t \tau_{ij}^*(t^*) + \sum_{i=1}^{t}(1-\rho)^{t-i} q_y(\gamma^*)$$

因为 $0 < \rho \leqslant 1$，这个最大可能信息素轨迹在迭代 t 次时渐近收敛到 $\frac{q_y(\gamma^*)}{\rho}$，因此，$\forall (i,j) \in \gamma^*, \lim_{t \to \infty} \tau_{ij}^*(t) = \tau_{\max} = \frac{q_y(\gamma^*)}{\rho}$。∎

命题 6.2 指出，一旦找到最优解，在最优解集 γ^* 里所有路径上的信息素值将收敛至 $\frac{q_y(\gamma^*)}{\rho}$。

定理 6.1：设 $P^*(t)$ 是求解算法在前 t 次迭代中至少找到一次最优解的概率。那么，对于任意小的 $\varepsilon > 0$ 和足够大的 t，有 $P^*(t) \geqslant 1 - \varepsilon, \lim_{t \to \infty} P^*(t) = 1$。

证明：根据式 (6-20)，可以将节点 i 到 j 的第 k 只蚂蚁的最小概率表示为 $p_{\min} > 0$，有 $\forall (i,j)$，$\tau_{\min} \leqslant \tau_{ij} \leqslant \tau_{\max}$，

$$P_{ij}^k \geqslant p_{\min} = \frac{(\tau_{\min})^\alpha \cdot (\eta_{ij})^\beta}{(N_c - 1) \cdot (\tau_{\max})^\alpha \cdot (\eta_{ij})^\beta + (\tau_{\min})^\alpha \cdot (\eta_{ij})^\beta}$$

其中，N_c 是解集合的基数；$p_{\min}$ 是最坏情形：与期望决策相关的信息素轨迹为 $\tau_{\min}$，而所有其他最多为 $N_c - 1$ 个的可行选择具有相关的信息素轨迹 $\tau_{\max}$。

$P^*(t)$ 的下界可以由 $\hat{P}^*(t) = 1 - (1 - p_{\min})^t$ 给出，这是一只蚂蚁找到最优解的充分条件。通过选择一个足够大的 t，这个概率可以大于 $1 - \varepsilon$ 的任何值，且 $\lim_{t \to \infty} \hat{P}^*(t) = 1$。因为概率 $P^*(t) \geqslant \hat{P}^*(t)$，故能得到 $\lim_{t \to \infty} P^*(t) = 1$。∎

这样，6.4.1 节设计提出的蚁群算法的收敛性得到了验证。

6.5　兼顾公平和优先的跨区域应急决策案例分析

接下来的计算实验和案例分析内容包括：① 评估本章所构的应急救援路径优化模型和求解算法的有效性；② 将基本模型 I 与不考虑人道主义救援公平/公正的路径选择模型进行比较，并将模型 I 与不考虑伤员运输中差异化可容忍痛苦时间窗口、反映救援优先级的路径模型进行比较；③ 面对模型 II 中不同的受伤程度，将验证本章提出的混合运输策略相对于传统分离运输策略的优越性；④ 通过敏感性分析，探讨关键参数(如等待和在途可忍受痛苦的时间窗口)对最优路径选择的影响。

6.5.1　案例相关数据采集

基于美国联邦应急管理局(Federal Emergency Management Agency, FEMA)有效洪水保险费率图(FIRM)[64]的数据，在此选择以 2017 年美国得克萨斯州休斯敦

洪水为案例场景进行模型仿真计算实验。如图 6-3 所示,休斯敦市中心总共有 20 个可到达地点,分别用数字 1~20 相应标出。图中央的数字 1 代表应急救援机构,其他数字代表各灾区。将得克萨斯州医疗中心作为应急救援机构,需要从该中心派遣救援车辆前往其他 19 个灾区并将那里被困的伤员接载送回该中心进行治疗。本案例决策目标旨在同时考虑救援公平性和救援优先性的情况下为这些救援车辆选择最佳路径。

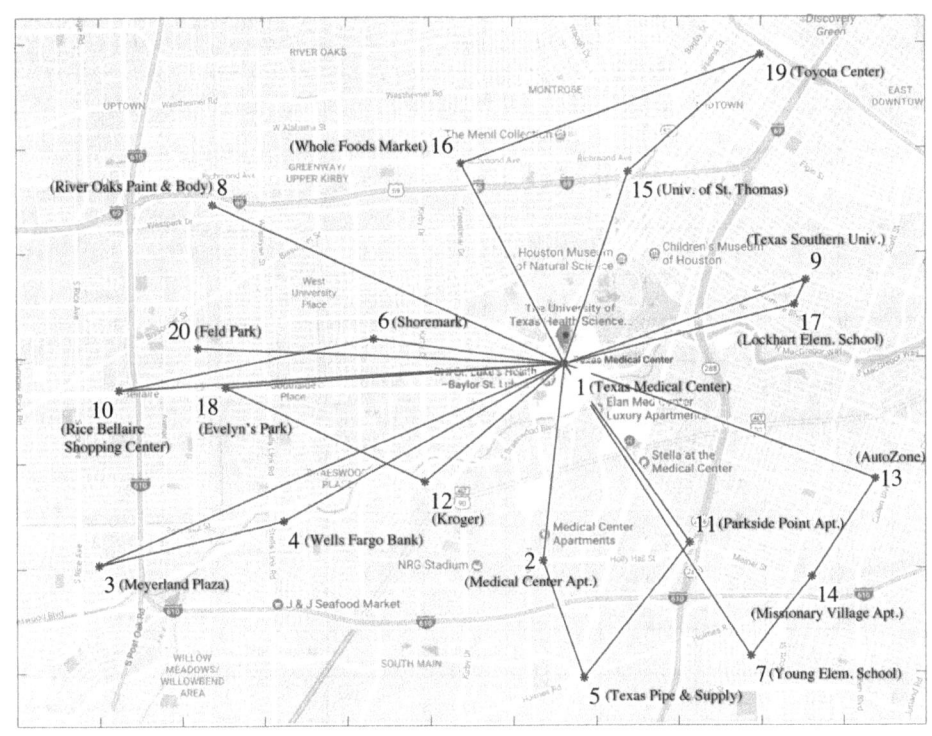

图 6-3 应用模型 I 的休斯敦洪水最佳救援路径

在图 6-3 和表 6.1 中,包括一个医疗中心和 19 个受灾点。假设模型 I 情形下每个区域只有一种受伤程度的伤员,表 6.1 中各受灾点的受伤人数表示为"IN",这是根据美国政府发布的公共灾害数据计算得出的。结合 FEMA 给出的基本洪水高度(base flood elevation, BFE)数据和 CNN 有关休斯敦洪水的报道[65],估算出等待和伤员救援运输中可容忍痛苦时间窗口等参数值,列于表 6.1 中。为了区分德州医疗中心与其他受灾点,特取大数值 $u_1 = b_1 = 10000\,\mathrm{h}$ 作为医疗中心处的时间窗口,并将医疗中心处初始伤员人数记为 0。在模型 II 场景下,为了鉴别轻伤和重伤之间的区别,特列出与轻伤者有关的数据,即补充实验数据进表 6.1。需要说明的是,在模型 II 中特别用"LIN"表示轻伤人数,采用模型 I 中的"IN"数据来表示模型 II 中的重伤人数。除了受伤人数外，还在表 6.1 中给出时间窗口参数的数值，单位为 h。

表 6.1 受影响区域和相关参数

区域		1	2	3	4	5	6	7	8	9	10
地名		Texas Medical Center	Medical Center Apt.	Meyerland Plaza	Wells Fargo Bank	Texas Pipe & Supply	Shoremark	Young Elem. School	River Oaks Paint & Body	Texas Southern Univ.	Rice Bellaire Shopping Center
模型 I	IN	0	3	1	3	2	2	3	4	3	3
	u_i	10000	1.5	3	1.5	3	1.5	3	0.5	1.5	1.5
	b_i	10000	0.5	2.5	0.5	2.5	0.5	2.5	0.3	0.5	0.5
模型 II	LIN	0	6	2	6	4	4	6	8	6	6
	u_i^l	20	9.5	11	9.5	11	9.5	11	8.5	9.5	9.5
	b_i^l	10000	2	6	2	6	2	6	1.3	2	2
区域		11	12	13	14	15	16	17	18	19	20
地名		Parkside Point Apt.	Kroger	AutoZone	Missionary Village Apt.	Univ. of St. Thomas	Whole Foods Market	Lockhart Elem. School	Evelyn's Park	Toyota Center	Feld Park
模型 I	IN	1	2	2	3	3	1	3	2	2	4
	u_i	6	3	3	1.5	1.5	3	1.5	1.5	1.5	0.5
	b_i	6	2.5	2.5	0.5	0.5	2.5	0.5	0.5	0.5	0.3
模型 II	LIN	2	4	4	6	6	2	6	4	4	8
	u_i^l	12.5	11	11	9.5	9.5	11	9.5	9.5	9.5	8.5
	b_i^l	12	6	6	2	2	6	2	2	2	1.3

所有相同救援车辆的最大容量为 $W_k = 13$。在任何灾区，将一个人接载至救援车需要 9 min，这意味着 $t_{ik} = 0.15$ h。假定每条路径上灾前所有正常移动速度相等，为 $V_{ijk}^0 = 60$ km/h。考虑到不同灾害情形，现通过生成一些随机矩阵从技术上获得速度衰减系数，并在运输成本函数中随机设置常数系数 C 和 D。模型 I 中绝对剥夺成本函数中的一些参数有：$g_1 = 1.2, h_1 = 3.5, g_2 = -20, g_3 = 0.5$。为了确保设计的三阶段绝对剥夺成本是连续的，系数 h_2 和 h_3 不预先设定，而是根据第一阶段函数值来进行调整。在模型 II 中，轻伤者的绝对剥夺成本函数系数为：$g_1^l = 0.4, h_1^l = 3.2, g_2^l = -20, g_3^l = 0.1$，重伤者绝对剥夺成本函数的参数与模型 I 中的相同。假设归一化过程中各决策目标的权重相等。此外，根据用来求解路径选择问题的经典蚁群算法[66]，本章设计 ACO 算法中的一些参数设置如下：蚂蚁数量是

$m=20$；信息素重要程度因子是 $\alpha=1$；启发函数重要程度因子是 $\beta=1$；信息素挥发因子是 $\rho=0.15$；最大迭代次数是 $NC_{max}=60$；信息素强度系数是 $Q=10$。

6.5.2 案例求解与算法对比

以 2017 年美国休斯敦洪水为案例背景，应用 MATLAB R2010b 实现本章 6.4.2 节所提的 ACO 算法来求解模型 I，在图 6-3 和表 6.2 中展示跨区域应急救援最优路径。为了展现 ACO 算法的稳定性，特在 20、25、30、35、40 个受灾点的不同规模场景下观察其收敛，收敛趋势见图 6-4。结果表明本章改进设计的蚁群算法在求解所构模型时具有良好的稳定性。

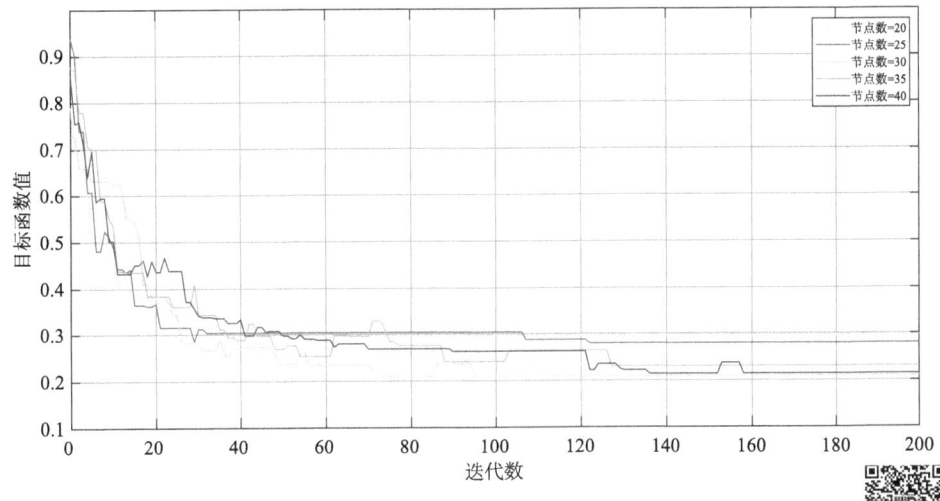

图 6-4　蚁群算法收敛的稳定性

为了进一步评估 ACO 算法的效率，还应用 MATLAB R2010b 在同一计算机上实现遗传算法（genetic algorithm，GA）来求解模型 I 的解。选择 GA 与 ACO 算法进行比较的主要原因是，两种求解算法均是解决路径选择问题最常用的元启发式方法[54,67]。而且，遗传算法和蚁群算法在并行计算和局部搜索能力上也有一些相似之处。因此，在求解速度、最优解质量和算法稳定性方面，将遗传算法和蚁群算法进行比较是合适且有意义的。表 6.2 中给出了应用 ACO 和 GA 求解模型的比较结果。

首先，比较表 6.2 中的求解速度，蚁群算法收敛花费约 33 s，而遗传算法的运行时间约为 186 s。这表明本章设计的蚁群算法仅需要较少的迭代来实现收敛，而遗传算法的收敛速度较慢、求解效率较低。然后，观察两种求解算法下模型决策目标值的比较。需要说明的是，由于运输成本函数中成本系数随机的原因，故

表 6.2 ACO 和 GA 求解模型的比较

路径序号/决策目标值	ACO	GA
1	1→4→3→1	1→2→5→7→14→13→1
2	1→8→1	1→8→1
3	1→7→14→13→1	1→6→18→1
4	1→15→19→16→1	1→16→19→15→17→1
5	1→20→1	1→20→1
6	1→2→5→11→1	1→10→1
7	1→18→12→1	1→12→4→3→11→1
8	1→17→9→1	1→9→1
9	1→10→6→1	
最短总行驶距离/km	55	48.7
最小绝对剥夺成本/美元	1525.49	2106.45
最小相对剥夺成本/美元	245.17	471.15
运行时间/s	33.102	186.01

表 6.2 中选择最短的总行驶距离而不是运输成本作为决策目标值之一进行比较。表 6.2 中决策目标值的数据表明，尽管遗传算法显示出总行驶距离更短、占用的救援车辆数量更少，但蚁群算法在减轻伤员痛苦和增加救援公平性方面明显优于遗传算法，这主要体现在表 6.2 中蚁群算法呈现出的绝对剥夺成本和相对剥夺成本更低。上述这些比较结果表明，蚁群算法在快速搜索和缓解受灾痛苦方面均优于遗传算法，而这两点恰恰是面对重大灾害的跨区域伤员应急救援决策中最重要的要求。

此外，为展示不同规模灾害场景的影响，特应用蚁群算法和遗传算法分别在 20、25、30、35 和 40 个受灾点场景对模型求解时各决策目标值进行比较，比较结果如图 6-5 所示。从图 6-5 可看出，随着灾害规模的增大，遗传算法在节约运营成本方面的优势变得愈加不那么明显。尤其是当灾区数量增加到 40 个时，遗传算法所得到的最短总行驶距离和救援车辆占用数量均与蚁群算法求得结果基本相同。另一方面，蚁群算法在最小绝对剥夺成本和最小相对剥夺成本两方面都展现出稳定的优势，尤其在灾害更严重(更多受灾点)时表现出更为明显的优势。因此，本章所提蚁群算法的适用性得到很好的验证。换句话说，所设计的蚁群算法能更有效地用于求解所构的跨区域应急救援路径优化模型。下面使用蚁群算法实施比较和敏感性分析。

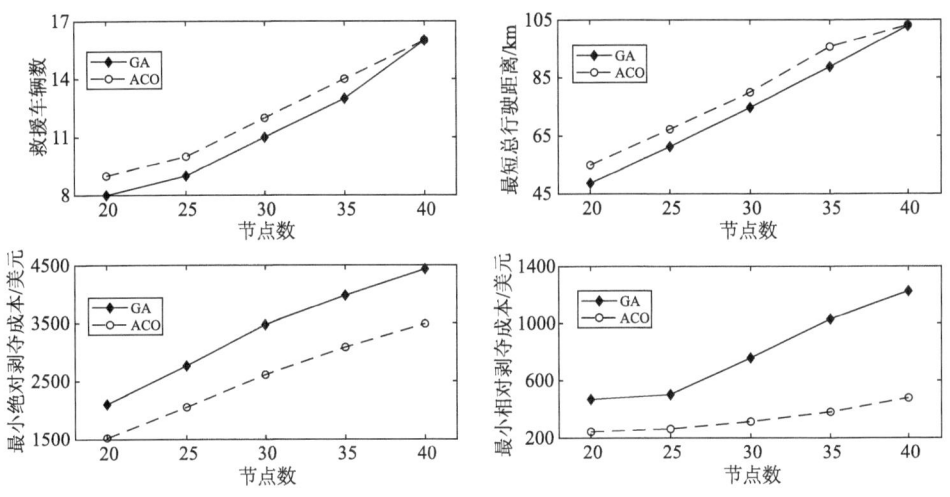

图 6-5　基于蚁群算法和遗传算法的不同决策目标值比较

6.5.3　不同模型的比较分析

为了讨论人道主义救援运作中兼顾救援公平和优先的必要性，首先将模型 I 和一些传统的路径选择模型进行比较分析。接着，在考虑救援公平和优先的前提下，对模型 II 中两阶段分离运输策略和混合运输策略进行比较分析。

1. 基于模型 I 的比较

模型 I^a 是模型 I 中不考虑绝对和相对剥夺成本决策目标的路径选择模型，模型 I^b 是模型 I 中不考虑在途可容忍痛苦时间窗差异化约束的路径选择模型。现对模型 I、模型 I^a 和模型 I^b 进行比较，并在表 6.3 中展示各类模型下最优路径和决策目标值。模型 I^a 和模型 I^b 下的最佳救援路线也分别展示在附录 6-B 的图 B-1(a) 和图 B-1(b) 中。大致观察表 6.3 发现，模型 I 需要更多的救援车辆，其主要原因是面对伤员痛苦遭遇的救援公平性考量会引发对救援物资的需求增加。

表 6.3　模型 I、模型 I^a 和模型 I^b 之间的比较

路径序号/决策目标值	最优救援路径		
	模型 I	模型 I^a	模型 I^b
1	1→4→3→1	1→13→14→11→7→5→1	1→12→4→3→11→1
2	1→8→1	1→8→1	1→8→10→1
3	1→7→14→13→1	1→9→17→1	1→9→17→1
4	1→15→19→16→1	1→15→19→16→1	1→15→19→16→1
5	1→20→1	1→20→1	1→20→18→6→1

续表

路径序号/决策目标值	最优救援路径		
	模型 I	模型 I^a	模型 I^b
6	1→2→5→11→1	1→2→3→1	1→2→5→7→14→13→1
7	1→18→12→1	1→12→18→10→6→1	
8	1→17→9→1		
9	1→10→6→1		
最短总行驶距离/km	55	47.6	43.5
最小绝对剥夺成本/美元	1525.49	2077.57	2337.46
最小相对剥夺成本/美元	245.17	682.99	454.83

1) 模型 I 和模型 I^a

首先比较表 6.3 中模型 I 和模型 I^a 下的决策目标值。从表 6.3，在模型 I 中，表征伤员痛苦的剥夺成本显著减轻，而车辆总行驶距离以一个相对可接受的幅度增加（从 47.6 km 增加到 55 km）。具体地，最低绝对剥夺成本从 2077.57 美元下降至 1525.49 美元，最低相对剥夺成本从 682.99 美元下降至 245.17 美元。这表明，所构模型 I 不仅在减轻伤员痛苦方面表现不错，且很好地提升了人道主义救援的公平性。

然后，观察模型 I 和模型 I^a 在最优救援路径方面的比较。从表 6.3，在模型 I 中不会出现一条包含如此多访问区域的路径，如在模型 I^a 中的 1→13→14→11→7→5→1 或者 1→12→18→10→6→1。换句话说，模型 I 中每辆救援车辆行驶路径上受灾点分布得更加均匀，这就使得那些等待救援的或已经在车上的伤员痛苦遭遇期限更短。因此，从所选择最优救援路径的角度，再次验证了模型 I 能够在减轻伤员痛苦方面取得较好的效果。

2) 模型 I 和模型 I^b

同样，针对模型 I 和模型 I^b，首先比较它们的决策目标值。仍从表 6.3，模型 I 下的最小绝对和相对剥夺成本均较低，不过模型 I^b 下的车辆总行驶距离更短。可能的一个原因是，在模型 I 中的伤员在途可忍受痛苦时长限制导致对救援车辆需求的增加。救援车辆占用量越大，总行驶距离相对越长，救援运输成本越高。因此，以提高救援运输成本为代价，模型 I 能够更好地减轻伤员痛苦，改善救援公平性问题。

接着，比较表 6.3 中模型 I 和模型 I^b 下不同的最佳救援路线。以第二条路径为例，在模型 I 中是 1→8→1，而在模型 I^b 下变为 1→8→10→1。根据表 6.1，在受灾区域 8 处伤员可接受等待和在途可容忍痛苦的时间窗口均非常小，这意味着 River Oaks Paint & Body 区域是一个严重的洪水受灾区，该区域的伤者需要被及时送往医疗中心接受治疗。因此，在实际应急救援场景，一辆救援车辆离开美国得克萨斯州医疗中心，随后前往灾区8、再经过灾区10、最后返回医疗中心是不可行的。另一个类似的例子是模型Ⅰ和模型Ⅰ^{b}下的第五条路径。也是由于受灾区域20处伤员的在途可承受痛苦时间窗口较窄，故在模型Ⅰ中专门为Feld Park区域安排了一辆救援车辆。所以，不考虑伤员在途可容忍痛苦时间窗约束的路径选择模型，可能会导致人道主义救援行动中决策方案的无效。

通过基于模型Ⅰ的比较分析，可提出如下第一个管理启示：建议应急决策者将救援公平性和救援优先性同时纳入人道主义应急决策过程考虑，以便以更公平的方式更好地缓解受灾人员的痛苦遭遇。此外，决策者们需要关注差异化的在途可忍受痛苦时间窗口，以实现可行且有效的救援路径选择决策。这一结论也得到Chen等[39]和Govindan等[40]研究的证实，他们强调易腐食品等时间敏感性产品必须在允许的时间窗口内实现交付。

2. 基于模型Ⅱ的比较

考虑到不同受伤程度的灾民，现基于模型Ⅱ比较两阶段分离运输和混合运输策略。仍应用蚁群算法实现表6.1中的案例场景，并在表6.4中展示比较结果，其中STD、ADC和RDC分别表示最短总行驶距离、最小绝对剥夺成本和最小相对剥夺成本。两阶段分离运输和混合运输策略下的最佳救援路线也分别展示在附录6-B的图B-2(a1)(a2)和(b1)(b2)中。

首先，对比观察两种策略下的救援车辆数量。从表6.4中可看出，混合运输策略相比分离策略需要更少的救援车辆，车辆总数从18辆减少到15辆。这一结果表明，在商业环境中常被用于提高车辆装载效率的混合运输策略，也可在人道主义救援方面发挥重要作用。尤其，由于兼顾公平和优先的跨区域应急救援路径选择模型需要更多的救援车辆(见表6.3)，故采用混合运输策略在供应有限情形下更有利于人道主义运作。

然后，比较两种不同运输策略下的决策目标值。从表6.4中可看出，采用混合运输策略时，在第一阶段的最短总行驶距离略长(58.7 km>55 km)，而第一阶段的最低绝对剥夺成本却要高得多(2159.08 美元>1525.49 美元)。实际上，更长的距离是由于混合运输策略下在第一阶段多了一辆救援车辆。至于为何混合运输策略下第一阶段的最低绝对剥夺成本较高，有如下两个原因：① 在混合运输策略规则下，一些轻伤人员可能会在第一阶段救援车辆行至的最后受灾区域被接走，这也使得那些已经在车上的重伤人员不得不忍受更长的剥夺时间和更高的绝对剥夺成本。② 正是由于混合运输策略下的一些轻伤者可能会在第一阶段获救，因此第一阶段的绝对剥夺成本自然也包括这些轻伤者的成本在内。但值得注意的是，混合运输策略下第二阶段的所有决策目标值都得到了极大的改善。具体而言，最短

表 6.4 分离和混合运输策略的比较

		1	2	3	4	5	6	7	8	9		STD /km	ADC /美元	RDC /美元
分离运输策略	路径 第一阶段	1→4→3→1	1→20→1	1→7→14→13→1	1→10→6→1	1→8→1	1→2→5→1→1	1→18→1 2→1	1→17→9→1	1→15→19→16→1	—	55	1525.49	245.17
	路径 第二阶段	10	11	12	13	14	15	16	17	18	—	—	—	—
	第一阶段	1→20→6→1	1→2→14→1	1→4→12→1	1→8→1	1→10→8→1	1→15→19→16→1	1→7→5→1	1→9→17→1	1→13→11→3→1	—	57.1	6649.20	836.46
混合运输策略	路径 第一阶段	1	2	3	4	5	6	7	8	9	10	STD /km	ADC /美元	RDC /美元
		1→12→4→3→1	1→17→1	1→15→19→16→1	1→10→8→1	1→9→13→1	1→2→5→1→1	1→6→1	1→8→1	1→7→14→1	1→20→1	58.7	2159.08	245.08
	路径 第二阶段	11	12	13	14	15								
	第二阶段	1→10→1 2→1	1→4→2→1	1→5→7→1	1→9→15→1	1→19→1	—	—	—	—	—	34.4	3707.74	416.41

的总行驶距离从 57.1 km 缩至 34.4 km，最低绝对剥夺成本从 6649.2 美元降低至 3707.74 美元，最低相对剥夺成本从 836.46 美元下降至 416.41 美元。而且，从两阶段救援整体角度来看，显然混合运输策略下的总行驶距离更短，绝对/相对剥夺成本更低。这表明，本章提出的混合运输策略不仅能有效缓解不同程度受伤人员的心理痛苦，更好地实现人道主义应急救援中的救援公平，也可以更好地控制应急救援成本。

最后，关注两种不同运输策略下的最优救援路径比较。显然，在分离运输策略下，所有受灾区域都会在第二阶段被救援车辆重新访问。这是因为分离运输策略有一个严格的规定，只有重伤者才能在第一阶段获救，所有轻伤者都必须等待第二阶段才获救援服务。根据表 6.1，由于每个灾区都有轻伤人员，所以在实施分离运输策略的第二阶段，救援车辆需要再次访问所有受灾地点。相比较而言，当选择实施混合运输策略时，受灾区域 3、6、8、11、13、14、16、17、18 和 20 就不会出现在第二阶段的救援路线上。换句话说，采取混合运输策略时，救援车辆在第一阶段就已经把上述十个灾区的所有轻伤人员接载走了，在第二阶段救援车辆只需访问其余灾区即可。这也能很好地解释为何混合运输策略下的最短总行驶距离和救援车辆占用数量均相对更小。

根据基于模型Ⅱ的上述这些比较结果，可给出第二个管理启示：当面临不同应急需求时，如不同受伤程度的灾民、救援优先次序不同的撤离者以及不同紧急程度的救援物资等，建议应急决策者们将混合运输策略应用到最优路径优化中。这个源于商业环境的混合运输策略在人道主义救援运作中能够很好地缓解伤员痛苦遭遇和提高应急救援处置效能，尤其是在应急物资十分有限的情况下。

6.5.4 案例参数分析

验证了所构模型和混合运输策略的有效性后，现对一些关键时间窗参数进行敏感性分析，包括等待救援时间窗口和伤员在途可忍受痛苦时间窗口。这些参数受许多复杂现实因素的影响，如灾害的严重程度、受灾区域的位置和决策者的风险态度等。首先观察模型Ⅰ中时间窗变化对最优应急救援路径的影响，然后讨论模型Ⅱ中不同时间窗参数下运输策略的选择。

1. 模型Ⅰ中更改时间窗口的影响

增大或减小等待时间窗口 u_i 和伤员在途可忍受痛苦时间窗口 b_i，并将其变化对模型Ⅰ下不同决策目标值的影响记录在表 6.5 中。表 6.5 中的 LTD 表示所有救援车辆路径中最长的行驶距离。附录 6-C 中的图 C-1 展示了各种时间窗口情形下的最佳救援路径。

表 6.5 模型 I 中改变 u_i 和 b_i 的影响

对不同决策目标值的影响	休斯敦洪水	u_i 和 b_i 两者都变		仅改变 u_i		仅改变 b_i	
		减小 20%	增加 20%	减小 20%	增加 30%	减小 20%	增加 30%
救援车辆数量	9	12	8	10	9	11	8
(LTD/STD)/km	10.1/55	9.5/65.5	11.2/49	9.5/56.9	11.6/53	9.5/61	11.6/50.8
ADC/美元	1525.49	1193.37	1772.78	1351.39	1574.98	1272.39	1688.97
RDC/美元	245.49	114.54	374.85	241.02	277.18	195.99	315.2656

首先，关注 u_i 和 b_i 的变化对运营方面决策目标的影响，运营方面目标主要反映在车辆数量和车辆行驶距离上。从表 6.5 可看出，当 u_i 和 b_i 减小 20%，救援车辆使用数量和最短总行驶距离均呈上升趋势。其主要原因是：伤员们的救援等待和在途可容忍时间窗口越小，导致每辆救援车辆行驶路径上的受灾点越少，这也可用来解释为什么最长行驶距离 LTD 从 10.1 km 缩至 9.5 km。此外，比较图 6-3 和附录 6-C 中的图 C-1(a1) 发现：在时间窗口越窄的情形下，越来越多的救援车辆只向一个受灾地点提供救援服务，就像图 C-1(a1) 中的受灾区域 2、8、9、10、17 和 20 处一样。反过来，当 u_i 和 b_i 都增加 20%时，最长行驶距离 LTD 从 10.1 km 上升到 11.2 km，不过占用的救援车辆数和最短总行驶距离均下降。

接着，观察 u_i 和 b_i 的变化对人道主义决策目标方面的影响，主要体现在最低绝对和最低相对剥夺成本上。从表 6.5 中发现，时间窗设置越严格，ADC 和 RDC 越低，这意味着伤员的痛苦会以更公平的方式得到更好的缓解。相应地，表 6.5 也显示出：越宽松的时间窗口甚至会导致最低绝对和最低相对剥夺成本的增加。这一结果乍一看似乎是一个悖论，但并不意味着一味地缩短应急救援的时间窗口就更好。从另一个角度来看，即使在非常紧急的情况下，所构兼顾公平和优先的模型 I 在人道主义救援方面的表现也不会太糟糕。此外，从表 6.5 的最后四列发现，仅仅改变 u_i 或 b_i 对运营决策目标和人道主义目标的影响与上述结果相同。

最后，通过比较在运营和人道主义决策目标中相应的变化率，来讨论单独改变 u_i 和 b_i 各自所致的影响。表 6.5 中有一个有趣的现象是：与改变 u_i 的影响相比，b_i 的调整会给决策目标值带来更大的变化。这一发现再次证实，除了传统观念上强调救援车辆抵达灾区效率要高之外，在应急救援路径选择决策中，的确不能忽视伤员在运输途中可忍受痛苦的时间窗口。鉴于在途可忍受痛苦时间窗口的重要作用，在此提出第三个管理启示：应急决策者们需努力提高救援车辆上的救治水平，例如可通过加强车辆医疗器械和急救药品的配置，来减缓伤员在途痛苦的增加率，以实现更有效的应急救援。

2. 模型Ⅱ中更改时间窗口的影响

现在基于模型Ⅱ来比较不同时间窗参数下的不同运输策略。在表 6.6 中列出救援等待时间窗口 u_i 和在途可忍受痛苦时间窗口 b_i 变化的情况下，分别采用两阶段分离和混合运输策略时运营方面和人道主义方面的决策目标。在附录 6-C 中图 C-2 展示相应的最佳救援路径。

表 6.6　模型Ⅱ中改变 u_i 和 b_i 的影响

对不同决策目标值的影响		STD/km		ADC/美元		RDC/美元		救援车辆数量
		第一阶段	第二阶段	第一阶段	第二阶段	第一阶段	第二阶段	
		两阶段总计		两阶段总计		两阶段总计		
分离运输策略	休斯敦洪水	55	57.1	1525.49	6649.20	245.17	836.46	18
		112.1		8174.69		1081.63		
	减小 20%	65.5	58.6	1193.37	5486.14	114.54	597.72	22
		124.1		6679.51		712.26		
	增加 20%	49	56.9	1772.78	6690.90	374.85	890.51	17
		105.9		8463.68		1265.36		
混合运输策略	休斯敦洪水	58.7	34.4	2159.08	3707.74	245.08	416.41	15
		93.1		5866.82		661.49		
	减小 20%	61.7	28.6	2024.67	3285.21	184.61	323.61	15
		90.3		5309.88		508.22		
	增加 20%	52.4	38.8	2219.33	4249.20	335.17	429.54	14
		91.2		6468.53		764.71		

首先，从两个不同的阶段分开来观察 u_i 和 b_i 的变化对决策目标值的影响。如表 6.6 所示，在第一阶段变化的影响已显示出与模型Ⅰ中上述分析相同的趋势，但在第二阶段需注意一个特殊变化。具体地，在混合运输策略下，发现在第二阶段调整 u_i 和 b_i 对最短总行驶距离的影响与模型Ⅰ中的影响相反。以表 6.6 中 u_i 和 b_i 减小 20% 为例，混合策略下第二阶段的最短总行驶距离随着时间窗的减小而缩短。对于这种异常情况，可给出如下解释：由于时间窗越短，在混合运输策略下，每辆救援车辆只能装载越少的重伤人员，这样每辆车在第一阶段行至最后一个受灾区域时为轻伤者留有更多的空间。这一推测可从数据表 6.1 和表 6.4 中得到准确证实，表中数据显示在混合运输策略的第一阶段，获救的轻伤总人数从 46 人增加到 50 人。故当时间窗口变得更短时，第二阶段应急救援压力被大大缓解，从而导致第二阶段的最短行驶距离缩短。因此，即使在时间窗严格的应急救援场景下，本

章所提的混合运输策略也能在运营和人道主义方面均表现良好,这主要归功于其在兼顾救援公平性和优先性的前提下也合理考虑了一定商业优化技术。

接下来,从表 6.6 中两阶段整体救援效果来看,无论时间窗口的增加或减小,混合运输策略都明显优于分离运输策略,因为混合运输策略展现出以更少的运营消耗实现更有效的应急救援。故在此可提出本章的最后一个管理启示:由于提出的混合运输策略比分离运输策略具有稳定的优势,故再次建议应急决策者们在面对不同受伤程度的伤员时可适当采用混合运输策略,以便更好地开展人道主义救援行动。这个想法可通过商业物流领域相关研究得到进一步证实,如 Zhu 等[45]在研究中验证了联合运输战略能够提高车辆利用率并最终实现更高的运输效率。本章研究结果表明,混合运输这项技术在人道主义背景下同样适用。

6.6 本 章 小 结

本章研究提出了一种兼顾公平性和优先性的伤员应急救援路径优化建模方法。为了突出救援公平性的要求,模型在绝对剥夺成本概念基础上构造相对剥夺成本作为决策目标之一。为了更准确地表征救援优先级,模型使用在途可忍受痛苦持续时间的差别化上界作为时间窗约束之一。然后,针对相同和不同受伤程度的伤员,分别构建模型 I 和模型 II,并提出混合运输策略,以提升人道主义应急救援效率。以美国休斯敦洪水为例,设计用于模型求解的蚁群算法,并验证所设计蚁群算法的有效性。通过细致的对比分析,结合观察不同时间窗对最佳救援路径和决策目标影响的参数敏感性分析,得出结论:本章所构兼顾公平和优先的模型有助于更好地缓解紧急情况下灾民痛苦,本章所提出的混合运输策略可同时改善运营和人道主义决策目标。

在今后的工作中,可探讨其他形式的绝对和相对剥夺成本函数,以测试本章研究结果的鲁棒性。或者放宽所构模型中的部分假设,如每个灾区的灾民人数可能超过每辆救援车辆的容量,或者整个应急救援网络里有多个医疗中心。人道主义应急场景下的不确定情景也是进一步研究的方向之一,如受灾区域地点未知、受灾者人数未知等。另一个重要的未来研究思路是:可以尝试探讨本章所构应急救援响应模型和策略在积极主动应急备灾运作中的应用。具体而言,可尝试将救援公平性目标和在途可容忍时长限制纳入有关灾前应急物资预配置和分配、灾前灾民疏散或应急设施选址的决策过程中,以便实现更有效的减灾和应急准备活动。

参 考 文 献

[1] Harris County Flood Control District.Harris County has never seen a storm like Harvey[EB/OL]. [2017-10-2]. https://www.hcfcd.org/hurricane-harvey/.

[2] Van Wassenhove L N. Humanitarian aid logistics: Supply chain management in high gear[J]. Journal of Operations Research Society, 2006, 47(5): 475-489.

[3] Jabbour C J C, Sobreiro V A, Jabbour A B L S, et al. An analysis of the literature on humanitarian logistics and supply chain management: Paving the way for future studies[J]. Annals of Operations Research, 2017, 283(3): 1-19.

[4] Sheu J B. Post-disaster relief-service centralized logistics distribution with survivor resilience maximization[J]. Transportation Research Part B: Methodological, 2014, 68: 288-314.

[5] Sheu J B, Pan C. A method for designing centralized emergency supply network to respond to large-scale natural disasters[J]. Transportation Research Part B: Methodological, 2014, 67: 284-305.

[6] Balcik B, Beamon B M. Performance measurement in humanitarian relief chains[J]. International Journal of Public Sector Management, 2008, 21(1): 4-25.

[7] Balcik B, Beamon B M, Smilowitz K. Last mile distribution in humanitarian relief[J]. Journal of Intelligent Transportation Systems, 2008, 12(2): 51-63.

[8] Holguín-Veras J, Jaller M, Van Wassenhove L N, et al. On the unique features of post-disaster humanitarian logistics[J]. Journal of Operations Management, 2012, 30(7-8): 494-506.

[9] Sabouhi F, Bozorgi-Amiri A, Moshref-Javadi M, et al. An integrated routing and scheduling model for evacuation and commodity distribution in large-scale disaster relief operations: A case study[J]. Annals of Operations Research, 2018, 283(4): 643-677.

[10] Özdamar L, Ertem M A. Models, solutions and enabling technologies in humanitarian logistics[J]. European Journal of Operational Research, 2015, 244(1): 55-65.

[11] Tofighi S, Torabi S A, Mansouri S A. Humanitarian logistics network design under mixed uncertainty[J]. European Journal of Operational Research, 2016, 250(1): 239-250.

[12] Holguín-Veras J, Pérez N, Jaller M, et al. On the appropriate objective function for post-disaster humanitarian logistics models[J]. Journal of Operations Management, 2013, 31(5): 262-280.

[13] Matl P, Hartl R F, Vidal T. Workload equity in vehicle routing problems: A survey and analysis[J]. Transportation Science, 2018, 52(2): 239-260.

[14] Gutjahr W J, Nolz P C. Multicriteria optimization in humanitarian aid[J]. European Journal of Operational Research, 2016, 252(2): 351-366.

[15] Gralla E, Goentzel J, Fine C. Assessing trade-offs among multiple objectives for humanitarian aid delivery using expert preferences[J]. Production and Operations Management, 2014, 23(6): 978-989.

[16] Huang K, Jiang Y, Yuan Y, et al. Modeling multiple humanitarian objectives in emergency response to large-scale disasters[J]. Transportation Research Part E: Logistics and Transportation Review, 2015, 75: 1-17.

[17] Rezaei-Malek M, Tavakkoli-Moghaddam R, Cheikhrouhou N, et al. An approximation approach to a trade-off among efficiency, efficacy, and balance for relief pre-positioning in disaster management[J]. Transportation Research Part E: Logistics and Transportation Review, 2016, 93:

485-509.

[18] Campbell A M, Vandenbussche D, Hermann W. Routing for relief efforts[J]. Transportation Science, 2008, 42(2): 127-145.

[19] Vitoriano B, Ortuno M, Tirado G. A multi-criteria optimization model for humanitarian aid distribution[J]. Journal of Global Optimization, 2011, 51(2): 189-208.

[20] Hu Z H, Sheu J B. Post-disaster debris reverse logistics management under psychological cost minimization[J]. Transportation Research Part B: Methodological, 2013, 55: 118-141.

[21] Pérez N, Holguín-Veras J. Inventory-Allocation distribution models for post disaster humanitarian logistics with explicit consideration of deprivation cost[J]. Transportation Science, 2015, 50(4): 1261-1285.

[22] Wang X, Liang L, Yue X, et al. Estimation of deprivation level functions using a numerical rating scale[J]. Production and Operations Management, 2017, 26(11): 2137-2150.

[23] Karsu Ö, Morton A. Inequity averse optimization in operational research[J]. European Journal of Operational Research, 2015, 245(2): 343-359.

[24] Özdamar L, Ekinci E, Küçükyazici B. Emergency logistics planning in natural disasters[J]. Annals of Operations Research, 2004, 129(1): 217-245.

[25] Huang M, Smilowitz K, Balcik B. Models for relief routing: Equity, efficiency and efficacy[J]. Transportation Research Part E: Logistics and Transportation Review, 2012, 48(1): 2-18.

[26] Ransikarbum K, Mason S J. Goal programming-based post-disaster decision making for integrated relief distribution and early-stage network restoration[J]. International Journal of Production Economics, 2016, 182: 324-341.

[27] Gutjahr W J, Fischer S. Equity and deprivation costs in humanitarian logistics[J]. European Journal of Operational Research, 2018, 270(1): 185-197.

[28] Saghafian S, Hopp W J, Oyen M P V, et al. Complexity augmented triage: A tool for improving patient safety and operational efficiency[J]. Manufacturing & Service Operations Management, 2014, 16(3): 329-345.

[29] Wex F, Schryen G, Feuerriegel S, et al. Emergency response in natural disaster management: Allocation and scheduling of rescue units[J]. European Journal of Operational Research, 2014, 235(3): 697-708.

[30] Jacobson E U, Argon N T, Ziya S. Priority assignment in emergency response[J]. Operations Research, 2012, 60(4): 813-832.

[31] Yi W, Özdamar L. A dynamic logistics coordination model for evacuation and support in disaster response activities[J]. European Journal of Operational Research, 2007, 179(3): 1177-1193.

[32] Sung I, Lee T. Optimal allocation of emergency medical resources in a mass casualty incident: Patient prioritization by column generation[J]. European Journal of Operational Research, 2016, 252(2): 623-634.

[33] Jin S, Jeong S, Kim J, et al. Alogistics model for the transport of disaster victims with various injuries and survival probabilities[J]. Annals of Operations Research, 2015, 230(1): 17-33.

[34] Erera A L, Morales J C, Savelsbergh M. The vehicle routing problem with stochastic demand and duration constraints[J]. Transportation Science, 2010, 44(4): 474-492.

[35] Talarico L, Meisel F, Sörensen K. Ambulance routing for disaster response with patient groups[J]. Computers & Operations Research, 2015, 56: 120-133.

[36] Miranda D M, Conceição S V. The vehicle routing problem with hard time windows and stochastic travel and service time[J]. Expert Systems with Applications, 2016, 64: 104-116.

[37] Boonmee C, Arimura M, Asada T. Facility location optimization model for emergency humanitarian logistics[J]. International Journal of Disaster Risk Reduction, 2017, 24: 485-498.

[38] Hsu C I, Hung S F, Li H C. Vehicle routing problem with time-windows for perishable food delivery[J]. Journal of Food Engineering, 2007, 80(2): 465-475.

[39] Chen H K, Hsueh C F, Chang M S. Production scheduling and vehicle routing with time windows for perishable food products[J]. Computers & Operations Research, 2009, 36(7): 2311-2319.

[40] Govindan K, Jafarian A, Khodaverdi R, et al. Two-echelon multiple-vehicle location routing problem with time windows for optimization of sustainable supply chain network of perishable food[J]. International Journal of Production Economics, 2014, 152: 9-28.

[41] Sheu J B. An emergency logistics distribution approach for quick response to urgent relief demand in disasters[J]. Transportation Research Part E: Logistics and Transportation Review, 2007, 43(6): 687-709.

[42] Sheu J B. Dynamic relief-demand management for emergency logistics operations under large-scale disasters[J]. Transportation Research Part E: Logistics and Transportation Review, 2010, 46(1): 1-17.

[43] Zheng Y, Ling H, Xue J, et al. Population classification in fire evacuation: A multi-objective particle swarm optimization approach[J]. IEEE Transactions on Evolutionary Computation, 2014, 18(1): 70-81.

[44] Üster H, Kewcharoenwong P. Strategic design and analysis of a relay network in truckload transportation. Transportation Science, 2011, 45(4): 505-523.

[45] Zhu E, Crainic T G, Gendreau M. Scheduled service network design for freight trail transportation[J]. Operations Research, 2014, 62(2): 383-400.

[46] Harks T, König F G, Matuschke J, et al. An integrated approach to tactical transportation planning in logistics networks[J]. Transportation Science, 2016, 50(2): 439-460.

[47] Cantillo V, Serrano I, Macea L F, et al. Discrete choice approach for assessing deprivation cost in humanitarian relief operations[J]. Socio-Economic Planning Sciences, 2017, 63: 33-46.

[48] Itani M N. Dynamics of deprivation cost in last mile distribution: The integrated resource allocation and vehicle routing problem[M]. Fargo: North Dakota State University Press, 2014.

[49] Elluru S, Gupta H, Kaur H, et al. Proactive and reactive models for disaster resilient supply chain[J]. Annals of Operations Research, 2017, 283(4): 199-224.

[50] Rawls C G, Turnquist M A. Pre-positioning of emergency supplies for disaster response[J].

Transportation Research Part B: Methodological, 2010, 44(4): 521-534.

[51] Swamy R, Kang J E, Batta R, et al. Hurricane evacuation planning using public transportation[J]. Socio-Economic Planning Sciences, 2017, 59: 43-55.

[52] Deb K. Multi-objective Optimization Using Evolutionary Algorithms[M]. New York: Wiley Press, 2001.

[53] Parker R G, Rardin R L. The traveling salesman problem: An update of research[J]. Naval Research Logistics Quarterly, 1983, 30(1): 69-96.

[54] Bräysy O, Gendreau M. Vehicle routing problem with time windows, part II: Metaheuristics[J]. Transportation Science, 2005, 39(1): 119-139.

[55] Bell J E, McMullen P R. Ant colony optimization techniques for the vehicle routing problem[J]. Advanced Engineering Informatics, 2004, 18(1): 41-48.

[56] Dorigo M, Gambardella L M. Ant colony system: A cooperative learning approach to the travelling salesman problem[J]. IEEE Transactions on Evolutionary Computation, 1997, 1(1): 53-66.

[57] Bullnheimer B, Hartl R F, Strauss C. An improved ant system algorithm for the vehicle routing problem[J]. Annals of Operations Research, 1999, 89: 319-328.

[58] Yuan Y, Wang, D. Path selection model and algorithm for emergency logistics Management[J]. Computers & Industrial Engineering, 2009, 56(3): 1081-1094.

[59] Ariyasingha I D I D, Fernando T G I. Performance analysis of the multi-objective ant colony optimization algorithms for the traveling salesman problem[J]. Swarm and Evolutionary Computation, 2015, 23: 11-26.

[60] Schyns M. An ant colony system for responsive dynamic vehicle routing[J]. European Journal of Operational Research, 2015, 245(3): 704-718.

[61] Maniezzo V. Exact and approximate nondeterministic tree-search procedures for the quadratic assignment problem[J]. INFORMS Journal on Computing, 1999, 11(4): 358-369.

[62] Merkle D, Middendorf M, Schmeck H. Ant colony optimization for resource-constrained project scheduling[J]. IEEE Transactions on Evolutionary Computation, 2002, 6(4): 333-346.

[63] Croes G A. A method for solving travelling salesman problems[J]. Operations Research, 1958, 6(6): 791-812.

[64] Federal Emergency Management Agency. FEMA Flood Map Service Center [EB/OL]. [2017-09-24]. https://msc.fema.gov/p ortal.

[65] CNN. Harvey aftermath: Houston open for business; other cities suffering[EB/OL]. (2017-09-01) [2017-08-31]. http:// www.cnn.com/2017/08/31/us/harvey-houston- texas-flood/ index.html.

[66] Dorigo M, Stützle T. Ant Colony Optimization[M]. Cambridge: The MIT Press, 2004.

[67] Potvin J Y. State-of-the art review: Evolutionary algorithms for vehicle routing[J]. Informs Journal on Computing, 2009, 21(4): 518-548.

[68] Rahman M S, Kaykobad M. On Hamiltonian cycles and Hamiltonian paths[J]. Information Processing Letters, 2005, 94(1): 37-41.

附录 6-A：模型 Ⅰ 和 Ⅱ 的 NP-hardness 证明

通过下面的命题，可证明本章所构的扩展 VRPTW 模型与旅行商问题 TSP 之间的关系。

命题 A.1：VRPTW 至少与 TSP 一样难

证明：在一般车辆路径问题(vehicle routing problem, VRP)的基础上，VRPTW 是一个具有附加时间窗约束的问题。VRPTW 在时间窗不受限制的情形下等价于 VRP。从这个意义上讲，VRP 是 VRPTW 的一个特例。

接着，回顾 VRP 和 TSP 的定义。VRP 试图回答的是："当一组车辆服务于一些给定客户，最初位于仓库点的车辆被分派到各客户处并最终返回到原始仓库，那么这组车辆的最佳路线是什么？" 相应地，TSP 指的是："一辆车面对给定的一些客户和一个起始点，要求对每一位顾客服务有且仅有一次并返回初始点，这辆车的最佳路线是什么？" 因此，VRP 可以看作是 TSP 更广泛的形式。当车辆数为 1 时，VRP 就退化为 TSP。换句话说，TSP 是 VRP 的一个特例。

因此，如果 TSP 是 NP-hard 的，那么 VRPTW 和 VRP 自然都是 NP-hard 的。也就是说，VRPTW 和 VRP 至少和 TSP 一样难。∎

众所周知，TSP 是 NP-hard 的，因为 NP-complete 的哈密顿循环(Hamiltonian Cycle, HC)可以在多项式时间内简化为 TSP[68]。因此可依据命题 A.1 证明模型 Ⅰ 和 Ⅱ 是 NP-hard 的。

附录 6-B：基于模型 Ⅰ 和模型 Ⅱ 的对比分析

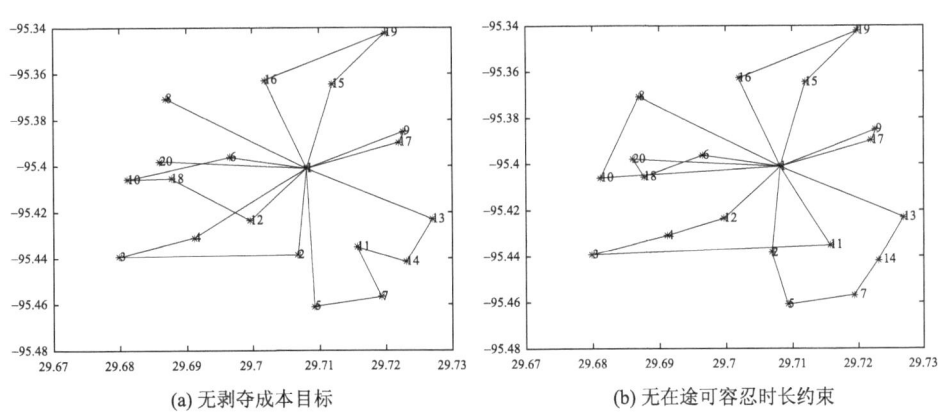

(a) 无剥夺成本目标　　　　　(b) 无在途可容忍时长约束

图 B-1　传统路径选择模型的最优路径

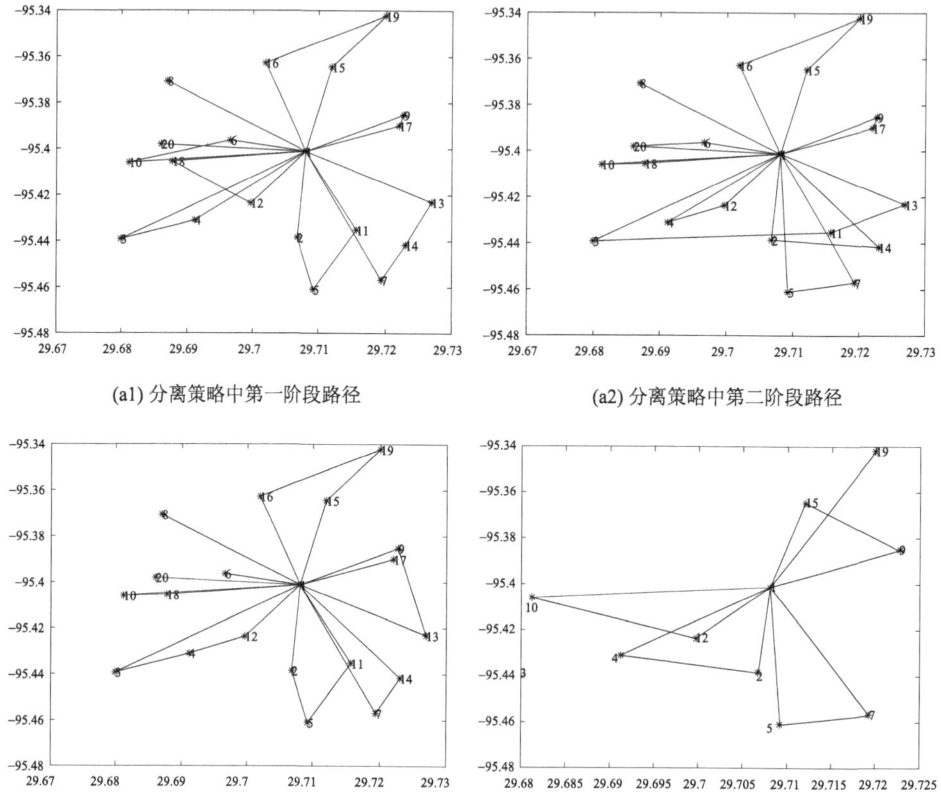

(a1) 分离策略中第一阶段路径　　　　　　　(a2) 分离策略中第二阶段路径

(b1) 混合策略中第一阶段路径　　　　　　　(b2) 混合策略中第二阶段路径

图 B-2　不同运输策略下的最优路径

附录 6-C：基于模型Ⅰ和模型Ⅱ的参数敏感性分析

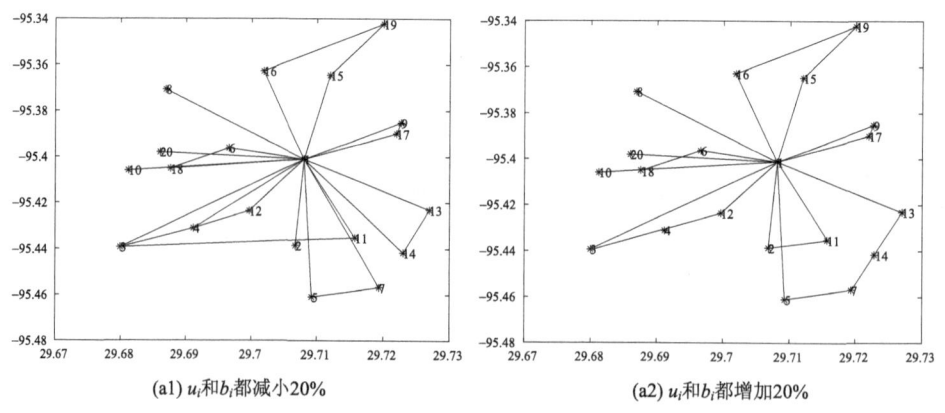

(a1) u_i 和 b_i 都减小20%　　　　　　　(a2) u_i 和 b_i 都增加20%

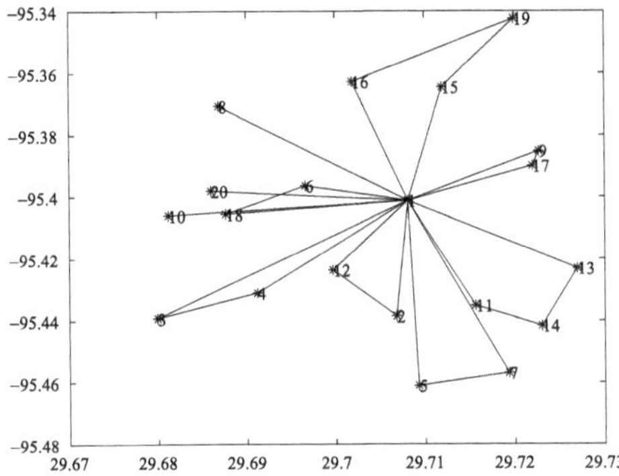

(b1) 只有u_i减小20% 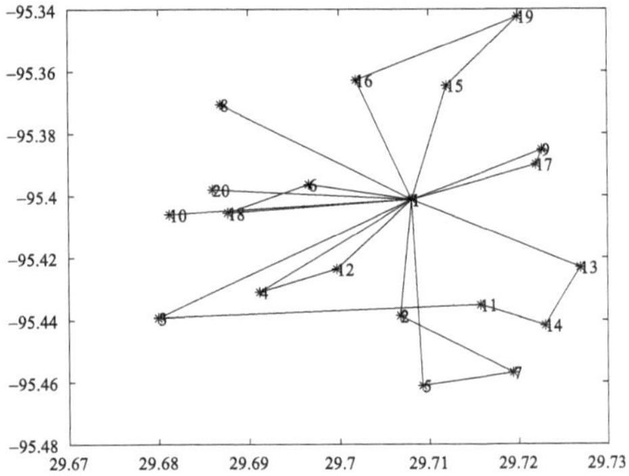 (b2) 只有u_i增加30%

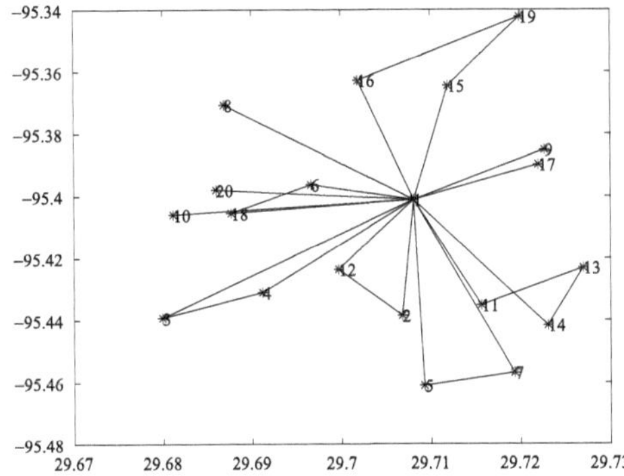

(c1) 只有b_i减小20% 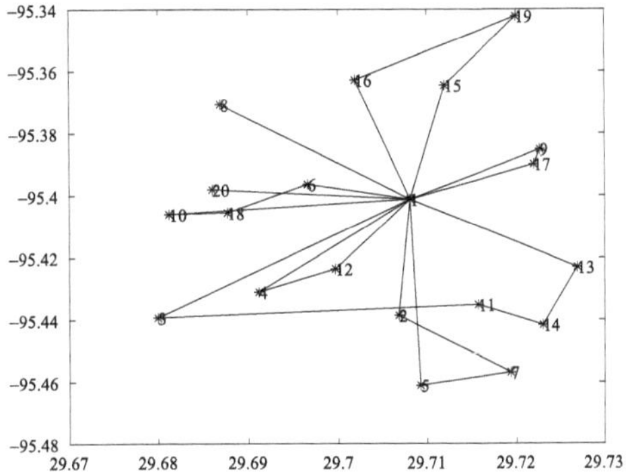 (c2) 只有b_i增加30%

图 C-1　在模型 I 中，u_i 和 b_i 不同变化下的最优路径

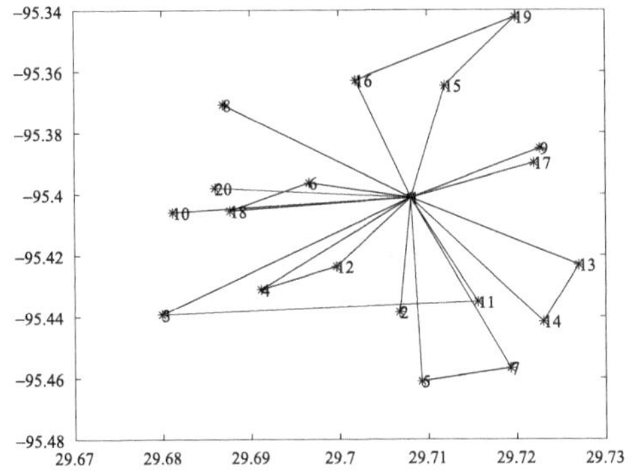

(a1) u_i和b_i减小20%时
分离策略中第一阶段路径

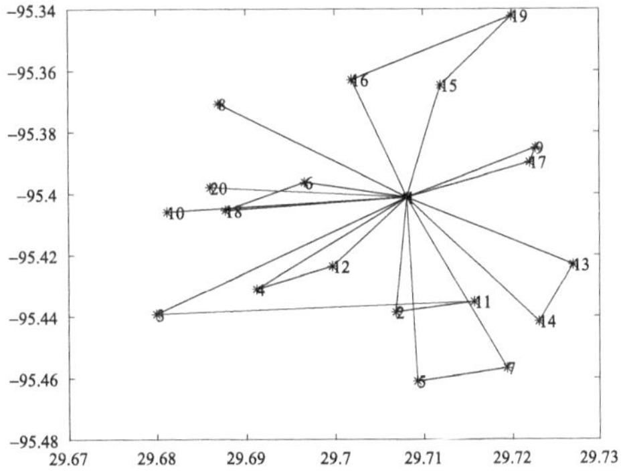

(a2) u_i和b_i减小20%时
分离策略中第二阶段路径

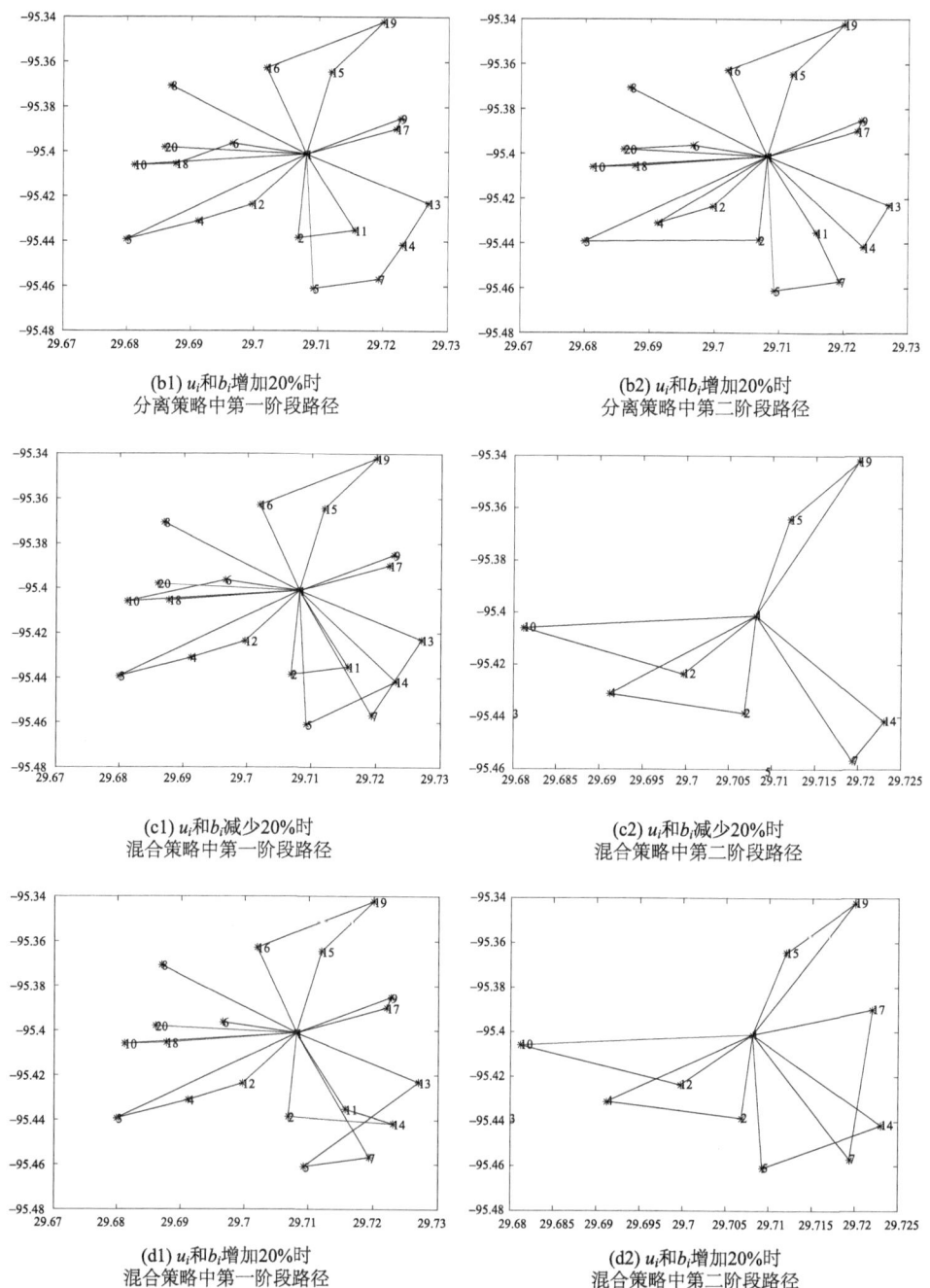

图 C-2 在模型 II 中，两种运输策略 u_i 和 b_i 不同变化下的最优路径

第7章 考虑多维目标的跨区域应急决策

在跨区域应急决策过程中，除了救援效率、救援公平性和救援优先性需要综合衡量之外，实际上还有很多因素对应急决策有影响。本章研究在考虑救援效率的同时选择将成本因素和需求覆盖因素也纳入决策目标，构造考虑多维目标的跨区域应急决策模型，通过多目标优化求解算法的实施和仿真分析，探讨多维目标之间的权衡对整个跨区域应急决策方案的影响。

7.1 决策问题描述与相关研究

本章研究的决策问题是：面对可能发生的具有不确定灾害等级的气象灾害，考虑以最小化应急总成本、最小化救援车辆行驶总时间、最大化应急储备库覆盖范围为多维目标的跨区域应急选址-调配优化问题。跨区域应急选址-调配决策具体涉及选址、资源预置、调度、分配及相关集成问题。

跨区域应急设施的选址主要体现在应急储备库的选址、应急救援中心的选址以及应急服务设施设备的选址。早在1971年，Toregas等[1]就提出应急设施选址的集合覆盖模型问题。Daskin[2]考虑服务点以随机概率发生拥堵情形，改进了最大期望应急选址覆盖问题。Hochbaum和Pathria[3]针对不确定动态网络中的应急设施选址，讨论 k 层网络 p-中心值问题。Araz等[4]建立了以最大化人口覆盖和最短化行驶总距离为决策目标的救护车和消防车选址配置模型。Wei和Özdamar[5]构建了一个应急选址分配模型以解决灾害响应活动中物资需求和人员疏散要求。Yang等[6]构建以最小化成本和最短化距离为双目标的应急消防站选址模型。Rawls和Turnquist[7]建立两阶段混合整数规划模型来解决灾害应急响应中的应急物资储备库选址问题，指出跨区域应急资源协同预置能更好地应对灾害。Ai等[8]研究海上应急救援物资储备基地选址和应急救援船舶资源配置问题。

在跨区域应急资源协同库存预置方面，Kutanoglu和Mahajan[9]构建了跨区域物资预置模型并讨论了设置区域性仓库的必要性，提倡通过邻近地区实施资源共享来解决单个区域物资紧缺的问题。Davis等[10]建立了跨区域应急资源库存协同储备模型。Pradhananga等[11]通过建模分析验证了灾前对来自不同区域的救援物资进行精准库存集聚能促进物资后续合理分配并有效缓解灾民心理痛苦。Rottkemper等[12]、Toyasaki等[13]和Baskaya等[14]均关注多区域人道主义组织横向预置库存间的转运合作问题，强调跨区域协同应急能实现更高效的救援。魏宇琪等[15]基于需求预测探究应急物资在国家储备库之间跨域协同的方法。Balcik 等[16]设计了一个协同库存预置网络来探讨区域仓库选址及各库应急资源储备量设置问题。Sabbaghtorkan 等[17]和 Dönmez 等[18]对不确定环境下应急设施选址问题进行了综述,总结出有不少文献强调可采取在跨区域储备库内合理预置应急资源的方式来抵御突发事件风险。

在跨区域应急资源协同分配调度方面,Groothedde 等[19]论证了不同区域间资源协同调度能在需求满足前提下有效降低救援成本。Gong 和 Batta[20]讨论了灾害救援时跨区域救护车的协同调度问题。Campbell 等[21]针对救援路径选择问题进行了梳理,指出有部分研究重点关注跨区域协同应急的路径优化。张江华等[22]研究了考虑优先顺序的多源点应急协同疏散问题。Arora 等[23]构建了面向重大公共卫生事件的跨区域资源协同调度模型,发现一些小区县更大程度受益于各区域间相互协调而非中央储备库的救助。曹杰和朱莉[24]建立了考虑决策偏好的城市群应急资源协调调配超网络模型。Çelik 等[25]关注灾后各区域垃圾的协同清理,决策涉及道路的清理顺序和垃圾的运输路径选择。Chalfant 和 Comfort[26]探讨了在应急准备和响应阶段如何实现不同辖区各组织间的资源协调分配。王军等[27]构建了多应急反应基地、多待围控区域的协同调度模型,发现对围油栏进行协同调度可以显著提高受溢油污染威胁区域的整体应急效果。Rodríguez-Espíndola 等[28]提出了一个救援资源动态分配模型,强调多区域多组织相互合作、共享人力物力资源能有效应对重大灾害。曹策俊等[29]聚焦跨区域救援物资反应性调度主从优化,建立了多灾点多需求点多运输模式的救援物资跨域调度双层规划模型。Doan 和 Shaw[30]探讨了在八个城市间如何合理分配稀缺资源才能更有效地应对区域内同时发生的三个灾害事件。Zhu 等[31]面对不同区域差异化的受灾程度,讨论了兼顾救灾公平性和优先性的跨区域协同调度优化。Ekici 和 Özener[32]关注从救援中心到需求点的最后 1 km 协同调度运作,指出快速公平地分配救济物资是跨区域应急成功的关键。

在跨区域应急资源调配集成协同方面,涉及"选址-库存配置"(location-allocation)、"选址-路径"(location-routing)或"选址-路径-配给"(location-routing-allocation)等集成协同问题。Toro-Díaz 等[33]提议建立应急医疗服务的跨区域协同选址和协同配送模式。葛洪磊和刘南[34]面向区域灾害构建了应急资源选址-分配两阶段随机规划模型。康凯等[35]提出了一种多层级应急救援力量协同调度模型,并以不同行政区域的消防救援力量协同调度为实例验证。马祖军和周愉峰[36]探讨了国家血液战略储备库间跨域协同选址-库存优化问题。曲冲冲等[37]面向"区域储备库-区域应急配送中心-受灾点"三层跨域救援体系,构建了考虑时效与公平性的区域应急配送中心选址与路径优化模型。朱莉等[38]研究了考虑区域异质性的应急物资选址-分配协同优化。Sanci 和 Daskin[39]分析了跨区域救援设施选址、物资分发和损毁路网恢复等集成问题，仿真结果显示集成协同应急能显著改善救援效果。Sabouhi 等[40]通过对不同区域人员疏散车辆路径和物资调度的协同安排来最大限度缩减撤离人员的等待时间和救援物资的交付时间。王喆等[41]针对复合型跨地域突发事件应对中的资源稀缺性，提出面向多部门应急的资源集成协作模式。

通过调研发现，上述跨区域应急选址-调配相关定量研究几乎都是从灾害响应的角度来探究资源协同调配，研究逻辑大体均是怎样实施资源的选址和调配才能做到及时应急响应。即便是灾前的资源协同预置研究，其决策目标也大多是为了提升灾后资源分配效率或加快应急救援响应速度。几乎很少有文献从多维决策目标的角度去研究跨区域应急如何选址能更好地抵御灾害侵袭，更少有研究在关注调配资源响应的同时去思考跨区域网络如何才能高效有效应急的问题。基于此，本章研究面向不确定气象灾害场景，在强调应急救援效率的同时，还关注尤其灾前准备所重视的应急成本最小化和应急储备库覆盖区域最大化，构造一个考虑多维决策目标的跨区域应急选址-调配优化模型。然后设计出符合应急储备库选址模型的带有双层基因和双层模拟二进制交叉精英策略的非支配排序遗传算法（NSGA-Ⅱ with double-deck gene and double-deck SBX, NSGA-Ⅱ with DD SBX）。将求解算法应用于算例仿真，得出 Pareto 前沿，并通过仿真结果验证所构模型和求解算法的可行性和有效性。

7.2 考虑多维目标的跨区域应急决策模型构建

所构模型涉及的应急物资储备库选址决策，考虑的因素主要有两个方面：一方面，气象灾害来临之前储备库的建设成本和满足应急需求的延迟成本最小化、储备库覆盖区域最大化；另一方面，跨区域应急物资调配决策将保证救援时效作为第一要务，即最小化救援车辆在路径上行驶的总时间。面对不确定等级的气象灾害，本节构造一个考虑上述多维目标的跨区域应急选址-调配优化模型，以实现有效的应急协同救援。

7.2.1 模型假设与符号说明

模型假设条件：① 道路的运输能力可以支持所有车辆同时运行，换句话说，所有车辆可以同时选择一条路径进行救援活动；② 面对气象灾害，应急救援物资存在初始需求量，救援活动开始后，各灾区需求量不再增加；③ 救援车辆在灾区需求点的停留时间不做计算，如果超过一辆救援车辆同时到达某个需求点，按照车辆编号先后顺序进行应急物资的投放，从而保证模型优化计算时救援车辆投放应急物资是有序的；④ 救援车辆在选择一条路径后，只能对该条路径上的需求点进行应急物资的投放；⑤ 气象灾害的发生是一个随机事件，用不同的等级来区分具有不确定性的气象灾害严重程度。

用 l 表示应急储备库备选城市编号，$l \in \mathcal{L}$；z_l 的含义表示是否在 l 处建立储备库，$z_l \in (0,1)$，$z_l=1$ 意味着在 l 处建立应急储备库，否则 $z_l=0$；f_l 表示在 l 处建立应急储备库的成本；用 n,i,j 均表示任一受灾需求点标号，$n,i,j \in \mathcal{N}$，$\mathcal{N}=\{1,\cdots,n,\cdots i,\cdots,j,\cdots,N\}$；任意 i,j 两点间的弧线 ij 来表示，$ij \in \mathcal{A}$；用 r 来表示路径编号，$r \in \mathcal{R}$，$\mathcal{R}=\{1,\cdots,r,\cdots,R\}$；$j_r$ 表示路径 r 上的受灾需求点 j，有 $j_r \in \mathcal{N_R}$；ij_r 表示路径 r 上的弧 (i,j)，也有 $ij_r \in \mathcal{A_R}$；k 是车辆编号，$k \in \mathcal{K}$，$\mathcal{K}=\{1,\cdots,k,\cdots,K\}$；$q_k$ 表示救援车辆 k 上应急物资最大装载数量；意味着不同严重程度的气象灾害等级被表示为 s，$s \in \mathcal{S}$，$\mathcal{S}=\{1,\cdots,s,\cdots,S\}$；$s$ 等级的气象灾害发生的概率为 P_s；Q_n^s 表示 s 等级的气象灾害发生后，受灾需求点 n 所需要的应急物资数量；$t_{ij_r}^{ks}$ 表示在 s 等级的气象灾害发生时，救援车辆 k 沿着路径 r 从需求点 i 行驶到需求点 j 所耗费的时间；C_n 表明需求点 n 是否被覆盖，$C_n \in (0,1)$，$C_n=1$ 意味着需求点 n 被覆盖，否则 $C_n=0$。

模型决策变量：x_r^k 表明救援车辆是否沿着路径 r 行进，$x_r^k \in (0,1)$，$x_r^k=0$ 表示车辆 k 不选择路径 r，而 $x_r^k=1$ 则表示车辆 k 沿着路径 r 进行救援；$y_{j_r}^{ks}$ 表示在 s 等级严重程度的气象灾害发生时，救援车辆 k 沿着路径 r 在需求点 j 投放应急物资的数量，$y_{j_r}^{ks} \geq 0$ 且为整数；文中决策变量 x_r^k 的结果不仅决定在何处建立储备库，而且影响着需求点覆盖数量，所以 x_r^k 是本文最重要的决策变量。

7.2.2 面向多维目标的跨区域应急选址-调配优化模型

面对不同严重程度的气象灾害，现构建考虑多维目标的跨区域应急选址-调配优化模型如下：

$$\text{obj}_1: \min \sum_{l \in \mathcal{L}} f_l \cdot z_l + \sum_{s \in \mathcal{S}} P_s \left\{ \sum_{n \in \mathcal{N}} \sum_{k \in \mathcal{K}} x_r^k \sum_{j_r \in \mathcal{N_R}, ij_r \in \mathcal{A_R}} \left[\sum_{i_r, j_r = 0^+_r, i \neq j}^{ij_r} t_{ij_r}^{ks} \cdot \left(Q_n^s - \sum_{k \in \mathcal{K}} y_{j_r}^{ks} \right) \right] \right\}$$

(7-1)

$$\text{obj}_2: \min \sum_{s \in \mathcal{S}} P_s \cdot \sum_{k \in \mathcal{K}} \sum_{ij_r \in \mathcal{A_R}} t_{ij_r}^{ks}$$

(7-2)

$$\text{obj}_3: \max \sum_{n \in \mathcal{N}} C_n$$

(7-3)

$$\text{s.t.} \sum_{j_r \in \mathcal{N_R}} y_{j_r}^{ks} \leq q_k \cdot x_r^k$$

(7-4)

$$\sum_{k \in \mathcal{K}} \sum_{j_r \in \mathcal{N_R}} y_{j_r}^{ks} \leq Q_j^s$$

(7-5)

$$x_r^k \in (0,1), \quad y_{jr}^k \geq 0 \tag{7-6}$$

目标函数(7-1)中 $\sum_{l \in \mathcal{L}} f_l \cdot z_l$ 是应急储备库建设总成本，z_l 由 x_r^k 来决定，具体方法是通过生成车辆路径选择情况，以确定路径的起始点，而路径的起始点就是应急储备库所在地，把所有的车辆路径选择情况汇总，便得出应该选择哪些备选城市建立应急物资储备库。目标函数(7-1)中 $\sum_{k \in \mathcal{K}} y_{jr}^{ks}$ 表示在 s 等级的气象灾害发生时，救援车辆 k 沿着路径 r 到需求点 j 时，需求点 j 已经被投放的应急物资数量；$Q_n^s - \sum_{k \in \mathcal{K}} y_{jr}^{ks}$ 表示在 s 等级的气象灾害发生时，车辆 k 沿着路径 r 到需求点 j 时，需求点 j 还需要的应急物资数量；$\sum_{i_r, j_r = 0^+, i \neq j}^{ij_r} t_{ij_r}^{ks}$ 表示在 s 等级的气象灾害发生时，车辆 k 沿着路径 r 从储备库 i 出发行驶到需求点 j 的总时间；$\sum_{i_r, j_r = 0^+, i \neq j}^{ij_r} t_{ij_r}^{ks} \cdot \left(Q_n^s - \sum_{k \in \mathcal{K}} y_{jr}^{ks} \right)$ 表示在 s 等级的气象灾害发生时需求点 j 处的延迟成本，这意味着受灾需求点的延迟成本是受救援到达时间和未满足需求物资数量共同来决定的，具体来说，由于需求未被满足而导致的延迟成本表达为车辆到达需求点所需时间和需求点处应急物资未被满足需求量的乘积。因此，目标函数(7-1)意味着含储备成本和延迟成本的应急总成本最小化。

目标函数(7-2)表示最小化预期的应急救援时间，具体而言，根据决策变量 x_r^k 确定的车辆救援路径情况和已知各个受灾需求点之间的行驶时间表，再结合不同等级的气象灾害发生概率，计算出预期整个应急救援时间 $\sum_{s \in \mathcal{S}} P_s \cdot \sum_{k \in \mathcal{K}} \sum_{ij_r \in A_R} t_{ij_r}^{ks}$。

目标函数(7-3)表示最大化应急储备库的覆盖区域，模型在确定覆盖区域时，根据决策变量 x_r^k 确定车辆救援路径情况后，依托已知路径上的需求点来计算，具体地，把救援车辆选择路径上的需求点汇总在一起就是被覆盖区域。为了与前两个最小化目标函数一致，后续算法求解时可采用需求点总数量减去被覆盖的需求点，则得到未被覆盖的需求点数最小化。

约束条件(7-4)表示每辆救援车辆都不得超载，且救援车辆选择某路径后，只能针对这条路径上的受灾需求点投放应急物资；约束条件(7-5)表示当某受灾需求点被满足全部需求时，救援车辆便不再对其投放救援物资；约束条件(7-6)是决策变量类型约束。

模型的决策变量是车辆路径选择情况 x_r^k 和在某一等级气象灾害发生后救援车辆对某需求点处投放应急救援物资的数量 y_{jr}^{ks}。对所构模型实施求解的大致过程为：首先明确救援车辆路径选择之后，再确定应急储备库选址情况和应急储备库覆盖需求点情况。得到两个决策变量数值后,由在备选城市构建应急储备库成本,计算出应急储备库建设总成本。然后在车辆路径选择情况、每辆救援车在其选择路径的需求点上投放应急物资数量和救援车辆在路径上各需求点之间的运行时间都已知前提下,依托模型计算出三个决策目标值。

7.3 考虑多维目标的跨区域应急决策模型求解

上述所构模型是多目标决策问题,求解算法选择基于擅长多目标求解的 NSGA-Ⅱ算法去改进设计。事实上,NSGA-Ⅱ采用简洁有效的非支配排序机制,可以快速地把同时满足多目标决策函数要求的染色体找到。本章研究在传统 NSGA-Ⅱ算法基础上改进设计出符合应急物资储备库选址两阶段多目标决策模型的 NSGA-Ⅱ with DD SBX 算法。带有双层基因和双层模拟二进制交叉精英策略的非支配排序遗传算法流程见图 7-1。

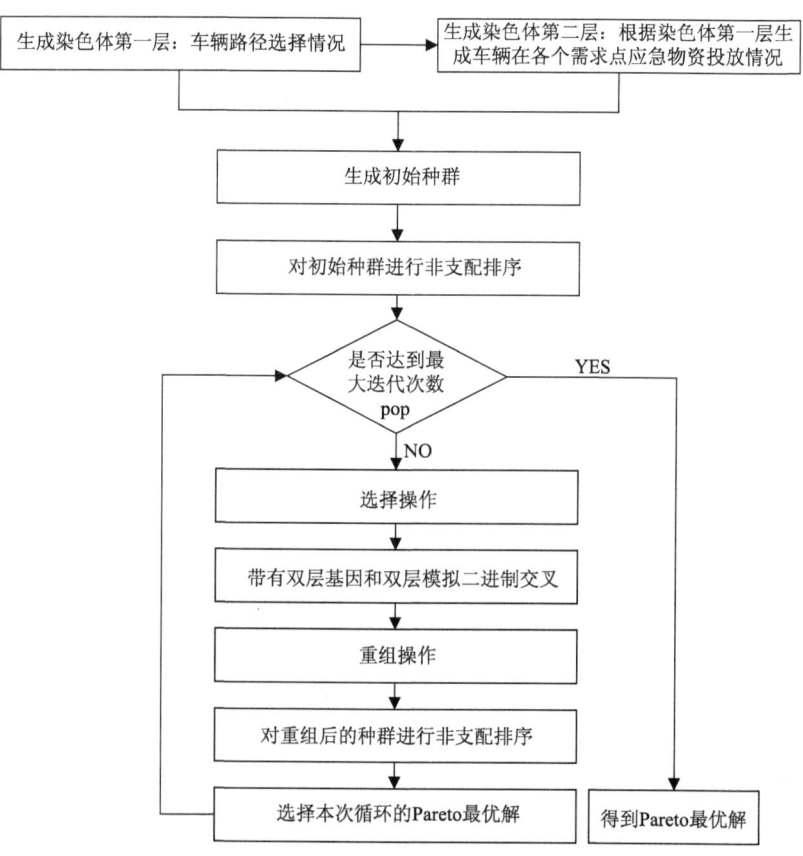

图 7-1 NSGA-Ⅱ with DD SBX 算法流程图

传统的 NSGA-Ⅱ首先建立初始种群,然后对每条染色体进行非支配分层和计算拥挤距离操作,再进行选择、交叉、变异、重组操作,进行第二次非支配排序,最后经过一定的迭代选出 Pareto 最优解。而 NSGA-Ⅱ with DD SBX 是针对应急储备库选址建立和应急物资调配两阶段而设计的,其算法流程大体上与传统 NSGA-Ⅱ一致,但在生成初始种群和进行交叉选择操作时有所不同。

1. 带有双层基因的染色体设计

在生成初始种群时,根据所构模型特点,把染色体分成两层:第一层为决策变量 x_r^k,生成救援车辆选择路径情况;第二层是根据决策变量 x_r^k 的规则,生成随机整数决策变量 y_{jr}^{ks}。把二者合在一条染色体上,然后生成种群规模为 pop 的初始种群。比如,根据决策变量 x_r^k,可以得到每一辆车的路径选择情况,于是可形成 K 个数值在 1 到 R 范围内染色体的第一层。因为模型已经假设每个需求点在哪条路径上已知,决策目标 obj_1 要考虑所有等级的气象灾害,如此,染色体的第二层长度表达为:气象灾害等级 S×车辆总数 K×受灾需求点个数 N。最后根据模型计算出该条染色体的 M 个染色体适应度值,可生成 pop×($K+S×K×N+M$) 的矩阵作为初始矩阵,这时染色体结构如图 7-2 所示。

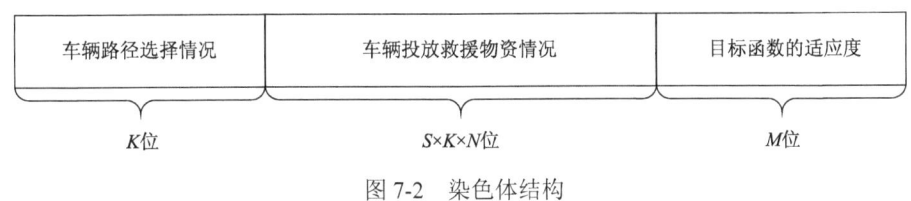

图 7-2 染色体结构

针对图 7-2 的详细解释如下:① 染色体第一部分是车辆路径选择情况,每一辆车都选择一条路径,所以第一部分有 K 位基因。② 染色体第二部分是车辆在需求点处的救援物资投放情况,每一辆车选择路径后,路径上的需求点就确定下来,车辆若不经过某需求点,该车辆在该需求点的物资投放情况就变为 0。一共有 N 个需求点,在同一灾害场景下的车辆在需求点投放救援物资情况就有车辆总数 K×需求点个数 N 位基因,但模型考虑的是有不同等级气象灾害发生,某个气象灾害发生时有 $K×N$ 位基因,故当有 S 个气象灾害等级的时候,就共计有气象灾害等级 S×车辆总数 K×需求点个数 N 位基因。为了方便计算,在模型求解编码时,当 S 等级气象灾害发生时,把第一辆车在各受灾需求点的救援物资投放情况放在染色体的 $K+1$ 位到 $K+N$ 位上;当 S 等级气象灾害发生时,把第二辆车在各受灾需求点的救援物资投放情况放在染色体的 $K+N+1$ 位到 $K+2×N$ 位上……如此下去,当 S 等级气象灾害发生时,把第 K 辆车在各受灾需求点的救援物资投放情况放在

染色体的 $K+(K-1)\times N+1$ 位到 $K+K\times N$ 位上。同理，当 $S-1$ 等级气象灾害发生时，把第一辆车在各受灾需求点的救援物资投放情况放在染色体的 $K+K\times N+1$ 位到 $K+(K+1)\times N$ 位上；当 $S-1$ 等级的气象灾害发生时，把第二辆车在各受灾需求点的救援物资投放情况放在染色体的 $K+(K+1)\times N+1$ 位到 $K+(K+2)\times N$ 位上……如此下去，当 $S-1$ 等级气象灾害发生时，把第 K 辆车在各受灾需求点的救援物资投放情况放在染色体的 $K+(K+2)\times N+1$ 位到 $K+2\times K\times N$ 位上。以此类推，当等级为 1 的气象灾害发生时，把第一辆车在各受灾需求点的救援物资投放情况放在染色体的 $K+2\times K\times N+1$ 位到 $K+[(S-1)\times K+1]\times N$ 位上；当等级为 1 的气象灾害发生时，把第二辆车在各受灾需求点的救援物资投放情况放在染色体的 $K+2\times K\times N+1$ 位到 $K+[(S-1)\times K+2]\times N$ 位上……如此下去，当等级为 1 的气象灾害发生时，把第 K 辆车在各受灾需求点的救援物资投放情况放在染色体的 $K+2\times K\times N+1$ 位到 $K+S\times K\times N$ 位上，这就形成染色体第二部分的完整结构。③ 染色体第三部分是决策目标函数的适应度，把目标函数的适应度放在染色体的 $K+S\times K\times N+1$ 位到 $K+S\times K\times N+1+M$ 位上。

2. 非支配排序分层和计算拥挤距离

1）非支配排序分层

非支配排序分层这一步骤与传统 NSGA-Ⅱ 算法中的一致。在产生初始种群后，首先对比染色体的每一个适应度值，分层计算如下：① 把染色体的适应度值没有全部或者部分大于等于其他染色体适应度值的染色体放在第一层；② 把不符合步骤①的所有染色体放入下一层，并重复步骤①；③ 重复步骤①和步骤②，直到所有染色体都找到自己各自的层数；④ 将同一层的染色体按照初始生成序列排序。

具体来看，就是比较种群中所有染色体的 $K+S\times K\times N+1$ 到 $K+S\times K\times N+M$ 位上的数值。这里取 $M=3$，意味着就是比较所有染色体的最后三位，如果三位适应度都比其他的大，毫无疑问这个染色体要进入下一层继续排序分层；如果有部分等于情形，其他大于的也要进入下一层排序；如果比较起来适应度有大有小，那么不进入下一层排序。例如，五条染色体的适应度分别为：1、1、3；2、2、2；3、2、4；1、3、3；3、4、4。首先，1、1、3 和 2、2、2 相比，前两位来看都是后者比前者大，但是最后一位后者比前者小，所以适应度为 1、1、3 和 2、2、2 的两条染色体在同一层。再来比较 1、1、3 和 3、2、4，后者每一位都比前者大，这样就将后者计入下一层。接着，把 1、1、3 和 1、3、3 相比，第一、三位相同，第二位后者比前者大，这样后者就计入下一层。最后，1、1、3 和 3、4、4 相比，后者每一位数都比前者大，所以后者被计入下一层。这样适应度为 1、1、3 和 2、2、2 的两条染色体是第一层，其余的 3 条暂时作为第二层。随后，把第二层所有染色体的适应度都作比较,3、2、4 和 1、3、3 相比,第一、三位是后者比前者小,第二位后者比前者大,所以适应度为 3、2、4 和 1、3、3 的染色体在同一层。而 3、2、4 和 3、4、4 相比,第一、三位是二者相等,第二位后者比前者大,所以适应度为 3、4、4 的染色体计入下一层。至此,五条染色体已经分层结束,适应度为 1、1、3 和 2、2、2 的染色体为第一层,适应度为 3、2、4 和 1、3、3 的染色体为第二层,适应度为 3、4、4 的染色体为第三层。

2) 计算拥挤距离

拥挤距离的计算方法及在染色体上的位置安排如下: ① 计算同层拥挤距离。② 对每个目标函数值进行正序排序。③ 将每层最大(小)目标函数值的染色体第 $K+S\times K\times N+M+1+e$ 位上赋值 Inf。这里染色体的第 $K+S\times K\times N+M+1$ 位意味着染色体的层数,e 代表第 e 个目标函数,e=1,2,3。④ 拥挤距离的计算方法见公式(7-7)。⑤ 每条染色体把第 $K+S\times K\times N+M+1+e$ 位上的值求和赋值到第 $K+S\times K\times N+M+2$ 位上。

$$L_u = \sum_{v=1}^{Nobu} \frac{F_v^{u+1} - F_v^{u-1}}{(F_v^u)_{\max} - (F_v^u)_{\min}} \tag{7-7}$$

其中,L_u 表示第 u 个染色体的拥挤距离;Nobu 表示最大层数;F_v^u 表示第 v 层第 u 个染色体的适应度值;$(F_v^u)_{\max}$ 表示第 v 层所有染色体的适应度值的最大值;$(F_v^u)_{\min}$ 表示第 v 层所有染色体的适应度值的最小值。

例如,现有适应度值分别为 20、23、29;31、21、24;18、25、30;22、15、25 的四条染色体,这四条染色体是同一层的。按照拥挤距离计算规则,来计算同层拥挤距离。具体计算过程如下:先把这四条染色体的适应度看作一个 4×3 的矩阵,比较每条染色体的第一个适应度,分别为 20、31、18 和 22,可看出这四个适应度最大的是 31、最小的是 18。使用公式(7-7)来计算每一组适应度的拥挤距离。

按照以下规则来扩大矩阵的规模: ① 矩阵的第一行第四列值为 $\frac{22-18}{31-18}$=0.3077,第二行第四列赋值 Inf,第三行第四列赋值 Inf,第四行第四列的值为 $\frac{31-20}{31-18}$=0.8462; ② 同理,每条染色体第二个适应度分别为 23、21、25 和 15,这四个适应度最大的是 25、最小的是 15,第一行第五列的值为 $\frac{25-21}{25-15}=0.4$,第二行第五列的值为 $\frac{23-15}{25-15}$=0.8,第三行第五列以及第四行第五列全部赋值 Inf; ③ 每条染色体第三个适应度分别为 29、24、30 和 25,这四个适应度最大的是 30、最小的是 24，第一行第六行的值为 $\frac{30-25}{30-24}$=0.8333，第二行第六列赋值 Inf，第三行第六列赋值 Inf，第四行第六列的值为 $\frac{29-24}{30-24}$=0.8333。这样就形成了 4×6 的矩阵，按照规则把矩阵每一行后三列的数值加在一起，把新的数值放在第五列形成最后的拥挤距离，四个拥挤距离分别为 1.5410、Inf、Inf、Inf。

3. 选择操作

在分层和计算拥挤距离之后，选择出 pop/2 条染色体。执行每次循环的时候随机选择两条染色体，并且对两条染色体的层数和拥挤距离进行比较。层数小的获胜、层数相同且拥挤距离大的获胜，获胜者被留下，失败者被淘汰，最终只留下一条染色体。如此重复循环 pop/2 次，就得到了 pop/2 条染色体。

以具体例子来展示如何做选择操作：① 若选择出来的两条染色体的层数和拥挤距离分别为 2、0.1 和 3、0.2，明显前者的层数比后者小，因此选择保留前者；若选择出来的两条染色体的层数和拥挤距离分别为 2、0.1 和 3、0.1，虽然这两条染色体的拥挤距离相同，但因为前者层数小所以仍然选择保留前者。故只要是层数不同的两条染色体，就选择保留层数小的。② 若选择出来的两条染色体的层数和拥挤距离分别为 2、0.1 和 2、0.2，由于两条染色体层数相同，而后者拥挤距离比前者大，故选择后者；若选择出来的两条染色体的层数和拥挤距离分别为 2、0.1 和 2、0.1，此情况下两条染色体的层数和拥挤距离都相等，就随机选择一个，因为两条染色体价值相同。

上述就是两者竞标配对选择操作，可从种群规模为 pop 的种群中选择出 pop/2 的种群。

4. 带有双层模拟二进制交叉算法和变异算法

1) 交叉算法

文中根据模拟二进制交叉算法(SBX)以及模型特点，提出带有双层模拟二进制交叉算法(double-deck SBX)来计算子代生成情况。具体的计算步骤如下：随机产生一个 0～1 之间的数 a。如果 a 在 0～0.5 之间，bq= $\sqrt[2i]{2 \times a}$；如果 a 在 0.5～1 之间，bq= $\sqrt[2i]{\frac{1}{2 \times (1-a)}}$。最后的交叉子代计算公式为(7-8)和(7-9)。

$$\text{child\_1}= 0.5((1 + bq) \cdot \text{parent\_1} + (1 - bq) \cdot \text{parent\_2}) \tag{7-8}$$

$$\text{child\_2} =0.5((1 - bq) \cdot \text{parent\_1} + (1 + bq) \cdot \text{parent\_2}) \tag{7-9}$$

其中，child 是交叉子代染色体，parent 是交叉父代染色体。

首先，根据公式(7-8)和(7-9)计算染色体的前 K 位子代生成情况。在计算出新的路径选择方案以后，再根据公式(7-8)和(7-9)计算出 $K+1$ 到 $K+S\times N\times K$ 位的子代生成情况。染色体结构第二部分的约束条件则需要通过新计算出来的第一部分来实现。计算时要保证生成的所有数值都为整数。

2) 变异算法

变异计算步骤为：随机产生一个 $0\sim1$ 之间的数 b。如果 b 在 $0\sim0.5$ 之间，delta$=\sqrt[2]{2\times b}-1$，否则 delta$=1-\sqrt[2]{2\times(1-b)}$。最后的变异计算公式见(7-10)。

$$\text{child\_3} = \text{parent\_3} + \text{delta} \tag{7-10}$$

这里，child 为变异子代染色体，parent 为变异父代染色体。

变异的染色体计算方法如同交叉操作，也是分成两个部分来计算。按照上述方法交叉变异出新的子代个体，循环 $N/2$ 次，得到 $N\times(M+V+2)$ 种群，V 是自变量的个数。

在决定求解算法选择执行交叉操作还是执行变异操作时，采用设置影响交叉和变异操作的概率算子，若是大概率就进行交叉，若小概率则进行变异。在此设置交叉概率为 90%，变异概率为 10%。如果选择交叉操作，就从父代种群中选择出两条染色体，通过交叉计算输出两条染色体；如果选择变异操作，就从父代种群中选择出一条染色体，最后通过变异计算输出新的一条染色体。这样程序在执行 pop/2 次循环时，执行交叉操作输出两条染色体，执行变异操作输出一条染色体，程序结束时种群数量将是 pop/2 与 pop 间，但接近种群数量 pop。

值得注意的是，所谓双层就是把染色体变成两部分进行计算，如两条父代染色体分别为：1、3、2、0、0、32、16、28、0、25、8、32；2、2、1、15、20、9、7、27、16、0、0、23。如前述，染色体的前三位表示救援车辆路径选择情况，第一条染色体的前三位为 1、3 和 2，意味着第一辆车选择路径 1、第二辆车选择路径 3、第三辆车选择路径 2。假设受灾需求点有三个，第一条路径只经过第三个需求点、第二条路径经过三个需求点、第三条路径经过前两个需求点。这样染色体的第 4、5、6 位中只有第 6 位的值非零，当然也存在等于 0 的情形。当染色体第 6 位的值是 0 时，意味着救援车辆不在该受灾需求点投放应急物资。

3) 交叉和变异的计算示例

由于所构模型是整数规划，故计算出来的结果都取 round 函数值。先详细演绎交叉子代染色体的计算过程：随机生成个范围在 $(0,1)$ 的数值 a，如果 a 值为 0.3，bq $=\sqrt[2]{2\times 0.3}=0.9760$；若 a 是 0.7，bq $=\sqrt[2]{\dfrac{1}{2\times(1-0.7)}}=1.0246$。现取值 $a=0.3$，于是 bq$=0.976$。

两个子代的第一个数值计算分别为：child_1(1)$=0.5\times((1+0.976)\times1+(1-0.976)\times2)=1.012\approx1$，child_2(1)$=0.5\times((1-0.976)\times1+(1+0.976)\times2)=1.988\approx2$；

两个子代的第二个数值计算分别为：child_1(2)=0.5×((1+0.976)×3+(1−0.976)×2)=2.988≈3，child_2(2)=0.5×((1−0.976)×3+(1+0.976)×2)=2.012≈2；

两个子代的第三个数值计算分别为：child_1(3)=0.5×((1+0.976)×2+(1−0.976)×1)=1.988≈2，child_2(3)=0.5×((1−0.976)×2+(1+0.976)×1)=1.012≈1。

迄今为止，两条染色体的前三位都被计算出来了，分别为：1、3、2；2、2、1。计算出来的新的路径选择情况决定着新的应急物资投放情况。例如第一条染色体的第4、5位必须是0，因为第一条路径不经过需求点1和2，按照规则计算两条染色体的应急物资投放情况。具体地，应急物资投放情况的计算方式如下：

两个子代的第四个数值计算分别为：child_1(4)=0.5×((1+0.976)×0+(1−0.976)×15)=0.180≈0，child_2(4)=0.5×((1−0.976))×0+(1+0.976)×15)=14.820≈15；

两个子代的第五个数值计算分别为：child_1(5)=0.5×((1+0.976)×0+(1−0.976)×20)=0.24≈0，child_2(5)=0.5×((1−0.976)×0+(1+0.976)×20)=19.76≈20；

两个子代的第六个数值计算分别为：child_1(6)=0.5×((1+0.976)×32+(1−0.976)×9)=31.7240≈32，child_2(6)=0.5×((1−0.976)×32+(1+0.976)×9)=9.2760≈9；

两个子代的第七个数值计算分别为：child_1(7)=0.5×((1+0.976)×16+(1−0.976)×7)=15.892≈16，child_2(7)=0.5×((1−0.976)×16+(1+0.976)×7)=7.108≈7；

两个子代的第八个数值计算分别为：child_1(8)=0.5×((1+0.976)×28+(1−0.976)×27)= 27.988≈28，child_2(8)=0.5×((1−0.976)×28+(1+0.976)×27)=27.012≈27；

两个子代的第九个数值计算分别为：child_1(9)=0.5×((1+0.976)×0+(1−0.976)×16)= 0.192≈0，child_2(9)=0.5×((1−0.976)×0+(1+0.976)×16)=15.808≈16；

两个子代的第十个数值计算分别为：child_1(10)=0.5×((1+0.976)×25+(1−0.976)×0)= 24.700≈25，child_2(10)=0.5×((1−0.976)×25+(1+0.976)×0)=0.300≈0；

两个子代的第十一个数值计算分别为：child_1(11)=0.5×((1+0.976)×8+(1−0.976)×0)= 7.904≈8，child_2(11)=0.5×((1−0.976)×8+(1+0.976)×0)=0.096≈0；

两个子代的第十二个数值计算分别为：child_1(12)=0.5×((1+0.976)×32+(1−0.976)×23)=31.892≈32，child_2(12)=0.5×((1−0.976)×32+(1+0.976)×23)=23.108≈23。至此，两条子代染色体全被计算出来，分别为：1、3、2、0、0、32、16、28、0、25、8、32；以及2、2、1、15、20、9、7、27、16、0、0、23。

上述是交叉的详细示例计算过程，下面介绍变异的计算过程。假如即将进行变异操作的染色体结构是上面交叉后形成的第一条：1、3、2、0、0、32、16、28、0、25、8、32。首先，随机生成一个数值为(0,1)的 b，如果 b 的数值是 0.3，delta=$\sqrt[2]{2\times 0.3}-1$=−0.0240；如果 b 的数值是 0.7，delta=$1-\sqrt[2]{2\times(1-0.7)}$=0.0240。现假设 b 的数值是 0.3，delta=−0.0240。运用公式(7-10)，能够计算出变异之后的路径选择情况，子代的第一个数值计算分别为：child(1)=1+ delta =0.9760≈1；子代的第二个数值计算分别为：child(2)=3+ delta =2.9760≈3；子代的第三个数值计算分别为：child(3)=2+ delta =1.9760≈2。因此，变异后的子代路径选择情况为：1、3、2。如此，子代染色体的第 4、5、9 位置上的数值必为 0，其余位置都相应地与 delta 求和，再求 round 值，最终经变异之后的子代染色体的结构仍是：1、3、2、0、0、32、16、28、0、25、8、32。

5. 重组

将经交叉和变异操作所得出的种群、与执行非支配排序分层和计算拥挤距离的种群重组在一起，这时新的种群数量为 pop+pop/2 到 2×pop。在得到新的种群后，按照同层染色体的拥挤距离降序排列，输出前 pop 个染色体。这输出的 pop 个染色体就是精英染色体，是这次迭代的最优解。这里采取的降序排列其目的是维护种群多样性。将新种群作为初始种群继续循环，循环最大迭代次数 gen 次，最后得到 Pareto 最优解。

7.4 考虑多维目标的跨区域应急决策算例分析

现应用带有双层基因和双层模拟二进制交叉精英策略的非支配排序遗传算法在 MATLAB 2015a 中实施算例求解和分析，得出一些管理启示供应急决策者参考。

7.4.1 仿真算例相关设置

为了演示模型和算法的计算过程，这里采取仿真算例实施求解，同时验证模型和算法的可行性和有效性。假设某省一共 13 个市，面对可能发生的气象灾害，计划在 A、B、C、D 四座城市中选择在哪些城市建立应急物资储备库，一旦发生气象灾害由建立应急物资储备库的城市向其他 9 座城市分配应急物资。假设有 8 条路径可供 6 辆救援车辆选择，也就是 $N=9$、$R=8$、$K=6$。在城市 A、B、C、D 建立应急物资储备库需要的成本分别为 5000、4000、6000、3000。城市与城市间的路线如图 7-3 所示。从图 7-3 中可以看出：$r=1$ 时，路径和需求点 j_r 表示为 $A_1,1_1,2_1$；$r=2$ 时，路径和需求点 j_r 表示为 $A_2,3_2,4_2,7_2$；$r=3$ 时，路径和需求点 j_r 表示为 $B_3,4_3,3_3$；$r=4$ 时，路径和需求点 j_r 表示为 $B_4,5_4,6_4,7_4$；$r=5$ 时，路径和需求点 j_r 表示为 $B_5,8_5,9_5$；$r=6$ 时，路径和需求点 j_r 表示为 $C_6,5_6,3_6,2_6$；$r=7$ 时，路径和需求点 j_r 表示为 $C_7,5_7,6_7,7_7,8_7$；$r=8$ 时，路径和需求点 j_r 表示为 $D_8,7_8,6_8,5_8,1_8$。借鉴突发事件四个级别：一般(Ⅳ级)、较大(Ⅲ级)、重大(Ⅱ级)、特别重大(Ⅰ级)，在此也将气象灾害分为四个等级，即 $S=4$。并将每个等级气象

灾害的发生概率 P_s 分别设为：0.2、0.15、0.1、0.05。

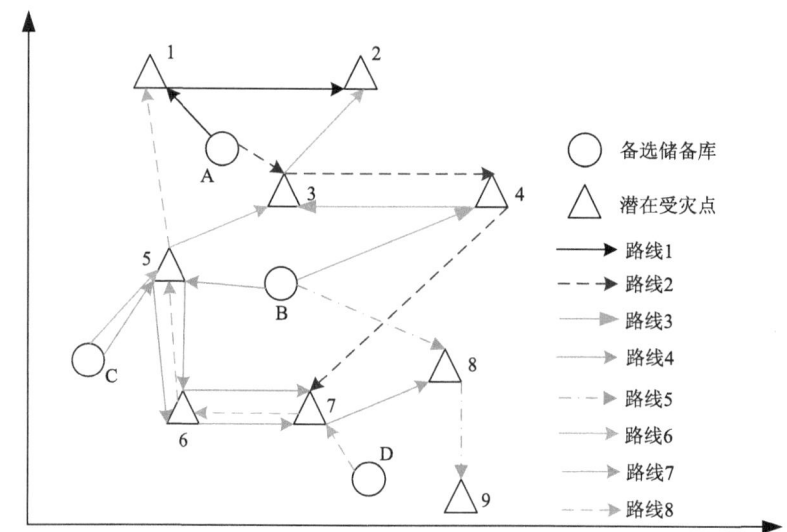

图 7-3 城市之间的路径关系

扫码查看彩图

假定气象灾害每增加一个等级，城市与城市之间运行时间的增幅便增加一个时间单位。例如，当较大气象灾害发生时，城市与城市之间运行时间比一般气象灾害发生时多 1；当重大气象灾害发生时，城市与城市之间运行时间比较大气象灾害发生时多 2；当特别重大气象灾害发生时，城市与城市之间运行时间比重大气象灾害发生时多 3。本算例给出当一般气象灾害发生即气象灾害等级为Ⅳ时，救援车辆在需求点与需求点之间的运行时间见表 7.1。而面对较大、重大、特别重大等级的气象灾害时，救援车辆在城市间的运行时间也可被相应算出。表 7.1 中 $t_{ij_r}^{ks}$

表 7.1 气象灾害等级为Ⅳ时，救援车辆在各路径上需求点与需求点间的运行时间

路径	车辆运行时间 $t_{ij_r}^{k4}$								
$r=1$	2	4	0	0	0	0	0	0	0
$r=2$	0	0	2	3	0	0	7	0	0
$r=3$	0	0	3	2	0	0	0	0	0
$r=4$	0	0	0	0	2	1	3	0	0
$r=5$	0	0	0	0	0	0	0	5	4
$r=6$	0	3	4	0	0	0	0	0	0
$r=7$	0	0	0	0	2	0	3	3	0
$r=8$	8	0	0	0	1	3	2	0	0

=0 时，说明需求点 j 不在路径 r 上。在不同等级气象灾害发生时，每个受灾需求点对应急物资的需求量列于表 7.2。救援车辆最大运载量为 q_k=100。

表 7.2 不同等级气象灾害发生时，各受灾需求点对应急物资的需求量

灾害等级	应急物资需求量 Q_n^s								
$s=4$ IV级	100	80	70	90	100	120	90	80	30
$s=3$ III级	120	90	80	110	130	130	100	90	40
$s=2$ II级	130	100	90	140	150	160	130	120	50
$s=1$ I级	170	150	120	160	180	200	150	160	80

7.4.2 算例求解过程及结果

取种群规模 pop=2000，种群最大迭代次数为 gen=100，交叉概率 pc=0.9，变异概率 mc=0.1，交叉算子 mu=20，变异算子 mum=20，竞标配对选择数目 tour=2。根据已知条件和模型要求，生成符合要求的初始种群，按照约束条件和算法过程计算得出最后的结果。为了更准确清晰地展示优化结果，这里把模型目标函数 obj$_2$ 扩大 1000 倍作为适应度值，目标函数 obj$_3$ 扩大 10000 倍作为适应度值，如此可保证目标函数 1、2、3 的值在一个数量级上。下面根据上述算例场景和仿真数据，介绍如何应用算法对所构模型实施求解的计算过程。

首要工作就是建立初始种群，而建立初始种群的关键是要确定种群中每条染色体的结构。正如 7.3 节提出的，染色体结构分为三个部分：车辆路径选择情况、救援车辆在各需求点处应急物资投放情况、目标函数的适应度。本算例下生成如图 7-4 所示的染色体。具体来看，第一部分表示车辆路径选择情况，算例中有六辆车，故第一部分有 6 个基因，而因为有 8 条路径供车辆选择，所以这 6 个基因中的每个基因的选择范围均是 1~8。现着重解释算例中染色体第二部分基因的构成：因为算例中气象灾害等级为 4，每一等级的气象灾害都有 6 辆救援车辆在 9 个需求点投放应急物资，故染色体的第二部分共生成 4×6×9=216 个基因，且这些基因都要符合所构模型的两个约束条件 (7-4) 和 (7-5)。

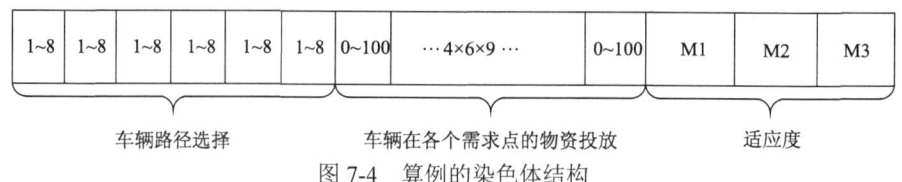

图 7-4 算例的染色体结构

根据每辆救援车辆的路径选择情况,确定车辆在各受灾需求点的应急物资投放情况。由车辆选择的路径可以确定其是否经过某个需求点,不经过的车辆在此需求点投放的应急物资数量为 0。下面详细展示如何计算各需求点的需求量、各救援车辆到达各需求点的所需时间,以及模型的决策目标值。

1. 计算救援车辆到达各受灾需求点时该点的需求量

由于本算例中染色体的长度过长,在此仅以一条染色体结构为例,假设初始种群中有染色体的前两部分结构共 222 个基因位如下:1、4、2、1、3、5、11、30、0、0、0、0、0、0、0、0、0、0、0、0、29、23、21、0、0、0、0、12、22、0、0、30、0、0、20、26、0、0、0、0、0、0、0、0、33、9、0、0、0、0、0、0、0、0、0、0、23、12、7、29、0、0、0、0、0、0、0、0、0、7、13、7、0、0、0、10、5、0、0、5、0、0、27、19、0、0、0、0、0、0、0、27、27、0、0、0、0、5、5、25、12、0、0、0、0、0、0、0、7、25、15、0、0、0、0、2、5、0、0、13、0、0、24、13、0、0、0、0、0、0、17、38、0、0、0、0、0、0、0、0、0、0、0、0、29、19、21、18、0、0、0、0、0、0、0、25、25、4、0、0、0、12、12、0、0、27、0、9、37、0、0、0、0、0、0、0、0、16、15、0、0、0、0、0、0、0、0、0、0、0、14、45,其中前六位(1、4、2、1、3、5)分别表示第一辆救援车辆选择路径 1,第二辆救援车辆选择路径 4,第三辆救援车辆选择路径 2,第四辆救援车辆选择路径 1,第五辆救援车辆选择路径 3,第六辆救援车辆选择路径 5。

由表 7.1,第一辆救援车辆选择路径 1,染色体第 7 到第 15 位表示在第Ⅳ等级气象灾害发生时,第一辆救援车辆在各受灾需求点投放应急物资的情况,其中第 9 到第 15 位基因数值为 0;第二辆救援车辆选择路径 4,染色体第 16 到第 24 位表示在第Ⅳ等级气象灾害发生时,第二辆救援车辆在各受灾需求点投放应急物资的情况,其中第 16 到第 19 位基因和第 23、24 位基因数值为 0;第三辆救援车辆选择路径 2,染色体第 25 到第 33 位表示在第Ⅳ等级气象灾害发生时,第三辆救援车辆在各受灾需求点投放应急物资的情况,其中第 25、26、29、30、32、33 位的基因数值为 0;第四辆救援车辆选择路径 1,染色体第 34 到第 42 位表示在第Ⅳ等级气象灾害发生时,第四辆救援车辆在各受灾需求点投放应急物资的情况,其中第 36 到第 42 位基因数值为 0；第五辆救援车辆选择路径 3，染色体第 43 到第 51 位表示第Ⅳ等级气象灾害发生时，第五辆救援车辆在各受灾需求点投放应急物资的情况，其中第 43、44 位以及第 47 到第 51 位基因数值为 0；第六辆救援车辆选择路径 5，染色体第 52 到第 60 位表示第Ⅳ等级气象灾害发生时，第六辆救援车辆在各受灾需求点投放应急物资的情况，其中第 52 到第 58 位基因数值为 0。上述是在第Ⅳ等级气象灾害发生时染色体生成情况。由表 7.2，当Ⅳ级气象灾害发生时各受灾点对物资的需求量分别为 100、80、70、90、100、120、90、80、30，而救援车辆最大运载量为 100，故每辆救援车辆在各需求点投放量不超过 100。且每个受灾点需求被满足后便不再接收救援物资，经验证以上所得第Ⅳ等级气象灾害发生时的各项基因符合所构模型的相关约束条件。

接下来的第 61 到第 114 位是在Ⅲ级气象灾害发生时的染色体生成情况：染色体第 61 到第 69 位表示在Ⅲ级气象灾害发生时，第一辆救援车辆在各受灾需求点投放应急物资的情况，其中第 63 到第 69 位基因数值为 0；染色体第 70 到第 78 位表示在Ⅲ级气象灾害发生时，第二辆救援车辆在各受灾需求点投放应急物资的情况，其中第 70 到第 73 位基因以及第 77、78 位基因数值为 0；染色体第 79 到第 87 位表示在Ⅲ级气象灾害发生时，第三辆救援车辆在各受灾需求点投放应急物资的情况，其中第 79、80、83、84、86、87 位基因数值为 0；染色体第 88 到第 96 位表示在Ⅲ级气象灾害发生时，第四辆救援车辆在各受灾需求点投放应急物资的情况，其中第 90 到第 96 位基因数值为 0；染色体第 97 到第 105 位表示在Ⅲ级气象灾害发生时，第五辆救援车辆在各受灾需求点投放应急物资的情况，其中第 97、98 位以及第 101 到第 105 位基因数值为 0；染色体第 106 到第 114 位表示在Ⅲ级气象灾害发生时，第六辆救援车辆在各受灾需求点投放应急物资的情况，其中第 106 到第 112 位基因数值为 0。由表 7.2，当Ⅲ级气象灾害发生时各受灾点对物资的需求量分别为 120、90、80、110、130、130、100、90、40。受最大运载量所限，每辆救援车在每个需求点投放量不超过 100，且每个受灾点需求被满足后便不再接收救援物资，同样，经验证以上所得第Ⅲ等级气象灾害发生时的各项基因符合所构模型的相关约束条件。

第 115 到第 168 位表示在Ⅱ级气象灾害发生时的染色体生成情况。染色体第 115 到第 123 位表示在Ⅱ级气象灾害发生时，第一辆救援车辆在各受灾需求点投放应急物资的情况，其中第 117 到第 123 位基因数值为 0；染色体第 124 到第 132 位表示在Ⅱ级气象灾害发生时，第二辆救援车辆在各受灾需求点投放应急物资的情况，其中第 124 到第 127 位基因和第 131、132 位基因数值为 0；染色体第 133 到第 141 位表示在Ⅱ级气象灾害发生时，第三辆救援车辆在各受灾需求点投放应急物资的情况，其中第 133、134、137、138、140、141 位基因数值为 0；染色体第 142 到第 150 位表示在Ⅱ级气象灾害发生时，第四辆救援车辆在各受灾需求点投放应急物资的情况,其中第144到第150位基因数值为0;染色体的第151到第159位表示在Ⅱ级气象灾害发生时,第五辆救援车辆在各受灾需求点投放应急物资的情况,其中第151、152位和第155到第159位基因数值为0;染色体第160到第168位表示在Ⅱ级气象灾害发生时,第六辆救援车辆在各受灾需求点投放应急物资的情况,其中第160到第166位基因数值为0。由表7.2,当Ⅱ级气象灾害发生时各受灾点对物资的需求量分别为130、100、90、140、150、160、130、120、50。同理,每辆救援车在每个需求点投放量不超过其最大运载量100,且每个受灾点需求被满足后便不再接收救援物资,故经验证以上所得第Ⅱ等级气象灾害发生时的各项基因符合所构模型的相关约束条件。

第169到第222位是在Ⅰ级气象灾害发生时的染色体生成情况。染色体第169到第177位表示在Ⅰ级气象灾害发生时,第一辆救援车辆在各受灾需求点投放应急物资的情况,其中第171到第177位基因数值为0;染色体第178到第186位表示在Ⅰ级气象灾害发生时,第二辆救援车辆在各受灾需求点投放应急物资的情况,其中第178到第181位基因和第185、186位基因数值为0;染色体第187到第195位表示在Ⅰ级气象灾害发生时,第三辆救援车辆在各受灾需求点投放应急物资的情况,其中第187、188、191、192、194、195位基因数值为0;染色体第196到第204位表示在Ⅰ级气象灾害发生时,第四辆救援车辆在各受灾需求点投放应急物资的情况,其中第198到第204位基因数值为0;染色体第205到第213位表示在Ⅰ级气象灾害发生时,第五辆救援车辆在各受灾需求点投放应急物资的情况,其中第205、206位和第209到第213位基因数值为0;染色体第214到第222位表示在Ⅰ级气象灾害发生时,第六辆救援车辆在各受灾需求点投放应急物资的情况,其中第214到第220位基因数值为0。由表7.2,当Ⅰ级气象灾害发生时各受灾点对物资的需求量分别为170、150、120、160、180、200、150、160、80。同理,每辆救援车在每个需求点投放量不超过其最大运载量100,且每个受灾点需求被满足后便不再接收救援物资,故经验证以上所得第Ⅰ等级气象灾害发生时的各项基因符合所构模型的相关约束条件。

为便于计算,将染色体的第二部分变成4个6×9的矩阵,变换后的形式如下:

$$y_{\mathrm{IV}} = \begin{pmatrix} 11 & 30 & 0 & 0 & 0 & 0 & 0 & 0 & 0 \\ 0 & 0 & 0 & 0 & 29 & 23 & 21 & 0 & 0 \\ 0 & 0 & 12 & 22 & 0 & 0 & 30 & 0 & 0 \\ 20 & 26 & 0 & 0 & 0 & 0 & 0 & 0 & 0 \\ 0 & 0 & 33 & 9 & 0 & 0 & 0 & 0 & 0 \\ 0 & 0 & 0 & 0 & 0 & 0 & 0 & 23 & 12 \end{pmatrix}$$

$$y_{\text{III}} = \begin{pmatrix} 7 & 29 & 0 & 0 & 0 & 0 & 0 & 0 & 0 \\ 0 & 0 & 0 & 0 & 7 & 13 & 7 & 0 & 0 \\ 0 & 0 & 10 & 5 & 0 & 0 & 5 & 0 & 0 \\ 27 & 19 & 0 & 0 & 0 & 0 & 0 & 0 & 0 \\ 0 & 0 & 27 & 27 & 0 & 0 & 0 & 0 & 0 \\ 0 & 0 & 0 & 0 & 0 & 0 & 0 & 5 & 5 \end{pmatrix}$$

$$y_{\text{II}} = \begin{pmatrix} 25 & 12 & 0 & 0 & 0 & 0 & 0 & 0 & 0 \\ 0 & 0 & 0 & 0 & 7 & 25 & 15 & 0 & 0 \\ 0 & 0 & 2 & 5 & 0 & 0 & 13 & 0 & 0 \\ 24 & 13 & 0 & 0 & 0 & 0 & 0 & 0 & 0 \\ 0 & 0 & 17 & 38 & 0 & 0 & 0 & 0 & 0 \\ 0 & 0 & 0 & 0 & 0 & 0 & 0 & 29 & 19 \end{pmatrix}$$

$$y_{\text{I}} = \begin{pmatrix} 21 & 18 & 0 & 0 & 0 & 0 & 0 & 0 & 0 \\ 0 & 0 & 0 & 0 & 25 & 25 & 4 & 0 & 0 \\ 0 & 0 & 12 & 12 & 0 & 0 & 27 & 0 & 0 \\ 9 & 37 & 0 & 0 & 0 & 0 & 0 & 0 & 0 \\ 0 & 0 & 16 & 15 & 0 & 0 & 0 & 0 & 0 \\ 0 & 0 & 0 & 0 & 0 & 0 & 0 & 14 & 45 \end{pmatrix}$$

y_{IV}、y_{III}、y_{II}和y_{I}分别表示当Ⅳ、Ⅲ、Ⅱ、Ⅰ级气象灾害发生时,救援车辆对各受灾需求点投放应急物资的情况。由y_{IV}、y_{III}、y_{II}和y_{I}可计算出救援车辆到达需求点并分配应急物资后,该需求点仍需要的应急物资量。具体计算方法如下:首先,把y_{IV}、y_{III}、y_{II}和y_{I}每一列的数值都自顶向下进行累加计算,且在上述须为 0 的基因位置上赋值 0,得到y'_{IV}、y'_{III}、y'_{II}和y'_{I},其含义是救援车辆到达某受灾需求点时,该需求点已被投放的应急物资数量,表达式如下:

$$y'_{\text{IV}} = \begin{pmatrix} 11 & 30 & 0 & 0 & 0 & 0 & 0 & 0 & 0 \\ 0 & 0 & 0 & 0 & 29 & 23 & 21 & 0 & 0 \\ 0 & 0 & 12 & 22 & 0 & 0 & 51 & 0 & 0 \\ 33 & 56 & 0 & 0 & 0 & 0 & 0 & 0 & 0 \\ 0 & 0 & 45 & 31 & 0 & 0 & 0 & 0 & 0 \\ 0 & 0 & 0 & 0 & 0 & 0 & 0 & 23 & 12 \end{pmatrix}$$

$$y'_{\mathrm{III}} = \begin{pmatrix} 7 & 29 & 0 & 0 & 0 & 0 & 0 & 0 & 0 \\ 0 & 0 & 0 & 0 & 7 & 13 & 7 & 0 & 0 \\ 0 & 0 & 10 & 5 & 0 & 0 & 12 & 0 & 0 \\ 34 & 48 & 0 & 0 & 0 & 0 & 0 & 0 & 0 \\ 0 & 0 & 37 & 32 & 0 & 0 & 0 & 0 & 0 \\ 0 & 0 & 0 & 0 & 0 & 0 & 0 & 5 & 5 \end{pmatrix}$$

$$y'_{\mathrm{II}} = \begin{pmatrix} 25 & 12 & 0 & 0 & 0 & 0 & 0 & 0 & 0 \\ 0 & 0 & 0 & 0 & 7 & 25 & 15 & 0 & 0 \\ 0 & 0 & 2 & 5 & 0 & 0 & 28 & 0 & 0 \\ 49 & 25 & 0 & 0 & 0 & 0 & 0 & 0 & 0 \\ 0 & 0 & 19 & 43 & 0 & 0 & 0 & 0 & 0 \\ 0 & 0 & 0 & 0 & 0 & 0 & 0 & 29 & 19 \end{pmatrix}$$

$$y'_{\mathrm{I}} = \begin{pmatrix} 21 & 18 & 0 & 0 & 0 & 0 & 0 & 0 & 0 \\ 0 & 0 & 0 & 0 & 25 & 25 & 4 & 0 & 0 \\ 0 & 0 & 12 & 12 & 0 & 0 & 31 & 0 & 0 \\ 30 & 55 & 0 & 0 & 0 & 0 & 0 & 0 & 0 \\ 0 & 0 & 28 & 27 & 0 & 0 & 0 & 0 & 0 \\ 0 & 0 & 0 & 0 & 0 & 0 & 0 & 14 & 45 \end{pmatrix}$$

结合表7.2中不同等级气象灾害发生时各受灾需求点对应急物资的总需求量，用总需求量减去上述已投放应急物资数量，得出救援车辆到达某受灾需求点时该点的应急物资需求量 y''_{IV}、y''_{III}、y''_{II} 和 y''_{I}，具体表达如下：

$$y''_{\mathrm{IV}} = \begin{pmatrix} 89 & 50 & 0 & 0 & 0 & 0 & 0 & 0 & 0 \\ 0 & 0 & 0 & 0 & 71 & 97 & 69 & 0 & 0 \\ 0 & 0 & 58 & 68 & 0 & 0 & 39 & 0 & 0 \\ 67 & 24 & 0 & 0 & 0 & 0 & 0 & 0 & 0 \\ 0 & 0 & 25 & 59 & 0 & 0 & 0 & 0 & 0 \\ 0 & 0 & 0 & 0 & 0 & 0 & 0 & 57 & 18 \end{pmatrix}$$

$$y''_{\mathrm{III}} = \begin{pmatrix} 113 & 61 & 0 & 0 & 0 & 0 & 0 & 0 & 0 \\ 0 & 0 & 0 & 0 & 123 & 117 & 93 & 0 & 0 \\ 0 & 0 & 70 & 105 & 0 & 0 & 88 & 0 & 0 \\ 86 & 42 & 0 & 0 & 0 & 0 & 0 & 0 & 0 \\ 0 & 0 & 43 & 78 & 0 & 0 & 0 & 0 & 0 \\ 0 & 0 & 0 & 0 & 0 & 0 & 0 & 85 & 35 \end{pmatrix}$$

$$y_{\text{II}}'' = \begin{pmatrix} 105 & 88 & 0 & 0 & 0 & 0 & 0 & 0 & 0 \\ 0 & 0 & 0 & 0 & 143 & 135 & 115 & 0 & 0 \\ 0 & 0 & 88 & 135 & 0 & 0 & 102 & 0 & 0 \\ 81 & 75 & 0 & 0 & 0 & 0 & 0 & 0 & 0 \\ 0 & 0 & 71 & 107 & 0 & 0 & 0 & 0 & 0 \\ 0 & 0 & 0 & 0 & 0 & 0 & 0 & 91 & 31 \end{pmatrix}$$

$$y_{\text{I}}'' = \begin{pmatrix} 149 & 132 & 0 & 0 & 0 & 0 & 0 & 0 & 0 \\ 0 & 0 & 0 & 0 & 155 & 175 & 146 & 0 & 0 \\ 0 & 0 & 108 & 148 & 0 & 0 & 119 & 0 & 0 \\ 140 & 95 & 0 & 0 & 0 & 0 & 0 & 0 & 0 \\ 0 & 0 & 92 & 133 & 0 & 0 & 0 & 0 & 0 \\ 0 & 0 & 0 & 0 & 0 & 0 & 0 & 146 & 35 \end{pmatrix}$$

如此，所构模型中的 $Q_n^s - \sum_{k=1}^{K} y_{jr}^{ks}$ 已被计算出。

2. 计算救援车辆到达各需求点所需时间

根据图 7-3、表 5.1 以及车辆路径选择情况，计算救援车辆到达各受灾需求点的时间。

首先本算例中染色体的前六位，即车辆路径选择情况为 1、4、2、1、3、5，故从表 5.1 查得 IV 级气象灾害发生时救援车辆在需求点之间的运行时间 t_{IV}，表达成矩阵形式：

$$t_{\text{IV}} = \begin{pmatrix} 2 & 4 & 0 & 0 & 0 & 0 & 0 & 0 & 0 \\ 0 & 0 & 0 & 0 & 2 & 1 & 3 & 0 & 0 \\ 0 & 0 & 2 & 3 & 0 & 0 & 7 & 0 & 0 \\ 2 & 4 & 0 & 0 & 0 & 0 & 0 & 0 & 0 \\ 0 & 0 & 3 & 2 & 0 & 0 & 0 & 0 & 0 \\ 0 & 0 & 0 & 0 & 0 & 0 & 0 & 5 & 4 \end{pmatrix}$$

由前 7.4.1 节中假定，III 级气象灾害发生时救援车辆在需求点之间的运行时间为 $t_{\text{III}} = t_{\text{IV}} + 1$，II 级气象灾害发生时救援车辆在需求点之间的运行时间为 $t_{\text{II}} = t_{\text{III}} + 2$，I 级气象灾害发生时救援车辆在需求点之间的运行时间 $t_{\text{I}} = t_{\text{II}} + 3$。由此计算出所有不同等级气象灾害发生时救援车辆在需求点之间的运行时间后，依据图 7-3 中路径与需求点的对应情况，计算出救援车辆在某条路径上投放应急物资所需要的时间。

从图 7-3 中可看出：如果救援车辆选择路径 3，则矩阵中表示这条路径的第三列数值应该是第四列与第三列数值之和，第四列数值是其本身；如果救援车辆选择路径 6，则矩阵中表示这条路径的第二列数值应该是第二列、第三列和第五列数值之和，第三列数值应是第三列、第五列数值之和，第五列数值是其本身；如果救援车辆选择路径 8，则矩阵中表示这条路径的第一列数值应该是第一列、第五列、第六列和第七列数值之和，第五列数值应是第五列、第六列和第七列数值之和，第六列数值应该是第六列和第七列数值之和，第七列数值是其本身；如果救援车辆选择其他路径，将每一行的数值从前到后累加，对数值为 0 的基因继续赋值 0。

由于本算例中只有第五辆车选择第三条路径，意味着各救援车辆到达各受灾需求点所需运行时间矩阵 t'_{IV} 中第五行第三列的值为 5，其他位置数值均是从前向后叠加。故当Ⅳ级气象灾害发生时各救援车辆到达各受灾需求点所需的时间表达如下：

$$t'_{\mathrm{IV}} = \begin{pmatrix} 2 & 6 & 0 & 0 & 0 & 0 & 0 & 0 & 0 \\ 0 & 0 & 0 & 0 & 2 & 3 & 6 & 0 & 0 \\ 0 & 0 & 2 & 5 & 0 & 0 & 12 & 0 & 0 \\ 2 & 6 & 0 & 0 & 0 & 0 & 0 & 0 & 0 \\ 0 & 0 & 5 & 2 & 0 & 0 & 0 & 0 & 0 \\ 0 & 0 & 0 & 0 & 0 & 0 & 0 & 5 & 9 \end{pmatrix}$$

同理，当Ⅲ级气象灾害发生时，各救援车辆到达各受灾需求点所需的时间为 $t'_{\mathrm{III}} = t'_{\mathrm{IV}} + 1$；当Ⅱ级气象灾害发生时，各救援车辆到达各受灾需求点所需的时间为 $t'_{\mathrm{II}} = t'_{\mathrm{III}} + 2$，当Ⅰ级气象灾害发生时，各个车辆到达各需求点所需的时间 $t'_{\mathrm{I}} = t'_{\mathrm{II}} + 3$。如此，救援车辆到达各需求点所需的时间已被计算出。

3. 计算决策目标函数值

根据救援车辆路径选择情况，结合前述已计算出的救援车辆到达各受灾需求点时该需求点对应急物资的需求量 y''_{IV}、y''_{III}、y''_{II} 和 y''_{I}，以及救援车辆到达各受灾需求点所需时间 t'_{IV}、t'_{III}、t'_{II} 和 t'_{I}，可计算所构模型的三个决策目标函数值分别为：13271.25、32.5 和 0。为便于显示优化结果，将模型第二个目标函数值扩大 1000 倍、第三个目标函数值扩大 10000 倍，得到染色体的第 223、224、225 位，这三位数值分别为 13271.25、32500、0。至此，一条染色体所有三部分结构就完善了，把这条染色体放在种群中，依次进行非支配排序分层和计算拥挤距离、选择、交叉、变异和重组操作，最终得出 Pareto 前沿（Pareto 前沿对应着一组最优解）。

应用设计的带有双层基因和双层模拟二进制交叉精英策略的非支配排序遗传

算法对模型实施求解，种群数量为 2000、每条染色体长度为 222、迭代次数为 100 的优化结果如图 7-5 所示，整个程序运行时间约 1534 s。图 7-5 中每一个点都对应着一个最优解，图中的所有点代表着 2000 个染色体的适应度值，即所构模型决策目标函数值的体现。从图 7-5 可看出，最后生成 2000 个 Pareto 最优解的三个适应度值同时趋向三个目标函数值小的一端聚集，也就是同时向着总成本最小化、应急救援车辆运行时间最小化和未被覆盖的需求点数量最小化方向聚集。

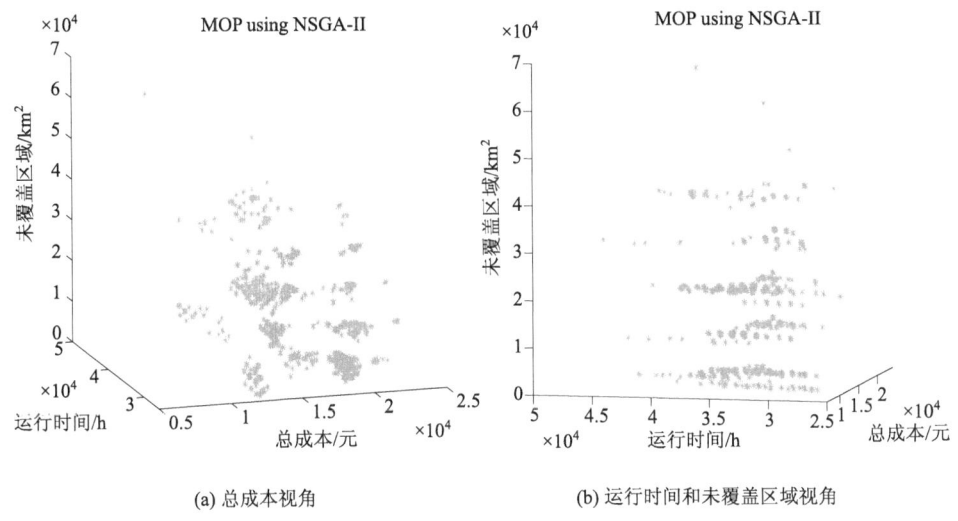

图 7-5 模型求解的优化结果

具体地，就第一个目标函数值来说，从图 7-5(a) 中可以看出，总成本大部分都在 10000 到 20000 之间。从图 7-5(b) 中可以看出，第二个目标函数值集中在 25 到 35 之间 (如前述，图中是为了便于展示而将目标函数值扩大了 1000 倍)，35 到 45 之间的最优解很少；第三个目标函数值有 0、1、2、3、4、5、6，不过比较来看，为数最多的还是第三个目标函数值为 0、1、2 的场景，换句话说，未被覆盖的需求点个数为 5、6 的情形寥寥无几，再多就更没有了。图 7-5 显示了在保证三个目标函数都最小的情况下，算法的最优求解结果保持种群多样性，这反映了设计的 NSGA-II with DD SBX 没有过早地陷入死循环，是通过多次迭代来找出最优解的。

通过上述求解算法的详细推演和计算过程，本章研究设计的 NSGA-II with DD SBX 算法在解决跨区域应急物资储备库选址多目标决策时，不仅拥有良好的计算效率、较好的计算结果，还能保持良好的种群多样性。故所构模型和算法的可行性和有效性得到验证。

7.5 本章小结

本章研究面对不确定灾害下跨区域应急储备库选址、不同区域救援车辆路径选择和应急物资分配的优化决策问题，构建了一个以最小化应急总成本、最小化救援车辆运行时间、最大化应急储备库覆盖范围为多维目标的跨区域应急选址-调配优化决策模型。针对模型特点设计了带有双层基因和双层模拟二进制交叉精英策略的非支配排序遗传算法 NSGA-Ⅱ with DD SBX，通过设置仿真算例实施模型求解，生成 Pareto 最优解，在验证模型和算法可行性与有效性的同时探讨多维目标之间的权衡对整个跨区域应急决策方案的影响。

未来研究可考虑除了应急成本、应急时间、应急需求满足等因素之外的决策目标，例如可结合第 5 章和第 6 章研究，从应急救援公平性角度来综合权衡多维决策目标。此外，本章研究在探讨不确定灾害场景时，选择的是不同等级的气象灾害，并假设了不同等级气象灾害发生的概率，后续可合理应用气象大数据对不同种类气象灾害发生的概率进行精准化。还有，本章研究仅设计了 NSGA-Ⅱ with DD SBX 算法实施模型仿真求解，今后也可深入探讨更高效、更准确的算法来求解决策模型，且不同算法的比较和验证也是今后研究的一个重要方向。

参 考 文 献

[1] Toregas C, Swain R, Revelle C, et al. The location of emergency service facilities[J]. Operations Research, 1971, 19(6): 1363-1373.

[2] Daskin M S. A maximal expected covering location model: Formulation properties and heuristic solution[J]. Transportation Science, 1983, 17: 48-69.

[3] Hochbaum D S, Pathria A. Location centers in a dynamically changing network, and related problems[J]. Location Science, 1998, 6: 243-256.

[4] Araz C, Selim H, Ozkarahan I. A fuzzy multi-objective covering-based vehicle location model for emergency services[J]. Computers & Operations Research, 2007, 34(3): 705-726.

[5] Wei Y, Özdamar L. A dynamic logistics coordination model for evacuation and support in disaster response activities[J]. European Journal of Operational Research, 2007, 179(3): 1177-1193.

[6] Yang L L, Jones B F, Yang S H. A fuzzy multi-objective programming for optimization of fire station locations through genetic algorithms[J]. European Journal of Operational Research, 2007, 181(3): 903-915.

[7] Rawls C G, Turnquist M A. Pre-positioning of emergency supplies for disaster response[J]. Transportation Research Part B, 2010, 44(4): 521-534.

[8] Ai Y F, Lu J, Zhang L L. The optimization model for the location of maritime emergency

supplies reserve bases and the configuration of salvage vessels[J]. Transportation Research Part E, 2015, 83: 170-188.

[9] Kutanoglu E, Mahajan M. An inventory sharing and allocation method for a multi-location service parts logistics network with time-based service levels[J]. European Journal of Operational Research, 2009, 194(3): 728-742.

[10] Davis L B, Samanlioglu F, Qu X, et al. Inventory planning and coordination in disaster relief efforts[J]. International Journal of Production Economics, 2013, 141(2): 561-573.

[11] Pradhananga R, Mutlu F, Pokharel S, et al. An integrated resource allocation and distribution model for pre-disaster planning[J]. Computers & Industrial Engineering, 2016, 91: 229-238.

[12] Rottkemper B, Fischer K, Blecken A. A transshipment model for distribution and inventory relocation under uncertainty in humanitarian operations[J]. Socio-Economic Planning Sciences, 2012, 46: 98-109.

[13] Toyasaki F, Arikan E, Silbermayr L, et al. Disaster relief inventory management: Horizontal cooperation between humanitarian organizations[J]. Production and Operations Management, 2017, 26(6): 1221-1237.

[14] Baskaya S, Ertem M A, Duran S. Pre-positioning of relief items in humanitarian logistics considering lateral transhipment opportunities[J]. Socio-Economic Planning Sciences, 2017, 57: 50-60.

[15] 魏宇琪, 杨敏, 梁樑. 基于需求预测和模块化的应急物资库库联动方法研究[J]. 中国管理科学, 2019, 27(6): 123-135.

[16] Balcik B, Silvestri S, Rancourt M, et al. Collaborative prepositioning network design for regional disaster response[J]. Production and Operations Management, 2019, 28(10): 2431-2455.

[17] Sabbaghtorkan M, Batta R, He Q. Prepositioning of assets and supplies in disaster operations management: Review and research gap identification[J]. European Journal of Operational Research, 2020, 284(1): 1-19.

[18] Dönmez Z, Kara B Y, Karsu Ö, et al. Humanitarian facility location under uncertainty: Critical review and future prospects[J]. Omega, 2021, 102: 102393.

[19] Groothedde B, Ruijgrok C, Tavasszy L. Towards collaborative, intermodal hub networks: A case study in the fast moving consumer goods market[J]. Transportation Research Part E: Logistics and Transportation Review, 2005, 41(6): 567-583.

[20] Gong Q, Batta R. Allocation and reallocation of ambulances to casualty clusters in a disaster relief operation[J]. IIE Transactions, 2007, 39(1): 27-39.

[21] Campbell A M, Vandenbussche D, Hermann W. Routing for relief efforts[J]. Transportation Science, 2008, 42(2): 127-145.

[22] 张江华, 刘治平, 朱道立. 多源点突发灾害事故应急疏散模型与算法[J]. 管理科学学报, 2009, 12(3): 111-118.

[23] Arora H, Raghu T S, Vinze A. Resource allocation for demand surge mitigation during disaster

response[J]. Decision Support Systems, 2010, 50(1): 304-315.

[24] 曹杰,朱莉. 考虑决策偏好的城市群应急协调超网络模型[J]. 管理科学学报, 2014,17(11):33-42.

[25] Çelik M, Ergun Ö, Keskinocak P. The post-disaster debris clearance problem under incomplete information[J]. Operations Research, 2015, 63(1): 65-85.

[26] Chalfant B A, Comfort L K. Dynamic decision support for managing regional resources: Mapping risk in Allegheny County, Pennsylvania[J]. Safety Science, 2016, 90: 97-106.

[27] 王军,杜剑,王美蓉. 水上重大溢油事故围油栏协同调度方法研究[J]. 运筹与管理, 2018, 27(9): 45-50.

[28] Rodríguez-Espíndola O, Albores P, Brewster C. Dynamic formulation for humanitarian response operations incorporating multiple organisations[J]. International Journal of Production Economics, 2018, 204: 83-98.

[29] 曹策俊,李从东,屈挺,等. 救援物资跨区域调度双层规划模型:考虑幸存者感知满意度和风险可接受度[J]. 管理科学学报, 2019, 22(9): 113-128.

[30] Doan X V, Shaw D. Resource allocation when planning for simultaneous disasters[J]. European Journal of Operational Research, 2019, 274(2): 687-709.

[31] Zhu L, Gong Y, Xu Y, et al. Emergency relief routing models for injured victims considering equity and priority[J]. Annals of Operations Research, 2019, 283(1-2): 1573-1606.

[32] Ekici A, Özener O Ö. Inventory routing for the last mile delivery of humanitarian relief supplies[J]. OR Spectrum, 2020, 42(3): 621-660.

[33] Toro-Díaz H, Mayorga M E, Chanta S, et al. Joint location and dispatching decisions for emergency medical services[J]. Computers & Industrial Engineering, 2013, 64(4): 917-928.

[34] 葛洪磊,刘南. 复杂灾害情景下应急资源配置的随机规划模型[J]. 系统工程理论与实践, 2014, 34(12): 3034-3042.

[35] 康凯,陈涛,袁宏永. 多层级应急救援协同调度模型[J]. 清华大学学报(自然科学版), 2016, 56(8): 830-835.

[36] 马祖军,周愉峰. 国家血液战略储备库选址:库存问题[J]. 管理科学学报, 2018, 21(3): 54-68.

[37] 曲冲冲,王晶,黄钧,等. 考虑时效与公平性的震后应急物资动态配送优化研究[J]. 中国管理科学, 2018, 26(6): 178-187.

[38] 朱莉,丁家兰,计梦婷. 考虑区域异质性的应急物资选址-分配优化[J]. 系统管理学报, 2018, 27(6): 1142-1149.

[39] Sanci E, Daskin M S. Integrating location and network restoration decisions in relief networks under uncertainty[J]. European Journal of Operational Research, 2019, 279(2): 335-350.

[40] Sabouhi F, Bozorgi-Amiri A, Moshref-Javadi M, et al. An integrated routing and scheduling model for evacuation and commodity distribution in large-scale disaster relief operations: a case study[J]. Annals of Operations Research, 2019, 283(1-2): 643-677.

[41] 王喆,蒋壮,王世昌,等. 应急智能规划中基于约束满足的资源协作方法[J]. 系统工程学报, 2020, 35(6): 816-823, 837.

第8章 考虑多维物流过程的跨区域应急决策

第5、6、7章分别研究了跨区域应急过程中兼顾效率与公平、兼顾公平与优先,以及多维目标共存对决策方案的影响,本章聚焦跨区域应急决策中的多维物流过程及其协同优化方法。面对灾后应急物流服务涉及的多种异构过程,本章研究重点关注伤员救援、物资调配和灾民疏散这三种典型运输活动之间的协同优化。具体而言,构造三种异构运输服务协同优化的路径集成模式,以体现救援响应速度的车辆行驶总时长最短为决策目标,探讨集成模式下各类车型充分协同的跨区域异构应急运输路径优化问题。

8.1 灾后应急体系的多维物流过程

灾后应急体系尤其是灾后应急救援处置行为涉及多种物流运输过程。例如,将伤员尽快送至医疗中心接受治疗、将所需应急物资准确运抵各受灾点以及将灾民迅速疏散到安全的避难场所[1,2]。这些相互影响的异构运输活动在整个应急救援体系虽具有不同起止点、不同流向和不同优化目标,但其决策过程均涉及最优应急路径选择问题。面对资源相对紧缺的应急救援场景,如何对相互交织关联的异构运输过程实施协同路径优化值得探讨,有助于实现更加有效的真实应急决策。

灾后应急物流运输需求大致可被分为三类:应急物资运输、伤员救援运输和灾民疏散运输。为满足这三类物流运输需求,国内外在相关路径优化方面已有较多理论成果:① 物资调配方面最为丰富,表现为基于不同决策目标的不确定灾害应对情境下多种模式物资调配路径优化,如王新平和王海燕[3]探讨纵向配送和横向转运相结合时的应急物资协同配送优化方案;郑斌等[4]构建一个上层以物资运送时间满意度最大为目标、下层以物资分配公平性最大为目标的双层规划配送路径动态优化模型;王旭坪等[5]、王海军等[6]、Pérez-Rodríguez 和 Holguín-Veras[7]分别采用灾民非理性攀比心理代价最小、车辆运输时间和成本最小,以及灾民心理剥夺成本(反映灾民因物资缺乏而遭受痛苦的程度)最小为决策目标来选择物资调配方案。② 伤员救援的路径优化更强调面向不同受伤程度实施不同优先级的运输问题,如 Talarico 等[8]针对轻伤和重伤伤员的不同时间窗约束,以救援服务完成时间最短为决策目标构建伤员救援路径优化模型。③ 在灾民疏散路径优化中常会综合考虑人类群体在恐慌情况下的动力学行为,例如 Bayram 和 Yaman[9]在构建应急疏散路径优化模型时关注疏散动力学对灾民疏散路径选择的影响。

上述相关研究基本都是单独考虑医疗救护、资源调配或避难疏散某一种运输过程的路径优化，仅有少量工作关注不同应急运输过程间的协同优化问题。如 Yi 和 Özdamar[10]构建了一个混合整数多商品网络流模型来分阶段优化疏散、救援与需求配送决策；Hu[11]研究应急救援物资与伤员协调转运的两阶段调度优化模型；Sheu 和 Pan[12]通过建立一个三阶段优化模型来依次解决避难、医疗和物资配送过程的路径选择问题。事实上，跨区域应急救援物流活动包含形式各异的多种运输问题，若在救援路径决策时不能系统地考虑这些多维性及其可能的协同集成模式，会使所建路径选择模型的实施条件过于理想化或导致救援决策过于低效化，缺乏现实指导意义，难以在实际应急管理中切实发挥效用。

基于此，本章研究关注灾后应急救援活动中伤员救援、物资调配和灾民疏散这三种典型的运输过程，创新性地聚焦这三种异构运输服务协同情景下的应急车辆路径选择决策。打破"一种车仅承担一项任务"、各自为政的固有运输模式，从整个应急救援系统全局出发，构建一个以各救援车辆行驶总时长最短为目标、多类车型集成且各具不同救援时间窗限制的跨区域应急多维物流运输路径协同优化模型。设计并应用改进后的蚁群算法对所构模型实施求解，并应用于安徽宣城暴雨案例，将求解结果与不考虑多维物流运输协同的路径选择方案做对比分析，通过对比分析验证所提多维物流运输服务集成模式和协同模型的可行性和有效性，得出相关结论为相关部门实施高效的跨区域应急协同救援决策提供参考建议。

8.2 考虑多维物流过程的跨区域应急决策问题描述

决策问题的场景描述如下：重大灾害的发生使多个区域遭受不同程度的影响，各受灾点产生伤员救援、物资配送和灾民疏散的运输需求。如 2016 年 6~7 月的特大暴雨使得安徽宣城沦为洪涝重灾区，该市双桥联圩、四合圩、姜家圩、幸福圩等 13 个千亩以上的圩口漫堤溃破，灾情涉及全市 7 个县和多个乡镇。由于涉及的救援设施点和物流流向不同，目前常见的应急情境往往是伤员救援、物资配送和灾民疏散这三种运输服务各自独立决策、各自为政的运输过程(如图 8-1 所示)。考虑我国城镇常见的两种救援车型：救护车和中型巴士(以下简称中巴)。根据国家专业标准的 5 种救护车类型，图 8-1 所涉的是拥有急救复苏抢救设备和必备药品、能在现场或运送途中对危重伤病人员进行抢救的急救救护车[13]，其可在携带部分医疗类急救药品的情况下专门实施重伤人员的救援。参考多次救灾实践，图 8-1 中的中巴不仅可用来运输应急物资，也可对轻伤和无伤人员实施救援疏散。但需注意的是人和货物不能混装，即中巴本身虽能承担多项救援任务，但在单次物流运输过程中仅能执行一种载运服务。

第 8 章 考虑多维物流过程的跨区域应急决策

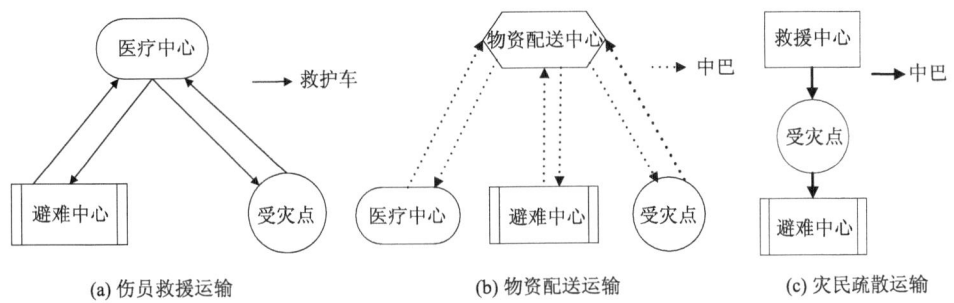

(a) 伤员救援运输　　(b) 物资配送运输　　(c) 灾民疏散运输

图 8-1　灾后各自为政的多维应急物流运输模式

由于共存的多维应急物流运输过程涉及医疗中心、物资调配中心、救援中心、避难中心和受灾点五种节点类型，各类节点的数量常不止一种，涉及的运输客体包含医疗、生活物资以及灾民和伤员等多种类型，协同的集成模式非常复杂。故借鉴文献[10]的做法，在灾后多维应急物流运输协同的集成模式中，将医疗中心、物资配送中心和救援中心功能合并视为一个应急医疗-物资中心(emergency medical distribution center, EMDC)。在受灾点附近设有 EMDC 和避难中心(shelter center, SC)，不同类型的车辆装载各类应急物资从 EMDC 出发，途经 SC 和受灾点，各自执行完伤员救援、物资配送和灾民疏散任务后返回 EMDC。除重伤人员需救护车专门救援外，可依据是否存在无伤灾民这一特征将受灾点分为不存在无伤人员的受灾点以及存在无伤人员的受灾点。考虑到跨区域协同应急效率问题，为避免空车前往灾区或 SC 实施伤员救援或灾民疏散，提出的协同集成模式要求车辆在 EMDC 出发时即载满或装载部分应急物资，如救护车可配备部分急救药品。构造出伤员救援与物资配送以及灾民疏散之间协同优化的集成模式，如图 8-2

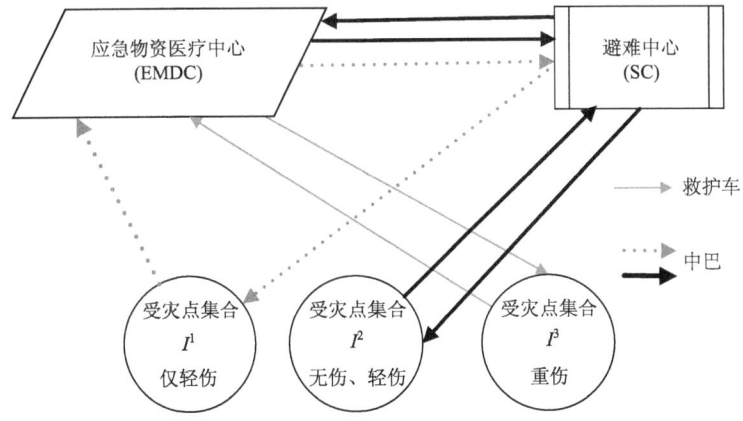

图 8-2　灾后跨区域多维应急物流运输协同的集成模式

所示：救护车从 EMDC 出发将受灾点处重伤人员直接接至 EMDC（见图 8-2 中细实线）；装载应急物资的中巴从 EMDC 出发，抵达 SC 或受灾点卸下部分物资之后，或仅负责将轻伤人员直接载运送至 EMDC（见图 8-2 中虚线），或者在承担无伤灾民运往 SC 运输任务的同时也载运部分轻伤人员至 EMDC（图 8-2 中粗实线）。依据是否承担灾民疏散的任务来划分，两种中巴路线的关键区别在于抵达受灾点后返至 EMDC 的回程途中是否需要途经 SC。

8.3 考虑多维物流过程的跨区域应急决策模型

基于上述集成模式的场景描述，构建灾后跨区域多维运输协同的应急路径优化模型。应急救援方案受到各类车辆核载限制和时间窗约束，以所有车辆行驶总耗时最短作为决策目标，这在一定程度上体现要求救援效率最高，最终实现伤员及时救援、物资有效配送和灾民合理疏散的跨区域应急物流运输路径协同规划。

8.3.1 模型假设与符号说明

模型假设条件：① 依据受伤程度的不同，将灾民分为无伤、轻伤和重伤三类，各受灾点处所有被困灾民均需要被转移；② 灾后应急救援协同运输网络由三种类型节点构成：受灾点、供应应急物资并收治伤员的 EMDC、接纳无伤灾民疏散安置的 SC，其中受灾点数量若干及位置已知，EMDC 和 SC 唯一且位置已知；③ 多维应急物流运输服务涉及伤员救援、物资配送和灾民疏散，运输车辆有救护车和中巴两种类型：救护车负责少量急救药品等物资的配给和重伤人员的救援，中巴在负责救援轻伤人员和疏散无伤灾民的同时也可承担配送应急物资的任务；④ SC 处需要满足的应急物资数量的下限已知，各受灾点处待救各类伤员数量及应急物资需求量已知且固定；⑤ 对于各受灾点处重伤人员，有且仅有一辆救护车负责对其施救；对于各受灾点处无伤和轻伤人员，有且仅有一辆中巴车辆负责人员救援和所需物资的配送；⑥ 各类型车辆的最大核载容量唯一并已知，此核载容量以载人量和载物量分别计量，且任一受灾点处无伤、轻伤或重伤人数均不超过单车容量限制；⑦ 各节点内部对于人员转移和物资配给这两类救援任务的时间窗约束不做差别化细分；⑧ 应急救援车辆的行驶速度与各区域间通行道路的受损程度有关。

用 $a=1,2,3$ 分别表示仅执行轻伤人员救援路线的中巴、同时负责无伤灾民疏散和轻伤救援路线的中巴，以及承载重伤人员的救护车。用 $I^a(a=1,2,3)$ 分别表示仅有轻伤人员、既有轻伤又有无伤人员，以及有重伤人员的受灾点集合（如图 8-2 所示），相对应各类型受灾点的个数分别为 N^{Ia}。用一个 0-1 变量 A_a 来刻画仅救援轻伤或兼顾无伤灾民疏散的中巴是否将避难中心作为应急物资配给的第一站，即 $A_a = \begin{cases} 1, \text{出发首站前往SC} \\ 0, \text{出发首站不前往SC} \end{cases}, \forall a = 1,2$。用 Q_a 表示任一 a 型车辆的数量，每类车辆最大可核载的各类型伤员数和应急物资数量分别为 U_a 和 W_a，如 U_1 意味着执行轻伤救援任务的中巴最多可接收轻伤人员的数量、W_2 是同时承担无伤灾民疏散和轻伤救援任务的中巴最多可容纳应急物资的数量（可由中巴载重量和容积，以及单位应急物资的载重和体积计算而得）。第 k 辆 a 型车从 EMDC 出发、历经并实施救援的节点（包括受灾点或 SC）个数为 n_k^a，若 $n_k^a = 0$ 则表示这辆车未参与应急救援。用 R_k^a 表示第 k 辆 a 型车的行驶路线，该辆车途经的任意一个节点用 r_{ki}^a 来表示（意味着该节点在行驶路线 R_k^a 中被访问的顺序为 i），即 $R_k^a = \{r_{k0}^a, r_{k1}^a, r_{k2}^a, \cdots, r_{ki}^a, \cdots, r_{kn_k^a}^a, r_{k(n_k^a+1)}^a\}$，其中 r_{k0}^a 和 $r_{k(n_k^a+1)}^a$ 分别表示 a 型车从 EMDC 出发以及返回至 EMDC 的情形。任意节点 i 到 j 的距离为 d_{ij}，当 $i,j = 0$ 或 $n_k^a + 1$ 时均表示 EMDC 节点，$i, j = 1$ 表示 SC 节点。

用 $h = 1,2,3$ 分别表示各受灾点处无伤、轻伤和重伤人员。用 q_{ih} 表示节点 i 处需救援或疏散的 h 型人员（装载）数量，c_i 是节点 i 处需接收的应急物资配送（卸下）数量。用一个 0-1 变量 B_a 来表征人员与应急物资是否能混装的情况，$B_a = \begin{cases} 1, \text{各类型人员与应急物资能混装} \\ 0, \text{各类型人员与应急物资不能混装} \end{cases}, \forall a = 1,2,3$。第 k 辆 a 型车到达节点 i 时已装载的各类型人员数或应急物资数量分别记为 X_{ki}^a 和 Y_{ki}^a。各节点 i 处要求各类人员转移或应急物资配给的时间窗为 $[0, T_i^a]$，该时间窗在一定程度上反映救援的不同优先级别。用 s_{ki}^a 表示第 k 辆 a 型车辆到达节点 i 的时刻，用 t_{kij}^a 表示第 k 辆 a 型车辆由节点 i 到 j 的行驶时间。a 型车辆在正常情况下从节点 i 到 j 的通行速度为 v_{0ij}^a，灾害发生后 a 型车辆从节点 i 到 j 在 t 时刻的通行速度为 $v_{ij}^a(t)$，a 型车辆从节点 i 到 j 在 t 时刻受灾害影响的速度衰减系数为 $\varepsilon_{ij}^a(t)$。

8.3.2 面向多维物流过程的应急路径协同优化模型构建

面向多维物流运输服务，考虑以各救援车辆行驶总时长最短为目标，构建包含不同救援时间窗限制的跨区域应急多维物流运输路径协同优化模型。

$$\min Z = \sum_{a=1}^{3} \sum_{k=1}^{Q_a} \left[\sum_{i=1}^{n_k^a+1} t_{k(i-1)i}^a \cdot \text{sign}(n_k^a - 1) \right] \tag{8-1}$$

$$\text{s.t.} \quad 0 \leqslant n_k^1 \leqslant N^{l^1} + 1 \tag{8-2}$$

$$0 \leqslant n_k^2 \leqslant N^{l^2} + 2 \tag{8-3}$$

$$0 \leqslant n_k^3 \leqslant N^{I^3} \tag{8-4}$$

$$R_k^1 = \begin{cases} \{r_{ki}^1 | r_{k0}^1 = r_{k(n_k^1+1)}^1 = 0, r_{k1}^1 = 1, r_{ki}^1 \in I^1, i = 2, \cdots, n_k^1\}, & A_1 = 1 \\ \{r_{ki}^1 | r_{k0}^1 = r_{k(n_k^1+1)}^1 = 0, r_{ki}^1 \in I^1, i = 1, 2, \cdots, n_k^1\}, & A_1 = 0 \end{cases} \tag{8-5}$$

$$R_k^2 = \begin{cases} \{r_{ki}^2 | r_{k0}^2 = r_{k(n_k^2+1)}^2 = 0, r_{k1}^2 = 1, r_{kn_k^2}^2 = 1, r_{ki}^2 \in I^2, i = 2, \cdots, n_k^2-1\}, & A_2 = 1 \\ \{r_{ki}^2 | r_{k0}^2 = r_{k(n_k^2+1)}^2 = 0, r_{kn_k^2}^2 = 1, r_{ki}^2 \in I^2, i = 1, 2, \cdots, n_k^2-1\}, & A_2 = 0 \end{cases} \tag{8-6}$$

$$R_k^3 = \{r_{ki}^3 | r_{k0}^3 = r_{k(n_k^3+1)}^3 = 0, r_{ki}^3 \in I^3, i = 1, 2, \cdots, n_k^3\} \tag{8-7}$$

$$\sum_{k=1}^{Q_1} n_k^1 = N^{I^1} + A_1 \cdot Q_1 \tag{8-8}$$

$$\sum_{k=1}^{Q_2} n_k^2 = N^{I^2} + Q_2 + A_2 \cdot Q_2 \tag{8-9}$$

$$\sum_{k=1}^{Q_3} n_k^3 = N^{I^3} \tag{8-10}$$

$$X_{k(i-1)}^a + q_{(i-1)h} = X_{ki}^a, \quad \forall i = 1, 2, \cdots, n_k^a + 1 \tag{8-11}$$

$$Y_{k(i-1)}^a - c_{i-1} = Y_{ki}^a, \quad \forall i = 1, 2, \cdots, n_k^a + 1 \tag{8-12}$$

$$X_{ki}^a \cdot Y_{ki}^a \cdot (1 - B_a) = 0, \quad \forall i = 0, 1, 2, \cdots, n_k^a + 1 \tag{8-13}$$

$$X_{ki}^a \leqslant U_a, \quad \forall i = 0, 1, 2, \cdots, n_k^a + 1 \tag{8-14}$$

$$Y_{ki}^a \leqslant W_a, \quad \forall i = 0, 1, 2, \cdots, n_k^a + 1 \tag{8-15}$$

$$s_{k(i-1)}^a + t_{k(i-1)i}^a = s_{ki}^a, \quad \forall i = 1, 2, \cdots, n_k^a + 1 \tag{8-16}$$

$$s_{ki}^a \leqslant T_{ki}^a, \quad \forall i = 1, 2, \cdots, n_k^a \tag{8-17}$$

$$\text{sign}(n_k^a - 1) = \begin{cases} 1, n_k^a \geqslant 1 \\ 0, \text{其他} \end{cases} \tag{8-18}$$

$$v_{k(i-1)i}^a(t) = v_{0k(i-1)i}^a \cdot \varepsilon_{k(i-1)i}^a(t), \quad \forall i = 1, 2, \cdots, n_k^a + 1 \tag{8-19}$$

$$t_{k(i-1)i}^a = \frac{d_{(i-1)i}}{v_{k(i-1)i}^a(t)}, \quad \forall i = 1, 2, \cdots, n_k^a + 1 \tag{8-20}$$

目标函数(8-1)是最小化所有救援车辆的行驶时间，包括仅救援轻伤人员的中巴、同时负责无伤灾民疏散和部分轻伤人员救援的中巴，以及专门运载重伤人员的救护车。需要注意的是，所有车辆从 EMDC 出发后最终需返回至 EMDC，虽均涉及相同的 EMDC 节点，仍分别用 0 和 n_k^a+1 来区分出发和终止点。公式(8-2)

表明仅救援轻伤人员的中巴历经节点数的上限是仅有轻伤人员受灾点个数与避难中心个数之和。公式(8-3)是对同时负责无伤灾民疏散和部分轻伤人员救援的中巴历经节点数的约束,其数量不超过既有轻伤又有无伤灾民的受灾点个数,以及往返至避难中心次数之总和。公式(8-4)被用来约束救护车途经的节点数量不超过存在重伤人员受灾点的总个数。公式(8-5)~(8-7)用集合的形式分别表达各类车辆依次前往各节点实施救援所形成的行驶路线。约束条件(8-8)~(8-10)是对各类救援车辆历经节点总个数的定量表达。公式(8-11)是救援车辆历经前后两个节点时车上已有伤员人数之间的关联关系,即车辆至某一节点时车上已有伤员的数量等于其抵达上一节点时所载伤员人数加上在上一节点处救援伤员的数量。相似地,公式(8-12)表达救援车辆历经前后两节点时车上应急物资之间的关联关系。公式(8-13)是用一个关联关系式来限制救援车辆中人与应急物资不能混装。公式(8-14)和(8-15)分别是各类型车辆载人量和载物量的容量约束。公式(8-16)是各救援车辆到达前后两节点时刻与该车辆在两节点间需耗费行驶时间的关联关系。公式(8-17)是各节点处所需的各类型车辆(或伤员救援或物资配给或灾民疏散)抵达时间窗约束。公式(8-18)表明仅当某车辆至少访问一个节点时才意味着该车辆参与应急救援活动。公式(8-19)说明各类救援车辆通行速度受灾害所致衰减系数的影响而变化。公式(8-20)是各类救援车辆途经前后两节点所耗时间与其通行速度,以及两节点间距离之间的关系式。

8.4 考虑多维物流过程的跨区域应急决策模型求解

所构的面向多维物流运输过程的应急路径协同优化模型属于带时间窗车辆路径模型,是典型的 NP-Hard 问题,且决策变量和约束条件较多,求解复杂性易随问题规模的增大而快速增加。而跨区域应急救援活动本身具有强时效性要求,寻优效率较高的智能优化算法因能克服传统精确算法单点搜索效率低的缺点而成为求解此类模型的主要方法[14]。与常用的遗传、模拟退火或搜索禁忌等智能优化算法相比,蚁群算法中的正反馈原理能在一定程度上加快寻优进程,尤其作为一种并行算法可凭借个体间信息的交互来搜索全局最优解,非常适用于解决复杂的路径寻优问题[15,16]。故这里应用蚁群算法对本章所构模型实施求解。

步骤 1:设置蚁群算法的初始参数。包括蚂蚁数量 m、信息素重要程度因子 α、启发函数重要程度因子 β、信息素挥发因子 ρ、信息素强度系数 G、最大迭代次数 NC_{max}、各路径信息素及其更新量的初始值。

步骤 2:构建解空间。将 m 只蚂蚁随机置于 N 个受灾点,每只蚂蚁根据状态转移规则初步确定下一步要访问的受灾点,状态转移概率如下:

$$P_{ij}^{\varrho} = \begin{cases} \dfrac{(\tau_{ij})^{\alpha} \cdot (\eta_{ij})^{\beta}}{\sum_{l \in N_i^{\varrho}} (\tau_{il})^{\alpha} \cdot (\eta_{il})^{\beta}}, & j \in N_i^{\varrho} \\ 0, & j \notin N_i^{\varrho} \end{cases} \quad (8\text{-}21)$$

N_i^{ϱ} 是蚂蚁 $\varrho(\varrho \in \{1,2,\cdots,m\})$ 在到达节点 i 时可进一步选择访问的附近受灾点集合。τ_{ij} 是各受灾点间相连路径上的信息素浓度。η_{ij} 是启发函数(式(8-22)),意味着蚂蚁从受灾点 i 选择转移到受灾点 j 的期望程度。α 和 β 分别是信息素和启发函数重要程度因子。

$$\eta_{ij} = \begin{cases} v_{ij}^0 \cdot \varepsilon_{ij} \cdot \mathrm{e}^{-\varsigma}, & j \in N_i^{\varrho} \\ 0, & j \notin N_i^{\varrho} \end{cases} \quad (8\text{-}22)$$

值得一提的是,公式(8-22)中的启发函数特别考虑了受灾害影响的道路通行状况信息(用参数 ς 来表达)。ς 值越大,意味着道路受阻情况越严重,会导致 η_{ij} 值越小。

蚂蚁到达下一个受灾点后判断是否能满足容量限制(8-14)或(8-15)和时间窗约束(8-17):若满足这些约束条件,蚂蚁遍历所有受灾点后转步骤 3;否则,重新依据状态转移规则选择要访问的受灾点。

步骤 3:检验可行解。判断 m 条路径中的每条路径是否满足模型各约束条件,将不满足约束条件的路径行驶时间设置为一个极大的正数。

步骤 4:应用 2-opt 方法对可行解实现更新。具体地,反向交换路径中的部分弧,若交换后通过行驶路径的耗时缩短,则将可行解进行更新改进。

步骤 5:更新信息素。记录当前迭代次数中的最优解,同时采用公式(8-23)和(8-24)对各受灾点间相连路径上的信息素浓度进行更新[17]。

$$\tau_{ij}(t+1) = (1-\rho)\tau_{ij}(t) + \sum_{\varrho=1}^{m} \Delta \tau_{ij}^{\varrho}(t) \quad (8\text{-}23)$$

$$\Delta \tau_{ij}^{\varrho}(t) = \begin{cases} \dfrac{G}{L_{\varrho}}, & \text{若边}(i,j)\text{在蚂蚁}\varrho\text{的路径上} \\ 0, & \text{否则} \end{cases} \quad (8\text{-}24)$$

$\rho(0 < \rho < 1)$ 表示信息素的挥发程度,$\Delta \tau_{ij}^{\varrho}(t)$ 表示第 ϱ 只蚂蚁从受灾点 i 到 j 连接路径上在 t 时刻释放的信息素浓度。G 是信息素强度系数,表示蚂蚁循环一次所释放的信息素总量。L_{ϱ} 是第 ϱ 只蚂蚁行驶路径所耗的总时长。

步骤 6:判断是否终止。若 $NC < NC_{\max}$,则令 $NC = NC + 1$,同时清空记录表,转步骤2;否则,求解算法终止。

8.5 考虑多维物流过程的跨区域应急决策案例分析

下面以 2016 年 6 月 19~20 日安徽宣城暴雨为案例场景，结合真实数据和部分参数设置，将蚁群算法应用于所构多维应急物流协同模型的求解，并把所得最优解与多维物流过程不协同的传统应急救援路径方案进行对比分析，以验证所构灾后跨区域多维物流运输过程协同的集成救援模式和协同应急模型的可行性和有效性。

8.5.1 案例相关数据采集

2016 年 6 月安徽宣城遭受暴雨洪涝灾害侵袭，其所属 30 个乡镇受灾点均受到不同程度的破坏，选择附近区域设立临时的 EMDC、其坐标位置为(0,0)，设置安顿无伤人员的 SC、坐标为(87,50)。将所有 30 个受灾点位置坐标列于表 8.1，其中最严重积水点坐标为(−40,−44)。现派遣救护车和中巴对各受灾点实施伤员救援和单种救援物资应急药品包的配给。据调研，救护车最大核载伤员数和应急药品包数量分别为 9 人和 11 包，中巴对伤员和应急药品包的核载量分别不超过 15 人和 30 包。SC 处对应急药品包的需求不少于 10 包，若中巴出发首站前往 SC 能满足其应急药品包的需求为 2 包。通过搜集各区域与最严重积水点距离、各区域受伤被困人数、物资需求以及区域道路通达性等数据指标，综合采用层次分析等评价方法，得出各区域不同受灾情况的评分及其相应受灾等级，列于表 8.1。

表 8.1 各区域受伤人数、应急物资需求及其受灾等级评估

受灾点	坐标/km	(无/轻/重伤)/人	物资需求/包	评分	受灾等级	受灾点	坐标/km	(无/轻/重伤)/人	物资需求/包	评分	受灾等级
1	(17,43)	0/2/1	4	0.53	2	16	(30,−100)	1/2/1	7	0.49	2
2	(−80,41)	1/2/1	7	0.44	2	17	(−56,−25)	0/2/2	5	0.33	1
3	(−40,−44)	1/1/2	4	0.39	2	18	(−94,−50)	1/3/3	7	0.19	1
4	(56,−28)	1/2/1	9	0.51	2	19	(14,−75)	2/1/1	5	0.68	3
5	(26,78)	0/2/2	5	0.33	1	20	(−68,−72)	1/1/1	4	0.56	2
6	(−22,27)	1/3/2	7	0.2	1	21	(−21,149)	0/2/0	3	0.68	3
7	(−43,−94)	0/1/2	5	0.39	2	22	(−101,−101)	0/1/0	3	0.69	3
8	(117,−11)	2/1/2	4	0.81	3	23	(9,19)	2/1/0	3	0.71	3
9	(−62,100)	1/3/1	5	0.49	2	24	(77,−20)	0/3/0	4	0.56	2
10	(79,81)	0/2/1	6	0.55	2	25	(150,−142)	0/4/0	4	0.68	3
11	(−67,67)	1/2/1	5	0.47	2	26	(−70,0)	1/1/0	2	0.53	2
12	(66,−120)	0/3/2	7	0.32	1	27	(−132,100)	0/1/0	1	0.76	3
13	(0,−147)	0/2/1	7	0.53	2	28	(−60,−150)	1/2/0	5	0.5	2
14	(−10,123)	0/3/3	7	0.08	1	29	(−100,119)	1/2/0	3	0.73	3
15	(100,−48)	0/4/1	5	0.39	2	30	(−48,147)	1/2/0	3	0.56	2

从表 8.1 中各受灾点处各种类型伤员人数可看出,救护车负责对前 20 个有重伤人员的受灾点施救,仅执行轻伤救援任务的中巴负责对 15 个有轻伤但没有无伤人员的受灾点实施救助,兼顾无伤灾民疏散和轻伤救援的中巴则对剩下 15 个既有轻伤又有无伤人员的受灾点实施救助。表 8.1 中有关受灾等级的划分方式如下所述:将评分范围为 0~0.33 的区域记作受灾等级为 1,表示受灾害影响程度最大;0.34~0.67 评分范围的区域其受灾等级为 2;0.68~1.00 评分范围的区域受灾等级为 3,意味着受灾害影响程度最小。依据相应受灾等级,合理设置各受灾点所需救护车和中巴抵达的应急时间窗(单位为 h):受灾等级为 1 的区域,救护车应急时间窗为[0,2],中巴到达限制为[0,2.5];受灾等级 2 的区域,救护车时间窗为[0,3],中巴到达限制为[0,3.5];而受灾等级为 3 的区域,救护车时间窗为[0,4],中巴到达限制为[0,4.5]。

8.5.2 案例求解结果对比

在 MATLAB 2015a 中实现用来求解协同模型的蚁群算法,得出安徽宣城暴雨案例背景下考虑多维物流运输协同的跨区域应急救援路径优化方案,列于表 8.2。这里跨区域应急决策的协同主要体现在承担不同救援职责的中巴车辆方面,为提高伤员救援、物资配送以及灾民疏散的应急运输效率,要求协同优化方案中承担轻伤救援或灾民疏散任务的至少一种类型的中巴需首站前往 SC 卸下应急物资。

如此,从表 8.2 中不难发现,除救护车专门负责重伤人员的救援外,总共有多维物流运输协同的三种应急救援路径方案:① 协同方案一,仅负责轻伤救援的中巴首站至 SC 满足其物资需求,兼顾无伤灾民疏散任务的中巴直接前往救助各受灾点;② 协同方案二,兼顾无伤灾民疏散和部分轻伤救援的中巴首站前往 SC,仅负责轻伤救援的中巴直接对各受灾点施救;③ 协同方案三,两种救援任务的中巴均首站前往 SC 后再对各受灾点施救。将这三种协同应急方案的救援总时长对比置于图 8-3,发现在此案例场景下协同方案一的救援最为迅速。

为比较分析,还对相同案例背景下不考虑多维物流运输协同的跨区域应急救援方案进行求解,将最优路径列于表 8.3,也在图 8-3 中展示不协同情形下所需救援总时长和占用的救援车辆数。此处不协同的物流运输过程具体指:救护车专门负责对重伤人员施救,从 EMDC 出发依次将各受灾点处重伤人员接上车后返至 EMDC;一部分中巴与救护车类似,专门用来负责救援轻伤人员,自 EMDC 出发历经有轻伤但没有无伤人员的各受灾点处后直接返至 EMDC;另一部分中巴专门负责无伤灾民的疏散,从 SC 出发依次访问有无伤灾民的受灾点后返回 SC;还有一部分中巴则承担应急物资配送的任务,从 EMDC 出发依次访问各物资需求点(包括各受灾点和 SC),卸下物资后返回 EMDC。

表 8.2 考虑多维物流运输协同的跨区域应急救援优化路径

救护车 (重伤人员救援)	首站是否至 SC	对仅有轻伤人员受灾点施救的中巴 (物资配送和轻伤人员救援)	对既有轻伤又有无伤人员受灾点施救的中巴 (物资配送和轻伤无伤人员救援)
EMDC→1→5→9→10→8→EMDC; EMDC→2→11→14→EMDC; EMDC→3→7→13→16→EMDC; EMDC→4→15→12→19→EMDC; EMDC→6→17→18→20→EMDC. (耗时 27.3 h) (5 辆救护车)	是	EMDC→SC→1→10→24→EMDC; EMDC→SC→5→21→14→27→EMDC; EMDC→SC→13→7→22→EMDC; EMDC→SC→12→25→15→EMDC; EMDC→SC→17→26→EMDC. (耗时 41.9 h) (5 辆中巴)	EMDC→SC→2→11→30→SC→EMDC; EMDC→SC→3→18→20→28→SC→EMDC; EMDC→SC→4→16→19→SC→EMDC; EMDC→SC→8→23→6→SC→EMDC; EMDC→SC→9→29→SC→EMDC. (耗时 47.4 h) (5 辆中巴)
	否	EMDC→1→5→21→14→27→EMDC; EMDC→7→13→12→25→EMDC; EMDC→10→15→24→EMDC; EMDC→17→22→26→EMDC. (耗时 28.4 h) (4 辆中巴)	EMDC→23→30→11→2→SC→EMDC; EMDC→3→28→16→19→SC→EMDC; EMDC→4→8→29→9→SC→EMDC; EMDC→6→18→20→SC→EMDC. (耗时 33.5 h) (4 辆中巴)

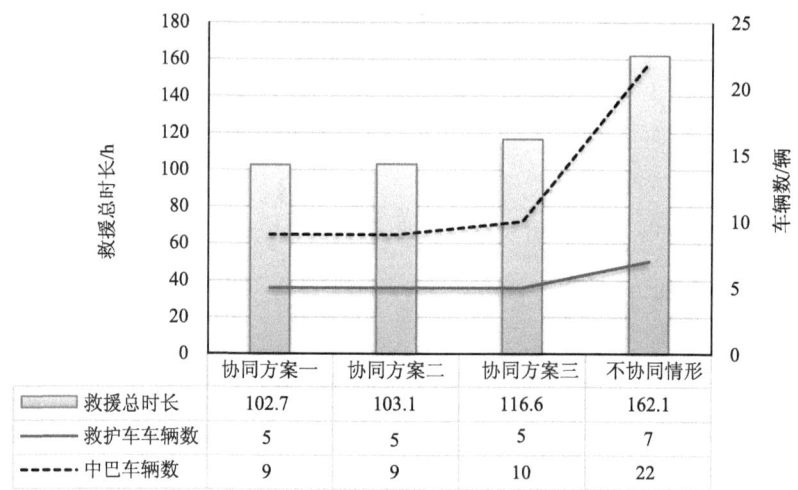

图 8-3 三种协同应急方案与不协同救援情形的对比

通过表 8.2、表 8.3 和图 8-3 可发现，考虑与不考虑多维物流运输协同的跨区域应急救援路径优化方案存在明显差异：① 单从优化目标上来看，图 8-3 中显示不协同情形下的救援车辆行驶总时间远大于任一种协同优化方案的救援总时长。② 从救援车辆资源耗费的角度出发，不协同的应急方案共需动用 22 辆中巴、7 辆救护车实施救援，而考虑多维物流协同的跨区域应急救援方案仅占用 9 或 10

表 8.3 不考虑多维物流运输协同的跨区域应急救援优化路径

救护车(重伤人员救援)	部分中巴(轻伤人员救援)
EMDC→1→9→10→EMDC;	EMDC→1→5→9→10→29→21→EMDC;
EMDC→2→11→6→EMDC;	EMDC→11→2→26→22→7→EMDC;
EMDC→3→20→18→7→EMDC;	EMDC→3→20→18→17→EMDC;
EMDC→4→15→12→EMDC;	EMDC→4→15→25→16→19→EMDC;
EMDC→5→14→EMDC;	EMDC→6→27→30→14→EMDC;
EMDC→8→16→13→EMDC;	EMDC→24→8→12→13→28→EMDC;
EMDC→17→19→EMDC.	EMDC→23→EMDC.

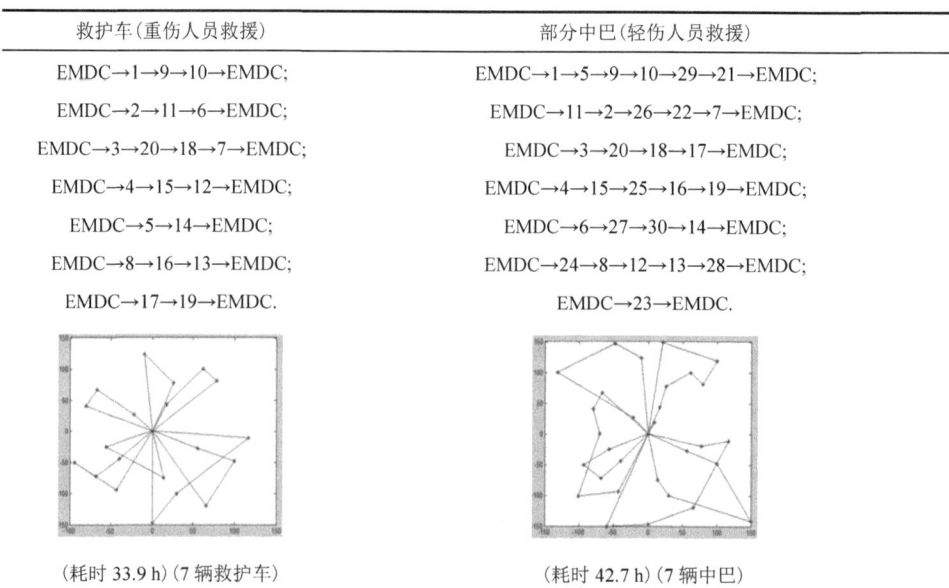

(耗时 33.9 h)(7 辆救护车)　　　　　(耗时 42.7 h)(7 辆中巴)

部分中巴(无伤人员疏散)	部分中巴(应急物资配送)
SC→2→18→3→4→8→SC; SC→6→11→30→9→29→SC; SC→19→16→28→20→23→SC.	EMDC→SC→29→EMDC; EMDC→1→5→10→EMDC; EMDC→2→11→EMDC; EMDC→3→20→7→EMDC; EMDC→4→24→EMDC; EMDC→6→27→30→EMDC; EMDC→8→25→15→EMDC; EMDC→9→21→14→EMDC; EMDC→12→16→EMDC; EMDC→22→28→13→EMDC; EMDC→17→18→26→EMDC; EMDC→19→23→EMDC.
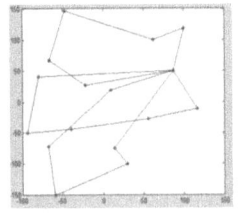 (耗时 26.5 h)(3 辆中巴)	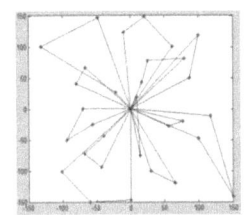 (耗时 59 h)(12 辆中巴)

辆中巴以及 5 辆救护车。这说明当今各自为政的多维应急物流运输过程无法充分发挥灾民救援和物资配送的协同作用,极易造成救援的迟缓和浪费。而考虑多维物流运输协同的跨区域应急路径优化方案能在一定程度上切实提升救援效率,值得大力提倡。

8.6 本章小结

　　伤员的及时救治、物资的有效配给和灾民的合理疏散都是灾后跨区域应急救援响应物流的重要任务,关系到整个跨区域应急管理活动的成效。传统灾后应急救援路径规划研究,大多忽略多维物流运输过程之间的关联及其协同优化的影响。本章研究创新性地构造了一个涵盖医疗救护、资源调配和避难疏散三种异构物流运输过程协同路径优化的集成模式,以期改变灾后救援中各种物流运输过程各自为政的固有现状。基于协同的集成应急模式,构建了一个以车辆行驶总时长最短为目标、多类型车辆充分协同的跨区域应急路径选择模型。以安徽宣城暴雨为案例背景,设计蚁群算法对协同模型进行求解,并将其与不考虑多维物流运输协同的传统路径调度方案实施对比,从救援效率和救援成本等角度全方位论证所构集成模式及协同模型的可行性和优越性,为相关部门在面对突发灾害时制定科学高效的应急管理方案提供有益参考。

　　未来研究可进一步对所构模型中各参数实施敏感性分析,以找出影响跨区域协同应急决策的关键因素;也需尝试突破单纯寻找时间最短路径的决策目标,或放松有关受灾点位置、伤员救援和物资需求等信息已知的前提假设,考虑在人货不同种物流运输协同中不同优先级约束的更加符合实际的不确定应急救援场景;另外,本章研究仅讨论了伤员救援、物资配送与灾民疏散这三种维度的物流运输过程之间的协同关系,今后可深入探讨更多真实存在的应急物流活动之间的相互关联影响。

参 考 文 献

[1] Özdamar L, Ertem M A. Models, solutions and enabling technologies in humanitarian logistics[J]. European Journal of Operational Research, 2015, 244(1): 55-65.

[2] Vanajakumari M, Kumar S, Gupta S. An integrated logistic model for predictable disasters[J]. Production and Operations Management, 2016, 25(5): 791-811.

[3] 王新平, 王海燕. 多疫区多周期应急物资协同优化调度[J]. 系统工程理论与实践, 2012, 32(2):283-291.

[4] 郑斌, 马祖军, 周愉峰. 震后应急物流动态选址-联运问题的双层规划模型[J]. 系统管理学报, 2017, 26(2): 326-337.

[5] 王旭坪, 张娜娜, 詹红鑫. 考虑灾民非理性攀比心理的应急物资分配研究[J]. 管理学报, 2016,13(7): 1075-1080.

[6] 王海军, 杜丽敬, 马士华. 震后应急物流系统中双目标开放式选址: 路径问题模型与算法研究[J]. 管理工程学报, 2016, 30(2): 108-115.

[7] Pérez-Rodríguez N, Holguín-Veras J. Inventory-allocation distribution models for post-disaster humanitarian logistics with explicit consideration of deprivation costs[J]. Transportation Science, 2016, 50(4): 1261-1285.

[8] Talarico L, Meisel F, Sörensen K. Ambulance routing for disaster response with patient groups[J]. Computers & Operations Research, 2015, 56: 120-133.

[9] Bayram V, Yaman H. Shelter location and evacuation route assignment under uncertainty: A Benders decomposition approach[J]. Transportation Science, 2018, 52(2): 416-436.

[10] Yi W, Özdamar L. A dynamic logistics coordination model for evacuation and support in disaster response activities[J]. European Journal of Operational Research, 2007, 179: 1177-1193.

[11] Hu Z H. A container multimodal transportation scheduling approach based on immune affinity model for emergency relief[J]. Expert Systems with Applications: An International Journal, 2011, 38(3): 2632-2639.

[12] Sheu J B, Pan C. A method for designing centralized emergency supply network to respond to large-scale natural disasters[J]. Transportation Research Part B: Methodological, 2014, 67: 284-305.

[13] QC/T457-2013, 救护车[S]. 北京: 中国计划出版社, 2014.

[14] 王君, 李波. 基于多目标优化的模糊需求 VRPTW 动态管理[J]. 管理学报, 2013, 10(2): 238-243,279.

[15] Dorigo M, Gambardella L M. Ant colony system: A cooperative learning approach to the traveling salesman problem[J]. IEEE Transactions on Evolutionary Computation, 1997, 1(1): 53-66.
[16] Dorigo M, Stützle T. Ant Colony Optimization[M]. Cambridge: The MIT Press, 2004.
[17] Schyns M. An ant colony system for responsive dynamic vehicle routing[J]. European Journal of Operational Research, 2015, 245(3): 704-718.

第三部分
面向多主体的跨区域复杂应急决策

面对不同类型的突发事件,跨区域应急决策体系不仅表现出异质和多维性,还具有多主体的复杂特征。这里的多主体(multi-stakeholder)具体是指参与应急决策的主体多元化,这一方面不仅缘于跨域重大突发事件的多范畴性,需要政府、市场和社会组织等多方互相支持、精诚合作才能共同架构稳健的跨区域应急管理体系。另一方面,整个跨区域应急决策过程中各阶段也需要多主体的密切配合,以跨区域应急资源协调调配决策为例:灾前准备阶段,不同应急主体应积极了解彼此的资源保障能力,协同制定并实施符合各自实际的资源配置方案,提前做好规划部署以预防灾时所需;灾中响应阶段,各应急主体更应通力合作,基于配置方案和应急预案,结合灾情的演化合力完成资源协调调配任务;灾后恢复阶段,各类应急主体需共同分析实际应急效果,寻找偏离预期应急目标的原因,进一步修正完善资源安置方案和应急预案。因此,面对跨区域应急决策过程中必然存在的这各类主体,非常有必要探讨他们之间存在怎样的不协调或冲突关系,以及通过怎样的博弈才能够实现协调状态,只有深入分析跨区域不同应急模式下多主体之间的博弈决策,才能有效提升面向多主体的跨区域复杂应急决策的效能。本部分研究主要聚焦配给模式、共享模式,以及中央政府管控模式下的跨区域多主体应急博弈决策分析。

第 9 章　配给模式下跨区域多主体应急博弈决策

本章关注配给模式下跨区域多主体应急博弈决策，这里的配给模式具体是指供应方根据各受灾区域地方政府所提需求实施应急资源的配给、不同受灾区域之间不进行资源共享的一种应急模式。换言之，在配给模式下，供应方为避免付出转移成本而拒绝将资源在各灾区之间进行转移共享，即此时应急资源被分配/配给至两受灾区域且两区域间彼此信息不共享。面对配给模式，差异化定价和统一定价方式下的供应方与各受灾区域地方政府之间如何进行博弈才能实现更好的应急救援，是本章研究的重点。

9.1　决策问题描述与相关研究

决策问题的研究背景来源于一则国际新闻报道：2017 年 9 月，美国接连遭受两场威力极大飓风的侵袭，分别是发生在得克萨斯州的哈维飓风（Hurricane Harvey）和发生在佛罗里达州的厄玛飓风（Hurricane Irma）。飓风灾害发生后，很多建筑物受损，街道两旁堆满了各种废弃残骸垃圾，亟须专业的大型垃圾清运车辆尽快将垃圾拖走，还受灾城市一片洁净。为此，得克萨斯和佛罗里达这两个受灾严重的州政府都及时采取措施，积极寻求垃圾清运车辆前来服务。但由于所需的灾后垃圾清运车是超大型的专业设备，全美国只有 300 辆，故而导致两受灾区域对有限应急资源（即大型专业垃圾清运车）的需求存在竞争关系，最终因佛罗里达州花高价将原本在得克萨斯州实施救援清理工作的垃圾清运车吸引转至服务佛罗里达州，致使出现哈维飓风发生两个月后的得克萨斯州受灾地区仍有大量垃圾堆积在人行道上。

本章研究就是基于上述事件，构建相应研究场景，将报道中垃圾清运车辆作为应急资源展开多主体间的应急博弈决策分析。由于本章博弈分析是在配给模式下进行的，故与之相关的研究是应急资源分配的博弈分析。应急资源是一类特殊的资源，是指为应对严重自然灾害、事故灾难、公共卫生及社会安全等突发公共事件应急处置过程中所必需的保障性要素。从广义上来说，凡是在突发公共事件应对的过程中，包括预防、救灾、恢复等各环节所需要的各种保障均可被称为应急资源。突发事件发生后，合理的应急资源分配可以有效降低突发事件引致的生命和财产损失。应急资源相比于其他普通资源，具有时效性、不确定性和滞后性等特点。鉴于应急资源特征，应急资源分配也具有一些独特的运作特点：首先，应急资源分配的环境具有不确定性，且这种不确定性存在于整个救援活动中。资源分配运作会根据事件某个时段状态以及未来发展趋势发生变化，且随着时间的推移，得到的内外部环境信息更加完备，不确定因素逐渐减少，分配的方案也会因此发生调整和变化，即应急资源分配与突发事件变化互相影响作用。其次，应急资源分配要实现资源效用的最优化。尤其在不同地区受灾程度不一致时，要求资源分配者应协调各方利益，最大限度满足受灾地区的需求。最后，应急资源分配时也需注意利益协调化。特别是将有限资源分配至不同区域的场景下，除了需要实现救援公平的资源分配，有时也需注意权衡协调好各方利益。

目前有关应急资源分配的文献根据研究阶段可分为静态和动态两方面。静态应急资源分配主要是指政府或非营利组织在突发事件发生前根据历史数据，选择合适的地点、合适的供应商预先储备合适数量的资源以做应急准备。而采用博弈论视角对静态应急资源分配的研究已取得较为丰富的成果。例如，Adida 等[1]针对突发事件发生后医疗物资的不确定需求问题，研究多家医院之间医疗物资联合存储的博弈决策。研究指出：不做物资联合存储时，每家医院的决策目标均是降低自身的储存成本；而建立非合作博弈的联合存储模型之后，各医院决策者的目标变成最优化整个联合存储系统，并据此确定各医院最佳库存量以便在灾后可以提供足够的医疗物资。研究结论表明，非合作博弈可在降低存储总成本的同时为突发事件所致应急需求提供更好的保障[1]。Haphuriwat 和 Bie[2]构建一个博弈模型来分析应急资源分配问题，指出防卫者的诸多因素会对应急资源最优分配策略产生影响，认为探究强化决策目标和总体保护间的权衡能更好地分配应急资源以便更有效抵御突发事件。Chakravarty[3]面向灾害应急中两个相关者(如政府和公司)之间的合作和资源分配博弈模型，深入分析灾害强度、被动或主动备灾方法对应急响应中资源分配运作的影响，并探究资源买方(灾害管理机构)与资源供应方(具有应急物资供应资格的代理方)之间的关系。国内也有一系列这方面的研究，如田军教授团队针对性地关注政府在突发事件发生前，通过市场化契约机制与企业进行多种形式的应急资源联合储备，目的是使其于灾害发生后能快速满足灾区需求的同时也可以克服强制执行行政手段带来的弊端，他们还探究出不同契约下(数量柔性契约、价格柔性契约、期权契约等)政企双方最优决策及契约协调的条件[4-6]。

动态应急资源分配是指通过对应急资源面向灾害全过程的实时配置和调运来实现应急救援目标的行为。在动态应急资源分配相关研究领域，采用博弈论视角进行探究的文献涉及应急资源调配、应急运输路线规划或应急物资分配等方面：
① 有关应急资源博弈调配的研究相对丰富，如张婧等[7]认为突发事件后的应急资源分配是一个完全信息非合作博弈过程，并通过使用基于偏好序列的效用函数来表征应急救援工作中的时间和效用因素，以期解决多个事故同时发生场景下的应

急资源调配问题。孔祥荣和韩伯棠[8]以最大化应急运输资源利用率和最小化应急成本为目标,依据合作博弈规则来划分计算分配网络并提出新的应急资源调配方式。王波[9]针对不同受灾点间应急资源的竞争现象建立了一个多阶段动态决策模型,通过博弈找出其纳什均衡结果并在此基础上引入惩罚系数和风险占优机制,从而得出最佳的应急资源调配方案。② 有关应急运输路线规划的研究大多是通过将运输点作为博弈局中人的方式来探究。如 Yang 等[10]将灾害下具有把应急资源运输到特定位置能力的运输节点看作博弈参与者,博弈策略则是为各运输节点选择不同的送达位置,并通过 Shapley Value 算法找出最优的应急运输路线策略组合。Wang 等[11]面对将应急资源分配到几个关键地点的决策问题,强调应急效用取决于应急成本和应急资源获取量,以最小化成本及最大化资源量为决策目标,构造完美信息理性博弈模型,并应用蚁群算法找出该模型的均衡解,即得出应急资源运输路线规划的最佳策略。③ 应急物资分配相关研究中,有关应急物资的供应方主要涉及一些有足够应急物资的救灾中心。如俞欣滢和许维胜[12]应用博弈论视角面向应急物资分配问题构建一个闭环分配模型,基于合作博弈探讨救灾中心面向多灾点的物资分配决策。庞海云和刘南[13,14]针对应急物资需求无法在短时间内被全部满足的情况,将各受灾点看成博弈论中的局中人、应急物资分配方案作为策略集,建立一个仅以应急响应时间为单决策目标的完全信息非合作博弈模型。Wu[15]针对海啸预警系统和海啸保护措施不足的现状,提出两种用于应急物资分配的博弈模型,并基于所构模型分析制定出最佳的应急资源分配部署计划。

综上,国内外采用博弈论方法研究应急资源分配已有不少文献,但博弈的主体大多是政府或公益组织,将营利性供应方作为博弈参与者的研究相对较少。具体地,相关研究中的博弈方基本都是应急资源的需求者,大体可分为两类:第一类是政府,包括中央级政府和地方政府,它们的主要职责是与应急资源供应方提前定好合作机制,并在灾后及时指挥调度所需的应急资源;第二类则是非营利组织,如红十字会等机构,其主要职责是提前向供应方采购应急资源进行储备,并在灾害发生后作为中转方将应急资源转送至各受灾点。本章研究在已有研究基础上,创新地将营利性供应方也考虑为应急资源分配过程中的博弈方之一,创新性提出"竞争意愿差异"这个参量来表征不同灾区间应急资源的需求紧急程度,最终探讨营利性供应方如何向多个存在竞争关系的受灾区域分配应急资源的最优决策问题。

9.2 配给模式下跨区域多主体应急资源分配博弈模型构建

在配给模式下的跨区域应急资源分配博弈过程中,涉及的多主体有:作为应急资源供应方的营利性企业、作为应急管控方的中央政府和作为应急资源需求方的不同灾区地方政府。下面构建博弈模型探讨在中央政府有关定价方式管控下,营利性企业与具有竞争关系的多个灾区地方政府之间如何进行应急资源的优化分配决策。

9.2.1 模型假设与符号说明

模型假设某种重大灾害事件导致两个区域（$i=1,2$）在短期内遭受不同程度的破坏，灾后两区域均需要大量救援车辆作为应急资源。由于灾害具有突发性，应急资源相对匮乏并存在难以快速增产的特性。假设博弈场景为：不同灾区地方政府选择向唯一拥有救援车辆来源的供应方提出应急资源需求申请。与此同时，中央政府面对此情况介入并进行实际管控，管控的关键点在于是否允许供应方就同一应急资源向两不同受灾区域收取不同的单价，即中央政府调控决定在应急资源分配过程中选择差异化定价政策还是统一化定价政策。

在上述假设场景下，中央政府、受灾区域地方政府与救援车辆唯一供应方的行为构成一个静态博弈。该静态博弈中两受灾区域对救援车辆的实际需求以及供应方处救援车辆拥有数量均为公开信息，本章配给模式下跨区域多主体应急资源分配博弈顺序为：首先，中央政府公布定价策略，营利性企业作为应急资源分配的供应主导方决定资源单价并予以公示；然后，灾区地方政府作为博弈追随者根据供应方所给资源价格，决定向供应方提出购买应急资源的数量；最后，供应方按各灾区地方政府明确的资源购买数量予以配给资源。

众所周知，与商业场景下资源分配的情况不同，人道主义应急救援不应该将成本因素考虑为第一位。不过由于每个灾区地方政府购买应急资源的预算有限，本章模型假设各受灾区域地方政府虽然不会以追求成本最小化为决策目标，但也并不会彻底无视市场规律、完全不惜一切代价、一味地去为不切实际的高价应急资源买单，而是量力而行地选择接受合适的应急资源供给价格，并依据供给价格来决定最佳的应急资源购买数量。

将配给模式下跨区域多主体应急资源分配博弈模型的各类参数列于表9.1。

表 9.1　模型参数表

K	供应方所拥有的总的救援车辆数（即总的应急资源数量）
A_i	受灾区域 i 所需要的救援车辆总数
$a(a \geqslant 0)$	受灾区域2与1相比，同获得单位救援车辆所具的效用差，一定程度上反映了不同区域为获取应急资源所具竞争意愿的差异
x	单位救援车辆作为应急资源自身能够带来的救援效用
λ_i	灾区 i 地方政府最终明确向供应方申请购买的救援车辆数
p_i	供应方向受灾区域 i 提供救援车辆的单位价格
U_i	受灾区域 i 得到单位救援车辆后的总效用
$f(\mu)$	受灾区域对救援车辆的供不应求程度为 μ 时，该程度供不应求局面下接收应急资源后所获效用

下面对表 9.1 中所列的各关键参数进行简要解释：首先解释的是参数 a。由于模型假设场景中两个受灾区域受灾程度以及各地方政府的资金预算情况均不同，故各灾区对应急资源的竞争意愿也不尽相同。参数 a 则是这两灾区差别化竞争意愿在不同价值中的体现（灾区 2 与灾区 1 相比而言），灾区对应急资源竞争意愿越强、越愿意付出高价获得应急资源，单位救援车辆给该区域带来的价值也越大。在此假设受灾区域 2 接受救援更为迫切，因此 $a > 0$。

参数 x 意味的是单位救援车辆本身给受灾区域带来的效用，鉴于参数 a 的含义是灾 2 比灾区 1 所具的竞争意愿之差，故各灾区接收到同样的应急资源会有不同的效用感受。假设对于受灾区域 1，x 均匀分布在 $[0,1]$，则对于受灾区域 2 便均匀分布在 $[a, 1+a]$。

参数 $C(s)$ 代表的成本中包括运费及人工费等，由于运费受转移距离直接影响，而两受灾区域间的距离固定不变，故这里假设 $C(s)$ 为线性函数，且 $C(0)=0$。如表 9.1 所述，$f(\mu)$ 代表各受灾区域一定程度供不应求时获得应急资源的效用，显然灾区供不应求程度越高，其效用越大，但效用增加的速度减缓，故假设 $f'(\mu) > 0$，$f''(\mu) < 0$；由于 μ 代表受灾区域处供不应求的水平，$\mu = 1$ 意味着应急资源供求相等，故假设 $f(1) = 0$。此外，为了更好地对模型进行分析，直接将代表救援车辆数量的参数 λ_i 视作自然数。假设 $0 \leqslant \lambda_1 \leqslant K$ 和 $0 \leqslant \lambda_2 \leqslant K$，这意味着两受灾区域地方政府在理性应急的情况下不会申请超出供应总量的救援车辆数。

基于本章研究建模背景和目的，为不失一般性特假设 $K \leqslant \min(\Lambda_1, \Lambda_2)$，这表明灾后应急资源供不应求情形。同理，若 $\lambda_1 + \lambda_2 \leqslant K$，则表示应急资源足够供应给两受灾区域。为与研究场景相一致，即为反映两灾区之间存在竞争关系，假设 $\lambda_1 + \lambda_2 \geqslant K$，即两受灾区域地方政府同时决定应急资源购买数量决策时，他们对救援车辆的总申请量大于供应方总供给量，如此也符合灾后应急资源供不应求的现实。

由上述假设，可得出配给模式下跨区域多主体应急资源分配博弈模型的部分约束条件如下：

$$\lambda_1 + \lambda_2 \geqslant K$$
$$0 \leqslant \lambda_1 \leqslant K$$
$$0 \leqslant \lambda_2 \leqslant K$$
$$K \leqslant \min(\Lambda_1, \Lambda_2)$$

9.2.2 模型构建

本章所构跨区域多主体应急资源分配博弈模型是在配给模式前提下，这种模式在实际应急救援场景中的确较为常见。例如，9.1 节决策问题描述里作为研究背景的美国飓风灾害案例中,对于得克萨斯州和佛罗里达州急需的清拖街道废弃残骸的大型垃圾清运车辆,若车辆供应方为避免支付高昂的转移成本、而拒绝将实为应急资源的清运车辆在不同州各灾区间转移共享,则供应方需综合考虑各方因素后决定配给各州灾区多少数量的垃圾清运车辆,这时就构成一个典型的应急资源配给模式。

配给模式下供应方需根据已知信息决定怎样分配应急资源,在建模过程中,用 $(1-\theta)K$ 表示供应方分配给受灾区域 1 的救援车辆数、θK 是供应方分配给受灾区域 2 的救援车辆数。基于供不应求的应急场景建模前提,配给模式下供应方分配给灾区的车辆要少于灾区地方政府申请量,导致受灾区域需花费比预计更久的时间才能满足其自身所提的应急资源申请量,如此便造成受灾区域当地政府及灾民对于供应方的不满,降低单位救援车辆所带来的效用。模型中用 $\mu_1 = \dfrac{\lambda_1}{(1-\theta)K}$ 和 $\mu_2 = \dfrac{\lambda_2}{\theta K}$ 分别表示两灾区应急资源供不应求的程度,也可称之为需求不满足度,$f(\mu)$ 则意味着需求不满足度为 μ 时对受灾区域接收应急资源所获效用的影响。

两个受灾区域当地政府接收单位车辆实施救援服务所获的总效用,实际是由单位应急资源本身所能带来的效用和因应急资源供不应求所致效用影响来共同决定的。参考文献[16],资源供不应求造成的影响常降低总效用,故灾区得到单位救援车辆后所获总效用表示如下:

$$U_1 = x_1 - f\left(\dfrac{\lambda_1}{(1-\theta)K}\right), \quad 0 \leqslant x_1 \leqslant 1$$

$$U_2 = x_2 - f\left(\dfrac{\lambda_2}{\theta K}\right), \quad a \leqslant x_2 \leqslant 1+a$$

两受灾区域地方政府依据上述各灾区获单位车辆救援后总效用的大小,来决定向供应方提出合适的应急资源申请量(即 λ_i),以使灾区获得的应急救援效用不低于付出的价格,确保灾区政府资金预算与应急救援成效之间的关系切实可行,即有关系式如下:

$$\lambda_i U_i \geqslant \lambda_i p_i \Leftrightarrow U_i \geqslant p_i$$

将两灾区的效用表达式分别代入上述关系式,有

$$x_1 - f\left(\dfrac{\lambda_1}{(1-\theta)K}\right) \geqslant p_1, \quad x_2 - f\left(\dfrac{\lambda_2}{\theta K}\right) \geqslant p_2$$

据此,可定义下述参数:

$$x_1^* = p_1 + f\left(\dfrac{\lambda_1}{(1-\theta)K}\right), \quad x_2^* = p_2 + f\left(\dfrac{\lambda_2}{\theta K}\right)$$

由于应急救援成效在资金预算约束内必须有一定下界，故只有当 $x \geqslant x_i^*(i=1,2)$ 时，受灾区域地方政府才会选择向供应方申请救援车辆。有以下定理 9.1 成立：

定理 9.1：各受灾区域地方政府向供应方申请的应急资源量与灾区应急资源总需求存在如下关系：$\lambda_1 = \Lambda_1(1-x)$，$\lambda_2 = \Lambda_2(1+a-x)$。且均衡价格满足下式：

$$p_1^*(\lambda_1, \lambda_2) = 1 - \frac{\lambda_1}{\Lambda_1} - f\left(\frac{\lambda_1}{(1-\theta)K}\right)$$

$$p_2^*(\lambda_1, \lambda_2) = 1 + a - \frac{\lambda_2}{\Lambda_2} - f\left(\frac{\lambda_2}{\theta K}\right)$$

证明：首先，假设除了 (λ_1, λ_2) 之外还存在一对最优解 (y_1, y_2)，使得 $U_1^* = p_1, U_2^* = p_2$，则有如下表达式：

$$x_1^* = p_1 + f\left(\frac{y_1}{(1-\theta)K}\right)$$

$$x_2^* = p_2 + f\left(\frac{y_2}{\theta K}\right)$$

由于 (λ_1, λ_2) 也是均衡解，即有

$$x_1^* = p_1 + f\left(\frac{\lambda_1}{(1-\theta)K}\right), \quad x_2^* = p_2 + f\left(\frac{\lambda_2}{\theta K}\right)$$

因此可得到：

$$f\left(\frac{y_1}{(1-\theta)K}\right) = f\left(\frac{\lambda_1}{(1-\theta)K}\right)$$

$$f\left(\frac{y_2}{\theta K}\right) = f\left(\frac{\lambda_2}{\theta K}\right)$$

由模型假设中函数 f 是单调递增函数，进而可以得出：

$$\frac{y_1}{(1-\theta)K} = \frac{\lambda_1}{(1-\theta)K}$$

$$\frac{y_2}{\theta K} = \frac{\lambda_2}{\theta K}$$

因此 $y_i = \lambda_i$，即存在唯一解使得 $U_i = p_i$。

受灾区域地方政府根据判断 $U_i > p_i$ 来决定应急资源申请量，以受灾区域 1 为例，即有

$$x_1 - f\left(\frac{\lambda_1}{(1-\theta)K}\right) \geqslant p_1$$

得出：

$$x_1 \geq p_1 + f\left(\frac{\lambda_1}{(1-\theta)K}\right) = x_1^*$$

由于 x_1^* 均匀分布在 $[0,1]$ 上，因此 $x_1 \geq x_1^*$ 的概率为 $\frac{1-x_1^*}{1-0}$，即 $1-x_1^*$。受灾区域地方政府最终决定申请应急资源的数量为 $\lambda_1 = \Lambda_1(1-x_1^*)$，同理得出 $\lambda_2 = \Lambda_2(1+a-x_2^*)$。

此时可以得到唯一的纳什均衡，并由此给出纳什均衡价格为

$$1 - \frac{\lambda_1}{\Lambda_1} - f\left(\frac{\lambda_1}{(1-\theta)K}\right) = p_1^*$$

$$1 + a - \frac{\lambda_2}{\Lambda_2} - f\left(\frac{\lambda_2}{\theta K}\right) = p_2^*$$

∎

9.3 面向差异化定价的跨区域多主体应急资源配给博弈决策

本节讨论作为应急管控方的中央政府实施差异化定价政策，即允许供应方对两个受灾区域地方政府提供单价不同的应急资源时，供应方与两灾区地方政府在配给模式下如何博弈决策最优的资源配给问题。

9.3.1 差异化定价下配给博弈模型构建

身为营利性机构的应急资源供应方，在允许差异化定价的策略下，其决策目标是向各灾区地方政府收取不同的单价以最大化供应方自身的总利润。由定理 9.1，一个以利润最大化为目标的理性供应方会通过解决下面决策问题 P1 来实现其最优方案：

$$\max R = \lambda_1\left(1 - \frac{\lambda_1}{\Lambda_1} - f\left(\frac{\lambda_1}{(1-\theta)K}\right)\right) + \lambda_2\left(1 + a - \frac{\lambda_2}{\Lambda_2} - f\left(\frac{\lambda_2}{\theta K}\right)\right) \quad (9\text{-}1)$$

$$\text{s.t.} \begin{cases} 0 \leq \lambda_1 \leq \min(K, \Lambda_1) \\ 0 \leq \lambda_2 \leq \min(K, \Lambda_2) \\ \lambda_1 + \lambda_2 - K \geq 0 \end{cases}$$

首先将公式 (9-1) 分别对 λ_1，λ_2 和 θ 求一阶导数，可以得出：

$$\frac{\partial R(\lambda_1, \lambda_2, \theta)}{\partial \lambda_1} = 1 - \frac{2\lambda_1}{\Lambda_1} - f\left(\frac{\lambda_1}{(1-\theta)K}\right) - \frac{f'\left(\frac{\lambda_1}{(1-\theta)K}\right)\lambda_1}{(1-\theta)K} \quad (9\text{-}2)$$

$$\frac{\partial R(\lambda_1,\lambda_2,\theta)}{\partial \lambda_2}=1+a-\frac{2\lambda_2}{\Lambda_2}-f\left(\frac{\lambda_2}{\theta K}\right)-\frac{f'\left(\frac{\lambda_2}{\theta K}\right)\lambda_2}{\theta K} \tag{9-3}$$

$$\frac{\partial R(\lambda_1,\lambda_2,\theta)}{\partial \theta}=-\frac{\lambda_1^{\,2}}{(1-\theta)^2 K}f'\left(\frac{\lambda_1}{(1-\theta)K}\right)+\frac{\lambda_2^{\,2}}{\theta^2 K}f'\left(\frac{\lambda_2}{\theta K}\right) \tag{9-4}$$

结合公式(9-2)~(9-4)，可得出一些有关资源最优分配解 $(\lambda_1^*,\lambda_2^*,\theta^*)$ 特点的定理如下。

定理 9.2：在差异化定价政策下，供应方采取配给模式并以利润最大化为目标时，可以得出下列四个结论。

① 若 $\lambda_1^*\lambda_2^*>0$，则两个受灾区域的供不应求程度保持一致，即 $\dfrac{\lambda_1^*}{(1-\theta)K}=\dfrac{\lambda_2^*}{\theta K}$。

② 供应方对受灾区域 2 供给应急资源的最佳分配比例为 $\theta^*=\dfrac{\lambda_2^*}{\lambda_1^*+\lambda_2^*}$。

③ 当 $a=0$ 时，若 $\Lambda_1>\Lambda_2$，有 $\theta^*<\dfrac{1}{2}$；若 $\Lambda_1<\Lambda_2$，则有 $\theta^*>\dfrac{1}{2}$。

④ θ^* 随 a 的增大而增大。

证明：

① 将 $\mu_1=\dfrac{\lambda_1^*}{(1-\theta)K}$ 和 $\mu_2=\dfrac{\lambda_2^*}{\theta K}$ 带入式(9-1)最优情形，得出：

$$R^*=\lambda_1^*+\lambda_2^*+a\lambda_2^*-\left(\frac{(\lambda_1^*)^2}{\Lambda_1}+\frac{(\lambda_2^*)^2}{\Lambda_2}\right)-\lambda_1^*f(\mu_1)-\lambda_2^*f(\mu_2)$$

可以看出上式中只有 $\lambda_1^*f(\mu_1)+\lambda_2^*f(\mu_2)$ 的部分包含与 μ_1 和 μ_2 相关的函数项，因此只有使 $\lambda_1^*f(\mu_1)+\lambda_2^*f(\mu_2)$ 最小的 μ_1 和 μ_2 才可以使 R 最大。

接着，分别对 μ_1 和 μ_2 一阶求导并令其求导值为 0，得出：

$$\begin{cases}\lambda_1^*f'(\mu_1)=0\\ \lambda_2^*f'(\mu_2)=0\end{cases}$$

当 $\lambda_1^*\lambda_2^*>0$ 时，有 $f'(\mu_1)=f'(\mu_2)=0$。因为 $f''<0$，所以 f' 也为单调函数。因此最优决策方案需满足 $\mu_1=\mu_2$，换句话说，当 $\dfrac{\lambda_1^*}{(1-\theta)K}=\dfrac{\lambda_2^*}{\theta K}$ 时 R 最大。∎

② 由定理 9.2 中结论①可知，若 $\lambda_1^*\lambda_2^*>0$，$\dfrac{\lambda_1^*}{(1-\theta)K}=\dfrac{\lambda_2^*}{\theta K}$ 时供应方利润最大。

由于在 $\lambda_1^*=0,\lambda_2^*\neq 0$ 或 $\lambda_1^*\neq 0,\lambda_2^*=0$ 时，公式(9-4)不等于 0，故而根据

$\dfrac{\lambda_1^*}{(1-\theta)K} = \dfrac{\lambda_2^*}{\theta K}$ 可以求得最佳的分配比例为：$\theta^* = \dfrac{\lambda_2^*}{\lambda_1^* + \lambda_2^*}$。 ∎

③ 当 $a = 0$ 时，根据 $\dfrac{\lambda_1^*}{(1-\theta)K} = \dfrac{\lambda_2^*}{\theta K}$，结合公式(9-2)和(9-3)，可以得出：$\dfrac{\lambda_1^*}{\Lambda_1} - \dfrac{\lambda_2^*}{\Lambda_2} = 0$。

进一步有：$\lambda_1^* + \lambda_2^* = (\Lambda_1 + \Lambda_2)\dfrac{\lambda_2^*}{\Lambda_2}$，$\theta^* = \dfrac{\lambda_2^*}{\lambda_1^* + \lambda_2^*} = \dfrac{\Lambda_2}{\Lambda_1 + \Lambda_2}$，因此可证得：当 $\Lambda_1 > \Lambda_2$ 时，$\theta^* < \dfrac{1}{2}$；当 $\Lambda_1 < \Lambda_2$ 时，$\theta^* > \dfrac{1}{2}$。 ∎

④ 当 $a > 0$ 时，由公式(9-2)和(9-3)，可以得出：$a + 2\left(\dfrac{\lambda_1^*}{\Lambda_1} - \dfrac{\lambda_2^*}{\Lambda_2}\right) = 0$，据关系式可以推导出：$\lambda_1^* + \lambda_2^* = \dfrac{2\lambda_2^*(\Lambda_1 + \Lambda_2) - a\Lambda_1}{2\Lambda_2}$，此时 $\theta^* = \dfrac{\lambda_2^*}{2\lambda_2^*(\Lambda_1 + \Lambda_2) - a\Lambda_1} a\Lambda_2$。

为判断 a 变化对 θ^* 的影响关系，将 θ^* 对 a 进行一阶求导，得出：

$$2\dfrac{\lambda_2^* \Lambda_1 \Lambda_2}{(2\lambda_2^*(\Lambda_1 + \Lambda_2) - a\Lambda_1)^2}$$

结合定理 9.2 中结论②的证明，可知：此时 $\lambda_1^* \lambda_2^* > 0$，因此 $2\dfrac{\lambda_2^* \Lambda_1 \Lambda_2}{(2\lambda_2^*(\Lambda_1 + \Lambda_2) - a\Lambda_1)^2} > 0$，即 θ^* 是一个关于 a 的增函数，至此证明了 θ^* 随 a 的增加而增加。 ∎

从定理 9.2 中四个结论可以看出：结论①表明对于受灾区域地方政府，若配给模式下两灾区均得到来自供应方分配的救援车辆，那么两受灾区域对于应急资源的供不应求程度是一致的，且两灾区获单位应急资源效用的影响也一致；结论②意味着供应方对于救援两个受灾区域，存在唯一的最佳资源分配比使其自身最大化利润；结论③表明若两受灾区域对于应急资源的竞争意愿一致，该分配比的大小则完全取决于两灾区对应急资源的需求；结论④的含义是当两灾区对应急资源的竞争意愿差异逐渐增加时，各灾区的分配比也随之同方向改变。

对定理 9.2 中的结论③和④做一些解释。这两个结论展示的实际是供应方所获利润对各灾区地方政府申请应急资源数量的敏感度存在差异，其差异具体由两方面造成：一方面源于地区总需求，当各灾区竞争意愿一致时，灾区差别化的需求就成为各灾区应急资源申请量存在差异的唯一原因(结论③)；另一方面申请量差异则来自对应急资源竞争意愿的不同，在其他因素不变的情况下，随着竞争意愿差异的提升，竞争意愿越高的灾区地方政府更愿意申请更多的车辆提供救援服务,从而进一步提高供应方对两灾区应急资源的分配比(结论④)。

9.3.2 差异化定价下配给博弈算例分析

设置合适算例,对 9.3.1 节所构面向配给模式的差异化定价下跨区域多主体应急资源配给博弈模型实施仿真分析,并对定理 9.2 中结论进行算例验证。算例中假设灾区应急资源供不应求带来的效用函数 $f(\mu)=0.5\left(1-\dfrac{1}{\mu}\right)$,供应方总资源量为 $K=60$,两灾区各自所需总资源量为两种情况:$\varLambda_1=150, \varLambda_2=100$ 或 $\varLambda_1=100, \varLambda_2=150$。两灾区竞争意愿差异 a 分别取值 0,0.1,0.3,0.5,以观察其变化对 θ^* 的影响。在算例场景下对面向差异化定价的跨区域多主体应急资源配给博弈决策方案进行最优求解,将最优解列于表 9.2,且差异化定价政策下两灾区的最佳资源配给量变化趋势如图 9-1 所示。

表 9.2 配给模式下允许差异化定价时最佳决策量

	a	λ_1^*	λ_2^*	θ^*	p_1^*	p_2^*	R^*
$\varLambda_1=150$ $\varLambda_2=100$	0	36.59	24.39	0.4	0.748	0.748	45.61
	0.1	34.77	28.18	0.448	0.744	0.794	48.24
	0.3	31.17	35.78	0.534	0.736	0.886	54.63
	0.5	27.61	43.41	0.611	0.728	0.978	62.42
$\varLambda_1=100$ $\varLambda_2=150$	0	24.39	36.59	0.6	0.748	0.748	45.61
	0.1	22.58	41.36	0.647	0.742	0.792	49.51
	0.3	19	51	0.729	0.730	0.880	58.74
	0.5	16	60	0.789	0.715	0.975	69.90

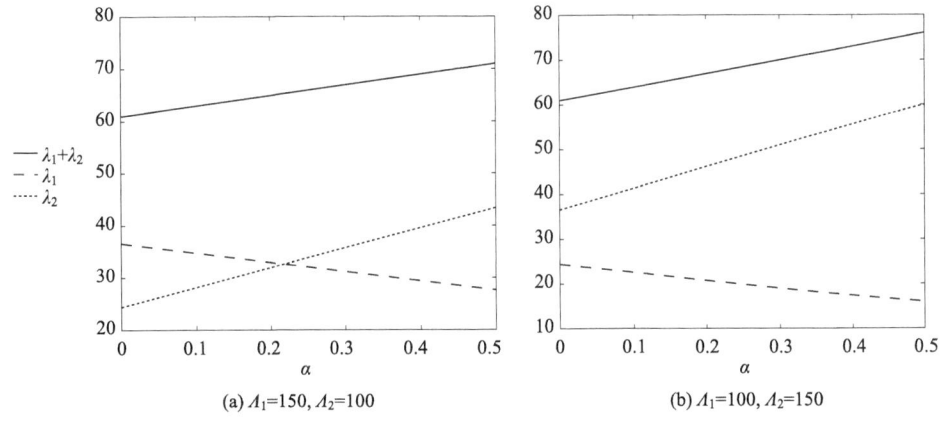

图 9-1 配给模式下允许差异化定价时两灾区最佳资源配给量的变化趋势

观察表 9.2 和图 9-1,有如下发现:

(1) 验证表 9.2 中供应方处供给应急资源的最优单价 p_1^* 和 p_2^*、两灾区地方政府的最优申请量 λ_1^* 和 λ_2^*,以及供应方对两灾区的最佳资源分配比 θ^*,发现它们之间的关系完全符合定理 9.2 中结论①和②。由图 9-1,随着竞争意愿参数 a 的逐渐增加,两个灾区对应急资源的总申请量逐渐增加,但受灾区域 2 处地方政府对应急资源申请量的增幅超出两灾区总申请量,因此两灾区应急资源分配比 θ 愈加增大,此趋势也印证了定理 9.2 中的结论③。

(2) 观察表 9.2,并对两灾区所需资源量的两种情况做对比。经分析发现,在竞争意愿参数 a 增幅相同的情况下,受灾区域 2 处应急资源需求更高时(即 $\Lambda_1 = 100$, $\Lambda_2 = 150$)的供应方最佳利润增幅更大。这是因为在 a 增幅不变时,受灾区域 2 处当地政府对应急资源的申请量在需求更高时增幅相对较大,同时供不应求所致效用函数的变化速度逐渐减缓,导致受灾区域 2 处可接受应急资源单价的增幅也相对更大,如此综合提高了供应方的利润增幅。

(3) 观察表 9.2 中有关供应方最优定价的两列数据,发现:当某个灾区对救援有强烈需求时,即使面对昂贵的应急资源或救援服务,该灾区的地方政府也会以高效实施救援为第一要务,会向供应方申请更多的应急资源量,这一点也与实际应急状况相符。

9.4 面向统一定价的跨区域多主体应急资源配给博弈决策

上一节研究的向不同受灾区域收取差异化应急资源单价的这类差异化定价做法,在商业领域是极其普遍的。鉴于本章研究环境是人道主义应急救援场景,故有关在灾害救援中是否应该允许差异化定价的存在,差异化救援定价政策是否有悖人道主义精神等这些问题仍存在一定争议。本节探讨作为应急管控方的中央政府强制实施统一定价策略,即供应方必须遵守以相同单价向两受灾区域地方政府提供应急资源的这个原则时,供应方与两灾区地方政府之间如何博弈决策最优的资源配给问题。值得一提的是,对两灾区统一定价下,可能会出现供应方仅向其中一个灾区提供全部救援资源,这里称之为单一应急救援策略;相应地,统一定价下供应方向不同灾区均供给应急资源的模式,称为全局应急救援策略。

首先,构建统一定价约束,即令 9.2.2 节定理 9.1 中得出的均衡价格 $p_1 = p_2$,可以得出:

$$1 - \frac{\lambda_1}{\Lambda_1} - f\left(\frac{\lambda_1}{(1-\theta)K}\right) = 1 + a - \frac{\lambda_2}{\Lambda_2} - f\left(\frac{\lambda_2}{\theta K}\right) \quad (9\text{-}5)$$

其次,与差异化定价下模型不同的是,统一定价政策下跨区域多主体应急资源配给博弈模型需增加单价相同的约束(9-5)，即面向统一定价最优资源配给决策要解决下述问题 $P2$：

$$\max R = \lambda_1\left(1 - \frac{\lambda_1}{\Lambda_1} - f\left(\frac{\lambda_1}{(1-\theta)K}\right)\right) + \lambda_2\left(1 + a - \frac{\lambda_2}{\Lambda_2} - f\left(\frac{\lambda_2}{\theta K}\right)\right) \quad (9\text{-}6)$$

$$\text{s.t.} \begin{cases} 0 \leqslant \lambda_1 \leqslant \min(K, \Lambda_1) \\ 0 \leqslant \lambda_2 \leqslant \min(K, \Lambda_2) \\ \lambda_1 + \lambda_2 - K \geqslant 0 \\ 1 - \dfrac{\lambda_1}{\Lambda_1} - f\left(\dfrac{\lambda_1}{(1-\theta)K}\right) = 1 + a - \dfrac{\lambda_2}{\Lambda_2} - f\left(\dfrac{\lambda_2}{\theta K}\right) \end{cases}$$

在统一定价决策问题 $P2$ 中，若 $\theta = 0$ 或 $\theta = 1$，即供应方选择提供给一个灾区全部应急资源，此时 $\dfrac{\lambda_1}{(1-\theta)K}$ 或 $\dfrac{\lambda_2}{\theta K}$ 的分母为零，这会使得统一定价下资源配给博弈决策模型的约束条件无意义。但事实上这并不违背统一定价原则，因此决策问题 $P2$ 有一个有效可行的前提条件：供应方需向两个受灾区域均提供应急资源。

需要注意的是，对于供应方决策过程是：在获得决策问题 $P2$ 下最优资源分配方案对应的利润之后，再与供应方选择单一应急救援策略时（即 $\theta = 0$ 或 $\theta = 1$）的最佳利润相比较，从而选择出最利于自身利润的资源分配决策方案。此时，能够得出统一定价政策下跨区域多主体有关应急资源最优分配解 $(\lambda_1^*, \lambda_2^*, \theta^*)$ 特点的定理如下。

定理 9.3：若 $a = 0$，决策问题 $P2$ 的可行解 $\lambda_1 = K, \lambda_2 = 0$ 与可行解 $\lambda_1 = 0, \lambda_2 = K$ 所获收益的大小取决于 Λ_1 与 Λ_2 的大小。$\Lambda_1 > \Lambda_2$ 时，$R(\lambda_1 = K, \lambda_2 = 0) > R(\lambda_1 = 0, \lambda_2 = K)$；$\Lambda_1 < \Lambda_2$ 时，则 $R(\lambda_1 = K, \lambda_2 = 0) < R(\lambda_1 = 0, \lambda_2 = K)$。

证明：当 $a = 0$ 时，根据定理 9.2 中结论②，将供应方提供给灾区 2 处应急资源的最佳分配比例 θ^* 表达式代入决策问题 $P2$ 中的公式(9-6)，可得

$$R = \lambda_1 + \lambda_2 - \left(\frac{(\lambda_1)^2}{\Lambda_1} + \frac{(\lambda_2)^2}{\Lambda_2}\right) - (\lambda_1 + \lambda_2)f\left(\frac{\lambda_1 + \lambda_2}{K}\right)$$

鉴于模型假设中 $f(1) = 0$，故 $R(\lambda_1 = K, \lambda_2 = 0) = K - \dfrac{K^2}{\Lambda_1}$，$R(\lambda_1 = 0, \lambda_2 = K) = K - \dfrac{K^2}{\Lambda_2}$。故 $R(\lambda_1 = K, \lambda_2 = 0)$ 与 $R(\lambda_1 = 0, \lambda_2 = K)$ 两者的大小关系完全取决于 Λ_1 和 Λ_2。当 $\Lambda_1 > \Lambda_2$ 时，$\dfrac{K^2}{\Lambda_1} < \dfrac{K^2}{\Lambda_2}$，可得出 $R(K, 0) > R(0, K)$；同理，当 $\Lambda_1 < \Lambda_2$ 时，可得出 $R(K, 0) < R(0, K)$。■

9.5 不同定价策略下跨区域多主体应急资源配给博弈的对比

本节对面向配给模式的差异化定价和统一定价策略下跨区域多主体应急资源配给博弈最优决策方案实施对比分析，得出一些结论供应急决策者参考。

9.5.1 差异化定价与统一定价的博弈模型对比

定理 9.4：两种定价策略下跨区域多主体应急资源配给博弈的对比分析有如下三个结论。

① 若 $a=0$，则 $\lambda_i^*(P1) = \lambda_i^*(P2)$，其中 $i=1,2$；且 $R^*(P1) = R^*(P2)$。

② 令 $\Delta\lambda = \left|\lambda_1^* - \lambda_2^*\right|$，无论是决策问题 $P1$ 还是决策问题 $P2$，均能满足：当 $\Lambda_1 < \Lambda_2$ 时，$\Delta\lambda$ 随着 K 的增加而增加。当 $\Lambda_1 > \Lambda_2$ 时，$\Delta\lambda$ 随着 K 的增加会呈现先增加、再逐渐减小至 0、然后再增加的趋势。

③ 供应方拥有一定的应急资源供应量 K_1^*，当 $K < K_1^*$ 时，有 $\lambda_1^* + \lambda_2^* > K$；当 $K > K_1^*$ 时，有 $\lambda_1^* + \lambda_2^* = K$。

证明：

① 首先，令决策问题 Pi 中的 $\lambda_1^* + \lambda_2^* = T_i$，在决策问题 $P1$ 中，由 $\theta^* = \dfrac{\lambda_2^*}{\lambda_1^* + \lambda_2^*}$ 可得

$$R^{P1} = \lambda_1^*\left(1 - \frac{\lambda_1^*}{\Lambda_1}\right) + (T_1 - \lambda_1^*)\left(1 - \frac{T_1 - \lambda_1^*}{\Lambda_2}\right) - T_1 f\left(\frac{T_1}{K}\right)$$

将上式 R^{P1} 的表达式对 λ_1 求二阶导数得 $-\lambda_1^*\left(\dfrac{1}{\Lambda_1} + \dfrac{1}{\Lambda_2}\right)$，由于 $-\lambda_1^*\left(\dfrac{1}{\Lambda_1} + \dfrac{1}{\Lambda_2}\right)$ 必然小于 0，因此 R^{P1} 一定存在最大值。接着，将 R^{P1} 对 λ_1 求一阶导数并使其为 0，可以得出：

$$\lambda_1^* = \frac{(2T_1 - a\Lambda_2)\Lambda_1}{2(\Lambda_1 + \Lambda_2)}$$

此时，对于 λ_1^* 的表达式，当 $a=0$ 时，可得出 $\lambda_1^* = \dfrac{T_1 \Lambda_1}{\Lambda_1 + \Lambda_2}$。

再根据决策问题 $P1$ 中的 $\lambda_1^* + \lambda_2^* = T_1$，有：$\lambda_2^* = \dfrac{T_1 \Lambda_2}{\Lambda_1 + \Lambda_2}$。

而决策问题 $P1$ 与 $P2$ 的唯一差别就在于应急资源单价 $p_1 = p_2$ 的约束，

第9章 配给模式下跨区域多主体应急博弈决策

在 $a=0$ 时，由 λ_1^* 和 λ_2^* 的表达式，可推导出：$\dfrac{\lambda_1}{\Lambda_1}=\dfrac{\lambda_2}{\Lambda_2}$，

同理，$a=0$ 时，决策问题 P2 下最优解也满足 $\dfrac{\lambda_1}{\Lambda_1}=\dfrac{\lambda_2}{\Lambda_2}$，故此时两决策问题下模型最优解完全一致，即 $\lambda_i^*(P1)=\lambda_i^*(P2), i=1,2$，而 R 取决于 λ_i^*，故也得出结论 $R^*(P1)=R^*(P2)$。■

② 将供应方利润函数 R 分别对 $T_i=\lambda_1^*+\lambda_2^*$ 和 K 进行一阶求导，有如下式子：

$$\frac{\partial R}{\partial T_i}=\frac{a\Lambda_2-2T_i+\Lambda_1+\Lambda_2}{\Lambda_1+\Lambda_2}+f\left(\frac{T_i}{K}\right)+f'\left(\frac{T_i}{K}\right)\cdot\frac{T_i}{K}$$

$$\frac{\partial R}{\partial K}=T_i f'\left(\frac{T_i}{K}\right)\cdot\frac{T_i}{K^2}$$

首先，证明 T_i 与 K 成正比。假设 $\dfrac{\partial R}{\partial T_i}<0$，此时 R 与 T_i 成反比，换言之，当 T_i 最小时 R 最大。若不考虑 $T_i=\lambda_1^*+\lambda_2^*\geq K$ 的限制，$T_i=0$ 时利润最大，此时 $\lambda_1^*=\lambda_2^*=0\Rightarrow R=0$，这个显然不是最优解、出现矛盾。故而 $\dfrac{\partial R}{\partial T_i}>0$ 成立。

由于 $f'>0$ 且 $f'(1)=0$，故有 $f'\left(\dfrac{T_i}{K}\right)>0$。因此，$\dfrac{\partial R}{\partial K}=T_i f'\left(\dfrac{T_i}{K}\right)\cdot\dfrac{T_i}{K^2}>0$。另一方面，根据上述 $\dfrac{\partial R}{\partial T_i}>0$ 以及 $\dfrac{\partial R}{\partial K}=\dfrac{\dfrac{\partial R}{\partial T_i}}{\dfrac{\partial K}{\partial T_i}}$，因此，$\dfrac{\partial K}{\partial T_i}>0$。即 T_i 与 K 成正比，也就是说，K 越大、T_i 值越大。

令决策问题 Pi 下的 $\left|\lambda_1^*-\lambda_2^*\right|=\Delta\lambda_i$。$\Delta\lambda_i$ 在 $K=0$ 时为 0，分下面两种情况讨论：

(i) 当 K 值相对较小时，两定价策略下的资源配给博弈模型约束条件使得两灾区其中一方最优资源量为 K，另一方则为 T_i-K。随着 K 的逐渐增加，T_i-K 逐渐减小，即两个受灾区域地方政府申请应急资源量的差异越来越大，即在 K 较小时 $\Delta\lambda$ 会随 K 值的增加而逐渐增加。

(ii) 当 K 值相对较大时，两种定价策略下所构模型的可行域均比较大，由定理 9.4 中结论①的证明过程中所述 $\lambda_1^*=\dfrac{(2T_1-a\Lambda_2)\Lambda_1}{2(\Lambda_1+\Lambda_2)}$ 以及 $\lambda_1^*+\lambda_2^*=T_1$，可以推出

$$\Delta\lambda_1=\left|\frac{T_1(\Lambda_1-\Lambda_2)-a\Lambda_1\Lambda_2}{\Lambda_1+\Lambda_2}\right|,\quad \Delta\lambda_2=\left|\frac{T_2(\Lambda_1-\Lambda_2)-2a\Lambda_1\Lambda_2}{\Lambda_1+\Lambda_2}\right|$$

当 $\Lambda_1>\Lambda_2$ 时，对于 $\Delta\lambda_i$ 而言，会存在一个 T_i 使 $\Delta\lambda_i$ 的分子为 0。故 K 相对较大时，随着 K 的继续增大，一方面 T_i 会增大，另一方面 $\Delta\lambda_i$ 的分子先小于 0、然后

逐渐由负数增加为 0 直至变为正值，故 $\Delta\lambda_i$ 的变化趋势呈现先增加、再逐渐减小至零、然后再增加的趋势。当 $\Lambda_1 < \Lambda_2$ 时，$\Delta\lambda_i$ 分子始终都小于 0，随着 K 的增大，作为绝对值的 $\Delta\lambda_i$ 不断增加，因此 $\Delta\lambda_i$ 会随着 K 的增加而单调增大。∎

③ 在对定理 9.4 结论②的证明过程中，可看出 $\dfrac{\partial T_i}{\partial K}$ 是一个小于 1 的数。鉴于 $\dfrac{\partial K}{\partial K}=1$，这意味着 T_i 随 K 值的变化线与 K 线之间一定存在一个唯一的交点，在该交点之后出现 $T_i < K$。

由于本章研究是在应急救援的供不应求场景下，故而必然存在一个 K_1^*，当 $K < K_1^*$ 时，$\lambda_1^* + \lambda_2^* > K$；当 $K > K_1^*$ 时，$\lambda_1^* + \lambda_2^* = K$。∎

上述定理 9.4 在宏微观方面均给出了差异化定价和统一定价策略下供应方采取资源配给模式后的最优决策对比。具体地，定理 9.4 的结论①指出在两受灾区域对应急资源的竞争意愿相同时，无论是采取差异化定价还是统一定价政策，两个灾区地方政府对应急资源的最优申请量以及供应方获得的最佳利润均相等。事实上，在表 9.2 中，当 $a=0$ 时，$p_1^* = p_2^*$ 也间接证明了此结论①。需要说明的是：$a=0$ 时，统一定价的约束条件(9-5)使应急资源申请量受 Λ_1 和 Λ_2 的影响，且该影响在模型决策目标函数中体现，因此该额外约束失效，即两种定价政策下所构模型的可行域一致，最终导致两定价政策下应急资源配给的最优决策方案一致。

从定理 9.4 的结论②中可以看出，两灾区的应急资源申请量存在差异，且这种差异会随着供应方供给总量的变化而变化：当受灾区域 2 对应急资源总需求相对更高时，结合 $a \geqslant 0$ 和定理 9.2 中结论④，灾区 2 处地方政府会提出更高的应急资源需求量，在两灾区申请比基本一致和其他因素不变的情况下，随着供给总量的增加，两灾区申请量的差异便会不断加大；当受灾区域 1 对应急资源总需求相对更高，若 K 相对较小时，K 增加会使供应方越倾向于向需求大的一方提供更多资源，两灾区应急资源申请量差异逐渐增加。随着 K 值的进一步加大，身为营利性机构的供应方可能采取类似商业领域由"量少利多"策略逐步转为"薄利多销"策略，如此供应方便会对不同灾区竞争意愿的敏感度逐渐减弱，进而出现两灾区申请量差异逐渐减小趋势。最终 K 值大到一定程度时，供应方又会对各灾区差别化需求敏感度增强，两灾区申请量差异再次增大。

定理 9.4 的结论③给出了两灾区地方政府应急资源总申请量与供应方拥有应急资源总量之间的关系：供应方处资源总量较小时，两个灾区地方政府都会努力去争取应急资源，很大程度都忽略"供不应求"对单位应急资源效用带来的影响，故出现总资源申请量超出供给总量的情况；而供应方处资源总量较大时，两灾区地方政府知晓所提应急资源需求会有很大概率能得到满足，因此会综合考虑"供不应求"对应急效用带来的影响，在供不应求的应急场景下最终出现实际申请总量与供给总量相等的均衡现象。

本节所推导的两种定价策略下跨区域多主体应急资源配给博弈对比分析的一系列结论，将在下一小节的算例场景中予以仿真验证。

9.5.2 差异化定价与统一定价的博弈算例对比

设置合适算例，对差异化定价和统一定价政策下的跨区域多主体应急资源配给博弈对比实施仿真分析。本节算例中假设灾区应急资源供不应求带来的效用函数为 $f(\mu)=\mu^{0.5}-1$，两灾区各自所需总资源量有两种情况：场景 1 是 $\Lambda_1=150, \Lambda_2=100$；场景 2 是 $\Lambda_1=100, \Lambda_2=150$。取 a 分别为 $0.002, 0.02, 0.2$，观察不同程度的竞争意愿差异下两灾区地方政府申请应急资源数量的变化，如图 9-2 和图 9-3 所示，图中 $\Delta\lambda_1$ 和 $\Delta\lambda_2$ 分别指差异化定价决策问题 $P1$ 和统一定价决策问题 $P2$ 下的 $\Delta\lambda$。

观察图 9-2 和图 9-3，有如下发现：

(1) 首先，观察供应量对各灾区应急资源申请量差异的影响。当 $\Lambda_1 > \Lambda_2$ 时，出现 $\Delta\lambda$ 随 K 呈先增加然后降低、之后再增加的趋势 (图 9-2)。而当 $\Lambda_2 > \Lambda_1$ 时，即在图 9-3 中，两种定价策略下应急资源申请量的差异均随着供应总量的增加而增加。这些变化趋势与定理 9.4 的结论②所述完全一致。

(2) 接着，观察不同定价策略对各灾区应急资源申请量差异的影响。回顾 a 的含义，无论其值为 $0.002, 0.02$ 还是 0.2，只要 a 大于 0 就意味着灾区 2 比灾区 1 具有更高的竞争意愿。在图 9-2 中，需求高的灾区 1 其竞争意愿却较弱，两种定价政策下两灾区应急资源申请量的变化趋势线间有交点。具体地，横向对比发现此时存在有关供应量的某个边界 $K^*(a)$，当 $K > K^*$ 时，$\Delta\lambda_1 > \Delta\lambda_2$；当 $K < K^*$，$\Delta\lambda_1 < \Delta\lambda_2$。而经纵向比较发现，对任何一个确定的供应量 K，也存在一个竞争意愿边界 $a^*(K)$，当 $a > a^*$ 时，$\Delta\lambda_1 < \Delta\lambda_2$ (如图 9-2(c) 中 $K=40$ 处)，$a<a^*$ 时，$\Delta\lambda_1 > \Delta\lambda_2$ (如图 9-2(b) 中 $K=40$ 处)。而当需求高的灾区 2 具有较高的竞争意愿时，差异化定价下的两灾区应急资源申请量差异 $\Delta\lambda_1$ 始终相对较小，如图 9-3 所示。

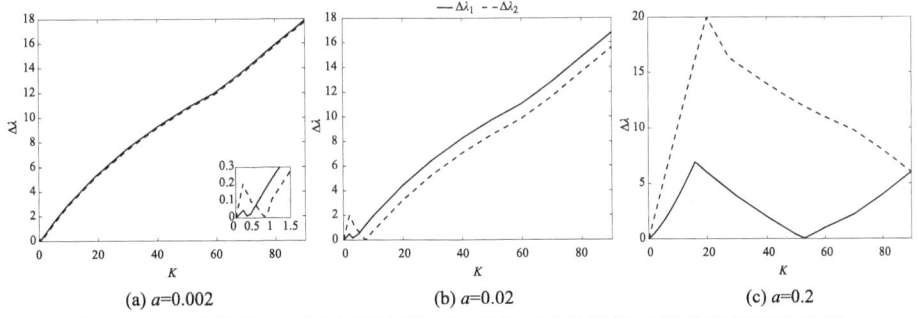

图 9-2 需求场景 1 下面向配给模式的两灾区应急资源申请量间差异趋势图

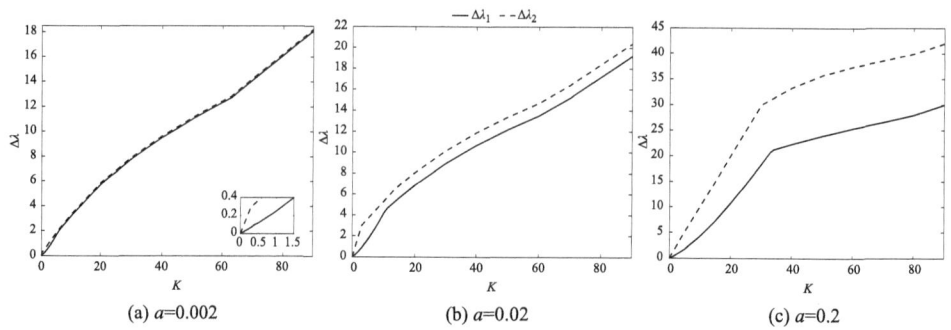

图 9-3 需求场景 2 下面向配给模式的两灾区应急资源申请量间差异趋势图

9.6 本章小结

本章研究探讨供应方采取配给模式下跨区域多主体应急救援资源的分配博弈问题,以供应方利润最大化和受灾区域地方政府所获应急效用最大化为博弈目标构建 Stackelberg 模型,分析差异化定价和统一定价政策下跨区域应急资源最优分配策略,并实施模型对比分析,结合仿真算例,得出以下主要结论:

第一,不同受灾区域的地方政府应根据供应方所拥有的应急资源供给量,来合理确定各灾区处应急资源的申请数量:当供给量相对充沛时,以供给总数量为基准来确定多个灾区对应急资源的总申请量;当供给相对紧缺时,跨区域各灾区对应急资源的申请总量往往高于应急资源总供给量。

第二,供应方分配给各灾区应急资源的比例可以由各灾区自身对应急资源的申请比例来确定,且随着各灾区竞争意愿差异的增大,供应方应适当提高向竞争意愿更强灾区分配资源的比例,与此同时也可向竞争意愿更强灾区索取更高的应急资源单位价格。

第三,若需求高的受灾区域具有较强竞争意愿,随着供应方供给总量的增加,各灾区地方政府申请应急资源数量的差距也逐渐增大,此时差异化定价策略可以适当降低各灾区资源申请量的差距。若需求高的受灾区域其竞争意愿较弱,各灾区地方政府申请应急资源数量的差距会随供给总量的增加呈现先增后减再增的趋势。但若供给总量不变且各灾区竞争意愿差异较小时,统一定价策略可适度降低各灾区对应急资源申请量的差异;若此时竞争意愿差异较大,差异化定价策略下各灾区对应急资源申请量的差异会更小。

未来研究可考虑除不同定价政策之外的其他类型管控方式对多主体应急博弈决策的影响,如在实际人道主义救援场景中,不仅中央政府还有作为应急参与方的地方政府也可通过签订契约或制定一些强制性惩罚奖励等条款来实施管控,探讨面向这些管控方式的配给模式下跨区域多主体如何应急博弈具有重要的理论和现实意义。另外,本章所构的多主体博弈决策模型仅将应急资源供给者考虑为营利性供应方,而在实际应急救援中,一些公益性非政府组织也常常提供极大的应急供应帮助,故今后可进一步探讨跨区域应急场景更多类主体之间的协调合作机制及博弈决策方案。

参 考 文 献

[1] Adida E, DeLaurentis P C C, Lawley M A. Hospital stockpiling for disaster planning[J]. IIE Transactions, 2011, 43(5): 348-362.

[2] Haphuriwat N, Bier V M. Trade-offs between target hardening and overarching protection[J]. European Journal of Operational Research, 2011, 213(1): 320-328.

[3] Chakravarty A K. A contingent plan for disaster response[J]. International Journal of Production Economics, 2011, 134(1): 3-15.

[4] 张琳, 田军, 杨瑞娜, 等. 数量柔性契约中的应急物资采购定价策略研究[J]. 系统工程理论与实践, 2016, 36(10): 2590-2600.

[5] 张琳, 田军, 冯耕中. 价格柔性契约下政府应急物资采购协调机制研究[J]. 中国管理科学, 2017, 25(11): 158-167.

[6] 扈衷权, 田军, 冯耕中. 基于期权采购的政企联合储备应急物资模型[J]. 系统工程理论与实践, 2018, 38(8): 2032-2044.

[7] 张婧, 申世飞, 杨锐. 基于偏好序的多事故应急资源调配博弈模型[J]. 清华大学学报(自然科学版), 2007, 47(12): 2172-2175.

[8] 孔祥荣, 韩伯棠. 基于合作博弈的运输分配方法[J]. 系统工程理论与实践, 2010, 30(7): 1340-1344.

[9] 王波. 基于均衡选择的应急物资调度决策模型研究[J]. 学理论, 2010(17): 40-43.

[10] Yang J, Wu Q, Cheng Y, et al. Cooperative game scheduling of relief resources for unconventional emergency[J]. Systems Engineering, 2008, 26(9): 21-25.

[11] Wang Z, Xu W, Yang J, et al. A game theoretic approach for resource allocation based on ant colony optimization in emergency management[C]. International Conference on Information Engineering & Computer Science. IEEE, 2009.

[12] 俞欣滢, 许维胜. 基于合作博弈的闭环应急物资分配模型[J]. 智能建筑与智慧城市, 2013(1): 103-108.

[13] 庞海云, 刘南. 基于不完全扑灭的应急物资分配博弈模型[J]. 浙江大学学报(工学版), 2012, 46(11): 2068-2072.

[14] 庞海云. 突发性灾害事件下应急物资分配决策优化过程研究[D]. 杭州: 浙江大学, 2012.

[15] Wu C K. A game theory approach for assessing risk value and deploying search-and-rescue resources after devastating tsunamis[J]. Environmental research, 2018, 162: 18-26.

[16] Kostami V, Kostamis D, Ziya S. Pricing and capacity allocation for shared services[J]. Manufacturing & Service Operations Management, 2017, 2(19): 230-245.

第 10 章 共享模式下跨区域多主体应急博弈决策

本章探讨共享模式下跨区域多主体应急博弈决策，这里的共享模式具体是指营利性机构供应方基于自身利润最大化的考量，在分配应急资源至不同受灾区域后，可视灾害应急情况将部分资源在不同受灾区域之间进行转移共享，以更高效满足各灾区对应急资源需求的一种应急模式。与第 9 章研究逻辑相同，面对共享模式，差异化定价和统一定价方式下的供应方与各受灾区域地方政府之间如何进行博弈才能实现更好的应急救援是本章研究重点。

10.1 决策问题描述与相关研究

本章研究背景与第 9 章相似，也同是基于 2017 年美国接连遭受两场飓风袭击后，拥有有限数量垃圾清运车的供应方，在以州为单位的两个受灾区域之间如何进行垃圾清运车服务数量的优化分配。但与第 9 章不同的是，这里作为应急资源的垃圾清运车被允许在两受灾区域之间相互转运。决策问题是：两灾区资源共享模式下多主体的应急资源分配博弈决策分析。

与共享模式相关的研究是合作优化，特别是横向合作。横向合作是指同一层级的不同参与主体之间为了实现共同目标而相互协调合作的机制。例如，为了实现供应链系统整体利润最优、资源突破单个企业范围限制，供应链上同层级企业可通过制定合适协议契约来进行共享合作。确实，横向合作机制在供应链等商业领域应用很广泛，学术界也有不少理论研究。如 Evers[1]早在 2001 年就针对商业供应链设计了两个启发式算法用来探寻横向合作的条件。Ozdemir 等[2]在产能不足和销售损失情形下探讨供应链中多场址转运形式的横向合作问题。Zhao 和 Simchi-Levi[3]则探讨具有随机提前期的供应链装配系统采取横向合作机制对供应链绩效的影响。Cruijssen 等[4]从物流服务提供商的角度进行分析，得出结论：横向合作有助于取得更好的收益并能提供更加优质的物流服务。Talluri 等[5]研究一个包含两个制造商和一个供应商的供应链，研究发现制造商之间的横向合作可以最大限度降低风险。Li 等[6]关注具供应扰动特征的供应链中两个供应商和一个零售商间的竞争与合作，发现两个供应商间的合作会增加供应商总利润但也会相应减少零售商的利润。陈敬贤和施国洪[7]探讨在供应链系统中供应商需如何应对两个存在横向转载的同层级零售商。Jiang 等[8]发现提供同质原料的供应商之间通过采取合作策略来改善自身经营状况，不仅能够获得相对较高的利润，还能够提高产品竞争力从而占有更多市场。Wei 等[9]比较两种互补产品的最优价格策略和保修期策略，发现在两个制造商之间的横向合作，不仅能提高供应链成员的利润，对消费者而言也同样有较大的吸引力。Arthanari 等[10]学者以新西兰案例为背景，构建种植者之间横向供应链的竞争合作博弈模型，从合作角度为种植者们提供实现双赢结果的策略。Lee 和 Park[11]关注容量不确定性情形下配给博弈的库存与转运决策，研究结论表明基于横向合作的转运价格能较好地缓解订单通胀现象。Kostami 等[12]探讨面向两个不同类别客户的服务提供商，如何实施共享服务定价和容量分配决策。与本章研究相关度最高的是 Kostami 等[12]，该研究中两个类别客户在支付服务费用方面具有差异性，且服务系统中的客户数量和客户类别会影响不同客户的感受，尤其"采用一个参数来表征一类客户对另一类客户的合作态度"对本章共享模式研究有较大启发。结合跨区域应急资源分配决策的特点，本章在后续构建博弈模型时特创新提出两受灾区域"合作意愿"这个概念。

除商业供应链中的横向合作之外，也有其他领域涉及横向合作。如 Lozano[13]运用数据包络分析方法在合资企业横向合作战略中寻找最合适的合作对象，并提出一种基于合作博弈理论分析横向合作成本的方法。Hassan 等[14]关注 HDCF 平台中分布式资源分配的合作博弈问题，提出横向合作博弈解决方案并验证其有效性。其中还有些在应急领域的应用，如 Zheng 和 Cheng[15]以紧急疏散过程为研究场景，构建受灾人员之间横向合作与竞争行为的博弈模型，并结合疏散动力学模型进行算例仿真，结果表明受灾人员之间的合作会受到疏散紧迫性的影响，也会对疏散效率带来一定负面效应。Bouzat 和 Kuperman[16]关注的也是突发灾害下人群疏散问题，以灾民合作与不合作作为受灾人员疏散的行为策略，研究表明在一些情形下受灾人员之间的合作能使其比单独逃离者更快地离开受灾地。Toyasaki 等[17]以在联合国人道主义应急仓库(UNHRD)网络中实施的库存管理横向合作为研究对象，探讨 UNHRD 网络的可持续合作库存系统实现最优库存配给方案的协调机制。孙昌玖等[18]将不同应急物流中心的横向合作策略引入"集散中心-物流中心-受灾区域"的应急物资三级配送体系，根据灾区的受灾程度来确定物流中心应急物资需求的紧迫程度，并基于时间、成本和物资满意度建立考虑横向转运的震后应急物资协同调度模型。

综上，虽然横向合作的文献较为丰富，但其主要应用背景是在商业领域，相较而言在应急场景下的研究较少，即使在应急领域也大多聚焦的是灾民之间或人道主义救援组织间的合作。与这些研究不同的是，本章侧重于受灾区域地方政府之间的共享合作。事实上，跨区域特别是在相邻地方政府之间的确常存在各种类型的横向合作，尤其在灾害应急场景下，各地方政府为有效提升人道主义救援效果往往也愿意通过横向合作来实现应急资源的共享。

10.2 共享模式下跨区域多主体应急资源分配博弈模型构建

本节在供应方采取共享模式前提下,构建博弈模型来分析跨区域多主体间如何实施应急资源最优分配问题。与第 9 章相同,这里的多主体也主要指作为应急资源供应方的营利性企业、作为应急管控方的中央政府和作为应急资源需求方的不同灾区地方政府。博弈模型仍以供应方利润最大化和受灾区域地方政府所获应急效用最大化为决策目标构建 Stackelberg 模型,与 9.2 节配给模式下跨区域多主体应急资源分配博弈框架基本类似,唯一不同的在于面向共享模式这里特将灾区地方政府之间的合作意愿及其影响纳入原 9.2 节模型中。共享模式下资源分配博弈顺序也与第 9 章所述一致:供应方和受灾区域地方政府分别作为主导者和追随者。

在共享模式下,各灾区地方政府对横向合作的态度存在差异,且这种差异会进一步影响供应方的资源分配方案。共享模式下博弈模型参数大部分沿用 9.2.1 节中参数表 9.1 里的,仅补充三个资源合作共享相关的参数如下:① 用 b_i 表示不同灾区地方政府对合作的态度,称之为"合作意愿"。换言之,b_i 意味着受灾区域 i 与另一受灾区域的合作意愿,其数值可为正也可为负。若合作意愿为正数,表明该灾区地方政府愿意伸出援手与对方合作应急;若合作意愿为负数,显然代表此灾区地方政府不愿意合作应急,可能更愿意以自我为中心,偏向独占应急资源。② 用 $b = b_1 + b_2$ 表示两个受灾区域地方政府之间的合作意愿之和,下可简述为总合作意愿。③ 用 $C(s)$ 表示供应方因在两灾区共享资源而需付出的成本,用 s 来抽象表示共享资源的数量。

如此,供应方采取共享模式下,受灾区域地方政府之间存在既有竞争又有合作的关系。一方面,模型假设各灾区地方政府在考虑所有可能的负面影响后再综合决定是否进行合作,也就是说,合作意愿这个参数实际一定程度上就包含了如供不应求、因资源共享导致的救援延迟等所带来的负面影响,故合作意愿需被体现在应急资源的救援效用中;另一方面,供应方对各灾区分配的应急资源数量可有效反映出灾区间对于应急资源的竞争关系。

因此,为了准确刻画不同灾区地方政府间的这种竞争合作关系,对单位救援车辆作为应急资源自身能够带来的救援效用进行分析,该效用不仅受到灾区间合作意愿的影响(反映合作影响),还受到对方资源占总应急资源量比例 $\dfrac{\lambda_i}{\lambda_1 + \lambda_2}$ 的影响(体现竞争作用)。结合定理 9.1,可得出共享模式下供应方向各受灾区域分配应急资源的均衡价格表达如下:

$$p_1^*(\lambda_1,\lambda_2) = 1 - \frac{\lambda_1}{\Lambda_1} + b_1\frac{\lambda_2}{\lambda_1+\lambda_2} \tag{10-1}$$

$$p_2^*(\lambda_1,\lambda_2) = 1 + a - \frac{\lambda_2}{\Lambda_2} + b_2\frac{\lambda_1}{\lambda_1+\lambda_2} \tag{10-2}$$

10.3 面向差异化定价的跨区域多主体应急资源分配博弈决策

本节讨论作为应急管控方的中央政府实施差异化定价政策时，供应方与两灾区地方政府在共享模式下如何博弈决策最优的资源配给问题。

10.3.1 差异化定价下共享分配博弈模型构建

共享模式下采取差异化定价策略时，供应方以利润最大化为决策目标解决下述问题 $P3$：

$$\max R = \lambda_1\left(1-\frac{\lambda_1}{\Lambda_1}\right) + \lambda_2\left(1+a-\frac{\lambda_2}{\Lambda_2}\right) + b\frac{\lambda_1\lambda_2}{\lambda_1+\lambda_2} - C(\lambda_1+\lambda_2-K) \tag{10-3}$$

$$\text{s.t.} \begin{cases} 0 \leqslant \lambda_1 \leqslant \min(K,\Lambda_1) \\ 0 \leqslant \lambda_2 \leqslant \min(K,\Lambda_2) \\ \lambda_1+\lambda_2-K \geqslant 0 \end{cases}$$

在公式(10-3)中右边最后一项的 $\lambda_1+\lambda_2-K$ 表示供应方为提升应急救援效用需在两灾区共享的应急资源数量。分析决策问题 $P3$，得出如下定理 10.1：

定理 10.1：在允许差异化定价的政策下，供应方采取共享模式并以利润最大化为决策目标时，跨区域多主体应急资源最优分配方案满足下面三个结论。

① 对于总合作意愿，存在某个边界值 b^*，当 $b \leqslant b^*$ 时，有 $\lambda_1^*\lambda_2^*=0$ 成立；当 $b > b^*$ 时，有 $\lambda_1^*\lambda_2^* > 0$。

② 对于应急资源供给总量，存在某个边界值 K_2^*，当 $K < K_2^*$ 时，可以得出 $\lambda_1^* + \lambda_2^* > K_2^*$；当 $K > K_2^*$ 时，可以得出 $\lambda_1^* + \lambda_2^* = K_2^*$。

③ 对于总合作意愿，存在某个边界值 $b^\#$，当 $b \geqslant b^\#$ 时，有 $\lambda_1^* = \lambda_2^* = K$ 成立；当 $b < b^\#$ 且 $a = 0$ 时，若 $\Lambda_1 < \Lambda_2$，可以得出 $\lambda_1^* < \lambda_2^*$，而 $\Lambda_1 > \Lambda_2$ 时有 $\lambda_1^* > \lambda_2^*$。

证明：

① 当两灾区地方政府的总合作意愿 $b \to -\infty$ 时，供应方利润 R 会在 $\lambda_1\lambda_2 > 0$ 的情况下为负数，故此时 $\lambda_1\lambda_2 > 0$ 一定不会是供应方的最优决策结果，因此这种情况下 $\lambda_1^* = 0$ 或 $\lambda_2^* = 0$。如此，定理 10.1 中结论①的前半部分被证明成立。

同定理 9.4，令决策问题 $P3$ 中的 $\lambda_1^* + \lambda_2^* = T_3$，公式(10-3)可以表示为

$$R = \lambda_1\left(1 - \frac{\lambda_1}{\Lambda_1}\right) + (T_3 - \lambda_1)\left(1 + a - \frac{T_3 - \lambda_1}{\Lambda_2}\right) + b\frac{\lambda_1(T_3 - \lambda_1)}{T_3} - C(T_3 - K)^+$$

将上面利润函数 R 的表达式对 λ_1 进行二阶求导，可以得出：

$$R'' = -2\left(\frac{1}{\Lambda_1} + \frac{1}{\Lambda_2} + \frac{b}{T_3}\right)$$

对于二阶导数 R''，当 $b \geqslant \frac{\Lambda_1 + \Lambda_2}{\Lambda_1 \Lambda_2} T_3$ 时，$R'' \leqslant 0$，意味着存在唯一的 λ_1 能使得 R 最大。

故将上述利润函数 R 对 λ_1 进行一阶求导并令其为 0，可以得出如下最优分配量：

$$\lambda_1^* = \frac{(2T_3 + (b-a)\Lambda_2)T_3\Lambda_1}{2(b\Lambda_1\Lambda_2 + (\Lambda_1 + \Lambda_2)T_3)} \quad \lambda_2^* = \frac{(2T_3 + (b+a)\Lambda_1)T_3\Lambda_2}{2(b\Lambda_1\Lambda_2 + (\Lambda_1 + \Lambda_2)T_3)} \quad (10\text{-}4)$$

同时 λ_1, λ_2 受决策问题 $P3$ 中约束条件的限制，令 λ_1, λ_2 均大于 0，可以有以下关系式：

$$b > -\frac{2T_3}{\Lambda_2} + a, \quad b > -\frac{2T_3}{\Lambda_1} - a \quad (10\text{-}5)$$

将关系式(10-5)中不等式的右边分别减去上述前提推导条件 $b > -\frac{\Lambda_1 + \Lambda_2}{\Lambda_1 \Lambda_2} T_3$，整理得出：

$$-\frac{2T_3}{\Lambda_2} + a - \left(-\frac{\Lambda_1 + \Lambda_2}{\Lambda_1 \Lambda_2} T_3\right) = \frac{\Lambda_2 - \Lambda_1}{\Lambda_1 \Lambda_2} T_3 + a$$

$$-\frac{2T_3}{\Lambda_2} - a - \left(-\frac{\Lambda_1 + \Lambda_2}{\Lambda_1 \Lambda_2} T_3\right) = \frac{\Lambda_1 - \Lambda_2}{\Lambda_1 \Lambda_2} T_3 - a$$

经观察可以发现，若 $\Lambda_2 - \Lambda_1 \geqslant 0$ 时，$\frac{\Lambda_2 - \Lambda_1}{\Lambda_1 \Lambda_2} T_3 + a \geqslant 0$ 与 $\frac{\Lambda_1 - \Lambda_2}{\Lambda_1 \Lambda_2} T_3 - a \leqslant 0$ 互为相反数；而 $\Lambda_1 - \Lambda_2 \geqslant 0$ 时，$\frac{\Lambda_2 - \Lambda_1}{\Lambda_1 \Lambda_2} T_3 + a$ 与 $\frac{\Lambda_1 - \Lambda_2}{\Lambda_1 \Lambda_2} T_3 - a$ 也互为相反数。如此，便可证明 $-\frac{\Lambda_1 + \Lambda_2}{\Lambda_1 \Lambda_2} T_3$ 的值在 $-\frac{2T_3}{\Lambda_2} + a$ 和 $-\frac{2T_3}{\Lambda_1} - a$ 之间，因此有下式成立：

$$\max\left(-\frac{\Lambda_1 + \Lambda_2}{\Lambda_1 \Lambda_2} T_3, -\frac{2T_3}{\Lambda_2} + a, -\frac{2T_3}{\Lambda_1} - a\right) = \max\left(-\frac{2T_3}{\Lambda_2} + a, -\frac{2T_3}{\Lambda_1} - a\right)$$

即当 $b > \max\left(-\frac{2T_3}{\Lambda_2} + a, -\frac{2T_3}{\Lambda_1} - a\right)$ 时，公式(10-4)为决策问题 $P3$ 提供模型最优

解。因此，当 b 足够大时，$\lambda_1^* \lambda_2^* > 0$。自此，定理 10.1 中结论①的后半部分也被证毕。∎

② 定理 10.1 中结论②的前半部分无须证明，描述的是供不应求的应急场景，下面关键证明结论②的后半部分。

在决策问题 P3 的模型中有三个约束条件，这里假设将 $\omega_i \geq 0 (i=1,2,3,4,5)$ 作为模型约束条件的库恩-塔克乘子，即问题 P3 的最优决策必须满足：

$\omega_1(\lambda_1^* + \lambda_2^* - K) = 0$，$\omega_2 \lambda_1^* = 0$，$\omega_3(K - \lambda_1^*) = 0$，$\omega_4 \lambda_2^* = 0$，$\omega_5(K - \lambda_2^*) = 0$

与此同时，将公式(10-3)分别对 λ_1, λ_2 进行一阶求导并使其一阶导数为 0，可以得出：

$$1 - \frac{2\lambda_1^*}{\Lambda_1} + b\frac{(\lambda_2^*)^2}{(\lambda_1^* + \lambda_2^*)^2} - C'(\lambda_1^* + \lambda_2^* - K)^+ + \omega_1 + \omega_2 - \omega_3 = 0 \quad (10\text{-}6)$$

$$1 + a - \frac{2\lambda_2^*}{\Lambda_2} + b\frac{(\lambda_1^*)^2}{(\lambda_1^* + \lambda_2^*)^2} - C'(\lambda_1^* + \lambda_2^* - K)^+ + \omega_1 + \omega_4 - \omega_5 = 0 \quad (10\text{-}7)$$

假设若 $\lambda_1^* + \lambda_2^* = K$，根据公式(10-7)，则有

$$1 + a - \frac{2\lambda_2^*}{\Lambda_2} + b\frac{(\lambda_1^*)^2}{K^2} + \omega_1 + \omega_4 - \omega_5 = 0$$

根据定理 10.1 的结论①可知，当总合作意愿 b 极小时，$\lambda_1^* = 0$ 或 $\lambda_2^* = 0$。若假设 $\lambda_1^* = 0$，$\lambda_2^* = K$，此时 $\frac{\partial \omega_1}{\partial K} = \frac{2K}{\Lambda_2} > 0$。同理，也可假设 $\lambda_2^* = 0$，$\lambda_1^* = K$，根据公式(10-6)可得出 $\frac{\partial \omega_1}{\partial K} > 0$。

当总合作意愿 b 较大时，由于 $\lambda_1^* + \lambda_2^* = K$，且定理 10.1 结论①中 $\lambda_1^* \lambda_2^* > 0$，由公式(10-4)可以得出最优如下解：

$$\lambda_1^* = \frac{(2K + (b-a)\Lambda_2)K\Lambda_1}{2(b\Lambda_1\Lambda_2 + (\Lambda_1 + \Lambda_2)K)}, \quad \lambda_2^* = \frac{(2K + (b+a)\Lambda_1)K\Lambda_2}{2(b\Lambda_1\Lambda_2 + (\Lambda_1 + \Lambda_2)K)}$$

因此，$b\Lambda_1\Lambda_2 + (\Lambda_1 + \Lambda_2)K > 0$ 且 $\omega_2 = \omega_4 = 0$，将其代入公式(10-7)，可以得出 $\frac{\partial \omega_1}{\partial K} > 0$。

综上，随着 K 的增大，ω_1 增大至不为 0，由于 $\omega_1(\lambda_1^* + \lambda_2^* - K) = 0$ 的限制，$\lambda_1^* + \lambda_2^* - K$ 为 0，即随着 K 增加至足够大时，$\lambda_1^* + \lambda_2^* = K$。∎

③ 首先，分析 $\lambda_1 \neq \lambda_2$ 的情形：

假设此时决策问题 P3 的最优解为 (α, β) 或 (β, α)，若 $\alpha > \beta$ 且 $a = 0$ 时，可以分别得出两种最佳决策方案 (α, β) 和 (β, α) 下的供应方利润表达式：

$$R(\alpha,\beta) = \alpha - \frac{\alpha^2}{\Lambda_1} + b\frac{\alpha\beta}{\alpha+\beta} + \beta - \frac{\beta^2}{\Lambda_2} - C(\alpha+\beta-K)^+$$

$$R(\beta,\alpha) = \beta - \frac{\beta^2}{\Lambda_1} + b\frac{\alpha\beta}{\alpha+\beta} + \alpha - \frac{\alpha^2}{\Lambda_2} - C(\alpha+\beta-K)^+$$

将上述这两式相减得到：

$$R(\beta,\alpha) - R(\alpha,\beta) = (\alpha^2 - \beta^2)\frac{\Lambda_2 - \Lambda_1}{\Lambda_1\Lambda_2} \tag{10-8}$$

由公式(10-8)可以看出，为实现供应方最大利润，$\Lambda_2 > \Lambda_1$ 时，(β,α) 为最优解；当 $\Lambda_2 < \Lambda_1$ 时，则 (α,β) 为最优解。

因为 $\alpha > \beta$，所以可以表达为：当 $\Lambda_2 > \Lambda_1$ 时，有 $\lambda_1^* < \lambda_2^*$；当 $\Lambda_2 < \Lambda_1$ 时，有 $\lambda_1^* > \lambda_2^*$。

接着，来分析 $\lambda_1 = \lambda_2$ 的情形：

根据定理10.1的结论①分析，当总合作意愿 b 相对较大时，可知最优应急资源量之和 $\lambda_1^* + \lambda_2^* = T_3$，根据公式(10-4)且不考虑决策问题 $P3$ 的约束条件，此时 $\lambda_1^* > K$，$\lambda_2^* > K$。换言之，λ_i^* 变化趋势的极大点均会大于 K。但实际上，决策问题 $P3$ 是受条件 $0 \leqslant \lambda_i \leqslant K$ 的约束限制的。故 λ_i^* 的变化一定在 $[0,K]$ 之间，R 随 λ_i^* 单调递增。因此，在约束条件下得出：$\lambda_1^* = \lambda_2^* = K$。

综上，必定存在一个 $b^\#$，当 $b \geqslant b^\#$ 时，有 $\lambda_1^* = \lambda_2^* = K$；当 $b < b^\#$ 且 $a = 0$ 时，$\Lambda_2 > \Lambda_1$ 可得出 $\lambda_1^* < \lambda_2^*$，而 $\Lambda_2 < \Lambda_1$ 则可得出 $\lambda_1^* > \lambda_2^*$。■

定理10.1中结论①表明两个受灾区域的总合作意愿对供应方是否采取单一应急救援策略起到关键作用。具体而言，当两灾区总合作意愿值较小时，由于各灾区之间的资源共享会降低供应方利润，故此时供应方倾向选择仅向一方提供全部应急资源的救援方案，即单一应急救援策略；而当两灾区总合作意愿值较大时，各灾区之间的共享会提升供应方利润，因此供应方会选择全局应急救援策略，即供应方给不同灾区均分配应急资源。

定理10.1中结论②与第9章中定理9.4的结论③类似，再次强调各灾区地方政府申请应急资源数量和供应方处应急资源总供给量之间的变化关系。具体而言，如若供应方处应急资源的总供给量较小，灾区申请总量会高于总供给量，共享模式下基于最大化供应方利润前提，就会出现部分应急资源在不同灾区之间互相转移共享以更高效满足各灾区需求的情形；而若应急资源总供给量相对较大，则各灾区地方政府对应急资源的总申请量将会与总供给量一致，换言之，应急资源供应方无须付出转移共享成本便可实现最大利润。

定理10.1中结论③在结论①的基础上，提出了一个令各灾区地方政府的资源申请量均与应急资源总供给量相等的总合作意愿边界 $b^{\#}$。当不同灾区间总合作意愿值较大时,供应方会希望作为资源需求方的灾区地方政府能尽量提高资源申请量以有效实现合作应急,故出现各灾区地方政府申请的应急资源数量均与总供给量一致的情况;而当灾区间总合作意愿并非很强烈时,各灾区地方政府对应急资源的申请量会受到灾区自身需求量和灾区间竞争意愿的影响,于是出现与定理 9.2 中结论③类似的结论:两灾区竞争意愿差异为 0 时,需求量高的一方最终会获得相对较多的应急资源,而需求量低的另一方其应急资源获得量则相对较少。

10.3.2 差异化定价下共享分配博弈算例分析

设置合适算例,对 10.3.1 节所构共享模式下面向差异化定价的跨区域多主体应急资源分配博弈模型实施仿真分析,并对定理 10.1 中结论进行算例验证。算例中假设应急资源在两个受灾区域间转移共享成本函数为:$C(\lambda_1 + \lambda_2 - K) = 0.6(\lambda_1 + \lambda_2 - K)$。两灾区各自所需资源数量情况与 9.5.2 节中给出的两个需求场景相同,分别取:$\Lambda_1 = 150, \Lambda_2 = 100$ 为场景 1,$\Lambda_1 = 100, \Lambda_2 = 150$ 为场景 2。另取 $a = 0$ 和 $a = 0.5$,下面观察 $K = 40, 60, 80$ 时,灾区间不同程度竞争意愿和不同需求场景下,两灾区总合作意愿对各自申请应急资源数量和总申请量的影响,如图 10-1 和图 10-2 所示。

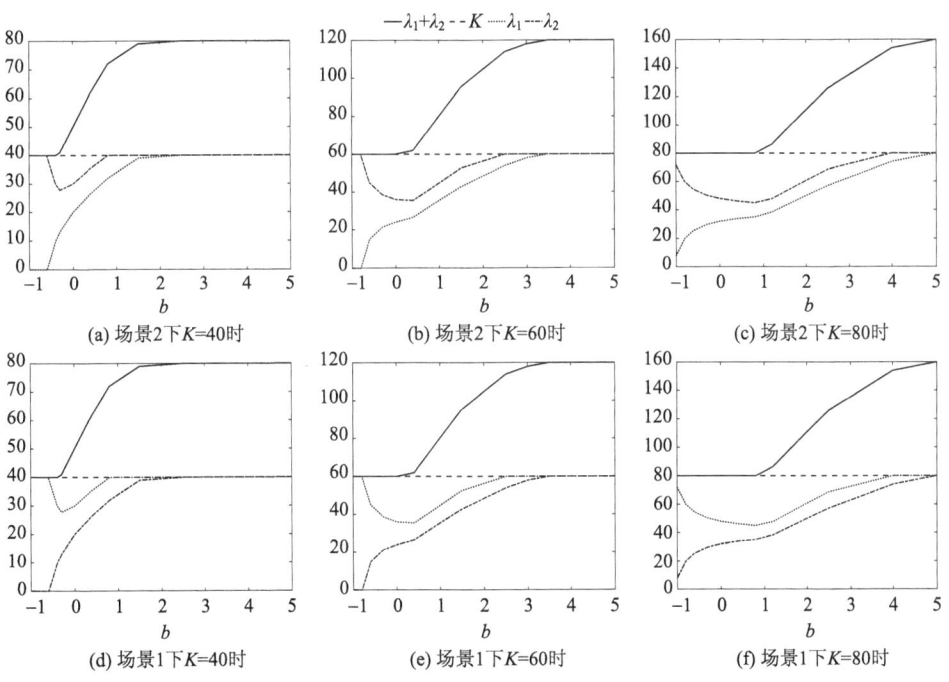

图 10-1　$a = 0$ 时,面向共享模式的差异化定价下应急资源申请量趋势图

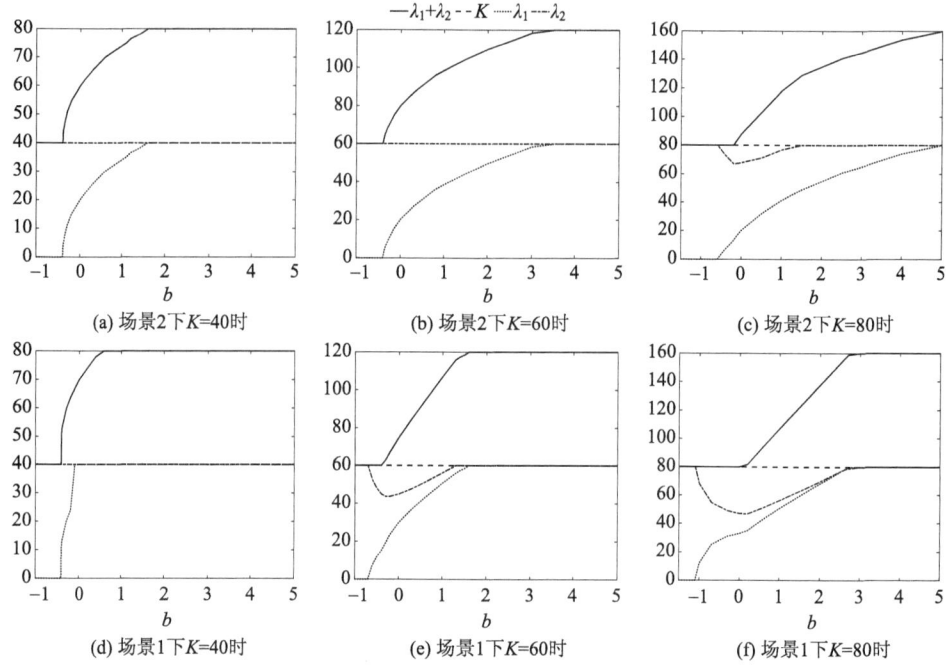

图 10-2 $a=0.5$ 时，面向共享模式的差异化定价下应急资源申请量趋势图

通过观察图 10-1 和图 10-2，有如下发现：

(1) 两图中每幅子图都展示灾区间不同程度总合作意愿下的两灾区最佳资源申请决策。从 12 幅子图可明显看出，在任何资源需求和总供给量场景下，只要灾区间总合作意愿值高到一定程度，两灾区地方政府对应急资源的申请量均与总供给量 K 一致(表现为 λ_1、λ_2 与 K 值变化曲线最终相重合)，即供应方将全部应急资源分配给某一灾区，然后再全部转移共享至另一灾区，该趋势有效验证了定理 10.1 结论③的前半部分。

(2) 观察图 10-1 中两灾区地方政府有关应急资源申请量的变化，发现：需求量较小的灾区(如 $\Lambda_1 > \Lambda_2$ 时，灾区 2 就是需求量较小的区域)对应急资源的申请数量从最初的 0 随总合作意愿 b 的增加而逐渐增大至 K，同时需求量较大的另一灾区处申请量则从 K 值逐渐减小、再逐渐增加至 K。这一现象的原因是，随着两灾区间总合作意愿的增加，供应方会从单一应急救援策略的选择转变为全局应急救援策略。在救援策略转变初期，供应方因利润不足以与资源转移共享成本相抵，故最初的分配不将资源在两灾区间发生转移，此时两灾区地方政府对资源的总申请量始终与供应方总供给量一致，不过这表面的始终一致实际是由一灾区增加申请量和另一灾区降低申请量来维持平衡的，如图 10-1(a)中展现出的最初 λ_1 增加、λ_2 减小；接着，随着灾区间总合作意愿的增强，供应方可接受两灾区间转移共享数量不断提升，最终出现两灾区申请量均与供给总量相等的情形。

再观察图 10-2 中 6 幅子图，与图 10-1 不同的是，由于两灾区竞争意愿的差异值 $a=0.5$，这使两灾区对应急资源的需求处于强不对称状态，受灾区域 1 处应急资源的申请量仍随两灾区总合作意愿的增强而持续增加直至达到总供给量水平。而相应地，受灾区域 2 处对资源的申请量或因 K 值较小而保持不变，如图 10-2(a) 和 (d)；或因总合作意愿的增加理应导致两灾区处需求竞争减缓而使灾区 2 处申请量呈现先降后升趋势，见图 10-2(c)(e)(f)。因此，由图 10-2 的变化趋势对比发现，不同灾区之间对应急资源需求量的强不对称会致使供应方在资源有限情况下出现明显的分配偏好。

(3) 对比观察图 10-1 中所有相应子图对 (a) 和 (b)、(c) 和 (d)、(e) 和 (f)，发现：这些相应的三组子图对里应急资源申请量变化趋势均一致，不同灾区申请量完全依据灾区资源需求的变化而改变，此变化趋势恰恰验证了供应方在两灾区间无任何竞争意愿差异情形 $a=0$ 下的资源分配策略：即 $a=0$ 时，即使在共享模式下，供应方对各灾区分配应急资源的数量也完全取决于各灾区自身的需求量。

(4) 观察两灾区处应急资源申请总量与供应方处供给量之间的关系变化。图 10-1 和图 10-2 都清晰展示出：在其他条件不变的情况下，即横向来看各子图，随着供给量 K 的增加，两灾区总申请量与供给量初始不重合的点逐渐右移，这意味着供应方选择在两灾区转移共享资源的灾区间总合作意愿门槛值有所提高。这是因为随着 K 的增加，资源即使不转移共享时供应方所获利润也逐渐增加，故而提升了影响供应方选择决策的灾区间总合作意愿边界值。另一方面，观察图 10-1 和图 10-2 中两灾区总合作意愿 b 值一定时，不同场景下供给量边界 K_2^* 的变化。如比较图 10-1(d)(e)(f) 可发现：$b=0$ 时，$K_2^* \in (40,60)$；$b=0.5$ 时，$K_2^* \in (60,80)$。图 10-2 中子图也有同样结论，实际上，通过算例并结合定理 10.1 可验证供给量边界 K_2^* 随总合作意愿 b 的增加而增大。

10.4 面向统一定价的跨区域多主体应急资源分配博弈决策

本节探讨作为应急管控方的中央政府实施统一定价政策时，供应方与两灾区地方政府在共享模式下如何博弈决策最优的资源配给问题。

10.4.1 统一定价下共享分配博弈模型构建

统一定价策略下，供应方必须以同样的单价对各受灾区域分配应急资源。在此，意味着共享模式下供应方向两灾区分配应急资源的均衡价格式 (10-1) 与 (10-2) 相等，经简单整理得下式：

$$\lambda_1\left(\frac{b_2}{\lambda_1+\lambda_2}+\frac{1}{\Lambda_1}\right)+a=\lambda_2\left(\frac{b_1}{\lambda_1+\lambda_2}+\frac{1}{\Lambda_2}\right) \tag{10-9}$$

从公式(10-9)可看出，若 $\lambda_1^*\lambda_2^*=0$ 时，公式(10-9)是无法成立的。但在实际情况下，$\lambda_1^*\lambda_2^*=0$ 的含义是两灾区中的某一受灾区域并未申请任何资源，此时仍可能符合统一定价的约束。故下面首先求解决策问题 P4，再将 P4 下最优分配方案相应的利润与 $\lambda_1^*\lambda_2^*=0$ 时的利润做比较，最终得出共享模式下采取统一定价策略时供应方处的最大化利润。面向共享模式的统一定价下跨区域多主体应急资源分配博弈决策问题 P4 表达如下：

$$\max R = \lambda_1\left(1-\frac{\lambda_1}{\Lambda_1}\right)+\lambda_2\left(1+a-\frac{\lambda_2}{\Lambda_2}\right)+b\frac{\lambda_1\lambda_2}{\lambda_1+\lambda_2}-C(\lambda_1+\lambda_2-K)^+ \tag{10-10}$$

$$\text{s.t.}\begin{cases} 0\leqslant\lambda_1\leqslant\min(K,\Lambda_1) \\ 0\leqslant\lambda_2\leqslant\min(K,\Lambda_2) \\ \lambda_1+\lambda_2-K\geqslant 0 \\ \lambda_1\left(\frac{b_2}{\lambda_1+\lambda_2}+\frac{1}{\Lambda_1}\right)+a=\lambda_2\left(\frac{b_1}{\lambda_1+\lambda_2}+\frac{1}{\Lambda_2}\right) \end{cases}$$

分析决策问题 P4，得出相关参数变化与最优策略特征的一些结论整理成定理 10.2：

定理 10.2：令 $\Delta b=b_1-b_2$。在统一定价政策下，供应方采取共享模式并以利润最大化为决策目标时，跨区域多主体应急资源最优分配方案满足下面两个结论。

① 对于总合作意愿，存在某个边界值 b^*，当 $b\leqslant b^*$ 时，有 $\lambda_1^*\lambda_2^*=0$。而当 $b>b^*$ 时，对于两个受灾区域的合作意愿差，存在边界 $\Delta b_{\min}^*$ 和 $\Delta b_{\max}^*$：若 $\Delta b_{\min}^*<\Delta b<\Delta b_{\max}^*$，可以得出 $\lambda_1^*\lambda_2^*>0$；否则有 $\lambda_1^*\lambda_2^*=0$。

② 假设 $a=0$。当 $\Lambda_1=\Lambda_2$ 时：如果 $b_1\geqslant b_2$，则有 $\lambda_1^*\lambda_2^*=0$ 或 $\lambda_1^*\geqslant\lambda_2^*$；如果 $b_1\leqslant b_2$，则可以得出 $\lambda_1^*\lambda_2^*=0$ 或 $\lambda_1^*\leqslant\lambda_2^*$。当 $b_1=b_2$ 时：如果 $\Lambda_1\geqslant\Lambda_2$，则有 $\lambda_1^*\lambda_2^*=0$ 或 $\lambda_1^*\geqslant\lambda_2^*$。当 $\Lambda_1\leqslant\Lambda_2$ 时，可以得出 $\lambda_1^*\lambda_2^*=0$ 或 $\lambda_1^*\leqslant\lambda_2^*$。

证明：

① 如定理 9.4 中，令决策问题 P4 中的 $\lambda_1^*+\lambda_2^*=T_4$，结合决策问题 P4 有关统一定价的约束条件 $\left(\frac{b_2}{\lambda_1+\lambda_2}+\frac{1}{\Lambda_1}\right)\lambda_1+a=\left(\frac{b_1}{\lambda_1+\lambda_2}+\frac{1}{\Lambda_2}\right)\lambda_2$，可以得出：

$$\lambda_1^*=\frac{(T_4+(b_1-a)\Lambda_2)T_4\Lambda_1}{b\Lambda_1\Lambda_2+(\Lambda_1+\Lambda_2)T_4} \quad \lambda_2^*=\frac{(T_4+(b_2+a)\Lambda_1)T_4\Lambda_2}{b\Lambda_1\Lambda_2+(\Lambda_1+\Lambda_2)T_4} \tag{10-11}$$

对于供应方面向共享模式的统一定价下利润函数式(10-10)，当 $b\to-\infty$ 时，R 在 $\lambda_1\lambda_2>0$ 的情况下为负数，这意味着此时 $\lambda_1^*\lambda_2^*>0$ 一定不是最优决策结果，故而

$\lambda_1^* = 0$ 或 $\lambda_2^* = 0$。

由于决策问题 $P4$ 和 10.3.1 节的问题 $P3$，除了最后一项约束条件以外，模型基本一致，而这额外添加的约束条件与总合作意愿无关，故这里存在的总合作意愿边界值与定理 10.1 结论①中的一致、均为 b^*，当 $b \leq b^*$ 时，有 $\lambda_1^* \lambda_2^* = 0$ 成立。而当合作 b 足够大时，应急资源最优分配决策结果或为公式(10-11)，或为最优决策满足 $\lambda_1^* = 0$ 或 $\lambda_2^* = 0$ 情形。

由决策问题 $P4$ 的模型以及约束条件可知，若要公式(10-11)成立，两灾区应急资源申请量必须满足 $|\lambda_1^* - \lambda_2^*| \leq K$ 且 $R(\lambda_1^*, \lambda_2^*) \geq \max(R(0,K), R(K,0))$。

将公式(10-11)代入公式(10-10)可发现，在 T_4 和 b 一定的情况下，$b_1 - R$ 是开口向下的抛物线，这意味着对于灾区 1 的合作意愿 b_1，必定存在某个点或某个范围能满足 $R(\lambda_1^*, \lambda_2^*) \geq \max(R(0,K), R(K,0))$，且 b_1 也存在某个范围能满足 $|\lambda_1^* - \lambda_2^*| \leq K$。取上述两范围的交集即可满足公式(10-11)，即有 $\lambda_1^* \lambda_2^* > 0$，否则 $\lambda_1^* \lambda_2^* = 0$。由于两灾区总合作意愿 b 固定不变是此情形的前提，故上述推导可以表达为：存在一对上下界 $\Delta b_{\min}^*$ 与 $\Delta b_{\max}^*$，当 $\Delta b_{\min}^* < \Delta b < \Delta b_{\max}^*$ 时，有 $\lambda_1^* \lambda_2^* > 0$；否则若 Δb 不在此范围时，则出现 $\lambda_1^* \lambda_2^* = 0$。 ∎

② 由上述结论①及结论①的推导过程，在两灾区总合作意愿 b 值较小或者两灾区合作意愿差 Δb 超出一定上下界范围时，会出现 $\lambda_1^* \lambda_2^* = 0$，即使在竞争意愿差异 $a = 0$ 且两灾区需求 $\Lambda_1 = \Lambda_2$ 情形也依然如此。

现讨论 $\Lambda_1 = \Lambda_2$ 时，在 $\lambda_1^* \lambda_2^* > 0$ 的前提下，则不会出现完全相同的结果，令 $\Lambda_1 = \Lambda_2 = \Lambda$，可以得出公式(10-11)经简单整理表达为：$\lambda_1^* = \dfrac{T_4^2 + T_4 b_1}{b\Lambda + 2T_4}$，$\lambda_1^* = \dfrac{T_4^2 + T_4 b_2}{b\Lambda + 2T_4}$。据此，$b_1 \geq b_2$ 时 $\lambda_1^* \geq \lambda_2^*$；$b_1 \leq b_2$ 时 $\lambda_1^* \leq \lambda_2^*$。而当 $b_1 = b_2$ 时，根据式(10-11)，则可由 $\Lambda_1 \geq \Lambda_2$ 推导出 $\lambda_1^* \lambda_2^* = 0$ 或 $\lambda_1^* \geq \lambda_2^*$；由 $\Lambda_1 \leq \Lambda_2$ 推导出 $\lambda_1^* \lambda_2^* = 0$ 或 $\lambda_1^* \leq \lambda_2^*$。 ∎

定理10.2结论①指出了共享模式下统一定价时两灾区地方政府总合作意愿对应急资源最优分配决策的影响。由于统一定价与差异化定价策略下的资源分配博弈模型仅在有关价格是否相等的约束条件上不同，故该结论与 10.3.1 节中定理 10.1 的结论①在总合作意愿相关方面有相同的部分：当两灾区总合作意愿较弱时，供应方更倾向选择单一应急救援策略。不过不同的是，在统一定价策略下，即使总合作意愿较强，一旦两灾区合作意愿差异过大，某种程度会增加两个受灾区域对应急资源需求的不对称程度，此时供应方基于最大化自身利润考虑仍会为满足博弈模型约束条件而选择单一应急救援策略，即放弃向两灾区提供应急资源这个看似公平的救援策略。

定理10.2结论②在两灾区地方政府竞争意愿一致的前提下,给出了应急资源最优分配的情况:(i)在两灾区合作意愿一致时,两个受灾区域处应急资源最佳申请量之间的关系只受到两灾区应急资源需求间关系的影响。这一点从利润函数式(10-10)也能得到验证,供应方利润受各灾区申请量与其自身需求之比的直接影响,故应急资源最优申请量的大小随各灾区需求相应变动。(ii)在两灾区应急资源需求一致时,令 $\varLambda_1 = \varLambda_2 = \varLambda$,则统一定价约束条件为 $\left(\dfrac{b_2}{\lambda_1+\lambda_2}+\dfrac{1}{\varLambda}\right)\lambda_1 = \left(\dfrac{b_1}{\lambda_1+\lambda_2}+\dfrac{1}{\varLambda}\right)\lambda_2$。由此可看出,若供应方选择全局应急救援策略,两灾区地方政府应急资源申请量完全受灾区各自合作意愿主导,其数量的比较完全与各灾区合作意愿的大小关系表现一致。

此外,定理10.2还表明了不同受灾区域间正向的合作意愿能够增强各灾区对应急资源的需求,这表明两灾区对应急资源需求的不对称程度某种程度也受到自身合作意愿的影响。在现实中,需求相对弱的一方区域在跨区域应急救援时更有可能愿意伸出援手,即需求量相对少的灾区才可能有更高的合作意愿,正因如此,才能通过采取各种途径弱化各灾区对应急资源需求的不对称从而实现整个跨区域协同应急救援效应的提升。

10.4.2 统一定价下共享分配博弈算例分析

本节对共享模式下面向统一定价的跨区域多主体应急资源分配博弈模型实施仿真分析,算例中大多沿用10.3.2节差异化定价算例的参数假设:如两灾区转移共享资源的成本函数为:$C'(\lambda_1+\lambda_2-K)=0.6(\lambda_1+\lambda_2-K)$;两灾区需求场景为场景 1 是 $\varLambda_1=150$,$\varLambda_2=100$,场景 2 是 $\varLambda_1=100$,$\varLambda_2=150$;两灾区竞争意愿差异 $a=0$ 或 0.5。不同的是,现取供应方应急资源供给量 $K=60$,观察灾区间不同程度竞争意愿和不同需求场景下,灾区合作意愿对各灾区申请应急资源最优数量的影响,如表10.1所示,表中 $\forall$ 表示取值任意。

观察表10.1,有以下发现:

(1)在表10.1中,若总合作意愿超出一定边界值 b^*(如表10.1(a)中 $b=-0.7$),可以观察到在总合作意愿一定的情况下,两灾区合作意愿的差异对应急资源分配有着重要影响:存在某些确定的合作意愿差(如表 10.1(a)(b)中的 $\Delta b=-0.14$ 或 $\Delta b=0.3$ 等)情况时,供应方仍会选择单一应急救援策略,即向某一灾区分配全部应急资源;而在其他情形下,供应方选择全局应急救援策略,两灾区都能获得资源。如此,定理10.2中结论①在仿真算例中得以验证。

表 10.1 面向共享模式的不同场景下采取统一定价策略的应急资源最优申请量

(a) $a=0, \Lambda_1=150, \Lambda_2=100$

b	−1	−0.8	−0.7					1						
b_1	∀	∀	−0.42	−0.4	−0.35	−0.3	−0.2	−0.5	−0.4	−0.3	0	0.8	1.4	1.5
Δb	∀	∀	−0.14	−0.1	0	0.1	0.3	−2	−1.8	−1.6	−1	0.6	1.8	2
λ_1	60	60	60	40(60)	50	60	60	60	6(60)	9	24.52	53.58	60	60
λ_2	0	0	0	20(0)	10	0	0	0	54(0)	51	49.48	24.42	0	0

(b) $a=0, \Lambda_1=100, \Lambda_2=150$

b	−1	−0.8	−0.7					1						
b_1	∀	∀	−0.42	−0.4	−0.35	−0.3	−0.2	−0.5	−0.4	−0.3	0	0.8	1.4	1.5
Δb	∀	∀	−0.14	−0.1	0	0.1	0.3	−2	−1.8	−1.6	−1	0.6	1.8	2
λ_1	0	0	0	0	10	20(0)	0	0	0	3	57.65	44.77	54(0)	0
λ_2	60	60	60	60	50	40(60)	60	60	60	57	16.35	33.23	6(60)	60

(c) $a=0.5, \Lambda_1=150, \Lambda_2=100$

b	−0.8	−0.7	−0.6					1						
b_1	∀	∀	−0.15	−0.1	−0.05	0	0.1	−0.15	−0.1	0.1	0.8	1.3	1.6	1.7
Δb	∀	∀	0.3	0.4	0.5	0.6	0.8	−1.3	−1.2	−0.8	0.6	1.6	2.2	2.4
λ_1	0	0	0	0	12	15(0)	0	0	0	9.31	52.67	60	51(0)	60
λ_2	60	60	60	60	48	45(60)	60	60	60	59.69	54.33	28	9(60)	0

(d) $a=0.5, \Lambda_1=100, \Lambda_2=150$

b	−0.4	−0.3	0.2					1						
b_1	∀	∀	0.05	0.1	0.15	0.2	0.3	0.05	0.1	0.3	0.6	1.2	1.4	1.5
Δb	∀	∀	−0.1	0	0.1	0.2	0.4	−0.9	−0.8	−0.4	0.2	1.4	1.8	2
λ_1	0	0	0	0	3.75	7.5(0)	0	0	0	8	22.4	57.83	39(0)	0
λ_2	60	60	60	60	56.25	52.5(60)	60	60	60	60	59.6	57.17	21(60)	60

(2) 从表10.1中4个子表横向来看可发现：在其他因素 (Λ_i, a, K) 的值不变时，两灾区总合作意愿的逐渐增加均会扩大令供应方选择全局应急救援策略的灾区合作意愿差范围(如表10.1(a)中由 $b=-0.7$ 时的 $\Delta b=0$ 扩大到 $b=1$ 时的 $\Delta b=0.6$)，这一现象意味着随着受灾区域之间的总合作意愿增强，供应方会变得更加宽容或者说更容易去选择全局应急救援策略。

(3) 比较表10.1(a)和(b)，发现：在两灾区竞争意愿无差异 $a=0$ 情形下，无论总合作意愿为何值，只要两灾区合作意愿差 $\Delta b=0$ 时，两个受灾区域的应急资源申请量就呈互换的局面。具体来说，表10.1(a)中 $\Delta b=0$ 时的 $\lambda_1=50, \lambda_2=10$，相应地表10.1(b)中 $\Delta b=0$ 时的 $\lambda_1=10, \lambda_2=50$。这实际上是因为两个受灾区域处应急资源需求场景不同(表 10.1(a)中的 $\varLambda_1=150, \varLambda_2=100$ 和表 10.1(b)中的 $\varLambda_1=100, \varLambda_2=150$)而直接导致的资源分配不同结果。如此,定理 10.2 中结论②在仿真算例中得以验证。

(4)针对比较表 10.1(a)和(c),以及表 10.1(b)和(d),发现:随着两灾区竞争意愿差的增大,供应方处决定是否选择单一应急救援策略的总合作意愿边界 b^* 也有所增加。具体地,表 10.1(a)中的边界值 $b^*=-0.7$ 与表 10.1(c)中 $b^*=-0.6$、表 10.1(b)中的边界值 $b^*=-0.7$ 与表 10.1(d)中 $b^*=0.2$。这一现象与 10.3.2 节差异化定价策略仿真分析中类似,均是由不同灾区应急资源需求不对称程度的增加而导致的。

10.5 不同定价策略下跨区域多主体应急资源分配博弈的对比

本节对面向共享模式的差异化定价和统一定价策略下跨区域多主体应急资源分配博弈最优决策方案实施算例对比分析,仍假设 $C(\lambda_1+\lambda_2-K)=0.6(\lambda_1+\lambda_2-K)$、$K=60$ 以及 $a=0,0.2,0.5$,分别在需求场景 1 和场景 2 下观察面向共享模式的两受灾区域资源总申请量随两灾区合作意愿差异变化的趋势曲线,如图 10-3 和图 10-4 所示。

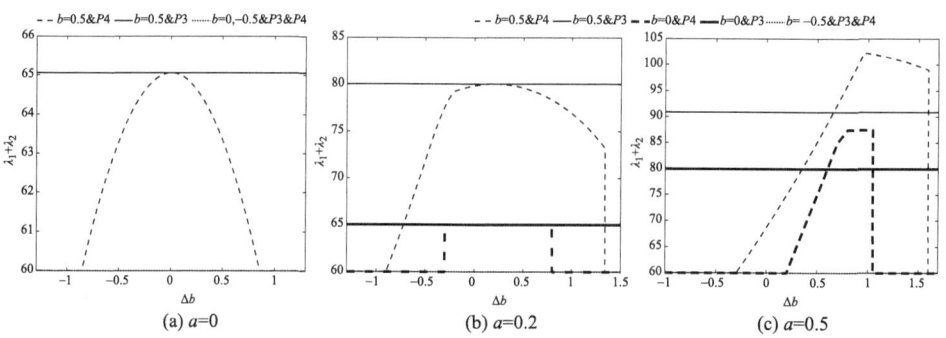

图 10-3 需求场景 1 下面向共享模式的两灾区应急资源总申请量趋势图

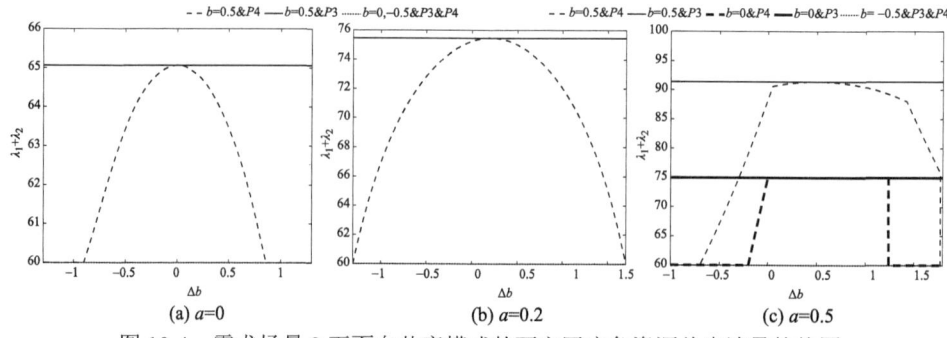

图 10-4 需求场景 2 下面向共享模式的两灾区应急资源总申请量趋势图

观察图 10-3 和图 10-4，有如下发现：

(1) 图 10-3 和图 10-4 的 6 幅子图里，当 $b=-0.5$ 时，两受灾区域应急资源的总申请量均与供应方供给总量一致。这与定理 10.1 中结论①以及定理 10.2 中结论①相符，无论是差异化定价还是统一定价策略，只有在两灾区具较弱总合作意愿情形才会出现供应方始终选择单一应急救援策略，即供应方将所有供给量都分配给某一灾区用来满足其申请、而另一方灾区不申请任何应急资源。

(2) 当 $b=0$ 时，图 10-3(b) 和图 10-4(c) 出现两种定价策略下两灾区应急资源总申请量部分重合的局面。这是因为当两灾区总合作意愿为 0 时，无论是决策问题 $P3$ 还是 $P4$，基于模型决策目标的最优资源总申请量不受合作意愿差异的影响。具体而言，由于在图 10-3(b) 和图 10-4(c) 场景，两个受灾区域的应急资源需求数量均有相对较强的不对称，差异化定价下最优总申请量在决策问题 $P3$ 的可行域内，而另一方面统一定价策略下的可行域虽会随两灾区合作意愿差异而发生变化，但只要应急资源最优总申请量在决策问题 $P4$ 可行域内，此时该最优值与差异化定价下的一致并保持不变。

(3) 分别观察图 10-3 和图 10-4：首先，从图 10-3 中横向来看，由于 a 是竞争意愿差异，a 的不断增加意味着场景 1 下两灾区应急资源需求的不对称程度在不断增强，此时两灾区资源总申请量超出供应方供给量的部分出现右移现象，这意味着需要更大的合作意愿差异才能实现有效资源供给量的提高。对于图 10-4 也从左到右横向来看，a 的增加使场景 2 下两灾区资源需求不对称程度先减弱再增强，故而造成两灾区总申请量高于供给量的合作意愿差范围先扩大再缩小。换言之，两灾区应急资源需求的对称程度越好，统一定价策略下供应方可接受的两灾区合作意愿差异范围就越大。

(4) 观察图 10-3(c)，发现图 10-3(c) 中出现统一定价下两灾区总申请量超出差异化定价的情况。这是因为图 10-3(c) 场景下两灾区对应急资源需求除具较大竞争意愿差异外本就已存在较为强烈的不对称，故差异化定价策略下各灾区最优申请量会超出决策问题 $P3$ 的可行域。为满足决策问题 $P3$ 的约束条件，需将此时模型最优解与决策目标函数最优解相比，将申请量较高的一方灾区的申请量降为供给量 K。而在统一定价策略下，存在某一特定合作意愿差能使其模型最优解与差异化定价下的相一致，随着合作意愿差的增加，决策目标函数最优解中申请量较低的一方灾区会提高其申请量，另一方灾区应急资源申请量仍为供给量 K，如此两灾区总申请量便会增加；接着，合作意愿差的继续增加又会弱化两灾区应急资源需求的不对称，使目标函数中申请量较低的灾区继续提高申请量，且另一方灾区应急资源申请量也在决策问题 $P4$ 可行域内，即两灾区总申请量仍然有所增加。故图 10-3(c) 出现统一定价下两灾区总申请量更高的局面。而其他 5 幅子图的场景中均不存在强烈的需求不对称，所以无此现象出现。综上，当两个受灾区域对应急资源需求的不对称较强且两灾区总合作意愿值相对较大时，共享模式下的统一定价策略能够在某些情形下促使供应方提供更多的有效救援。

通过上述仿真算例对面向共享模式的两种定价策略下不同灾区应急资源申请量差异进行对比分析，有如下定理。

定理 10.3：令 $\Delta\lambda = |\lambda_1^* - \lambda_2^*|$，为区分不同定价策略下的应急资源分配方案，特将允许差异化定价和统一定价下的 $\Delta\lambda$ 分别记为 $\Delta\lambda_3$ 和 $\Delta\lambda_4$。当各灾区总合作意愿 b 不变时，存在某个意愿差或某个意愿差范围使得 $\Delta\lambda_3 \geqslant \Delta\lambda_4$。

证明：简述证明思路。10.3.1 节中决策问题 $P3$ 和 10.4.1 节中决策问题 $P4$，除了最后一个价格相等的约束条件之外，模型目标式(10-3)和(10-10)是完全相同的。故在不考虑约束条件的情况下，决策问题 $P3$ 得出的最优方案一定也是能使决策问题 $P4$ 实现利润最大化的结果。由公式(10-11)，在 $T_4 = T_3$ 且 T_4 不变的情况下，一定存在某个合作意愿差 Δb 使 $P4$ 的最优决策与 $P3$ 的一致，此时 $\Delta\lambda_4 = \Delta\lambda_3$。且当 Δb 发生变化时，会影响 $\Delta\lambda$ 的变化，即可能存在 $\Delta\lambda_4 < \Delta\lambda_3$ 的情形。综上，一定存在 Δb 或者 $\Delta b_{\min}^*$ 和 $\Delta b_{\max}^*$（$\Delta b_{\min}^* < \Delta b < \Delta b_{\max}^*$），使得 $\Delta\lambda_4 \leqslant \Delta\lambda_3$。∎

定理 10.3 说明与差异化定价政策相比，统一定价政策能够在某些情况下让两受灾区域所获应急资源的数量差距缩减或至少保持不变。为进一步仿真验证该定理 10.3，基于算例场景针对性分析各需求场景下面向共享模式的两受灾区域应急资源申请量差异随两灾区合作意愿差异而变化，其变化趋势图如图 10-5 和图 10-6 所示。

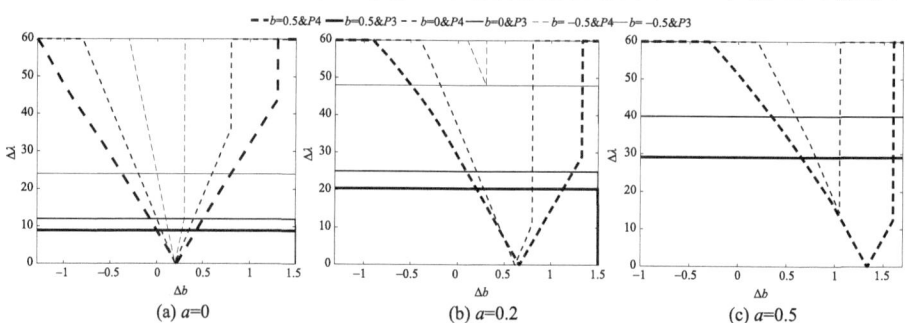

图 10-5　需求场景 1 下面向共享模式的两灾区应急资源申请量间差异趋势图

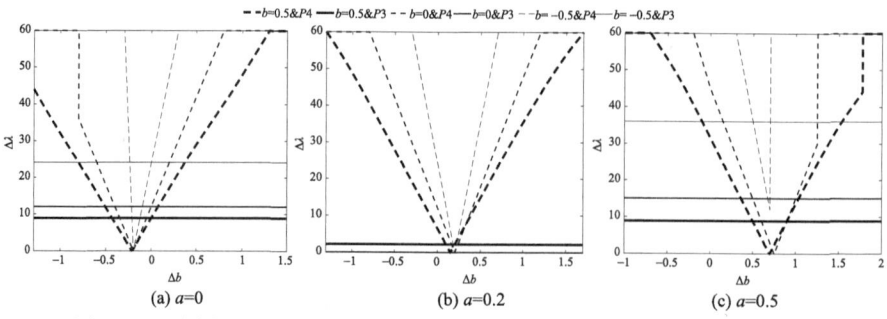

图 10-6　需求场景 2 下面向共享模式的两灾区应急资源申请量差异趋势图

观察图 10-5 和图 10-6，有如下发现：

(1) 两图的 6 幅子图中均存在一定的合作意愿差区间。且总能找到一定范围内的合作意愿差使统一定价策略下两灾区应急资源申请量差别与差异化定价决策 P3 情形下的相等，甚至相比还有所降低。例如，图 10-5(a) 中 Δb 大约在 $[0, 0.5]$ 范围内时，统一定价下的 $\Delta \lambda$ 更低，甚至在 Δb 值为 0.4 左右时，统一定价下两灾区应急资源申请量基本相等（此时 $\Delta \lambda = 0$）。这现象正是定理 10.3 所述结论。

(2) 分别比较图 10-5(a)(b)(c) 以及图 10-6(a)(b)(c)，即从图 10-5 和图 10-6 横向来看，随着 a 不断增加，即两灾区应急资源需求的不对称程度不断增加，发现使得 $\Delta \lambda_3 \geqslant \Delta \lambda_4$ 的合作意愿差范围逐渐右移。这主要表明两灾区需要更大的合作意愿差才能弱化两受灾区域对应急资源需求的不对称影响。特别在图 10-6(b) 中，因两灾区需求的不对称程度有所降低，故此时令 $\Delta \lambda_3 \geqslant \Delta \lambda_4$ 的意愿差范围非常小、几乎是 6 幅子图中的最小范围。

(3) 图 10-5 和图 10-6 中两组横向子图都呈现整体趋势：统一定价政策下，两灾区竞争意愿差异 a 越大，出现两灾区应急资源量差异为 0 情形的合作意愿差越大。此外，图 10-5 和图 10-6 中均存在两灾区应急资源申请量差异始终不为 0 的情况，这是因为在这些场景下两受灾区域应急资源需求的不对称程度相对较大且总合作意愿较弱，此时供应方选择单一应急救援策略的利润相对更大，故几乎很难出现对各灾区均分配相等应急资源的局面。

10.6 本章小结

本章研究探讨供应方采取共享模式下跨区域多主体应急救援资源的分配博弈问题，仍以供应方利润最大化和受灾区域地方政府所获应急效用最大化为博弈目标构建 Stackelberg 模型，分析差异化定价和统一定价政策下跨区域应急资源最优分配策略，并实施模型对比分析，结合仿真算例，除了有与第 9 章类似的各灾区资源总申请量和供应方总供给量间的变化关系相关结论（定理 10.1 中结论②与定理 9.4 中结论③）以外，还有以下三点主要结论：

第一，当各受灾区域间的总合作意愿较弱时，供应方会倾向选择单一应急救援策略；在不同灾区总合作意愿不变的前提下，若各灾区对应急资源需求的不对称程度降低，供应方会偏向选择全局应急救援策略。此外，不仅各受灾区域间总合作意愿，且不同灾区间合作意愿差都对供应方选择单一或全局策略有重要影响，如即使各受灾区域间总合作意愿相对较高，但如果各灾区合作意愿差在一定范围时，供应方仍会选择单一应急救援策略。

第二，各受灾区域地方政府面对共享模式不同定价策略下的跨区域应急资源分配博弈，可根据一些已公开信息来辅助决策判断。例如，若本地灾区对应急资源的需求相对较弱，可倡导该区域地方政府在应急救援中提高合作意愿；若本地灾区对应急资源的需求相对较强但与其他灾区需求差距不大时，则更需要该区域地方政府大幅提高合作意愿以获取更多的应急资源；若各灾区的合作意愿均非常强，此时各灾区地方政府就可根据供应方的供给量来直接确定本灾区应急资源申请量。

第三，面对各灾区间具差别化程度的合作意愿，以及各灾区对应急资源需求不对称情形，与差异化定价策略下的不同灾区应急资源申请相比，统一定价策略使各灾区应急资源申请量差异相对更小；如若不同受灾区域对应急资源需求差异较大且灾区间总合作意愿较强，此时中央政府采取统一定价策略能促使供应方提供更多的有效应急资源。

与第9章一样，本章在未来研究中也可探讨应急参与者们采取其他类型管控方式对共享模式下跨区域多主体应急资源分配博弈有何影响。也可进一步拓展重大灾害跨区域应急救援场景，例如研究多类型应急资源供应方、多类型灾害需求方之间如何高效地进行资源分配。还可尝试更复杂的真实跨区域应急决策情境，如包括灾前预测、灾中应对和灾后恢复的全过程跨区域多主体应急资源分配博弈研究，面对实时灾害多主体之间怎样高效动态协作等均是今后可考虑的方向。

参 考 文 献

[1] Evers P T. Heuristics for assessing emergency transshipments[J]. European Journal of Operational Research, 2001, 129(2): 311-316.

[2] Ozdemir D, Yucesan E, Herer Y T. Multi-location transshipment problem with capacitated production and lost sales[J]. European Journal of Operational Research, 2007, 226(1): 602-621.

[3] Zhao Y, Simchi-Levi D. Performance analysis and evaluation of assemble-to-order systems with stochastic sequential lead times[J]. Operations Research, 2006, 54(4): 706-724.

[4] Cruijssen F, Cools M, Dullaert W. Horizontal cooperation in logistics: Opportunities and impediments[J]. Transportation Research Part E: Logistics & Transportation Review, 2007, 43(2): 129-142.

[5] Talluri S, Narasimhan R, Chung W. Manufacturer cooperation in supplier development under risk[J]. European Journal of Operational Research, 2010, 207(1): 165-173.

[6] Li J, Wang S, Cheng T C E. Competition and cooperation in a single-retailer two-supplier supply chain with supply disruption[J]. International Journal of Production Economics, 2010, 124(1): 137-150.

[7] 陈敬贤, 施国洪. 存在横向转载的供应链系统中供应商行为研究[J]. 软科学, 2010, 24(6): 120-124.

[8] Jiang B, Talluri S, Yao T. Improving supplier's situation through supplier cooperation: The case of Xintang jeans town[J]. International Journal of Production Economics, 2012, 139(2):

431-437.

[9] Wei J, Zhao J, Li Y. Price and warranty period decisions for complementary products with horizontal firms' cooperation/noncooperation strategies[J]. Journal of Cleaner Production, 2015, 105: 86-102.

[10] Arthanari T, Carfì D, Musolino F. Game theoretic modeling of horizontal supply chain coopetition among growers[J]. International Game Theory Review, 2015, 17(2): 1540013.

[11] Lee C, Park K S. Inventory and transshipment decisions in the rationing game under capacity uncertainty[J]. Omega, 2016, 65: 82-97.

[12] Kostami V, Kostamis D, Ziya S. Pricing and capacity allocation for shared services[J]. Manufacturing & Service Operations Management, 2017, 2(19): 230-245.

[13] Lozano S. Using DEA to find the best partner for a horizontal cooperation[J]. Computers & Industrial Engineering, 2013, 66(2): 286-292.

[14] Hassan M M, Hossain M S, Sarkar A M J, et al. Cooperative game-based distributed resource allocation in horizontal dynamic cloud federation platform[J]. Information Systems Frontiers, 2014, 16(4): 523-542.

[15] Zheng X, Cheng Y. Modeling cooperative and competitive behaviors in emergency evacuation: A game-theoretical approach[J]. Computers & Mathematics with Applications, 2011, 62(12): 4627-4634.

[16] Bouzat S, Kuperman M N. Game theory in models of pedestrian room evacuation[J]. Physical Review E, 2014, 89(3): 032806.

[17] Toyasaki F, Arikan E, Silbermayr L, et al. Disaster relief inventory management: Horizontal cooperation between humanitarian organizations[J]. Production and Operations Management, 2017, 26(6): 1221-1237.

[18] 孙昌玖, 裴虹, 刘丹, 等.考虑横向转运的震后应急物资协同调度研究[J].武汉理工大学学报（信息与管理工程版）, 2018, 40(4): 389-395.

第 11 章　中央政府管控下跨区域多主体应急博弈决策

前两章研究分别以供应方采取配给或共享模式为前提，探讨供应方与两个受灾区域地方政府之间的应急资源分配博弈问题，博弈分析过程中探讨了中央政府选择差异化定价或统一定价政策对资源分配决策方案的影响。不同于前两章，本章将中央政府也纳入跨区域应急资源分配博弈的主体，形成中央政府、供应方和灾区地方政府之间的多方博弈决策局面。重点研究中央政府价格管控下跨区域多主体间应急资源分配的多方博弈决策。

11.1　不同定价策略下面向两种模式的跨区域应急博弈对比

在将中央政府选择价格管控策略的决策作为博弈过程之前，先从供应方角度出发，将第 9 章和第 10 章中不同定价策略下面向配给或共享模式的跨区域应急资源博弈进行对比分析。

11.1.1　差异化定价下两种模式的对比

首先在中央政府允许差异化定价策略时，讨论两种分配模式下供应方最优利润的对比情况，有以下定理 11.1。

定理 11.1：令 T_i 表示面对决策问题 P_i 的两灾区应急资源总申请量，即 $\lambda_1 + \lambda_2$。在允许差异化定价时，若 $C(T_i - K) = T_i f(T_i / K)$ 且 $b = 0$，供应方无论选择配给或是共享模式，其所获得的最佳利润均不变。

证明：从 9.3.1 节与 10.3.1 节可知，中央政府允许差异化定价策略时，面向决策问题 P_1 和 P_3 的供应方利润函数分别为公式(9-1)和式(10-3)，经过简单整理化简后表达如下，需要注意的是特分别采用 R^{P_1} 和 R^{P_3} 以示区分：

$$R^{P_1}(\lambda_1, \lambda_2, \theta) = \lambda_1 + \lambda_2 - \left(\frac{\lambda_1^2}{\Lambda_1} + \frac{\lambda_2^2}{\Lambda_2}\right) - \lambda_1 f\left(\frac{\lambda_1}{(1-\theta)K}\right) - \lambda_2 f\left(\frac{\lambda_2}{\theta K}\right) + a\lambda_2 \quad (11\text{-}1)$$

$$R^{P_3}(\lambda_1, \lambda_2) = \lambda_1 + \lambda_2 - \left(\frac{\lambda_1^2}{\Lambda_1} + \frac{\lambda_2^2}{\Lambda_2}\right) + b\frac{\lambda_1 \lambda_2}{\lambda_1 + \lambda_2} - C(\lambda_1 + \lambda_2 - K)^+ + a\lambda_2 \quad (11\text{-}2)$$

一方面，由定理 9.2 结论②可知，$\theta^* = \dfrac{\lambda_2^*}{\lambda_1^* + \lambda_2^*}$。假设 $(\lambda_1, \lambda_2, \theta)$ 为 R^{P_1} 最优解，结合 θ^* 的表达式一并代入公式(11-1)后可以得到：

$$R^{P1}(\lambda_1^*, \lambda_2^*, \theta^*) = \lambda_1^* + \lambda_2^* - \left(\frac{\lambda_1^{*2}}{\Lambda_1} + \frac{\lambda_2^{*2}}{\Lambda_2}\right) - (\lambda_1^* + \lambda_2^*)f\left(\frac{\lambda_1^* + \lambda_2^*}{K}\right) + a\lambda_2$$

另一方面，当 $b=0$ 时，$R^{P3}(\lambda_1, \lambda_2) = \lambda_1 + \lambda_2 - \left(\frac{\lambda_1^2}{\Lambda_1} + \frac{\lambda_2^2}{\Lambda_2}\right) - C(\lambda_1 + \lambda_2 - K)^+$ $+ a\lambda_2$，若 $C(T_i - K) = T_i f(T_i / K)$，此时将最优解 $(\lambda_1^*, \lambda_2^*)$ 代入公式 (11-2) 可以得到与 R^{P1} 完全相同的收益。因此，$\max R^{P1}(\lambda_1, \lambda_2, \theta) \geqslant \max R^{P3}(\lambda_1, \lambda_2)$。

同理，如果假设 (ξ_1^*, ξ_2^*) 是决策问题 P_3 下供应方利润函数 R^{P3} 的最优解，对于决策问题 P_1 下供应方利润函数 R^{P1} 而言，此时 $\left(\xi_1^*, \xi_2^*, \vartheta^* = \frac{\xi_2^*}{\xi_1^* + \xi_2^*}\right)$ 可以使其获得与 R^{P3} 相等的利润，因此 $\max R^{P1}(\lambda_1, \lambda_2, \theta) \leqslant \max R^{P3}(\lambda_1, \lambda_2)$。

而决策问题 P_1 和 P_3 均只有一个最优解，故可知 $\max R^{P1}(\lambda_1, \lambda_2, \theta) = \max R^{P3}(\lambda_1, \lambda_2)$。∎

上述定理 11.1 中，$C(T_i - K)$ 表示的是共享模式下由于资源共享运作而由供应方承担的成本，因其会降低供应方处利润，故本章下述分析讨论时将其称为供应方负效用函数。$T_i f(T_i / K)$ 表示因应急资源供不应求而对需求方总效用造成的负面影响，由第 9 章分析可知，供应方定价会受其影响继而降低供应方处利润，故本章下述称之为需求方负效用函数。因此，定理 11.1 实际上表明，在供需双方的负效用函数相同、且两受灾区域间总合作意愿为 0 的情况下，供应方在配给和共享两种模式下可以获得相同的利润。这是由于在负效用函数一致的前提下，若两灾区各自合作意愿的绝对值大致相同，则供应方利用共享模式获得的"额外"利润较少，此时供应方对应急资源分配模式的选择仅受两灾区总合作意愿的影响。在总合作意愿为 0 时，供应方任意选择配给或共享模式。

基于定理 11.1 的研究场景，应急资源配给和共享模式虽给供应方带来无差别利润，但对不同灾区应急资源的均衡价格会有不同影响，现采用算例仿真的形式来对比不同场景下两种分配模式下的博弈均衡价格。算例假设 $a = 0.2$，$\Lambda_1 = 100$，$\Lambda_2 = 150$，$f(\mu) = 0.6\left(1 - \frac{1}{\mu}\right)$，$C(s) = 0.6s$，将对比结果列于表 11.1 和表 11.2。

观察表 11.1 和表 11.2，有如下发现：

(1) 无论应急资源供给量是否充沛，配给模式下资源单价均不会受到灾区间合作意愿的影响，如表 11.1 中灾区合作意愿的三种不同情形下，无论面对差异化定价（$p_1^* = 0.754$、$p_2^* = 0.854$）还是统一定价策略（$p^* = 0.84$），配给模式下的最优均衡价格均不变。

表 11.1 $b=0$, $K=60$ 时不同场景下最优决策方案

	$b_1=b_2=0$		$b_1=-0.1, b_2=0.1$		$b_1=-0.2, b_2=0.2$	
	配给模式	共享模式	配给模式	共享模式	配给模式	共享模式
差异化定价	$p_1^*=0.754$ $p_2^*=0.854$	$p_1^*=0.8$ $p_2^*=0.9$	$p_1^*=0.754$ $p_2^*=0.854$	$p_1^*=0.731$ $p_2^*=0.931$	$p_1^*=0.754$ $p_2^*=0.854$	$p_1^*=0.662$ $p_2^*=0.962$
统一定价	$R(14,51)=52.9$ $p^*=0.814$	$R(20,45)=53.5$				
		$R(14,51)=52.9$ $p^*=0.86$	$R(14,51)=52.9$ $p^*=0.814$	$R(8,57)=51.1$ $p^*=0.832$	$R(14,51)=52.9$ $p^*=0.814$	$R(0,60)=48$ $p^*=0.8$

表 11.2 $b=0$, $K=70$ 时不同场景下最优决策方案

	$b_1=b_2=0$		$b_1=-0.1, b_2=0.1$		$b_1=-0.2, b_2=0.2$	
	配给模式	共享模式	配给模式	共享模式	配给模式	共享模式
差异化定价	$p_1^*=0.78$ $p_2^*=0.88$	$p_1^*=0.78$ $p_2^*=0.88$	$p_1^*=0.711$ $p_2^*=0.911$	$p_1^*=0.78$ $p_2^*=0.88$	$p_1^*=0.643$ $p_2^*=0.943$	
统一定价		$R(20,45)=53.5$				
	$R(16,54)=58.8$ $p^*=0.84$	$R(16,54)=58.8$ $p^*=0.84$	$R(10,60)=57$ $p^*=0.814$	$R(16,54)=58.8$ $p^*=0.84$	$R(4,66)=54$ $p^*=0.771$	

(2) 共享模式下,随着灾区 1 合作意愿值的降低(b_1 从 0 到 –0.1 再到 –0.2),供应方向灾区 1 地方政府收取的应急资源单价逐渐降低,灾区 2 处资源单价相应逐渐提高。如表 11.1 中 $b_1=b_2=0$ 时,共享模式下两个受灾区域的资源单价均比配给模式下的高,随着合作意愿的变化,两灾区单价呈反向变动。

(3) 从表 11.2 可看出,应急资源供给量和各灾区合作意愿均存在某个边界能使不同分配模式下的均衡价格方案一致,如表 11.2 中 $K=70$、$b_1=b_2=0$ 时在差异化定价和统一定价策略下,无论选择配给还是共享模式,其最优均衡价格方案均相同,或为 $p_1^*=0.78$、$p_2^*=0.88$;或为 $p^*=0.84$。且 $b=0,K=70$ 时统一定价策略下存在不同灾区资源总申请量始终与供给量 70 相一致的现象,如 $\lambda_1^*=16, \lambda_2^*=54; \lambda_1^*=10, \lambda_2^*=60; \lambda_1^*=4, \lambda_2^*=66$。

这些发现表明若无定理 11.1 中供应方与需求方负效用函数相等 $C(T_i-K)=T_if(T_i/K)$ 这一前提,供应方在配给和共享模式下的所获利润是不尽相同的,供应方需根据更多实际情况来对应急资源分配模式做出合适选择决策。以下定理 11.2 将对其他情形做进一步的讨论。

定理 11.2:在允许差异化定价的政策下,供应方会做出如下选择。

① 当供需方负效用函数一致时,如果 $b>0$,供应方选择应急资源共享模式

时的利润更大，故选择共享模式；否则 $b<0$ 时，供应方选择配给模式。

② 当供需方负效用函数不一致时，灾区间总合作意愿存在某个边界 $\tilde{b}(K)$，若 $b>\tilde{b}(K)$，供应方选择共享模式；否则供应方则应选择配给模式。

证明：

① 由定理 11.1 可知，当供需方负效用函数一致且 $b=0$ 时，$R^{P1}=R^{P3}$。

现讨论当 $b\neq 0$ 时，对公式 (11-2) 求一阶导数，有：$\dfrac{\partial R^{P3}(\lambda_1,\lambda_2)}{\partial b}=\dfrac{\lambda_1^*\lambda_2^*}{\lambda_1^*+\lambda_2^*}>0$，即 R^{P3} 会随 b 的增加而增加。因此当 $b>0$ 时，$R^{P1}<R^{P3}$，此时供应方会选择共享模式；同理，$b<0$ 时，$R^{P1}>R^{P3}$，供应方此时选择配给模式。

② 类似地，正是由于 R^{P3} 会随 b 的增加而增加，故在 $C(T_i-K)\neq T_if(T_i/K)$ 时，因供应方与需求方负面效用差异而致的供应方利润差距可以通过 b 的增加来逐渐填平，如此便必然存在某个 $\tilde{b}(K)$，使得配给和共享模式下的供应方利润相等 $R^{P1}=R^{P3}$。有了这个边界 $\tilde{b}(K)$ 后，再应用定理 11.2 的结论①，将 $b-\tilde{b}(K)$ 看成结论①中的 b，于是结论②得证。∎

定理 11.2 表明：(1) 当受灾区域之间应急资源的共享合作不够"积极"时 ($b<0$)，供应方通过应急资源共享运作所获的"额外"收益较低，故会偏向选择配给模式。(2) 当供需方负效用函数一致时，供需双方在跨区域应急资源分配运作过程中的各因素 (如 K,a,Λ_i) 并不影响供应方做出不同模式选择时的边界值；而当供需方负效用函数不一致时，应急资源供给量会影响供应方选择不同分配模式的边界条件。

11.1.2 统一定价下两种模式的对比

上述讨论的均是差异化定价情况，接下来分析统一定价策略情形，主要结论整理成如下定理 11.3。

定理 11.3： 在统一定价政策下，供应方会做出如下选择。

① 当 $b_1\leqslant a-K/\Lambda_2$ 且 $b_2\leqslant -a-K/\Lambda_1$ 时，供应方选择配给模式。

② 当 $b_1\leqslant a-K/\Lambda_2$ 且 $b_2\geqslant -a-K/\Lambda_1$，或者 $b_1\geqslant a-K/\Lambda_2$ 且 $b_2\leqslant -a-K/\Lambda_1$ 时，供应方选择配给模式。

③ 当 $b_1\geqslant a-K/\Lambda_2$ 且 $b_2\geqslant -a-K/\Lambda_1$ 时，灾区间总合作意愿存在一定边界 $\bar{b}(K)$ 与一定合作意愿差范围 $(\Delta\bar{b}_{\min},\Delta\bar{b}_{\max})$，若 $b>\bar{b}(K)$ 且 $b\in(\Delta\bar{b}_{\min},\Delta\bar{b}_{\max})$，供应方选择共享模式，否则选择配给模式。

证明： ① 将决策问题 $P4$ 中单价相同的约束条件以拉格朗日乘子 g 代入供应方利润函数式 (10-10) 中，可以得出：

$$\max R = \lambda_1\left(1-\frac{\lambda_1}{\Lambda_1}\right) + \lambda_2\left(1+a-\frac{\lambda_2}{\Lambda_2}\right) + b\frac{\lambda_1\lambda_2}{\lambda_1+\lambda_2} - C(\lambda_1+\lambda_2-K)^+$$
$$+ g\cdot\left(\left(\frac{b_1}{\lambda_1+\lambda_2}+\frac{1}{\Lambda_2}\right)\lambda_2 - \left(\frac{b_2}{\lambda_1+\lambda_2}+\frac{1}{\Lambda_1}\right)\lambda_1 - a\right) \quad (11\text{-}3)$$

将公式 (11-3) 对 λ_1 求二阶导数为: $\frac{\partial^2 R}{\partial \lambda_1^2} = -2\left(\frac{1}{\Lambda_1}+\frac{1}{\Lambda_2}+\frac{b}{K}\right)$, 由于 $b_1 \leqslant a - \frac{K}{\Lambda_2}$ 且 $b_2 \leqslant -a - \frac{K}{\Lambda_1}$, 所以 $b \leqslant -\frac{\Lambda_1+\Lambda_2}{\Lambda_1\Lambda_2}K$, 故而 $\frac{\partial R^2}{\partial^2 \lambda_1} \geqslant 0$。这意味着供应方利润函数在各灾区合作意愿无下界限制的情况下没有最优解, 因此应急资源分配边界即 $(0,K)$ 或 $(K,0)$ 为最优解, 此时 $R^{P2} \geqslant R^{P4}$, 即供应商选择配给模式。

② 由第 10 章中公式 (10-11) 可知, λ_1^* 和 λ_2^* 的分母相同, 在 $b_1 \leqslant a - \frac{K}{\Lambda_2}$ 且 $b_2 \geqslant -a - \frac{K}{\Lambda_1}$ 或者 $b_1 \geqslant a - \frac{K}{\Lambda_2}$ 且 $b_2 \leqslant -a - \frac{K}{\Lambda_1}$ 情况下, λ_1^* 和 λ_2^* 两式为异号。这意味着决策问题 $P4$ 最优解仍为 $(0,K)$ 或 $(K,0)$, 此时 $R^{P2} \geqslant R^{P4}$, 即供应商选择配给模式。

③ 考虑决策问题 $P2$ 和 $P4$ 下的供应方利润函数有如下上界:

$$R^{P2}(\lambda_1,\lambda_2,\theta) \leqslant \lambda_1+\lambda_2-\left(\frac{\lambda_1^2}{\Lambda_1}+\frac{\lambda_2^2}{\Lambda_2}\right)+a\lambda_2$$

$$R^{P4}(\lambda_1,\lambda_2) \leqslant \lambda_1+\lambda_2-\left(\frac{\lambda_1^2}{\Lambda_1}+\frac{\lambda_2^2}{\Lambda_2}\right)+b\frac{\lambda_1\lambda_2}{\lambda_1+\lambda_2}-C(\lambda_1+\lambda_2-K)^+ + a\lambda_2$$

与决策问题 $P2, P4$ 相比, 决策问题 $P1, P3$ 受到的约束更少、少了统一定价的约束条件, 因此 $R^{P4} \leqslant R^{P3}, R^{P2} \leqslant R^{P1}$。

一方面, 对于决策问题 $P3$ 和 $P4$, 存在某个合作意愿差 Δb 使得 $\max R^{P4} = R^{P3}$。

另一方面, 结合上述定理 11.2 的推导过程, 必然存在某个 $\bar{b}$ 使得 $R^{P3} > R^{P1}$。

如此, 便可推导出当 $b > \bar{b}$ 时, 一定存在合理范围内的某个合作意愿差 Δb, 可以使得 $R^{P4} = R^{P3} \geqslant R^{P1} \geqslant R^{P2}$ 成立, 此时供应方选择共享模式; 否则选择配给模式。 ∎

定理 11.3 表明: 在统一定价政策下, 不同受灾区域的合作意愿对供应方选择配给或者共享模式有着重要影响。

综合本节三个定理发现: 无论中央政府采取哪种价格管制政策, 若各受灾需求方之间的合作意愿非常"消极", 供应方便会毫不犹豫选择配给模式来实施跨区域应急资源分配；否则，供应方则需要权衡较多相关因素(如合作意愿、供需方负面效用函数、供给量)来综合做出选择决策。

11.2 配给和共享模式下中央政府两种价格管控策略对比

接着，基于第 9 章和第 10 章的相关结论，讨论配给和共享模式下中央政府选择差异化定价和统一定价策略时跨区域应急资源最优分配决策方案的对比，尤其比较差异化定价和统一定价策略下各灾区应急资源总申请量，以及不同灾区资源申请差异的大小，得出相关结论给中央政府决策提供参考建议。

11.2.1 配给模式下两种定价策略的对比

分以下两种情况来对比配给模式下的差异化定价和统一定价策略。

1. 差异化定价与统一定价下资源总申请量一致的情形

假若配给模式下面向两种定价策略的不同灾区总申请量相等：当灾区 2 申请量大于灾区 1 的($\Lambda_2 > \Lambda_1$)时，中央政府选择差异化定价策略能够更好地提高应急资源分配过程中的救援公平性；反之，当 $\Lambda_1 > \Lambda_2$ 时，中央政府对定价策略的选择则受到竞争意愿差异 a 的影响，若 a 较小，选择统一定价策略可以降低两灾区资源申请量的差异，而 a 较大时采取统一定价策略则会增加两灾区申请量的差异。

2. 差异化定价与统一定价下资源总申请量不一致的情形

下面讨论差异化和统一定价策略下不同灾区应急资源总申请量存在差异的情形。为便于分析，假设差异化定价策略下申请量较低的一方灾区处应急资源申请量为 λ_1^d，记另一方灾区的资源申请量为 λ_2^d；相应地，统一定价策略下则分别记为 λ_1^s 和 λ_2^s。

由第 9 章研究结论，供应方选择资源配给模式时，统一定价策略下两灾区总申请量始终不高于差异化定价下的相应量，于是有：$\lambda_1^d + \lambda_2^d \geqslant \lambda_1^s + \lambda_2^s$。且由于差异化定价下决策问题 P1 的最优解必然满足模型约束条件，故有 $\lambda_2^d \leqslant \lambda_2^s$。如此，便得出：$\lambda_1^d \geqslant \lambda_1^s$。这意味着差异化定价下两灾区资源申请量之间的差别必然小于统一定价下两灾区资源申请量的差别。

据此可进一步得出：若差异化定价下两灾区间资源申请量差距较大时，考虑到公平救援的重要性，中央政府应选择统一定价策略；若差异化定价下两灾区间资源申请量差距较小、且鉴于差异化定价下两灾区总申请量与统一定价下的一致或更高时，中央政府选择允许差异化定价策略会更优。

综上，面对跨区域应急资源配给模式，中央政府在选择不同种价格管制政策时需要重点考虑救援公平性因素的影响。

11.2.2 共享模式下两种定价策略的对比

回顾第 10 章的跨区域多主体应急共享博弈相关研究结论，无论差异化定价还是统一定价策略，面向共享模式的各灾区必然存在某个总合作意愿 b^*，当 $b \leqslant b^*$ 时，差异化和统一定价政策下的灾区总申请量一致。另从以下两个方面来探讨跨区域应急资源共享模式下两种定价策略的对比：

(1) 从不同灾区所获应急资源量的差异来看：对于不同灾区总合作意愿，必然存在某个边界 $\hat{b}$，当 $b < \hat{b}$ 时，差异化定价和统一定价策略下各灾区资源申请量的差异一致；若 $b > \hat{b}$，则存在某个灾区间意愿差范围促使中央政府选择统一定价策略，超出该意愿差范围的便选择允许差异化定价政策。

(2) 从不同灾区所获应急资源总量来看：在其他相关因素不变的情形下，也存在某个总合作意愿边界，当灾区的总合作意愿超出该边界、且各灾区合作意愿差在一定范围内时，中央政府会选择统一定价政策以更大化资源总申请量(即实现更大化应急需求满足)和更小化资源申请量差异(即实现更好的救援公平性)。

11.3 考虑中央政府管控的跨区域应急分配多方博弈分析

前两节研究不论是从面向各定价策略的不同分配模式进行对比，还是从面向各分配模式的不同定价策略进行对比，都论证了中央政府在不同场景选择合适价格管控策略的重要性。这里不再把差异化或统一定价策略作为博弈的前提条件，而是将中央政府有关定价管控政策的选择纳入博弈分析范围，即本节探讨含中央政府、供应方和各灾区地方政府在内的多方主体如何进行有效的跨区域应急资源分配博弈。

11.3.1 多方博弈相关研究

博弈分析是根据局中人策略和收益探寻符合各自决策最优策略的一种方法。从不同角度有不同的博弈分类：如按参与主体间是否在博弈过程中需要遵守契约进行分类，博弈研究可分为合作博弈和非合作博弈；按博弈行为的时间序列特征进行分类，可划分为静态博弈和动态博弈；按博弈局中人对其他人的信息了解程度进行分类，可分为完全信息博弈和不完全信息博弈；单纯按博弈参与主体类别的多少来进行分类，可分为双方博弈和多方博弈。多方博弈作为博弈分析方法的一个重要分支，被广泛应用于各个不同的研究领域。

多方博弈在管理领域有较多应用研究，如曾敏刚和周艳婷[1]针对我国逆向物流的现状,提出建立一个包含第三方物流、制造企业、政府和消费者在内的两阶段多方博弈模型。袁持平[2]在采用多方博弈对政府讨价还价过程进行模拟的基础上研究政府管制和谈判机制。赵莹梅等[3]构建不完全信息下由生产企业、经销商和政府监管部门组成的三方静态博弈模型,提出从利益实现机制出发,强化各方主体在产品质量监管上的理性,以破解产品质量监管困局。该研究表明:企业、经销商和政府监管部门是否会严格规范自身行为主要取决于各自的监管力度、直接监管成本以及监管的机会成本。Chen 等[4]针对煤矿行业的安全监管问题,构建了国家、监管部门和煤矿企业这三类参与主体间不完全信息的动态监管博弈模型,并通过三方博弈分析对如何增强安全监管给出一些建议。Lu 等[5]的研究也与之类似,不过多方博弈的参与者变成了煤矿工人、煤炭企业检查组和政府监管部门。Sinayi 和 Rasti-Barzoki[6]为实现供应链发展的可持续性,将政府作为第三方参与者,构建政府与普通商业二级供应链参与者之间的三方博弈模型并进行均衡分析。谭劲松等[7,8]的系列研究特别关注在企业合并中多方的利益博弈。

多方博弈也有不少在经济学领域的相关研究,如陈万灵和何传添[9]将多方博弈思路应用于"海上丝绸之路"参与各方的经贸定位。姚震宇[10]强调将多方博弈化约成双方博弈的前提是博弈方同质,并以招商引资为例提出一个不同质三方博弈分析模式。刘亮和宋国学[11]指出目标各异的多个主体共同参与制定预算也是一种多方博弈的过程,并基于多方博弈分析提出完善预算制度的政策建议。刘凌波[12]认为政府行为中每一个政策从出台到最终的实施往往都是多方博弈的过程,指出市场、政府和社会并非此消彼长的"零和博弈",而是一种张力平衡关系。Charness 等[13]对投资博弈中第三方干预行为的影响进行探讨。也有文献将多方博弈应用于网络冲突和科学技术领域,如杨尊琦和张琳[14]基于对产生冲突的多方参与者间博弈行为进行分析,从根本上探究网络冲突的成因和演化动力;张保伟[15]从多方博弈的视角分析科研不端行为的形成过程,并提出相应的治理策略。

与本节研究相关度较高的是多方博弈方法在灾害应急领域的应用,如 Gupta 和 Ranganathan[16]将多个应急救援中心作为博弈参与方,以资源最大化为各参与方的决策目标,建立非合作博弈模型,探讨面向多参与方之间竞争的最佳资源分配策略。Lai 等[17]分析面向洪灾救援的多个受灾点之间的博弈行为,构建基于博弈论组合权重的洪水风险模糊综合评价模型。Cheung 和 Zhuang[18]针对石油泄漏事件构建一个由政府和两家企业组成的三方博弈模型,经研究发现:两家企业间的竞争会使各自需承担更大的风险,且建议政府需加强监管才能避免造成更大的损失。Du 和 Qian[19]针对灾害发生后紧急响应过程中政府动员各参与组织间的演化博弈策略进行研究,特别关注各种不同类型的非营利组织与政府之间的多方博弈分析。Hamilton 和 McCain[20]模拟了发生在恐怖分子(攻击者)和医疗保健专业人士(维护者)之间的三方博弈,通过对比分析攻击者发动天花病毒袭击前后的博弈,给出专门针对社会安全-防御的博弈模型。Eid 等[21]从灾害保险的角度进行独辟蹊径的研究,通过建立三方演化博弈模型来分析自然灾害对个人和政府的影响,尤其针对购买保险的家庭,保险公司和处理救灾的政府均是博弈参与方,其博弈目标是平衡财务负担和减轻未来的灾难损失。该研究结果表明,家庭倾向于购买保费和覆盖率较低的保险,因此保费最高的保险是购买量最少的,而且自然灾害的随机性质会影响博弈的最优策略,从而改变提供和购买保险的类型。上述这些文献为本节探讨中央政府、供应方和灾区地方政府之间怎样高效地进行多方博弈以实现跨区域应急资源最优分配提供一定思路和启发。

11.3.2 面向中央政府管控的跨区域多主体间博弈决策

如前述,跨区域多主体间应急资源分配博弈涉及中央政府、供应方和不同灾区地方政府。第 9 章和第 10 章针对的是供应方与受灾区域地方政府之间的 Stackelberg 博弈分析,本节研究直接以此类博弈结果为基础,进一步讨论中央政府与供应方之间的囚徒困境博弈:中央政府决定进行哪种类型的价格管控(即选择定价策略),与此同时,供应方决定选择或配给模式或共享模式进行应急救援资源的分配。

需要注意的是,本书研究均在跨区域应急资源供不应求的场景,从各灾区灾民心理角度出发,应急资源分配不仅要及时有效、且其救援相对公平性也不容忽视。中央政府作为应急救援的总协调方,其目标就是高效完成人道主义救援运作,具体表征为最大化供应方提供的有效应急资源量(设供应方通过延时服务最终能够满足各灾区资源的总申请量)及最大限度实现各灾区救援公平。体现在应急资源分配博弈模型里,则是中央政府出台"尽可能选择 T 较大和 Δb 较小"的价格管控政策。

综合第 9 和 10 章相关结论,结合 11.1 和 11.2 节不同角度的对比分析可知:

(1) 有关不同灾区需求和各灾区间竞争意愿的差异,在供应方供给量一定的情形下,大致可分三种情况:$\varLambda_1 > \varLambda_2$;$\varLambda_1 < \varLambda_2$ 且 $a < a^{\#}$;$\varLambda_1 < \varLambda_2$ 且 $a > a^{\#}$。

(2) 有关灾区间总合作意愿边界,可细分为以下五种:使 $T_3 > K$ 的 b 值;使 $R^{P3} > R^{P2}$ 的 b 值;使 $R^{P3} > R^{P1}$ 的 b 值;使 $T_4 > T_3$ 的 b 值;面对决策问题 P4 场景,使 $\lambda_1^* = \lambda_2^* = K$ 的 b 值。为方便表述,依次将上述细分边界值重新相应标记为 $b^{i\#}(i=1,2,3,4,5)$,由前述分析总结可有:$b^{2\#} < b^{3\#} < b^{5\#}$,$b^{4\#} < b^{5\#}$,$b^{1\#} < b^{5\#}$。

(3) 对于不同灾区合作意愿差异的边界值,有以下三种划分情况:记 $\Delta b_1^{\#}$ 为 $R^{P4} > R^{P2}$ 此范围内的边界值;记 $\Delta b_2^{\#}$ 为 $\Delta \lambda^{P4} < \Delta \lambda^{P3}$ 此范围内的边界值;而 $\Delta b_3^{\#}$ 表示 $T_4 > T_3$ 此范围内的边界值。

观察上述细分的灾区间总合作意愿边界,可明确 $b^{5\#}$ 的值是绝对最大的,故在

$b > b^{5\#}$ 的情形下，中央政府与供应方间囚徒困境博弈的结果为：中央政府选择差异化定价策略，供应方选择共享模式进行跨区域应急资源分配。不过，在 $\Lambda_1 < \Lambda_2$ 且 $a > a^\#$ 时，存在某些确定的总合作意愿边界，能使之出现中央政府选择统一定价策略、供应方选择配给模式的博弈结果。除此之外，由于上述其余的总合作意愿边界值无法明确其大小关系，故下面拟采用算例场景进行仿真分析。具体而言，将各场景下的利润 R、各灾区应急资源总申请量 T，以及不同灾区应急资源申请量差异 $\Delta\lambda$ 列于表 11.3 中，并通过划线法得出仿真博弈结果以供分析。

表 11.3 中央政府与供应方之间的囚徒困境博弈

囚徒困境博弈		中央政府	
		差异化定价	统一定价
供应方	配给模式	R^{P1}、T_1、$\Delta\lambda^{P1}$	R^{P2}、T_2、$\Delta\lambda^{P2}$
	共享模式	R^{P3}、T_3、$\Delta\lambda^{P3}$	R^{P4}、T_4、$\Delta\lambda^{P4}$

算例场景设置如下：$f(\mu) = \mu^{0.5} - 1$，$C(s) = 0.6s$。假设不同灾区需求和竞争意愿差异的划分情况有以下场景：场景① $\Lambda_1 = 100$，$\Lambda_2 = 150$，$a = 0$；场景② $\Lambda_1 = 100$，$\Lambda_2 = 150$，$a = 0.5$；场景③ $\Lambda_1 = 150$，$\Lambda_2 = 100$，$a = 0.1$；场景④ $\Lambda_1 = 150$，$\Lambda_2 = 100$，$a = 0.3$。面对这四个不同场景，在灾区间总合作意愿的不同划分区间实施仿真算例，将博弈结果分别列于表 11.4～表 11.7，表中 $\forall$ 表示取值任意。

表 11.4 场景①下中央政府与供应方的博弈结果

$b^{2\#} < b^{3\#} < b^{1\#} < b^{4\#} < b^{5\#}$					
已知条件				博弈结果	
总合作意愿 b	总合作意愿所属区间	合作意愿差异 Δb	合作意愿差异所属区间	供应方分配模式选择	中央政府定价策略选择
−0.1	$b < b^{2\#}$	0.1	$\forall$	配给模式	差异化定价
0.0001	$b^{2\#} < b < b^{3\#}$	−0.2001	$\Delta b \notin \Delta b_1^\#$	配给模式	差异化定价
		−0.0001	$\Delta b \in \Delta b_1^\#$ 且 $\Delta b \notin \Delta b_2^\#$	配给模式	差异化定价
		0.1999	$\Delta b \in \Delta b_1^\#$ 且 $\Delta b \in \Delta b_2^\#$	配给模式	差异化定价
				共享模式	差异化定价
0.3	$b^{3\#} < b < b^{1\#}$	0.7	$\Delta b \notin \Delta b_1^\#$	共享模式	差异化定价
		−0.1	$\Delta b \in \Delta b_1^\#$ 且 $\Delta b \notin \Delta b_2^\#$	共享模式	差异化定价
		0.1	$\Delta b \in \Delta b_1^\#$ 且 $\Delta b \in \Delta b_2^\#$	共享模式	统一定价

续表

$b^{2\#} < b^{3\#} < b^{1\#} < b^{4\#} < b^{5\#}$

总合作意愿 b	已知条件			博弈结果	
	总合作意愿所属区间	合作意愿差异 Δb	合作意愿差异所属区间	供应方分配模式选择	中央政府定价策略选择
1	$b^{1\#} < b < b^{4\#}$	-2	$\Delta b \notin \Delta b_1^\#$	共享模式	差异化定价
		-1	$\Delta b \in \Delta b_1^\#$ 且 $\Delta b \notin \Delta b_2^\#$	共享模式	差异化定价
		0.2	$\Delta b \in \Delta b_1^\#$ 且 $\Delta b \in \Delta b_2^\#$	共享模式	—
2	$b^{4\#} < b < b^{5\#}$	-2	$\Delta b \notin \Delta b_1^\#$	共享模式	差异化定价
		0.2	$\Delta b \in \Delta b_1^\#$ 且 $\Delta b \in \Delta b_2^\#$ 且 $\Delta b \in \Delta b_3^\#$	共享模式	差异化定价
		0.6	$\Delta b \in \Delta b_1^\#$ 且 $\Delta b \in \Delta b_2^\#$ 且 $\Delta b \notin \Delta b_3^\#$	共享模式	—
		$\varnothing$	$\Delta b \in \Delta b_1^\#$ 且 $\Delta b \notin \Delta b_2^\#$ 且 $\Delta b \in \Delta b_3^\#$	—	—
		0.8	$\Delta b \in \Delta b_1^\#$ 且 $\Delta b \notin \Delta b_2^\#$ 且 $\Delta b \notin \Delta b_3^\#$	共享模式	差异化定价

表 11.5 场景②下中央政府与供应方的博弈结果

$b^{1\#} = b^{2\#} = b^{4\#} < b^{3\#} < b^{5\#}$

总合作意愿 b	已知条件			博弈结果	
	总合作意愿所属区间	合作意愿差异 Δb	合作意愿差异所属区间	供应方分配模式选择	中央政府定价策略选择
-0.5	$b < b^{2\#}$	-0.5	$\forall$	配给模式	差异化定价
				共享模式	统一定价
-0.3	$b^{2\#} < b < b^{3\#}$	0.7	$\Delta b \in \Delta b_1^\#$ 且 $\Delta b \in \Delta b_2^\#$ 且 $\Delta b \in \Delta b_3^\#$	配给模式	差异化定价
				共享模式	差异化定价
		$\varnothing$	$\Delta b \in \Delta b_1^\#$ 且 $\Delta b \in \Delta b_2^\#$ 且 $\Delta b \notin \Delta b_3^\#$	—	—
		$\varnothing$	$\Delta b \in \Delta b_1^\#$ 且 $\Delta b \notin \Delta b_2^\#$ 且 $\Delta b \in \Delta b_3^\#$	—	—
		0.3	$\Delta b \in \Delta b_1^\#$ 且 $\Delta b \notin \Delta b_2^\#$ 且 $\Delta b \notin \Delta b_3^\#$	配给模式	差异化定价

续表

$b^{1\#} = b^{2\#} = b^{4\#} < b^{3\#} < b^{5\#}$

已知条件				博弈结果	
总合作意愿 b	总合作意愿所属区间	合作意愿差异 Δb	合作意愿差异所属区间	供应方分配模式选择	中央政府定价策略选择
0	$b^{3\#} < b < b^{5\#}$	0.7	$\Delta b \in \Delta b_1^\#$ 且 $\Delta b \in \Delta b_2^\#$ 且 $\Delta b \in \Delta b_3^\#$	共享模式	统一定价
		$\varnothing$	$\Delta b \in \Delta b_1^\#$ 且 $\Delta b \in \Delta b_2^\#$ 且 $\Delta b \notin \Delta b_3^\#$	—	—
		$\varnothing$	$\Delta b \in \Delta b_1^\#$ 且 $\Delta b \notin \Delta b_2^\#$ 且 $\Delta b \notin \Delta b_3^\#$	—	—
		0.4	$\Delta b \in \Delta b_1^\#$ 且 $\Delta b \notin \Delta b_2^\#$ 且 $\Delta b \notin \Delta b_3^\#$	共享模式	差异化定价

表 11.6 场景③下中央政府与供应方的博弈结果

$b^{2\#} < b^{3\#} < b^{1\#} < b^{4\#} < b^{5\#}$

已知条件				博弈结果	
总合作意愿 b	总合作意愿所属区间	合作意愿差异 Δb	合作意愿差异所属区间	供应方分配模式选择	中央政府定价策略选择
−0.1	$b < b^{2\#}$	0.1	$\forall$	配给模式	统一定价
0	$b^{2\#} < b < b^{3\#}$	−0.1	$\Delta b \notin \Delta b_1^\#$ 且 $\Delta b \notin \Delta b_2^\#$	配给模式	统一定价
		−0.04	$\Delta b \notin \Delta b_1^\#$ 且 $\Delta b \in \Delta b_2^\#$	配给模式	统一定价
		0.1	$\Delta b \in \Delta b_1^\#$ 且 $\Delta b \notin \Delta b_2^\#$	—	—
		0	$\Delta b \in \Delta b_1^\#$ 且 $\Delta b \in \Delta b_2^\#$	共享模式	统一定价
0.1	$b^{3\#} < b < b^{1\#}$	−0.3	$\Delta b \notin \Delta b_1^\#$ 且 $\Delta b \in \Delta b_2^\#$	共享模式	差异化定价
		$\varnothing$	$\Delta b \in \Delta b_1^\#$ 且 $\Delta b \in \Delta b_2^\#$	—	—
		−0.24	$\Delta b \notin \Delta b_1^\#$ 且 $\Delta b \notin \Delta b_2^\#$	共享模式	差异化定价
		0.04	$\Delta b \in \Delta b_1^\#$ 且 $\Delta b \in \Delta b_2^\#$	共享模式	统一定价
0.3	$b^{1\#} < b < b^{4\#}$	−0.7	$\Delta b \in \Delta b_1^\#$ 且 $\Delta b \notin \Delta b_2^\#$	共享模式	差异化定价
				配给模式	统一定价
		$\varnothing$	$\Delta b \notin \Delta b_1^\#$ 且 $\Delta b \in \Delta b_2^\#$	—	—
		−0.1	$\Delta b \in \Delta b_1^\#$ 且 $\Delta b \notin \Delta b_2^\#$	共享模式	差异化定价
		0	$\Delta b \in \Delta b_1^\#$ 且 $\Delta b \in \Delta b_2^\#$	共享模式	—

续表

已知条件				博弈结果	
总合作意愿 b	总合作意愿所属区间	合作意愿差异 Δb	合作意愿差异所属区间	供应方分配模式选择	中央政府定价策略选择
2	$b^{4\#} < b < b^{5\#}$	−2.8	$\Delta b \notin \Delta b_1^\#$	共享模式	差异化定价
				配给模式	统一定价
		0	$\Delta b \in \Delta b_1^\#$ 且 $\Delta b \in \Delta b_2^\#$ 且 $\Delta b \in \Delta b_3^\#$	共享模式	统一定价
		∅	$\Delta b \in \Delta b_1^\#$ 且 $\Delta b \in \Delta b_2^\#$ 且 $\Delta b \notin \Delta b_3^\#$	−	−
		∅	$\Delta b \in \Delta b_1^\#$ 且 $\Delta b \notin \Delta b_2^\#$ 且 $\Delta b \in \Delta b_3^\#$	−	−
		0.2	$\Delta b \in \Delta b_1^\#$ 且 $\Delta b \notin \Delta b_2^\#$ 且 $\Delta b \notin \Delta b_3^\#$	共享模式	差异化定价
3	$b^{5\#} < b$	−3.6	$\Delta b \notin \Delta b_1^\#$	共享模式	差异化定价
				配给模式	统一定价
		0	$\Delta b \in \Delta b_1^\#$	共享模式	差异化定价

表 11.7 场景④下中央政府与供应方的博弈结果

$b^{1\#} < b^{2\#} < b^{3\#} < b^{4\#} < b^{5\#}$

已知条件				博弈结果	
总合作意愿 b	总合作意愿所属区间	合作意愿差异 Δb	合作意愿差异所属区间	供应方分配模式选择	中央政府定价策略选择
−0.2	$b < b^{1\#}$	0.4	∀	配给模式	差异化定价
−0.1	$b^{1\#} < b < b^{2\#}$	−0.3	∀	配给模式	差异化定价
0	$b^{2\#} < b < b^{3\#}$	0	$\Delta b \notin \Delta b_1^\#$	配给模式	差异化定价
		0.2	$\Delta b \in \Delta b_1^\#$ 且 $\Delta b \notin \Delta b_2^\#$	配给模式	差异化定价
		0.4	$\Delta b \in \Delta b_1^\#$ 且 $\Delta b \in \Delta b_2^\#$	共享模式	差异化定价
				配给模式	统一定价
1	$b^{3\#} < b < b^{4\#}$	−1.4	$\Delta b \notin \Delta b_1^\#$	共享模式	差异化定价
		−0.6	$\Delta b \in \Delta b_1^\#$ 且 $\Delta b \notin \Delta b_2^\#$	共享模式	差异化定价
		0.44	$\Delta b \in \Delta b_1^\#$ 且 $\Delta b \in \Delta b_2^\#$	共享模式	−

续表

已知条件				博弈结果	
总合作意愿 b	总合作意愿所属区间	合作意愿差异 Δb	合作意愿差异所属区间	供应方分配模式选择	中央政府定价策略选择
1.8	$b^{4\#} < b < b^{5\#}$	−2.2	$\Delta b \notin \Delta b_1^{\#}$	共享模式	差异化定价
		0.2	$\Delta b \in \Delta b_1^{\#}$ 且 $\Delta b \in \Delta b_2^{\#}$ 且 $\Delta b \in \Delta b_3^{\#}$	共享模式	统一定价
		$\varnothing$	$\Delta b \in \Delta b_1^{\#}$ 且 $\Delta b \in \Delta b_2^{\#}$ 且 $\Delta b \notin \Delta b_3^{\#}$	—	—
		$\varnothing$	$\Delta b \in \Delta b_1^{\#}$ 且 $\Delta b \notin \Delta b_2^{\#}$ 且 $\Delta b \in \Delta b_3^{\#}$	—	—
		0.6	$\Delta b \in \Delta b_1^{\#}$ 且 $\Delta b \notin \Delta b_2^{\#}$ 且 $\Delta b \notin \Delta b_3^{\#}$	共享模式	差异化定价

$b^{1\#} < b^{2\#} < b^{3\#} < b^{4\#} < b^{5\#}$

观察表 11.4～表 11.7，发现：四个不同场景下，均会出现供应方明明选择同一资源分配模式、但中央政府却选择不同定价策略的情况。如四个表同是面对供应方选择跨区域应急资源共享分配模式，但中央政府均会出现或选择差异化定价或选择统一定价策略的局面。分析其原因，很大可能是因为与差异化定价相比，统一定价策略虽然能降低不同灾区应急资源申请量的差异、提升救援公平性，但同时也会降低各受灾区域对应急资源的总申请量。因此，中央政府需视不同情况在最大化供应方有效供给资源量和最大化救援公平性这两个目标中综合权衡后再适时做出价格管控策略的选择决策。

通过分析表 11.4～表 11.7，可得出中央政府与供应方不同的博弈结果，整理相关结论并总结如下：

(1) 当各灾区间总合作意愿较小时，供应方通常会选择配给模式来实现跨区域应急资源分配；此时，统一定价策略会在两个受灾区域对应急资源需求的不对称程度较小时被选择，否则中央政府的博弈均衡决策方案就是选择差异化定价策略。

(2) 面对两灾区应急资源需求不对称程度较弱的场景，有时即使灾区之间总合作意愿相对较大，但如果两灾区应急资源需求不对称程度并未在合作意愿影响下被削弱时，此时供应方也会选择跨区域应急资源配给模式。

(3) 当两受灾区域对应急资源需求的对称程度相对较高、且两灾区间总合作意愿并非极小时，若总合作意愿并未进一步提升两灾区需求对称程度，就会出现供应方选择共享模式分配资源、中央政府选择差异化定价策略的博弈结果。若两个灾区对应急资源的需求差异较大，则需要灾区间具备较大的总合作意愿、且该总合作意愿对两灾区需求不对称的确具有一定程度的弱化，才能出现中央政府与供应方之间上述相同的博弈结果。当然，若各灾区间总合作意愿非常高，该博弈结果便一定会出现。

(4) 当各灾区间总合作意愿值并非极小或极大情形、且该合作意愿能最大限度弱化两灾区对应急资源需求的不对称时，供应方会选择共享模式来进行跨区域应急资源分配，与此同时，中央政府则会采取统一定价策略。此外，若两灾区应急资源需求不对称程度并非极大或极小情形、且此时灾区间又存在相对较强的总合作意愿时，这时供应方仍会选择共享模式，而中央政府则会根据对两方面应急救援目标的偏好性来最终决定是否采取统一定价策略。

11.4 本 章 小 结

本章研究首先针对不同定价策略下供应方采取的资源分配两种模式所得最优决策方案进行对比；接着分别在不同资源分配模式下，对面向两种定价策略所得的最优决策结果进行对比分析；最后结合算例分析讨论中央政府作为第三方博弈者(选择价格管控策略)被纳入多方博弈过程的跨区域多主体应急资源分配博弈方案。总结本章博弈分析，有以下研究结论：

第一，当各受灾区域间总合作意愿较弱、或总合作意愿相对稍强但各灾区对应急资源需求的差异较大时，供应方会选择配给模式来获得其最大化利润；而在其他场景下，例如灾区间总合作意愿相对稍弱且不同灾区的需求差异较小、或者总合作意愿非常强等情形时，共享模式则是供应方的最优选择。

第二，当不同受灾区域对应急资源需求的差异较小、且灾区间总合作意愿并非极强时，或是不同灾区对应急资源的需求差异较大且总合作意愿相对较弱时，中央政府会倾向选择统一定价策略以实现最佳救援效果。否则其他场景下，允许差异化定价是中央政府的最优选择。

第三，若不考虑灾区间合作意愿差异对应急资源需求的影响、且两个受灾区域需求差异不属于非常极端情形以及受灾区域间总合作意愿相对较强时，中央政府的定价策略需要综合权衡最大化有效资源供给量和最小化各灾区资源分配量差异这两个应急救援目标的权重来做出合理决策。例如，若此时救援公平性权重更大，则中央政府会倾向选择统一定价策略，否则会允许差异化定价。

未来研究可进一步探讨中央政府采取除价格管制方式以外的其他类型管控决策来参与跨区域多主体应急资源分配博弈的可行性。也可研究跨区域应急中除了中央政府、资源供应方和不同灾区地方政府之外，包含在应急运作中所涉其他相关应急参与者在内的多主体博弈过程及最优救援方案。

参 考 文 献

[1] 曾敏刚, 周彦婷. 基于多方博弈的制造企业逆向物流的研究[J]. 工业工程, 2009, 12(6): 33-37.

[2] 袁持平. 多方博弈的谈判机制与政府管制[J]. 经济评论, 2003, (3): 40-46.

[3] 赵荧梅, 郭本海, 刘思峰. 不完全信息下产品质量监管多方博弈模型[J]. 中国管理科学, 2017, 25(2): 111-120.

[4] Chen H, Feng Q, Cao J. Rent-seeking mechanism for safety supervision in the Chinese coal industry based on a tripartite game model[J]. Energy Policy, 2014, 72: 140-145.

[5] Lu R, Wang X, Hao Y, et al. Multiparty evolutionary game model in coal mine safety management and its application[J]. Complexity, 2018: 1-10.

[6] Sinayi M, Rasti-Barzoki M. A game theoretic approach for pricing, greening, and social welfare policies in a supply chain with government intervention[J]. Journal of Cleaner Production, 2018, 196: 1443-1458.

[7] 谭劲松, 黎文靖, 谭燕. 企业合并中的多方利益博弈: 一项 10 起换股合并案例为基础的研究[J]. 管理世界, 2003(3): 107-117.

[8] 谭劲松, 刘炳奇, 谭燕. 企业合并: 政府主导下的多方利益博弈: 来自 10 起换股合并案例的检验[J]. 管理世界, 2005(2): 118-132.

[9] 陈万灵, 何传添. 海上丝绸之路的各方博弈及其经贸定位[J]. 改革, 2014, (3): 74-83.

[10] 姚震宇. 不同质三方博弈: 以招商引资为例[J]. 当代财经, 2005, (3): 15-16, 21.

[11] 刘亮, 宋国学. 政府预算过程中的多方利益博弈[J]. 财贸研究, 2004, 15(5): 72-77.

[12] 刘凌波. 我国政府行为的博弈分析[J]. 数量经济技术经济研究, 2003, 20(1): 26-30.

[13] Charness G, Cobo-Reyes R, Jiménez N. An investment game with third-party intervention[J]. Journal of Economic Behavior & Organization, 2008, 68(1): 18-28.

[14] 杨尊琦, 张琳. 网络多方冲突演化博弈行为策略研究[J]. 情报杂志, 2016, 35(7): 86-94.

[15] 张保伟. 科研不端行为治理的博弈论思考[J]. 科技管理研究, 2009, 29(11): 447-449.

[16] Gupta U, Ranganathan N. Multievent crisis management using non-cooperative multistep games[J]. IEEE Transactions on Computers, 2007, 56(5): 577-589.

[17] Lai C, Chen X, Chen X, et al. A fuzzy comprehensive evaluation model for flood risk based on the combination weight of game theory[J]. Natural Hazards, 2015, 77(2): 1243-1259.

[18] Cheung M, Zhuang J. Regulation games between government and competing companies: Oil spills and other disasters[J]. Decision Analysis, 2012, 9(2): 156-164.

[19] Du L, Qian L. The government's mobilization strategy following a disaster in the Chinese context: An evolutionary game theory analysis[J]. Natural Hazards, 2016, 80(3): 1411-1424.

[20] Hamilton R, McCain R. Smallpox, risks of terrorist attacks, and the Nash equilibrium: an introduction to game theory and an examination of the smallpox vaccination program[J]. Prehospital and Disaster Medicine, 2009, 24(3): 231-238.

[21] Eid M S, El-adaway I H, Coatney K T. Evolutionary stable strategy for postdisaster insurance:

第四部分
面向动态性的跨区域复杂应急决策

动态性(dynamics)指的是某系统永远处于运动和发展过程的一种特性。本书第四部分重点围绕跨区域复杂应急决策中所展现的突出的动态性展开研究：在第 12 章中深入分析跨区域应急决策本身具有的复杂动力学机制；第 13 章从最为典型的需求动态性入手，探讨动态需求对跨区域复杂应急决策的影响；第 14 章特别选择采用灰色神经网络方法对需求进行动态预测。如同本书前三部分讨论分析的异质性、多维性和多主体性，研究采用怎样的方法和策略来应对跨区域复杂应急决策中的动态性特征，对于科学地构建高效的应急管理体系以及切实有效提升跨区域应急决策方案的适用性尤为重要和必要。

第 12 章 跨区域应急物资协同调配的动力学研究

本章研究针对重大传染病疫情发生时对跨区域协同应急的现实需求，构建跨区域应急物资协同调配的系统动力学模型，探讨跨区域应急动态协同机制。具体而言，首先，基于传染病、物资调配和反馈机制三个子系统，分析关键因素及其因果关联，设计模型数据流图，并按不同受灾程度将各区域划分为轻度灾区、中度灾区和重度灾区，枚举可能的三种跨区域应急协同调配方案。然后，以长三角联防联控甲型 H1N1 流感疫情为案例研究对象，设置相关参数方程，对所构模型进行现实性和稳定性检测，且分别对关键参数影响、差异化区域特征和跨区域协同应急方案选择实施仿真分析。研究结果为科学构建跨区域应急动态协同体系提供有益参考。

12.1 决策问题描述与相关研究

重大传染病疫情属于典型的公共卫生事件范畴，近年来发生的各类重大公共卫生事件(如 2003 年的 SARS、2009 年的甲型 H1N1 流感、2013 年的人感 H7N9 禽流感、2020 年的新冠肺炎疫情等)均严重危害到人民生命财产安全，给国民经济造成了极大损失。提高面向重大传染病疫情的快速反应和应急管理能力成为全社会关心的热点问题。应急管理活动贯穿疫情发生前、中、后全过程的各个时期，主要包括预防准备、监测预警、处置救援和恢复重建 4 个阶段。其中应急物资的调配供应是疫情处置救援工作的核心任务之一，是全面加强疫情救治和控制的关键环节，属于复杂条件下的应急决策科学问题，对于疫情发生后挽救生命和减少财产损失具有重要意义。

面向疫情或突发事件的灾后应急物资调配优化相关文献，涉及的研究方法大体上有基于运筹学理论、基于网络流模型以及运用组合优化等，均可按照单(多)目标或单(多)影响因素分类。以运筹学为工具的应急物资调配研究，有诸如考虑应急时间最短[1,2]或未满足应急需求量最小[3]或社会成本最小[4]等的单目标决策，也有同时关注应急救援时间最短和运输成本最小[5,6]、救援成本(时间)最小和救援满意度最高[7]、未满足的资源需求量和未获服务的伤员数最少[8]、综合速度、需求满意度和公平性[9]、灾民损失和车辆调度费用最少以及综合感知满意度最高[10]等的多目标决策。基于网络流的应急调配也分为单因素(如单独考虑资源种类[11]或单独考虑决策偏好影响[12])和多因素讨论(如综合考虑多运输方式的多品种资源[13]，以及同时关注多种货物、多个起止点和多种运输车辆[14]等)。运用组合优化的应急调配研究仍可依据决策目标的数量，划分为单目标(如出救点数目最少[15])和考虑多种资源需求约束场景[16,17]、或响应时间最短且出救点数目最少[18]的多目标决策等。相关研究中所涉应急物资按照性质的不同大致可分为三大类[2]：生活类(如食品[4])、救生类(如洪水救灾时的救生衣[3]或地震救援中的直升机[13]等)、医药类(如药品[7])。

这些灾后应急调配的丰富理论研究，基本都是在"多出救点、单(多)受灾点"场景下实施各种方法的建模优化，虽有文献在分析时会关注以不同需求量为表征的各灾区受灾程度差异，但仅有少量工作[12]探讨不同受灾程度的邻近区域如何进行跨区域应急动态协同调配决策。事实上，原本作为独立单元体的各邻近区域正日益在经济、社会、政治等方面呈现相互关联和作用，跨区域协同发展效应逐渐凸显[12]。因此，面对重大灾害时地处邻近但各具差异的不同区域如何协同应急、不同受灾程度的各区域怎样合理协调调配应急救援物资、跨区域应急物资如何实现动态协同调配，均是迫切需要关注的现实问题。基于此，本章研究选择从系统动力学角度来分析重大传染病疫情下的跨区域应急物资协同调配。这里所讲的应急物资主要指应对疫情所需的各医药类物资，包括特种疫苗、抗病毒类药品以及常用急救药品等，前两种属于专项药品储备，由国家统筹规划的中央级医药储备库实施储备；最后一类是常规药品储备，往往由各省(自治区、直辖市)指定的医药储备企业(地方级储备库)代为储备。

与相关研究不同的是，本章不仅以一些差异化指标(如患病人数、平均患病时间、疫情平均接触速率、人均需求量和接触后感染率等)为依据来区分重大灾害影响下多个邻近区域的不同受灾程度(划分成轻度、中度和重度灾区)，还运用系统动力学方法对可能形成的三种跨区域协同应急方案进行选择比较，并通过实施关键参数仿真和演化趋势分析为差异化区域协同应急的实现提供有效决策依据。接下来的章节研究内容：首先将重大传染病疫情影响下的应急物资调配系统划分为三个子系统(传染病子系统、物资调配子系统和反馈机制子系统)，分别对这三个子系统进行因果关联分析，进而设计系统数据流图；然后基于不同区域受灾程度的差异(轻度灾区、中度灾区和重度灾区)，枚举面向重大传染病疫情的三种应急物资跨区域协同调配方案；最后以长三角联防联控抗甲型H1N1流感疫情为例，讨论差异化区域应急物资调配的关键参数影响，并对三种跨区域协同应急方案做全面仿真比较，为政府部门应急决策提供参考建议。

12.2 面向传染病疫情的跨区域应急调配系统动力学模型

系统动力学在应急管理领域早有应用，尤其近年来更是有系列相关研究，如

Besiou 等[19]构建了灾害救援过程中包括物资获取、运输、消耗和需求变化等的因果关系图。Heaslip 等[20]利用系统动力学分析人道主义物流体系各因素之间的因果关联。Araz[21]采用因果关联图分析疾病动态演变过程和应急减缓策略的影响。Peng 等[22]运用系统动力学探讨震后灾区对以饮用水为例的应急物资如何实施库存补货决策。Diaz 等[23]和 Kumar 等[24]分别构建系统动力学模型来研究灾后恢复重建时的灾区物资供应和建筑工人劳动力问题。武佳倩等[25]和李健等[26]则分别运用系统动力学探讨水污染突发事件的演化规律以及水污染应对中活性炭物资调运速度的主要影响因素。

这些文献为本章研究选择系统动力学作为工具来分析应急物资调配机制提供有力的方法指导和技术支撑，但与这类工作相较而言，本章构建的应急调配系统动力学模型一方面特别关注到传染病疫情演变对医药类应急物资需求量的影响，即在因果关联分析中创新性地考虑灾情变化与应急调配的相互作用（疫情的变化决定药品的调配方案、药品合理的配置更能有效控制疫情）；另一方面，本章研究在对跨区域应急调配的系统动力学分析中特别注重各邻近区域存在差异性这一事实，尤其以不同受灾影响程度为指标来体现区域的动态差别，并在实证背景下考虑多种跨区域协同应急方案的决策选择问题。

12.2.1 建模背景与模型假设

模型关注的医药类应急物资隶属医卫系统，目前我国采用的是中央与地方（省、自治区、直辖市）两级医药储备制度，故此医药类应急物资与一般物资的供应储备体系有所不同，从储运和筹措方式两方面来论述：① 储运流程上，以特种疫苗和抗病毒类为例的专项药品通常是由国家专项储备资金计划委托一些大型医药生产企业作为中央储备库代为储备，当产生应急需求时直接从此类中央储备库征集调用；常用急救药品如消毒类等则由各地方常规储备库予以供给，往往是各地方政府与当地有实力的医药企业签订协议，发生需求时首先从这些当地医药企业储备征集调用，若地方常规储备供应不够时则向上一级储备库或邻近区域储备库请求支援。② 应急药品的筹措方式有动用平时储备、应急采购、强制征用、组织突击研制和生产，以及组织社会捐赠等[27]，即通过库存、征用、生产或捐赠等征集手段来共同实现医药类应急物资的供应。

为明确建模边界，这里不考虑作为物资供应系统源泉和后盾的应急药品筹措系统，重点研究为应对疫情而需的医药类物资应急调配系统，主要由应急药品征集、储备、运输和发放等环节组成的相互关联的有机整体。需要强调的是，与一般生活或救生防护类物资相比，虽然请求供应或调用的对象不同，但不论是专项药品还是常规药品，其应急调配流程大体上均可抽象为如下几个关键步骤：从中央或各地方储备库征集所需药品→汇总药品并临时储备至各救助中心（简称出救点)→由出救点面向各灾区分发所需药品→安排车辆对各灾区运输所需药品→所需药品抵达各灾区→药品发放至各灾民手中。

另由多次疫情统计报告发现，面向重大传染病疫情的跨区域应急救援存在以下现象：应急救援过程中物资调配响应速度缓慢和时效性欠缺常常导致供不应求或运输延迟等问题；各区域医药物资储备水平的不同使疫情在不同区域的传播速率和发展态势存在明显差异；差异化区域之间的应急协同或联动水平低下直接导致疫情态势的恶化。在此将不同受灾区域按疫情影响程度的差异分为轻度灾区、中度灾区和重度灾区，主要体现为各区域患病人数、平均患病时间、疫情平均接触速率、人均需求量和接触后感染率等要素的不同。

拟构建的系统动力学模型研究对象是面向疫情的跨区域应急物资调配运作，涉及各灾区所需医药类应急物资的征集、仓储、配送和运输等环节，选取与主要环节紧密相关的六个状态变量：出救点库存(指受灾区域救助中心的库存量)、在途库存、灾区库存(包括灾区各医院或各药店的库存供给)、易感染人数、患病人数以及康复人数。基于这六大状态变量，对状态所依托的载体进行归类和排列，挑选出与延迟效应、供需平衡、灾情差异、协同应急方式等最为关系密切的一些辅助变量和常量(如延迟效应可体现为运输延迟和信息延迟，其中表现运输延迟的辅助变量可选择为在途运输延迟、常量则可细分成正常运输时间和额外运输延迟)，并忽略当中无函数关系的自变量或因变量，以实现最佳模型边界。

模型假设：① 各状态库存量受与疫情相关的医药类应急物资物流操作及其耗时因素制约，如物资征集和征集时间、物资运输和运输时间。其他如道路设施损坏程度等由于在传染病疫情事件中变化影响较小，暂不作考虑；② 出救点依照各灾区估计的需求量征集并供给医药类应急物资，且在足够长时期内灾区会实现物资供需平衡；③ 灾区医药类物资需求受患病人数和人均需求量这两个因素影响；④ 应急物资跨区域协同调配的前提是各受灾区域在满足自身需求后才可将剩余物资运往其他灾区实施救援，且跨区域应急物资协同调配方向为：轻度→中度灾区、轻度→重度灾区或中度→重度灾区。

12.2.2 因果关联分析

根据模型边界和假设，将面向重大传染病疫情的应急物资调配系统分为传染病子系统、物资调配子系统和反馈机制子系统。基于流感等传染病疫情的变化特性[7,21]，参考地震灾害救援物资调配的系统动力学分析[22]，选定患病人数、物资征集速率、出救点补给决策、物资分发速率等33个关键因素，并对各因素间的正负关联关系进行分析。

(1)传染病子系统：反映作为核心状态变量的患病人数随时间变化情况，患病人数与易感染人数和康复人数有关，易感染人数通过感染率直接影响患病人数，而患病人数在恢复率作用下转变为康复人数,即主要关联为:易感染人数→感染率→患病人数→恢复率→康复人数。其中感染率与灾区总人口数、疫情平均接触率和接触后感染率有关,恢复率以平均患病时间为主要限制因素。

(2) 物资调配子系统:描述疫情发生后医药类应急物资历经征集、储备、分发、运输、抵达直至被发放到各灾民手中的整个救援调配环节,主要关联描述如下:物资征集速率→出救点库存→物资分发速率→在途库存→物资抵达速率→灾区库存→物资发放速率→需求满足率。其中受人均需求量和患病人数影响的灾区需求又决定着灾区需求满足率和物资发放速率,且救援调配各环节的相关速率也受相应因素的影响(如物资征集速率受物资征集时间和物资预计征集数量的影响,而物资抵达速率的波动主要由在途运输延迟造成)。

(3) 反馈机制子系统:以出救点补给决策的反馈回路为核心,体现灾区物资供给与需求终将在未来某时段实现供需平衡,主要关联为:灾区需求→灾区求助订单→求助订单反馈→出救点补给决策→物资分发速率→在途库存→在途库存反馈→出救点补给决策。需要说明的是,灾区求助订单的含义是各灾区依据估计的医药类应急物资需求,向出救点发出的救援物资求助数量信息,鉴于其性质类似于供应链交易中向上级供应商提交的购货订单,故在此称作灾区求助订单。灾区求助订单与求助订单反馈之间往往会存在一定时间延迟,故在因果关联分析中特设计延迟性来反映这一特点。同理,在途库存和在途库存反馈间也存在类似延迟现象。

12.2.3 系统数据流图

根据三个子系统中关键因素的因果关联分析,现绘制面向重大传染病疫情的跨区域应急物资调配系统数据流图,如图 12-1 所示。

12.2.4 跨区域应急物资协同调配方案

依照疫情对不同地区的影响差异将受灾区域划分成轻度、中度和重度灾区,为反映重大传染病疫情下医药类应急物资的跨区域协同调配机制(如前述,当地方储备库供给不够时可向邻近区域储备库请求协调支援),现仅讨论两不同类别受灾区域的出救点实行协调合作救援的情形。结合假设条件④,三类差异化受灾区域(轻度、中度和重度)之间总共存在三种跨区域应急协同调配方案:

1. 跨区域应急物资协同调配方案一

方案一:轻度→中度、中度→重度,即轻度灾区的出救点在自身医药类救援物资供给与需求达到平衡后将剩余物资转运到中度灾区,直至中度灾区出救点同样完成供需平衡后将剩余物资运至重度灾区。故在方案一模型中加入"轻→中物

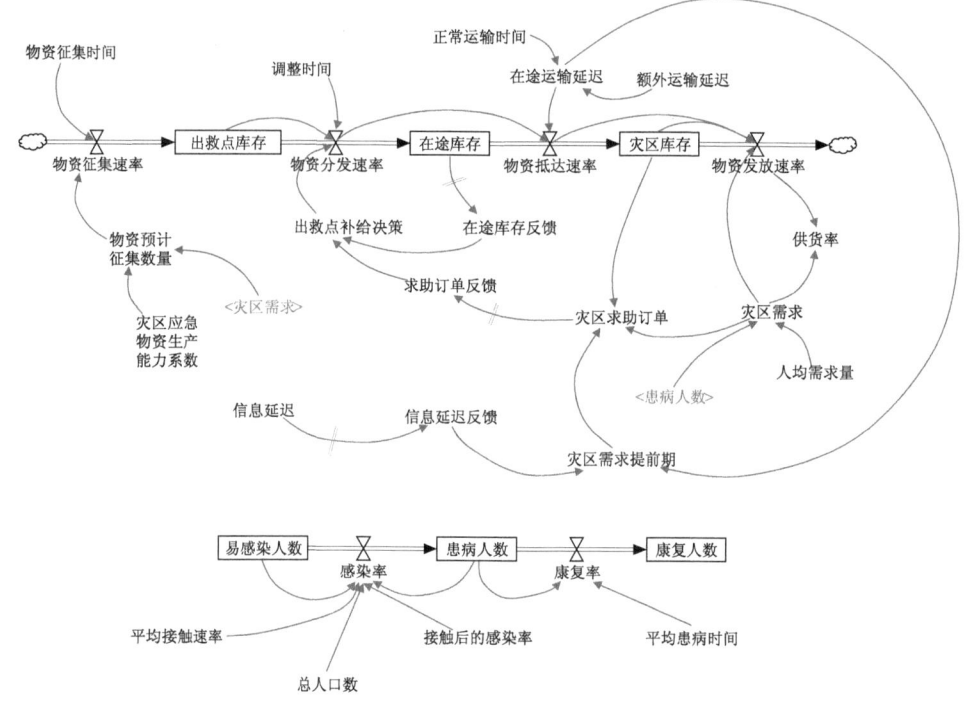

图 12-1 系统数据流图

资救援速率"和"中→重物资救援速率"两个主要辅助变量,通过对中度和重度灾区输入这两个变量来实现跨区域应急协同。以"轻→中物资救援速率"为例,此变量受轻度灾区的出救点库存和轻度灾区需求共同制约,只有当库存大于需求时,轻度灾区才有能力去救助中度灾区,且假定其以最大值输出剩余物资库存。实际运作中出救点通常会留有一定安全库存量,但鉴于某区域安全库存对整个跨区域协同应急流程方面的影响较小,故在此忽略不计。

2. 跨区域应急物资协同调配方案二

方案二:轻度→重度、中度→重度,即轻度和中度灾区共同对重度灾区实施救援,在方案二模型中增加"轻→重物资救援速率"和"中→重物资救援速率"两个主要辅助变量。

3. 跨区域应急物资协同调配方案三

方案三:轻度→中度、轻度→重度、中度→重度,此方案是指轻度灾区的出救点在自身医药类救援物资供需达到平衡后,分别对中度和重度灾区实施救助,而中度灾区出救点在需求被满足后若仍有剩余物资也运至重度灾区。在方案三模型中添加"轻→重物资救援速率""轻→中物资救援速率"和"中→重物资救援速率"三个主要辅助变量。

12.3 面向传染病疫情的跨区域应急物资协同调配案例分析

下面以长三角联防联控抗甲型 H1N1 流感疫情为例,设计仿真算例,验证所构系统动力学模型在跨区域应急协同研究中的可行性和有效性,实施参数仿真并对差异化区域间可采取的所有跨区域协同调配方案进行比较分析。

12.3.1 案例背景及相关方程设定

自 2009 年甲型 H1N1 流感疫情在全球范围爆发始,江浙沪三地卫生交通信息等多部门就开始密切联系,并迅速启动了以联防联控为工作核心的协同应急机制。随着两省一市应急救援物资信息及时沟通、应急响应和合作协查等活动的开展,整个长三角地区被拉起了一张防控流感病毒的协同应急网。由于 H1N1 疫情发生后,部分数据无法从政府直接采集,也无法通过其他官方渠道准确获知,故在此采用真实数据和仿真数据相结合的方式来设置相关参数方程。

模型中对抗 H1N1 疫情所需的医药类应急物资除了常规急救药品之外,主要有甲型 H1N1 流感疫苗(简称甲流疫苗)和抗病毒类药物奥司他韦(oseltamivir,即达菲)。其中甲流疫苗在长三角区域的应急供给单位有上海生物制品研究所(位于上海)、江苏延申生物科技股份有限公司(位于江苏常州)、浙江天元生物药业股份有限公司(位于浙江杭州),而达菲主要是由上海医药集团(位于上海)生产供应。

针对 H1N1 疫情下的长三角医药类应急物资调配决策,设置参数方程列于表 12.1。应急指挥中心根据各区域疫情情况每半天对物资调配决策进行一次调整,故模型时间步长为 0.5 天,取 1 个月(30 天)为模型仿真运行时长,即每次观察 60 个决策周期。据 2010 年统计数据,长三角总人口数为 1.56 亿。由长三角经济发展水平设置医药类应急物资生产能力系数为 0.94。另依据 H1N1 平均传播速率把人接触疫情后的感染率设为 0.25。基于长三角区域面积及各区域间交通关联情况,将信息延迟和应急物资正常运输时间均设为 0.5 天、额外运输延迟为 1 天、调整时间(指的是除了运输延迟或物资损坏等需重新补给情形之外的对物资分发速率调整所耗时间)为 0.5 天。

表 12.1 H1N1 疫情下的跨区域应急物资调配系统参数方程设置表

传染病子系统	
患病人数=INTEG(感染率−康复率,100)	康复人数=INTEG(康复率,0)
易感染人数=INTEG(−感染率,7.99999×10^7)	康复率=患病人数/平均患病时间

续表

感染率=(患病人数/总人口数)×易感染人数×接触后感染率×平均接触速率	
物资调配子系统	
出救点库存=INTEG(物资征集速率-物资分发速率,10^5)	在途库存=INTEG(物资分发速率-物资抵达速率,0)
灾区库存=INTEG(物资抵达速率-物资发放速率,10^5)	物资征集速率=物资预计征集数量/物资征集时间
物资分发速率=MAX(出救点补给决策,0)+出救点库存/调整时间	在途运输延迟=正常运输时间+额外运输延迟
物资发放速率=MIN(灾区需求,灾区库存+物资抵达速率)	
物资抵达速率=DELAY FIXED(物资分发速率,在途运输延迟,0)	
物资预计征集数量=灾区需求*灾区应急物资生产能力系数	
反馈机制子系统	
灾区需求=人均需求量×患病人数	需求满足率=物资发放速率/灾区需求
灾区求助订单=灾区需求×灾区需求提前期-灾区库存	求助订单反馈=DELAY1I(灾区求助订单,0.5,0)
灾区需求提前期=信息延迟反馈+在途运输延迟	信息延迟反馈=DELAY1I(信息延迟,0.5,0)
在途库存反馈=DELAY1I(在途库存,0.5,0)	出救点补给决策=求助订单反馈-在途库存反馈

据搜狐网的中国疫情速递信息[28],截至2010年3月31日,长三角两省一市甲型H1N1流感确诊病例为:江苏1010人、上海2717人、浙江5735人,因此在模型中将江苏、上海、浙江分别视为轻度、中度和重度灾区。三种跨区域应急物资协同调配方案中相同的参数设置有:轻(中、重)度灾区的出救点库存=INTEG(物资征集速率-物资分发速率,10^7);轻(中、重)度灾区的出救点补给决策=10^5-在途库存反馈;轻(中、重)度灾区的出救点物资征集时间=2;轻(中、重)度灾区的出救点物资预计征集数量=4×10^9。三种方案中不同的参数方程设置见表12.2。另依据各省市疫情统计数据,将四个体现差异化受灾程度的关键因素(患病人数、平均患病时间、平均接触速率、人均需求量)分别设置如下:轻度灾区江苏患病人数初始值为100人/天,平均患病时间为2天,平均接触速率为6人/天,人均需求量为200元/天;中度灾区上海相应为200人/天、4天、8人/天和260元/天;重度灾区浙江依次为500人/天、8天、10人/天和300元/天。需要指出的是,由于对抗疫情的医药类应急物资包括甲流疫苗、达菲以及各类常用急救药品等,物资单位混杂,为方便衡量,统一将其转为等价金额来计量(采用"元/天"为单位)。

表12.2 三种跨区域协同应急方案下不同的参数方程设置表

方案一	轻度灾区库存=INTEG(物资抵达速率-物资发放速率,2×10^7)
	中度灾区库存=INTEG(物资抵达速率+"轻→中物资救援速率"-物资发放速率,2×10^7)
	重度灾区库存=INTEG(物资抵达速率+"中→重物资救援速率"-物资发放速率,2×10^7)

续表

方案	
方案一	"轻→中物资救援速率"=IF THEN ELSE(轻度灾区的出救点库存>轻度灾区需求,轻度灾区的出救点库存-轻度灾区需求,0)
	"中→重物资救援速率"=IF THEN ELSE(中度灾区的出救点库存>中度灾区需求,中度灾区的出救点库存-中度灾区需求,0)
方案二	轻(中)度灾区库存=INTEG(物资抵达速率-物资发放速率,2×10^7)
	重度灾区库存=INTEG(物资抵达速率+"轻→重物资救援速率"+"中→重物资救援速率"-物资发放速率,2×10^7)
	"轻→重物资救援速率"=MIN(IF THEN ELSE(轻度灾区的出救点库存>轻度灾区需求,轻度灾区的出救点库存-轻度灾区需求,0),重度灾区需求)
	"中→重物资救援速率"=IF THEN ELSE(中度灾区的出救点库存>中度灾区需求,中度灾区的出救点库存-中度灾区需求,0)
方案三	轻度灾区库存=INTEG(物资抵达速率-物资发放速率,2×10^7)
	中度灾区库存=INTEG(物资抵达速率+"轻→中物资救援速率"-物资发放速率,2×10^7)
	重度灾区库存=INTEG(物资抵达速率+"轻→重物资救援速率"+"中→重物资救援速率"-物资发放速率,2×10^7)
	"轻→中物资救援速率"=IF THEN ELSE(轻度灾区的出救点库存>轻度灾区需求,轻度灾区的出救点库存-轻度灾区需求,0)-"轻→重物资救援速率"
	"轻→重物资救援速率"=MIN(IF THEN ELSE(轻度灾区的出救点库存>轻度灾区需求,轻度灾区的出救点库存-轻度灾区需求,0),重度灾区需求)
	"中→重物资救援速率"=IF THEN ELSE(中度灾区的出救点库存>中度灾区需求,中度灾区的出救点库存-中度灾区需求,0)

12.3.2 动力学模型检验

从现实性和稳定性两方面,来对传染病疫情下跨区域应急物资协同调配的系统动力学模型实施模型检验。

1. 现实性检验

为检验所构系统动力学模型是否能够有效展现真实的跨区域应急救援活动,选择浙江和江苏两个经济发展水平相当的区域进行比较。由于在 2009 年 H1N1 疫情中,两省受灾程度存在一定差异,相较而言,浙江为重度灾区、江苏为轻度灾区。将两省医药类应急救援物资数据代入所构模型,观察物资的供需变化如图 12-2 所示,其中纵坐标以物资金额为表征,表示库存物资金额或需求物资金额。结果发现:浙江比江苏受疫情影响更早,影响程度更严重,反映在图 12-2 中表现为重度灾区库存和重度灾区需求出现的时间点均相对提前,且重度灾区的库存和需求量也更大。这与现实情况相符合,说明所构模型能较准确地体现案例疫情中不同区域受灾程度存在差异的这一特性。模型现实性检验通过。

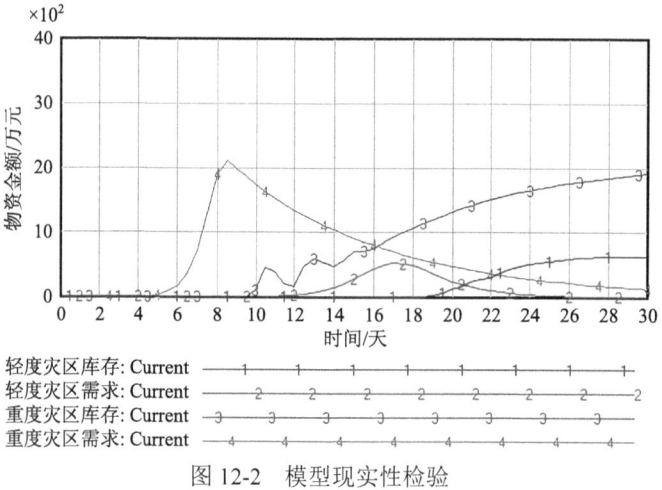

图 12-2 模型现实性检验

2. 稳定性检验

对所构的跨区域应急物资协同调配的系统动力学模型实施稳定性检验，以模型中核心状态变量"患病人数"为例，改变时间步长观察对其的影响。例如，将时间步长分别设为 0.5（当前实证案例值）、0.55（步长 1）、0.6（步长 2）和 0.65（步长 3），患病人数的变化如图 12-3 所示。发现患病人数及其总体变化趋势并没有出现显著改变，故模型通过稳定性检验。

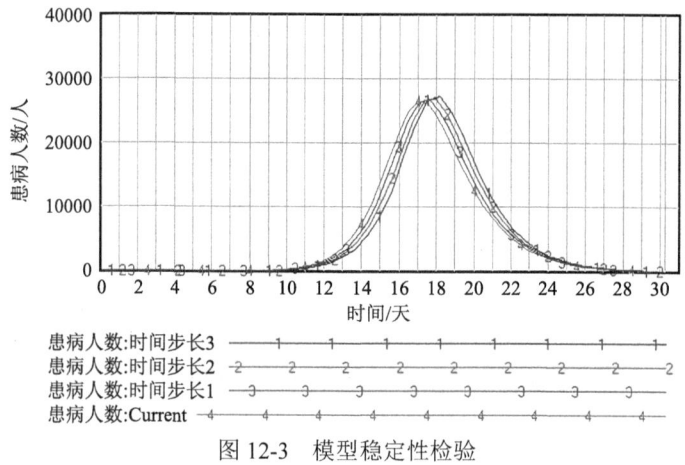

图 12-3 模型稳定性检验

12.3.3 案例参数分析

针对所构建的面向传染病疫情的跨区域应急物资协同调配系统动力学模型，现选择对模型中关键参数进行敏感性分析，观察关键参数变化对跨区域协同应急决策方案的影响，并对不同种跨区域应急物资协同调配方案进行比较分析，得出相关结论供应急决策者参考。

1. 延迟因素的影响

所构系统动力学模型中的延迟因素可体现在额外运输延迟和信息延迟等。以额外运输延迟为例，观察该延迟指标变化对整个灾区医药类应急物资库存的影响，如图 12-4 所示。其中横坐标表示额外运输延迟的天数，纵坐标仍是以物资金额来反映灾区库存数量。

图 12-4 中线 1 和线 2 分别表示额外运输延迟为 1 天和 4 天时，灾区库存量的变化情况：当额外运输延迟为 1 天时，灾区库存量在疫情暴发 18 天时开始呈现上升趋势，直至 27 天左右达最大值并进入稳定状态；而额外运输延迟为 4 天时，灾区库存量则推迟至疫情发生后 20 天时才开始增加，进入稳定状态的时间也推后至 30 天左右。这说明，额外运输延迟时间越长，灾区开始实施物资补给以及库存实现稳定的时间就越晚，即应急物资救援的时效性有所降低，对灾区人民的生命安全造成不利影响。

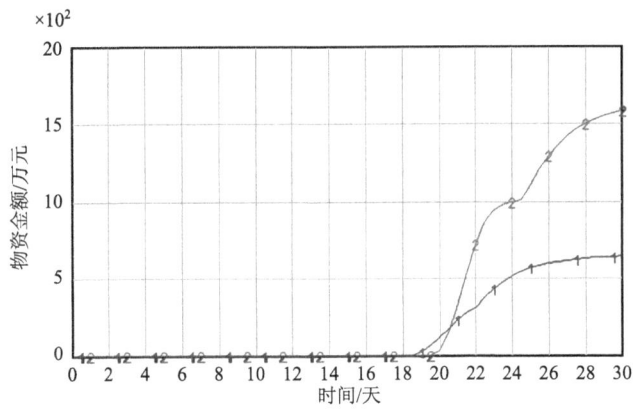

图 12-4　额外运输延迟对灾区库存的影响

2. 差异化区域供需平衡情况的影响

不同程度受灾区域对应急物资的需求量不同，结合差异化区域不同的物资供应情况，得出轻(中、重)灾区的供需平衡状态变化图，如图 12-5 所示。首先观察需求的变化，由图 12-5，重度灾区(浙江)需求量约在第 8 天达到峰值 2000 万元左右，相应地，中度灾区(上海)需求大概在第 11 天达到峰值 1500 万元、轻度灾区(江苏)需求约为第 17 天实现峰值 700 万元。这说明受灾程度越严重的区域越早出现更大的物资缺口，即需求增长速率更快、物资需求数量更多。另从时间维度来观察，江苏、上海和浙江对医药类应急物资需求的持续时间（从出现需求到需求降至零的时间段）分别为18、23和26天，这表明灾情的严重程度直接影响到跨区域调配应急物资实施救援活动的时长。

然后关注不同区域供需平衡的情况，图12-5中线1和2、线3和4、线5和6的交汇处分别意味着轻度（江苏）、中度（上海）和重度灾区（浙江）的供需平衡点。从图12-5不难发现，虽然在理想状态下不同程度受灾区域能够通过自身区域出救点的库存实施救助供给而达成供需平衡（称为自救的过程），但实现平衡状态所耗费的时长则显然不同：重度灾区（浙江）出现需求的时间点是在第4天，达成供需平衡约在第16天，即浙江实现医药类应急物资供需平衡所耗的时长为12天；同理，中度（上海）和轻度灾区（江苏）则分别仅需耗费4天和3天。这说明，疫情越严重，实现自救的效率越低，越需要依赖跨区域协同应急来提高救援效率。此外，供需平衡点右侧区域表明灾区库存大于需求的程度，也就是各灾区出现剩余医药类物资供应的能力（其剩余供应能力的大小由平衡点右侧两线所夹区域的面积来衡量）。由图12-5显示，重度（浙江）和中度灾区（上海）的剩余物资供应能力竟然超过轻度灾区（江苏），这恰恰反映了在灾害应急救援案例中常常会出现由于对重灾区救援过度而造成灾后应急物资大量积压的现象，导致应急成本的无谓增加和严重浪费。

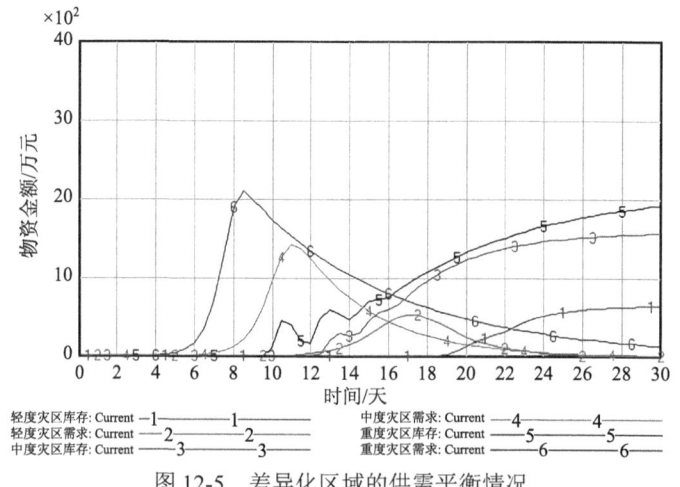

图12-5　差异化区域的供需平衡情况

3. 跨区域应急物资协同调配方案的比较分析

作为轻度灾区的江苏，当所获医药类应急物资能够满足自身区域需求之后，可积极实施跨区域协同应急对中度灾区上海或重度灾区浙江实施救助。同理，中度灾区上海也可在物资充足情况下救援重度灾区浙江。现对可能出现的三种跨区域协同调配方案进行比较分析，观察不同方案下各受灾区域在接受医药类应急物资救援时由供需平衡、历经平衡被打破、到再次实现平衡所耗的时长，这段时间反映出随疫情演化影响的各受灾区域在不同应急协同救援方案下得以控制并恢复平稳所需的时长。选择以中度(上海)和重度灾区(浙江)为例，如图12-6所示。

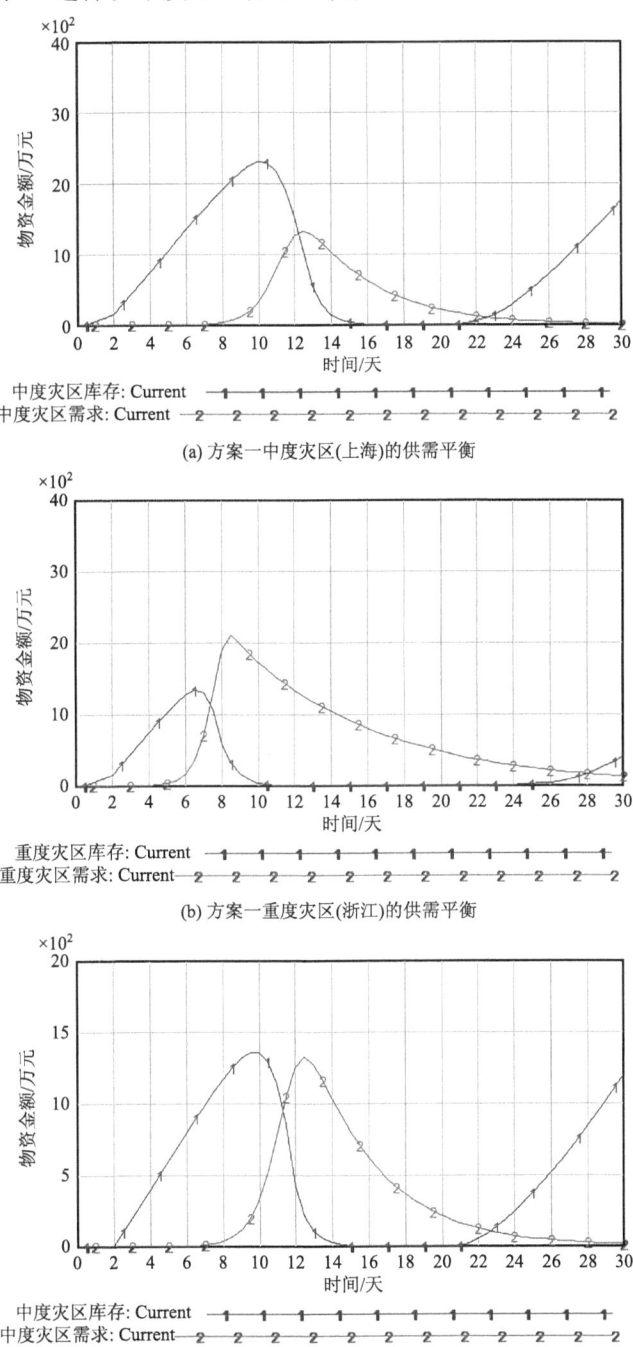

(a) 方案一中度灾区(上海)的供需平衡

(b) 方案一重度灾区(浙江)的供需平衡

(c) 方案二中度灾区(上海)的供需平衡

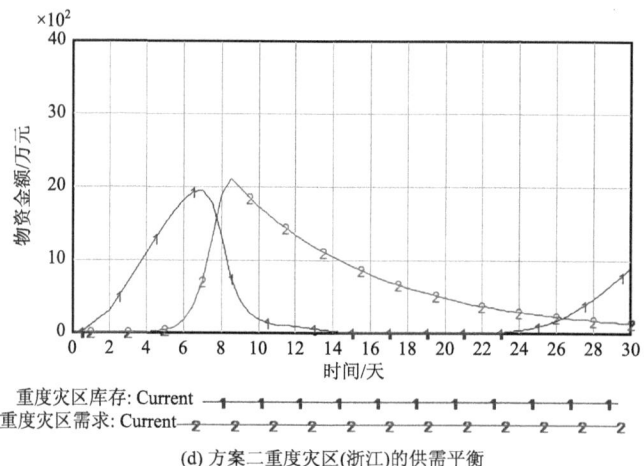

(d) 方案二重度灾区(浙江)的供需平衡

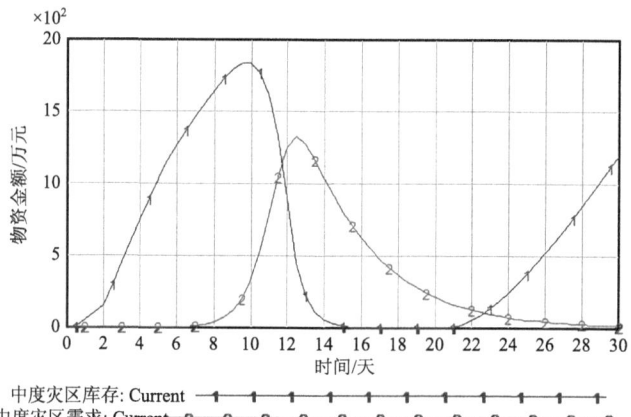

(e) 方案三中度灾区(上海)的供需平衡

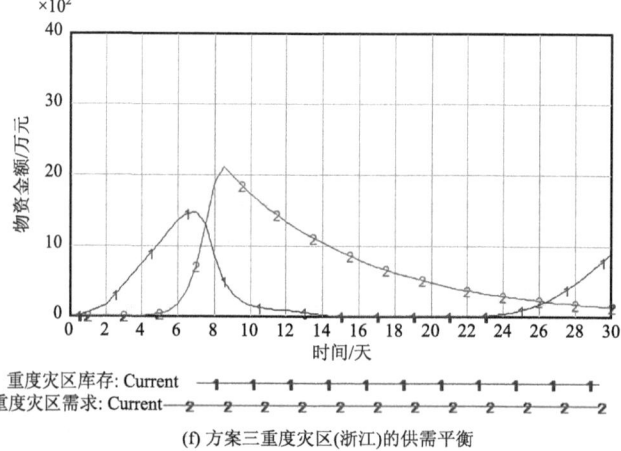

(f) 方案三重度灾区(浙江)的供需平衡

图 12-6 三种跨区域协同应急方案的比较

图 12-6(a)显示方案一的中度灾区(上海)达到第一个供需平衡时间点约在第 12 天,而再次实现医药类应急物资库存大于需求状态大概在第 22 天后,即受疫情演化影响的上海如果采取协同应急方案一需要 10 天左右可完成对疫情的基本控制。图 12-6(b)表明采取方案一的重度灾区(浙江)需要 20 天左右才能使疫情得到缓解。同理,图 12-6(c)和(d)分别表示采取方案二的中度灾区(上海)需要约为 12 天、重度灾区(浙江)要 18 天才能完成对疫情的控制;图 12-6(e)和(f)则说明方案三的中(重)度灾区实现疫情的缓解各需要 10 和 18 天。因此,从医药类应急物资对疫情控制的救援时效性上来看,综合比较发现:在此长三角联防联控抗甲型 H1N1 流感疫情的实证案例中,采取跨区域协同应急方案三的时间效益最好、救援时效性最佳。

12.4 本章小结

本章研究通过构建一个重大传染病疫情下的医药类应急物资跨区域协同调配系统动力学模型,分析了不同程度受灾区域间的应急协调合作机制。在对传染病子系统、物资调配子系统和反馈机制子系统进行因果关联分析的基础上,给出面对疫情的整个应急物资救援调配数据流图;依据不同受灾程度将疫情影响区域划分为轻度、中度和重度灾区,关注两种不同类别受灾区域的出救点实施协同救援的情景,枚举出三种可能的跨区域协同应急调配方案;最后以长三角联防联控抗甲型 H1N1 流感疫情为实证案例,设置相关参数方程,对所构系统动力学模型进行现实性和稳定性检测,并通过参数仿真分析得出以下结论:物资调配系统中延迟性因素会对应急救援产生不利影响,应采取综合防范措施尽量规避此类延迟因素;受疫情影响越严重的区域对跨区域协同应急有更强的需求,但也需通过加强信息沟通等方式来减少救援过度现象的发生;差异化区域间完全协同的应急救援效率最高,可大力提倡面对重大灾害时各邻近区域应突破行政界限、集中资源以全面提高各个区域之间的协同度。

值得注意的是,本章研究在建模分析时仅考虑灾区需求与患病人数和人均需求量有关,进一步拓展方向可深入探讨复杂情景下不确定物资需求对整个跨区域应急协同的影响,也可综合讨论应对灾害的生活类、救生类和医药类等多种性质物资如何进行跨区域协同调配运作。另外,本章研究仅将受灾害影响程度作为划分差异化区域的依据,未来还可尝试将各区域自然地理环境、社会经济发展水平等不同属性纳入差异化特征考量的范畴。

参 考 文 献

[1] Sheu J. Challenges of emergency logistics management[J]. Transportation Research Part E, 2007,

43(6): 655-659.

[2] 李进, 张江华, 朱道立. 灾害链中多资源应急调度模型与算法[J]. 系统工程理论与实践, 2011, 31(3): 488-495.

[3] Özdamar L, Ekinci E, Küçükyazici B. Emergency logistics planning in natural disasters[J]. Annals of Operations Research, 2004, 129(1-4): 217-245.

[4] Pérez-Rodríguez N, Holguín-Veras J. Inventory-allocation distribution models for postdisaster humanitarian logistics with explicit consideration of deprivation costs[J]. Transportation Science, 2016, 50(4): 1261-1285.

[5] 马祖军, 代颖, 李双琳. 带限制期的震后应急物资配送模糊多目标开放式定位-路径问题[J]. 系统管理学报, 2014, 23(5): 658-667.

[6] 刘长石, 寇纲. 震后应急物流系统中的定位-路径问题[J]. 系统工程, 2015, 33(9): 63-67.

[7] Mete H O, Zabinsky Z B. Stochastic optimization of medical supply location and distribution in disaster management[J]. International Journal of Production Economics, 2010, 126(1): 76-84.

[8] Yi W, Özdamar L. A dynamic logistics coordination model for evacuation and support in disaster response activities[J]. European Journal of Operational Research, 2007, 179(3): 1177-1193.

[9] Huang M, Smilowitz K, Balcik B. Models for relief routing: Equity, efficiency and efficacy[J]. Transportation Research Part E, 2012, 48(1): 2-18.

[10] 王旭坪, 董莉, 陈明天. 考虑感知满意度的多受灾点应急资源分配模型[J]. 系统管理学报, 2013, 22(2): 251-256.

[11] Haghani A, Oh S. Formulation and solution of a multi-commodity, multi-modal network flow model for disaster relief operations[J]. Transportation Research Part A, 1996, 30(3): 231-250.

[12] 曹杰, 朱莉. 考虑决策偏好的城市群应急协调超网络模型[J]. 管理科学学报, 2014, 17(11): 33-42.

[13] Barbarosoğlu G, Özdamarb L, Çevikb A. An interactive approach for hierarchical analysis of helicopter logistics in disaster relief operations[J]. European Journal of Operational Research, 2002, 140(1): 118-133.

[14] 缪成, 许维胜, 吴启迪. 大规模应急救援物资运输模型的构建与求解[J]. 系统工程, 2006, (11): 6-12.

[15] Fiedrich F, Gehbauer F, Rickers U. Optimized resource allocation for emergency response after earthquake disasters[J]. Safety Science, 2000, 35(1): 41-57.

[16] 戴更新, 达庆利. 多资源组合应急调度问题的研究[J]. 系统工程理论与实践, 2000, (9): 52-55.

[17] 刘春林, 何建敏, 施建军. 一类应急物资调度的优化模型研究[J]. 中国管理科学, 2001, 9(3): 29-36.

[18] 陈达强, 刘南, 缪亚萍. 基于成本修正的应急物流物资响应决策模型[J]. 东南大学学报, 2009, 11(1): 67-70, 124.

[19] Besiou M, Stapleton O, Wassenhove L N V. System dynamics for humanitarian operations[J]. Journal of Humanitarian Logistics and Supply Chain Management, 2011, 1(1): 78-103.

[20] Heaslip G, Sharif A M, Althonayan A. Employing a systems-based perspective to the identification of inter-relationships within humanitarian logistics[J]. International Journal of Production Economics, 2012, 139(2): 377-392.

[21] Araz O M. Integrating complex system dynamics of pandemic influenza with a multi-criteria decision making model for evaluating public health strategies[J]. Journal of Systems Science and Systems Engineering, 2013, 22(3): 319-339.

[22] Peng M, Peng Y, Chen H. Post-seismic supply chain risk management: A system dynamics disruption analysis approach for inventory and logistics planning[J]. Computers & Operations Research, 2014, 42: 14-24.

[23] Diaz R, Kumar S, Behr J. Housing recovery in the aftermath of a catastrophe: Material resources perspective[J]. Computers & Industrial Engineering, 2015, 81: 130-139.

[24] Kumar S, Diaz R, Behr J G, et al. Modeling the effects of labor on housing reconstruction: A system perspective[J]. International Journal of Disaster Risk Reduction, 2015, 12: 154-162.

[25] 武佳倩, 汤铃, 李玲, 等. 基于系统动力学的危险化学品水污染事件中城市供水危机应急策略研究: 以2005年吉化爆炸引发哈尔滨水危机为例[J]. 系统工程理论与实践, 2015, 35(3): 677-686.

[26] 李健, 张文文, 白晓昀, 等. 基于系统动力学的应急物资调运速度影响因素研究[J]. 系统工程理论与实践, 2015, 35(3): 661-670.

[27] 储利功, 黄文龙, 刘照元, 等. 基于系统动力学的应急药品供应系统仿真研究[J]. 科技管理研究, 2010, 30(18): 209-211.

[28] 搜狐网中国疫情速递[EB/OL]. [2021-07-15]. http://news.sohu.com/s2009/zhuliuganyiqing/.

第13章 基于动态需求的跨区域应急决策

面对灾害场景下实时动态的应急物资需求,及时有效地调配物资对跨区域应急救援决策至关重要。本章研究针对两种典型的应急物资分配策略,特别构造一个包含初救和补救两阶段的动态需求函数以反映灾害变化、救援调配与物资需求之间的相互影响,构建一个面向动态需求的多目标调配模型来探讨灾后跨区域应急物资的有效分配和路径选择决策问题。其中,多目标不仅强调对救援效率的追求,也重视对救援有效性和缓解灾民心理创伤公平程度的考量。

13.1 决策问题描述与相关研究

本章关注应急物资调配决策问题。应急物资调配是灾后救援响应的关键环节,除快速、有效等要求之外,对救援公平性的考量在人道主义场景中尤为重要[1]。目前相关文献大多从需求量满足或救援投入金额等客观绩效指标出发来衡量公平,比如最小化最大未满足需求量[2]、最小化各地救援投入差异[3]等,较少有研究从缓解灾民心理创伤等视角来思考救援公平性问题。事实上,早在本书第4章和第5章研究就提出并强调一个观点:救援过程中灾民面对灾害产生的应激障碍等心理症状不容忽视[4],在强调舒缓负面情绪的同时更需重视公平有效地缓解灾民心理创伤[5],这在灾后应急救援中应被考虑为一项重要的决策目标。

鉴于灾后救援物资稀缺、交通受阻或车辆运力有限,应急救援调配通常是面向灾害变化下动态需求的一个多阶段决策过程[6-8],如郑斌等[8]构建了一个震后应急物流动态选址-联运的多阶段决策模型。也有研究将整个应急救援广义划分为初始和补充救援两阶段动态过程[9-11],如 Barbarosoğlu 和 Arda[9]用一个两阶段随机规划框架来刻画灾后响应的应急物资运输问题,包括灾情不明时的初救阶段以及灾害信息较为清晰的补救阶段。不论多阶段还是两阶段的相关研究大多都是根据灾情变化对应急救援物资进行实时调控,即关注的都是变化灾害下动态需求如何影响应急物资的调配,很少探讨救援调配活动对物资需求甚至灾害变化的反向影响。而在实际救援决策中,灾害变化、动态需求以及救援物资调配三者之间呈现复杂的相互关联关系[12]:不仅灾情和物资需求会影响应急救援方案,救援物资的调配对灾情控制和需求缓解也存在反作用。

基于此,本章探讨在灾害变化场景下面临不同救援分配策略时,如何实施一个有效的应急动态调配方案,以尽快收到救援物资的同时也保障灾民心理创伤能以公平的方式得到缓解。首先，构造一个多目标应急物资动态调配模型，决策目标包括最短化调配时长、最小化绝对和相对剥夺成本，其中绝对剥夺成本是对灾民们因未被满足物资需求而遭遇心理创伤的经济衡量[4,13,14]，而相对剥夺成本是通过度量各灾民心理创伤的差异化程度来表征救援公平性的一个指标[15]。特别地，基于初救和补救间的关联关系，创新构造两阶段动态需求函数来刻画灾情和救援物资调配之间的相互影响。然后，在两种典型的救援分配策略下——按比例分配和随机到达分配，设计遗传算法对所构模型以 2008 年汶川地震为案例背景实施仿真分析，并对比在不同等待救援时间窗约束、不同需求函数以及不同车辆类型情形下采用两种分配策略时的应急救援效果，结合对模型关键参数的敏感性分析，最终得出相关结论为政府应急决策部门提升跨区域救援效率和救援公平性提供一些管理启示。

13.2 基于动态需求的跨区域应急调配决策建模准备

本节是面向动态需求的跨区域应急调配决策建模准备，包括模型假设与符号说明、各救援阶段应急需求函数的构造、反映灾民心理创伤的剥夺成本构造以及对不同种应急救援分配策略的介绍。研究问题的场景描述如下：在有限资源和车辆容量约束下，探讨某一重大灾害发生后的跨区域应急救援物资调配过程。为便于清晰展现需求变化与资源动态调配之间的相互影响关系，本章特别选择从广义上将整个应急救援过程分为两阶段(初始救援阶段和补充救援阶段)来讨论[9-11]：初救阶段未满足的物资需求须在补救阶段被予以补充配给；补救阶段各受灾点需求量因等待救援时长，以及初救阶段接收物资时间/数量的不同而有所区别。实际上，一方面，多阶段救援过程也可将除初救外的剩余多个救援阶段宏观上合并视为第二阶段，第二阶段的任务既要应对新出现的物资需求还要对初救阶段未满足的需求实施补偿；另一方面，灾后初始救援阶段的各方面信息往往不太明了，当灾害信息较为清楚准确时通常会进行第二阶段的补救。

13.2.1 模型假设与符号说明

拟构模型研究面向动态灾害怎样最快调配应急物资以实现最有效最公平缓解各灾民心理创伤，涉及车辆调度问题(vehicle routing problem, VRP)和资源分配问题(resource allocation problem, RAP)。模型重点关注公平缓解灾民创伤和物资调配动态性，仅在单车型单物资品种的经典 VRP 框架下建模。假设条件如下：① 出救点和受灾点的位置和数量均已知，且各受灾点处灾民人数已知；② 心理创伤的衡量建立在可用经济损失量化灾民遭遇痛苦的基础上；③ 各出救点根据等待救援时间窗的不同可对多个受灾点实施物资配给，但鉴于救援资源有限和公平性原则，在每个救援阶段内各受灾点仅接收来自某出救点处单辆车的单次救援服务[14]；④ 各救援车辆从各出救点处满载出发，直到将所有物资都分发完后才返回出救点；⑤ 各受灾点处灾民的人均需求量与救援物资抵达时间有关[16]；⑥ 暂不考虑各出救点间或各受灾点间救援物资相互协调的转运问题。

用 $\mathcal{S}$ 表示出救点集合，用 $\mathcal{D}$ 表示受灾点集合，$\mathcal{P}$ 是应急救援调配网络中所有节点的集合，$\mathcal{P} = \mathcal{S} \cup \mathcal{D}$。$\mathcal{E}$ 是应急救援调配网络中所有连接边的集合，意味着物资调配线路。用 i 和 j 来表示救援物资出发点和到达点索引，$(i,j) \in \mathcal{E}$。$\mathcal{K}$ 是救援运输车辆的集合，$\mathcal{K} = \{1, 2, \cdots, k, \cdots, l\}$，$k$ 是任意车辆索引，每辆车的物资装载容量为 L。用 o 和 r 来分别标识初救和补救阶段，用 $\mathcal{D}^{ik}$ 来表示车辆 k 在到达点 i 之前所救援受灾点的集合，而 $\mathcal{D}^{ok}$ 是车辆 k 在初始救援阶段救援受灾点的集合。

t_{ij} 表示车辆从点 i 到点 j 的行驶时间。t_k^o 是指车辆 k 完成初始救援任务后返回出救点的时间，T^o 是整个初始救援阶段的时长。t_{ik}^o 是车辆 k 在初始救援阶段抵达受灾点 i 的时间，而 t_{ik}^r 是车辆 k 在补救阶段到达受灾点 i 的时间。用 TW_i 来表示受灾点 i 处能够容忍的等待救援时间窗。分别用 d_i^o 和 d_i^r 来表示受灾点 i 在初救和补救阶段所产生的物资需求量，与点 i 处灾民人数 N_i、人均物资需求量 $d(t)$ 以及单位时间单个灾民消耗的物资量 M 有关。$\Gamma(t)$ 表示因缺乏单位救援物资而致灾民遭遇心理创伤的经济衡量，与等待救援时长紧密相关。用 ADC_{ik}^o 与 ADC_{ik}^r 分别表示初救和补救阶段车辆 k 到达点 i 时灾民所承担的绝对剥夺成本；用 RDC_{ijk}^o 和 RDC_{ijk}^r 分别度量在初救和补救阶段车辆 k 途经点 i 和点 j 处灾民们遭遇的相对剥夺成本。

模型有如下 4 个决策变量：x_{ik}^o 和 x_{ik}^r 分别表示在初救和补救阶段车辆 k 对受灾点 i 所配给的物资数量；y_{ijk}^o 和 y_{ijk}^r 均为 0-1 变量，分别用来刻画初救和补救阶段车辆 k 在受灾点 i 和 j 间的行驶状况。$y_{ijk}^o = 1$ 表示初始救援阶段车辆 k 从点 i 开往 j，否则 $y_{ijk}^o = 0$。y_{ijk}^r 的含义同理。

13.2.2 各救援阶段的动态需求表征

关注灾害变化、救援调配活动和物资需求量三者之间的相互关联：一方面，灾情的严重程度必然决定着物资需求量的多少，需求规模又直接影响救援调配方案；另一方面，合适的救援物资配给量和配给时效性均能在一定程度上缓解物资需求而逐步实现控制灾情的目的。下面分别从初救和补救两阶段讨论物资需求函数。

1. 初始救援阶段的需求函数

在初始救援阶段，各受灾点处物资需求不仅与灾情相关，而且受到等待救援时长的影响。在此选择用受灾人数来刻画灾情的严重性，且构造一个时变的人均需求 $d(t)$ 来反映救援物资抵达时间（即等待救援时长）对物资需求数量的影响[16]。故在初始救援阶段受灾点 i 处的需求函数如下：

$$d_i^o = N_i \cdot d(t_{ik}^o), \quad \forall i \in \mathcal{D}, k \in \mathcal{K} \tag{13-1}$$

由于救援物资抵达时间是由救援调配活动所决定的，故上述物资需求函数在一定意义上能够体现灾害变化和救援调配活动的集成影响。参考文献[16,17]，构造人均需求为一个随等待时间呈指数级增长的指数型函数：$d(t) = a_1 \cdot t^{b_1}$，a_1 和 b_1 皆为常数。

2. 补充救援阶段的需求函数

在补充救援阶段，救援调配活动不仅要满足新增的物资需求，还要对初救阶段未满足需求量予以补给。需要说明的是，与生活类应急物资（如饮用水、食品等）需求的不可累加特性不同，这里聚焦需求满足度要求更高的救生类或医疗类应急物资。为体现救援调配活动对物资需求变化的反向影响，构造补救阶段的需求函数如下，是一个与初救阶段物资分配量密切相关的函数：

$$d_i^r = N_i \left[d(t_{ik}^r) - d(t_{ik}^o + x_{ik}^o/(N_i \cdot M)) + d(t_{ik}^o) \right] - x_{ik}^o, \quad \forall i \in \mathcal{D}, k \in \mathcal{K} \tag{13-2}$$

在整个应急救援调配活动中，物资需求的变化有三个过程：第一个过程对应于初始救援阶段，鉴于灾情和救援调配活动的集成影响，此时需求随等待救援时间呈指数级增长；第二个过程指初救调配至各受灾点处的物资量能够维持灾民需求的阶段，此阶段时长为 $x_{ik}^o/(N_i \cdot M)$，由于需求在此过程中被予以一定满足，可假定需求呈线性下降趋势[17]；第三个过程，由于各受灾点逐渐耗尽初救配给的救援物资后出现新的需求，加之那些原本在初救阶段就未被满足的需求，此时物资需求再次随等待救援时间呈指数上升态势。

13.2.3 应急救援的不同分配策略

为讨论不同分配策略对应急救援物资调配方案的影响，本章研究关注在初救阶段可能出现的两种典型救援分配策略：按比例分配策略和随机到达分配策略。

1. 按比例分配策略

在按比例分配策略（proportion allocation rule, PA）下，决策者们根据单个受灾点处需求占所有受灾点总需求的比例来对各受灾点分配救援物资。如此，初救阶段车辆 k 给受灾点 i 分配的物资数量表达如下：

$$x_{ik}^{o} = \frac{d_i^o}{\sum_{i \in \mathcal{D}^{ok}} d_i^o} \cdot L, \quad \forall k \in \mathcal{K} \tag{13-3}$$

2. 随机到达分配策略

类似于先到先得原则，随机到达分配策略(random arrival allocation rule, RAA)强调物资需求满足的优先性依赖于救援车辆抵达各受灾点处的顺序，即救援车辆先到达的受灾点处需求被先予以充分满足。故在随机到达分配策略下，初救阶段车辆 k 给受灾点 i 分配的物资数量表达如下：

$$x_{ik}^{o} = \min\left\{d_i^o, \max\left(0, L - \sum_{j \in \mathcal{D}^{ik}} x_{jk}^o\right)\right\}, \quad \forall i \in \mathcal{D}, k \in \mathcal{K} \tag{13-4}$$

13.2.4 反映灾民心理创伤的剥夺成本

最大程度地缓解灾民心理创伤是应急救援调配决策目标之一。本章类似于 5.2.2 节观点，参考文献[4,13,14]，构造"绝对剥夺成本"来度量各受灾点处灾民们因未及时接收到救援物资而遭受创伤的心理代价。这种心理代价的大小与物资匮乏时长、所需物资种类/数目以及灾民自身经济社会属性均有关，用以 e 为底的指数型函数来近似刻画[4,13,14]。鉴于模型假设仅考虑单种物资，这里先给出因缺乏单位救援物资而致灾民心理创伤的经济度量，为便于分析，仅以关注物资匮乏时长为例来讨论灾民们心理代价的变化，有：$\Gamma(t) = a_2(e^{b_2 \cdot t} - 1)$，其中 a_2、b_2 皆为常数。

仍分初救和补救两阶段来分别给出灾民们绝对剥夺成本函数(见公式(13-5)和(13-6))，与各受灾点处物资需求量以及在不同救援阶段对各受灾点配给的物资数量有关。

$$\text{ADC}_{ik}^{o} = x_{ik}^{o} \cdot \Gamma(t_{ik}^o) + (d_i^o - x_{ik}^o) \cdot \Gamma(T^o), \quad \forall i \in \mathcal{D} \tag{13-5}$$

$$\text{ADC}_{ik}^{r} = x_{ik}^{r} \cdot \Gamma(t_{ik}^r - T^o), \quad \forall i \in \mathcal{D} \tag{13-6}$$

需要注意的是，在初始救援阶段，灾民的绝对剥夺成本由两部分组成：等待至接收到救援物资时灾民遭遇创伤的心理代价，以及整个初救阶段结束后灾民仍未收到所需救援物资而累积的心理代价。并且，为强调人道主义救援的公平性原则，特提出以任意两受灾点处灾民绝对剥夺成本的绝对偏差作为"相对剥夺成本"，以度量不同受灾点处灾民因未及时收到救援物资而遭受心理创伤的差异化程度[15]，表达式如下：

$$\text{RDC}_{ijk}^u = \left| \text{ADC}_{ik}^u - \text{ADC}_{jk}^u \right|, \quad \forall i,j \in \mathcal{D}; u \in \{\text{o}, \text{r}\} \tag{13-7}$$

13.3 基于动态需求的跨区域应急调配决策模型构建

基于以上建模准备,现构建如下面向两阶段动态需求的跨区域应急救援物资调配模型,其决策问题是:在各种时间窗、救援物资数量/车辆容量限制以及车辆路径流等约束下,寻求使救援调配时长最短,以及灾民绝对和相对剥夺成本最小的应急救援物资最优调配方案(包括物资的合理分配量和调度路径的选择)。

$$\min f_1 = \min \left\{ \sum_{k \in \mathcal{K}} \sum_{j \in \mathcal{N}} \sum_{i \in \mathcal{N}} \left(y_{ijk}^{\text{o}} \cdot t_{ij} + y_{ijk}^{\text{r}} \cdot t_{ij} \right) \right\} \tag{13-8}$$

$$\min f_2 = \min \left\{ \sum_{k \in \mathcal{K}} \sum_{i \in \mathcal{D}} \left(\text{ADC}_{ik}^{\text{o}} + \text{ADC}_{ik}^{\text{r}} \right) \right\} \tag{13-9}$$

$$\min f_3 = \min \left\{ \sum_{k \in \mathcal{K}} \sum_{j \in \mathcal{D}} \sum_{i \in \mathcal{D}} \left(\text{RDC}_{ijk}^{\text{o}} \cdot y_{ijk}^{\text{o}} + \text{RDC}_{ijk}^{\text{r}} \cdot y_{ijk}^{\text{r}} \right) \right\} \tag{13-10}$$

$$\text{s.t.} \quad t_k^{\text{o}} = \sum_{j \in \mathcal{N}} \sum_{i \in \mathcal{N}} y_{ijk}^{\text{o}} \cdot t_{ij}, \quad \forall k \in \mathcal{K} \tag{13-11}$$

$$T^{\text{o}} = \max \left\{ t_k^{\text{o}} \mid \forall k \in \mathcal{K} \right\} \tag{13-12}$$

$$t_{ik}^u = \begin{cases} \sum_{j \in \mathcal{N}} (t_{jk}^u + t_{ji}) \cdot y_{jik}^u, u = \text{o}, \\ T^{\text{o}} + \sum_{j \in \mathcal{N}} (t_{jk}^u + t_{ji}) \cdot y_{jik}^u, u = \text{r}, \end{cases} \quad \forall i \in \mathcal{D} \tag{13-13}$$

$$t_{ik}^u \leqslant \text{TW}_i, \quad \forall i \in \mathcal{D}, k \in \mathcal{K}; u \in \{\text{o}, \text{r}\} \tag{13-14}$$

$$\sum_{k \in \mathcal{K}} x_{ik}^{\text{o}} + \sum_{k \in \mathcal{K}} x_{ik}^{\text{r}} = d_i^{\text{o}} + d_i^{\text{r}}, \quad \forall i \in \mathcal{D} \tag{13-15}$$

$$x_{ik}^u \leqslant B \cdot y_{jik}^u, \quad \forall i \in \mathcal{D}, j \in \mathcal{N}, k \in \mathcal{K}; u \in \{\text{o}, \text{r}\} \tag{13-16}$$

$$\sum_{j \in \mathcal{D}} \sum_{k \in \mathcal{K}} y_{ijk}^u \geqslant 1, \quad \forall i \in \mathcal{P}; u \in \{\text{o}, \text{r}\} \tag{13-17}$$

$$\sum_{j \in \mathcal{N}} \sum_{k \in \mathcal{K}} y_{ijk}^u \leqslant 1, \quad \forall i \in \mathcal{D}; u \in \{\text{o}, \text{r}\} \tag{13-18}$$

$$\sum_{(i,h) \in \mathcal{E}} y_{ihk}^u - \sum_{(h,j) \in \mathcal{E}} y_{hjk}^u = 0, \quad \forall i, j \in \mathcal{D}; k \in \mathcal{K}; u \in \{\text{o}, \text{r}\} \tag{13-19}$$

$$y_{ijk}^u = 0, \quad \forall i, j \in \mathcal{P}; u \in \{\text{o}, \text{r}\} \tag{13-20}$$

$$y_{ijk}^{\text{o}}, y_{ijk}^{\text{r}} \in \{0,1\}, \forall i,j \in \mathcal{N}; k \in \mathcal{K}; \quad x_{ik}^{\text{o}}, x_{ik}^{\text{r}} \geqslant 0, \forall i \in \mathcal{D}; k \in \mathcal{K} \tag{13-21}$$

目标函数(13-8)是最短化两阶段救援物资调配总时长，这体现了强调救援效率。目标函数(13-9)和(13-10)反映救援有效性和公平性要求，分别表示最小化两救援阶段所有受灾点处灾民的绝对和相对剥夺成本。约束条件(13-11)说明车辆k完成初始阶段救援任务后返回出救点的时间与调度路径选择有关。公式(13-12)定义了整个初始救援阶段的时长，即初救阶段最后一辆车回到出救点的时刻便是初始救援活动结束的时间。公式(13-13)给出车辆k在初救和补救阶段抵达受灾点i的时间，它们均受到调度路径选择的影响。公式(13-14)是救援车辆抵达各受灾点的时间窗约束。约束条件(13-15)指出在实施两阶段的物资救援后各受灾点处于供需平衡状态。不等式(13-16)采用一个任意大数B来刻画救援物资分配量和调度路径间的关联关系，表明只有在初救或补救阶段存在车辆往来的各受灾点之间才能相应实现救援物资配给。公式(13-17)表明不论是初救还是补救阶段，任意出救点均可对多个受灾点实施救援物资的配给。公式(13-18)指出在初救和补救阶段，各受灾点均能且仅能接受来自一辆车的救援服务。约束条件(13-19)是标准流约束，确保任意区域的车辆流出量等于流入量。公式(13-20)表明各出救点间在两阶段均不存在救援物资的相互转运。公式(13-21)是决策变量的类型约束，指明路径选择为 0-1 变量、救援物资分配量需满足非负限制。

13.4 基于动态需求的跨区域应急调配决策模型求解

上述所构模型是一个多目标决策问题，鉴于如何处理多目标不是本章研究重点，故在此采用常用的线性加权求和法将多目标转化成单目标[15,16]。由于时间和成本具有不同的量纲，在加权前需先进行量纲归一化处理。即便是单目标的物资分配和路径优化也是一个 NP-hard 问题，较多的变量和约束使求解复杂性会随问题规模的增大而迅速增加，寻优效率较高的元启发式智能优化算法因能克服传统精确算法单点搜索效率低的缺点而成为求解此类模型的主要方法[15,16]。应急物资救援调配活动具有强时效性要求，与其他常用的粒子度、模拟退火以及蚁群等元启发式算法相比，这里选择具有多点并行搜索、不依赖函数可导性、不易陷入局部最优、速度较快及鲁棒性较强等优点的遗传算法实施求解。针对本章所构模型设计的遗传算法如下：

1. 染色体编码

模型中有两类决策变量，y_{ijk}^o 和 y_{ijk}^r 是 0-1 变量，x_{ik}^o 和 x_{ik}^r 是连续型变量，故采用二进制和实数混合的编码方式。针对两救援阶段分别编码，在初救阶段设计一个共有 m 个基因位的子串，从 $1\sim m$ 的自然数中随机取值排列用以表示对各受灾点的救援顺序。运用同样方法对补充救援阶段实施染色体编码。

2. 初始种群和适应度函数设计

设置一定种群规模，随机产生初始种群。考虑到时间窗约束和每辆车装载容量限制，划分初始种群以确定初救阶段车辆行驶路线，并以此计算出各受灾点的等待救援时间，从而得出各受灾点在初救阶段的物资需求量。分别采用按比例分配和随机到达分配策略，得到初救阶段各受灾点的物资配给量，并将其与初救阶段需求量比较，算出初救阶段未满足需求量，依此更新种群得出补充救援阶段物资需求量。在补救阶段各受灾点处等待救援时间窗和装载容量约束下，得出两种策略下补充救援阶段的物资分配量和调度路径。

考虑到所构模型是多目标优化，首先对模型的三个目标进行如下归一化处理后加和转化成单个目标：$\text{Fit}(x) = \frac{f_1 - \min f_1}{\max f_1 - \min f_1} + \frac{f_2 - \min f_2}{\max f_2 - \min f_2} + \frac{f_3 - \min f_3}{\max f_3 - \min f_3}$，将 $\text{Fit}(x)$ 作为每组种群的适应度值。由于模型的三个决策目标都是寻求最小化，故作为评价指标的适应度值 $\text{Fit}(x)$ 越小，个体性能越优秀。

3. 遗传操作

(1) 选择：采取轮盘赌法和最佳个体保留法相结合的选择策略，以保证优秀的个体在每一代的选择过程中都能被复制进入下一代，从而保障算法的收敛性。

(2) 交叉和变异：这里采取自适应交叉算子，选择运用两点顺序交叉法进行交叉操作。交叉概率是由每一代种群中最优个体与其他个体的适应度差值所决定的，交叉概率的表达式为：$\text{pc} = 1/(1 + e^{\theta(\min \text{Fit} - \text{Fit})})$，其中 $\theta > 0$，$\min \text{Fit}$ 是种群中最小适应度值。若种群内适应度值的差距越小，pc 值越接近 0.5，如此既能保护优秀个体的染色体结构、又能加快优化求解的速度；若种群内适应度值的差距越大，pc 值越接近 1，此时便于通过交叉操作来产生新的个体，以保证种群的多样性，从而提升整个算法的全局搜索能力。类似地，变异操作采用自适应变异算子实施两点变异方法，且通过区域描述器对变异范围进行限制，以保障变异后的新个体不超出决策变量的边界。

13.5 基于动态需求的跨区域应急调配决策案例分析

仍选择以 2008 年汶川地震为案例场景，结合真实数据和部分仿真参数设置，将设计的遗传算法应用于求解所构模型，对比分析 PA 和 RAA 两种策略下的救援物资调配方案，并对关键参数实施敏感性分析，力求得出一些管理启示供决策者们参考。

13.5.1 案例场景及求解对比

依据 2008 年汶川地震灾情报告,在此选择 14 个受灾点和灾区附近清平乡[①]的一所小学作为救援物资集散分配中心,14 个受灾点的位置及灾民人数见图 13-1。案例讨论震后如何快速有效地调配某种急救药品包至各受灾点,该药品包内包括一定量的清创消毒用品(如棉棒)、止血包扎敷料(如创可贴、灭菌级纱布片)、止血包扎固定用品(如医用弹性绷带)等医药物资。药品包属于消耗型物资,不同救援阶段的各受灾点均会产生新的需求。据调研,每份药品包的重量约为 0.36 kg,人均药品包消耗率为 4.5 个/天,救援车辆的载重量为 40 t,行驶速度为 50 km/h,灾民可容忍的最长等待救援时间统一设为 1.3 h[18],需求函数和剥夺成本函数中系数分别设为 $a_1=4.5$、$a_2=1.5$、$b_1=0.35$、$b_2=0.12$。此外,算法相关参数设置如下:种群个数为 200,最大迭代步数为 1000,交叉变异算子中参数 θ 取为 0.0025。

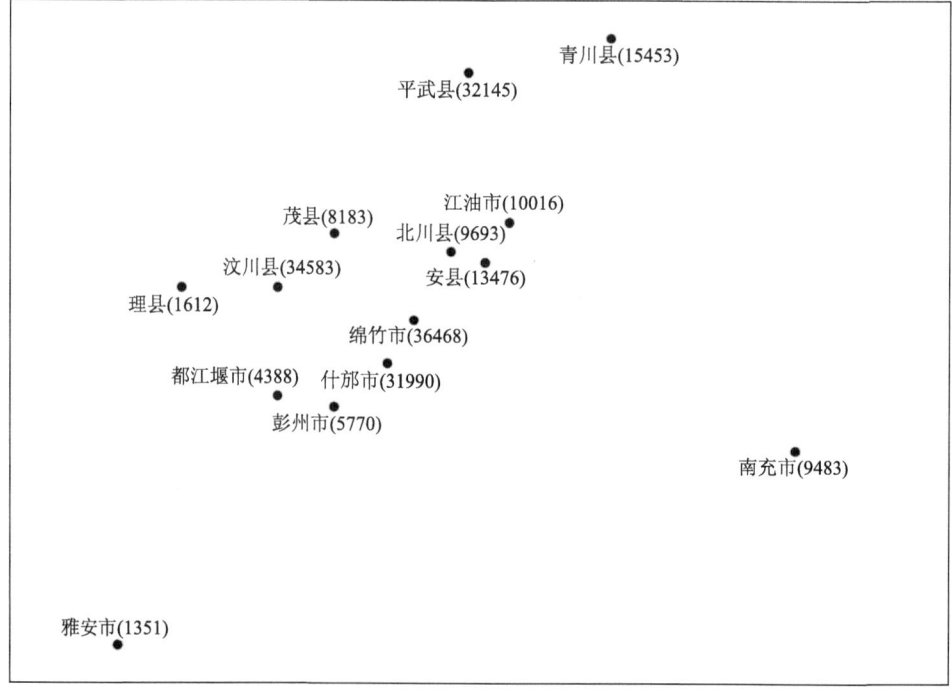

图 13-1 各受灾点位置及灾民人数

基于上述案例场景,在 PA 和 RAA 两种分配策略下应用 MATLAB 2015a 来实现求解模型的遗传算法,其良好且稳定的收敛性验证了所构模型和算法的有效

---

① 现为清平镇。

性。表 13.1 列出两种分配策略下应急救援药品包调配方案的比较,其中"DT"代表最短救援调配总时长,ADC 和 RDC 分别表示最小总的绝对和相对剥夺成本。表 13.1 显示,从初救和补救两阶段整体救援视角来看,虽 PA 比 RAA 要耗费更长时间来实施救援调配,但 PA 在有效且公平地缓解灾民心理创伤方面比 RAA 表现更好。尤其相较于绝对剥夺成本而言,PA 在相对剥夺成本这一绩效指标上表现得更为优秀,凸显了 PA 分配策略在应急救援公平性方面的优势。

表 13.1 两种策略下跨区域应急救援药品包调配方案的比较

路径/ 决策目标	PA 策略		RAA 策略	
	初救阶段	补救阶段	初救阶段	补救阶段
①	1→9→6→1	1→3→12→1	1→11→2→1	1→4→7→10→5→14→1
②	1→4→7→10→5→14→1	1→13→14→1	1→9→1	1→2→1
③	1→11→2→13→1	1→11→2→10→5→1	1→7→3→1	1→6→9→1
④	1→3→8→12→15→1	1→7→1	1→4→8→1	1→11→13→1
⑤		1→4→8→15→1	1→13→1	1→3→8→12→1
⑥		1→9→6→1		1→15→1
DT/h	3.61	4.51	2.51	4.21
ADC/元	263041	80172	262237	95595
RDC/元	145825	43765	216703	82626

再将两救援阶段分开来看,发现不论是初救还是补救阶段,PA 策略均以耗费更长的救援调配时间来收获比 RAA 策略更好的救援公平性。不过令人稍许意外的是,单独观察初救阶段,PA 策略下灾民们绝对剥夺成本竟高于使用 RAA 策略时的,这意味着 PA 在初始救援阶段缓解灾民心理创伤其实不如 RAA 表现得好。但进一步比较补充救援阶段发现,PA 策略在缓解灾民心理创伤方面的表现最终优于 PA。分析其主要原因在于:RAA 分配策略中先到先得的原则,使得靠近出救点清平乡的 8 个受灾点在初救阶段就能够接收到足够的药品包,这直接导致初救阶段 RAA 策略下灾民总的绝对剥夺成本较低。但另一方面,RAA 策略下初救阶段也存在剩余的 6 个受灾点未收到任何药品包配给的现象,这 6 个受灾点处灾民随等待救援时长的增加会累积承受越来越高的绝对剥夺成本。故总体来看,在汶川地震案例背景下,虽然 PA 分配策略下调配应急药品包耗用的时间比 RAA 策略更长,但相对而言 PA 策略能够实现一个更加公平且有效的人道主义救援。

13.5.2 案例参数分析

在对比两种分配策略的救援效果后,接着对模型中关键参数实施敏感性分析,特别观察不同救援时间窗、不同需求函数和不同车辆类型对救援药品包调配方案的影响。

1. 救援时间窗的影响

改变受灾点等待救援时间窗，分别观察 PA 和 RAA 策略下不同阶段三个决策目标值的变化，列于表 13.2。从表 13.2 可以看出，在 PA 和 RAA 两种策略下，随着等待救援时间窗的增大，药品包调配所需总时长均变短，灾民遭遇心理创伤均变得更严重且救援公平性更糟糕。调配总时长变短的原因是：时间窗越放松意味着受灾点处灾民能容忍更长的等待时间来接收药品包，这导致每辆车在车载容量允许情况下会倾向于去救援更多的受灾点。故整体来看，调配药品包的车辆数变少，应急调配往返出救点的时间得到节约。

接着解释为何不论采用 PA 或 RAA 策略，更大的时间窗均会导致灾民遭遇更高的绝对和相对剥夺成本。PA 是按比例分配策略，每辆车途经的路径越长意味着初救阶段各受灾点处被配给药品包的比例越低，故时间窗的增加使得 PA 策略下各受灾点在初救阶段有更多的未满足需求量，加剧了灾民遭遇心理创伤程度。RAA 是随机到达分配策略，每辆车更长的救援路径一方面虽使初救阶段能有更多的受灾点被配给药品包，但另一方面初救阶段更长时间的耗费直接导致那些未被配给任何药品包的受灾点处灾民需忍受更长时间的救援等待，最终引起灾民整体剥夺成本的增加。

表 13.2　两种分配策略下不同救援时间窗对跨区域应急决策目标的影响

决策目标		PA 策略			RAA 策略		
		$TW_i=1.2$	$TW_i=1.3$	$TW_i=1.4$	$TW_i=1.2$	$TW_i=1.3$	$TW_i=1.4$
初救阶段	DT/h	4.31	3.61	3.59	2.36	2.51	1.82
	ADC/元	221440	263041	287433	209757	262237	283840
	RDC/元	101907	145825	193506	201221	216703	230573
补救阶段	DT/h	4.59	4.51	4.36	5.40	4.21	3.74
	ADC/元	59055	80172	82571	76181	95595	100095
	RDC/元	41302	43765	61768	63648	82628	98425
两救援阶段	DT/h	8.89	8.12	7.95	7.76	6.72	5.56
	ADC/元	280496	343213	370004	285938	357832	383935
	RDC/元	143209	189590	255274	264869	299329	328999

2. 需求函数的影响

本章所构造的需求函数中一个重要元素是人均需求 $d(t)$，现讨论不同人均需求函数对 PA 和 RAA 策略下调配方案的影响。如图 13-2 所示，参考文献[19]，采用体现应急早期救援响应急迫性的幂函数复合函数形式需求函数 $d(t)=4.5\times t^{0.35}$（图 13-2 中 DF1），连同案例仿真中 $d(t)=2.2\times 1.35^t$（图 13-2 中 DF2）作比较观察。这两个不同的人均需求函数反映了灾害救援中物资需求的不同特征：DF1 增长速度逐渐趋缓，意味着需求在救援早期的增长比后期快，这往往体现灾后应对恢复阶段的物资需求特征；而 DF2 增长速度呈加速态势，即救援后期比早期具有更快速增长的物资需求，这尤其出现在灾害愈发严重或次生灾害发生的情形。表 13.3 列出在这两种不同需求函数下采用 PA 和 RAA 策略时两阶段应急救援调配方案中的三个决策目标值。

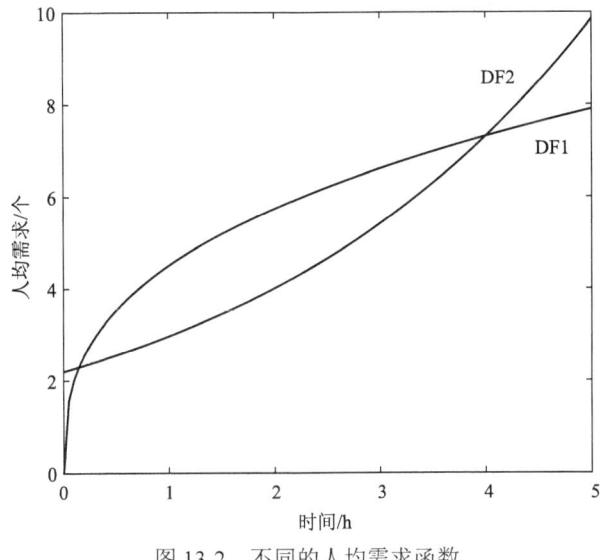

图 13-2 不同的人均需求函数

表 13.3 两种分配策略下不同需求函数对跨区域应急决策目标的影响

决策目标		PA 策略		RAA 策略	
		DF1	DF2	DF1	DF2
初救阶段	DT/h	3.61	3.62	2.51	2.97
	ADC/元	263041	280514	262237	208707
	RDC/元	145825	192759	216703	163954
补救阶段	DT/h	4.51	4.72	4.21	4.38
	ADC/元	80172	159272	95595	125306
	RDC/元	43765	61385	82626	54689
两救援阶段	DT/h	8.12	8.34	6.72	7.35
	ADC/元	343213	439787	357832	334013
	RDC/元	189590	254144	299329	218644

从两阶段总体救援时效性来看，表 13.3 显示无论使用 PA 还是 RAA 分配策略，DF2 需求函数下调配时长均比 DF1 情形所耗更长。这符合常理，其主要原因是 DF2 类型函数在补救阶段具有更快增长的需求。从初救和补救阶段单独来看，发现 DF2 类型函数在初救阶段虽具相对更少的需求量，但仍比 DF1 耗费更长的应急调配时间。以实施 RAA 策略为例来给予解释，因为在救援车辆容量约束下，初救阶段各受灾点处更低的药品包需求使 RAA 策略下的每辆车能够救援更多的受灾点。具体地，DF1 需求函数下初救阶段有 7 个受灾点没收到药品包，而 DF2 需求函数下初救阶段只有 4 个受灾点未被救援，正由于初救阶段 DF2 需求函数下每辆车途经更长的路径导致其需耗费更多的救援时间。

再观察表 13.3 中 PA 和 RAA 分配策略下采用不同需求函数时的绝对和相对剥夺成本，发现：当采取 PA 策略时，DF1 和 DF2 两种需求情形下灾民心理创伤在初救阶段差别不大，但在补救阶段 DF2 情形下的绝对剥夺成本相较 DF1 时呈现大幅提升（由 80172 元上升至 159272 元），其主要原因是 DF2 类型需求在后期有一个更大的增长；当使用 RAA 策略时，虽然 DF2 需求函数下灾民在补救阶段承受的绝对剥夺成本要高于 DF1 情形下的，但从两救援阶段整体来看，DF2 需求下灾民心理创伤的缓解要比 DF1 下总体表现得更好（从 357832 降至 334013 元）。

3. 车辆类型的影响

下面讨论在两种分配策略下不同车辆类型对跨区域应急救援调配方案的影响，选择以装载容量和行驶速度的差别来区分不同种车辆。为示区别，上述汶川地震案例仿真中车辆种类被记为类型Ⅰ，考虑两种其他车辆类型Ⅱ和Ⅲ。救援车辆类型Ⅱ和Ⅲ的装载容量分别为 25 t 和 15 t，行驶速度相应为每小时 60 km 和 80 km。将 PA 和 RAA 分配策略下使用不同车辆类型时的三个决策目标值列于表 13.4，并在图 13-3 中展示不同车辆类型下最优调度路径的变化，其中每个子图中的左右两图分别代表初救和补救阶段的路径。图 13-3(a2)(b2)(c2) 中特使用实线和虚线来区别标识初救阶段是否获药品包救援的各受灾点，虚线途经的是在初救阶段未被配给药品包的那些受灾点。

从表 13.4 可看出，在 PA 和 RAA 策略下不论初始还是补充救援阶段，当车辆类型由Ⅰ变为Ⅱ或Ⅲ时，跨区域应急救援调配时长均更短，绝对剥夺成本均变得更低。主要原因在于类型Ⅱ或Ⅲ的车辆与类型Ⅰ相比，行驶速度均有一定提升，愈加快速地实施物资配给对缓解灾民心理创伤起到一定积极作用。且观察图 13-3 也发现，当车辆由类型Ⅰ变化到Ⅱ或Ⅲ时，每辆车的调配路径更短，所需救援车辆数量增加，出现了更多专门为某单个受灾点提供药品包的车辆，如图 13-3(c2) 中在补救阶段的受灾点 4,6,9,11,12 和 15。这一现象再次验证了车辆类型由Ⅰ变为Ⅱ或Ⅲ时灾民心理创伤能够得到更好的缓解。

表 13.4　两种分配策略下不同车辆类型对跨区域应急决策目标的影响

决策目标		PA 策略			RAA 策略		
		类型 I	类型 II	类型 III	类型 I	类型 II	类型 III
初救阶段	DT/h	3.61	3.30	2.55	2.51	2.34	1.26
	ADC/元	263041	253146	248253	262237	207579	105553
	RDC/元	145825	166237	245643	216703	139466	75489
补救阶段	DT/h	4.51	3.92	3.27	4.21	3.78	3.08
	ADC/元	80172	79394	77409	95595	87423	52064
	RDC/元	43765	36308	29347	82626	39105	18189
两救援阶段	DT/h	8.12	7.22	5.82	6.72	6.12	4.34
	ADC/元	343213	342540	325661	357832	295003	157617
	RDC/元	189590	232545	274990	299329	178571	93678

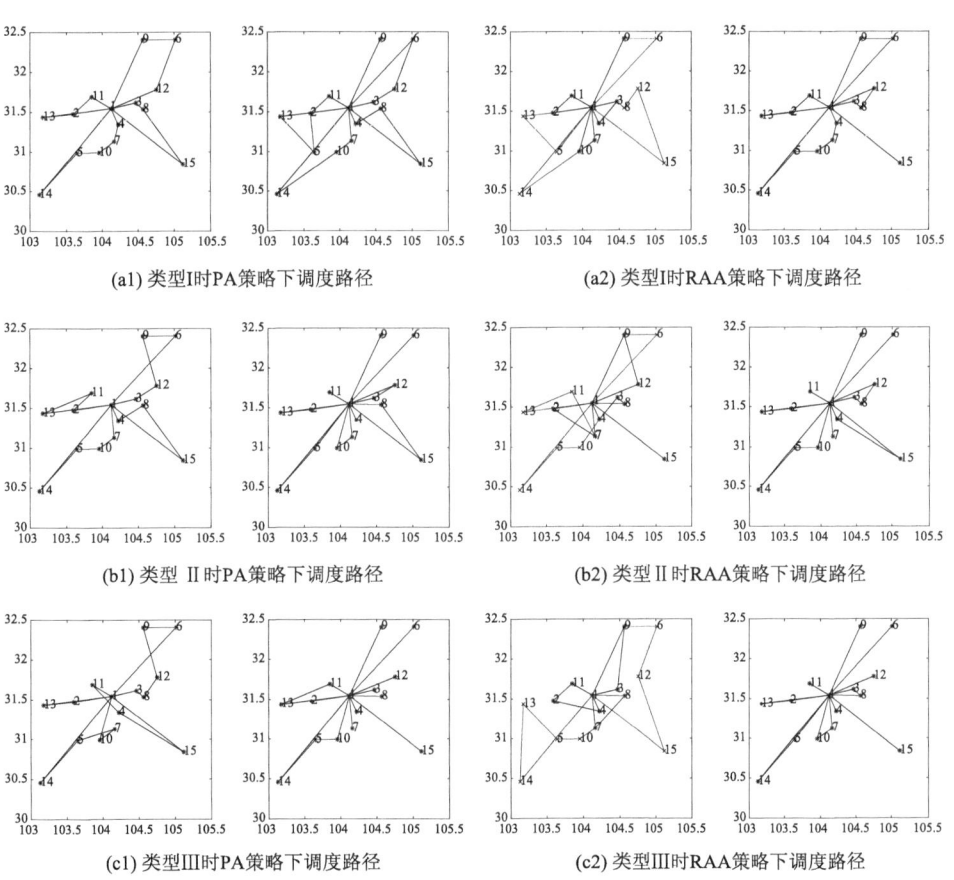

(a1) 类型I时PA策略下调度路径　　(a2) 类型I时RAA策略下调度路径

(b1) 类型II时PA策略下调度路径　　(b2) 类型II时RAA策略下调度路径

(c1) 类型III时PA策略下调度路径　　(c2) 类型III时RAA策略下调度路径

图 13-3　不同车辆类型下跨区域应急救援药品包的最优调度路径

单独观察表 13.4 中 PA 和 RAA 策略下车辆类型由 I 到 II 到 III 时相对剥夺成本的变化,发现:RAA 策略下不论在初救还是补救阶段其灾民相对剥夺成本都越来越小,而 PA 策略下使用不同类型车辆的调配结果并未严格遵循此规律。在初救和两救援阶段整体,随着车辆类型从 I 到 II 到 III,PA 策略下各灾民的相对剥夺成本逐渐增加,这表明采取 PA 策略时若车辆载容量变小、速度变快,救援公平性可能愈加不理想。这似乎与前述的 PA 分配策略能收获更好救援公平性的结论相左,原因解释如下:从救援速度来看,在车辆类型由 I 到 II 到 III 的变化中,一定时间窗约束下更快的调配速度使每辆车能服务于更多的受灾点。结合救援路径角度,初救阶段每辆车途经路径越长,会导致已接收药品包的受灾点与需等待药品包的受灾点之间灾民遭遇心理创伤的差异性增加,即救援公平性变差。

13.5.3 案例分析启示

通过上述案例仿真和参数分析,可得出如下管理意义:① 在不同时间窗下,PA 和 RAA 分配策略的对比结果具有较强鲁棒性。即无论等待救援时间窗如何改变,PA 虽都比 RAA 更为耗时,但 PA 策略均能以更公平的方式更好地缓解灾民心理创伤。② 应急决策者们需根据不同需求特征来选择合适的物资分配策略。若面临类似 DF1 需求,即需求增加速率先快后慢,则建议应急决策者们选择 PA 分配策略;若物资需求类似 DF2,即需求增加速率由慢到快,则建议采取 RAA 分配策略。③ 不同车辆类型也是应急决策者们选择救援物资分配策略时不容忽视的重要考虑因素之一。若可用救援车辆是类型III时,不论从救援及时性还是缓解灾民心理创伤的角度,均首选 RAA 策略;若基于综合考虑选择 PA 策略,则建议决策者们尽量选用诸如类型 I 的救援车辆,因为若使用载容量较小、行驶速度较快的类型III车辆,那么 PA 策略在救援公平性方面的优势将难以发挥。

13.6 本章小结

本章研究基于动态需求的跨区域应急物资动态调配优化问题,决策过程涉及救援物资的合理分配和路径的优化选择。首先,为更准确地刻画动态灾害和可变需求以及救援物资调配之间的相互影响,创新地提出包含初救和补救两阶段的救援物资需求函数;为强调人道主义救援中公平性原则,在灾民绝对剥夺成本的基础上构造相对剥夺成本并将其考虑为应急决策目标之一。然后,在按比例和随机到达两种不同分配策略下,构建多目标跨区域应急救援分配-路径模型,并设计遗传算法对模型实施求解。最后,以 2008 年汶川地震为案例背景做对比分析,以展示不同分配策略在救援效率、有效性及公平性等方面的优势,并通过实施关键参数敏感性分析来探讨不同时间窗、不同需求函数和不同车辆类型对跨区域应急救援最优调配方案的影响。

未来研究可考虑设计应用合适算法来实现模型多目标的 Pareto 最优,并精准分析多个目标间如何权衡。可探讨应急场景下绝对和相对剥夺成本的其他类型函数形式,以观测本章研究所得相关结论的鲁棒性。还可尝试改变所构模型的一些假设,如考虑现实救援中常出现的多种救援物资或多种类型救援车辆并存的现象;或考虑救援调配的不确定场景,如受灾点位置或灾民数量未知。也可思考应急物资调配过程中其他分配策略的应用,还可分析各出救点间或各受灾点间物资相互协调转运对应急救援调配活动的影响。

参 考 文 献

[1] Gutjahr W J, Nolz P C. Multicriteria optimization in humanitarian aid[J]. European Journal of Operational Research, 2016, 252(2): 351-366.

[2] Özdamar L, Ekinci E, Küçükyazici B. Emergency logistics planning in natural disasters[J]. Annals of Operations Research, 2004, 129(1): 217-245.

[3] Matl P, Hartl R F, Vidal T. Workload equity in vehicle routing problems: A survey and analysis[J]. Transportation Science, 2018, 52(2): 239-260.

[4] Holguín-Veras J, Pérez N, Jaller M, et al. On the appropriate objective function for post-disaster humanitarian logistics models[J]. Journal of Operations Management, 2013, 31(5): 262-280.

[5] Gutjahr W J, Fischer S. Equity and deprivation costs in humanitarian logistics[J]. European Journal of Operational Research, 2018, 270(1): 185-197.

[6] 王旭坪, 马超, 阮俊虎. 运力受限的应急物资动态调度模型及算法[J]. 系统工程理论与实践, 2013, 33(6): 1492-1500.

[7] 刘长石, 寇纲, 刘导波. 震后应急物资多方式供应的模糊动态 LRP[J]. 管理科学学报, 2016, 19(10): 61-72.

[8] 郑斌, 马祖军, 周愉峰. 震后应急物流动态选址-联运问题的双层规划模型[J]. 系统管理学报, 2017, 26(2): 327-337.

[9] Barbarosoğlu G, Arda Y. A two-stage stochastic programming framework for transportation planning in disaster response[J]. Journal of the Operational Research Society, 2004, 55(1): 43-53.

[10] Hong X, Lejeune M A, Noyan N. Stochastic network design for disaster preparedness[J]. IIE Transactions, 2015, 47(4): 329-357.

[11] Grass E, Fischer K. Two-stage stochastic programming in disaster management: A literature survey[J]. Surveys in Operations Research and Management Science, 2016, 21(2): 85-100.

[12] 朱莉, 曹杰. 灾害风险下应急资源调配的超网络优化研究[J]. 中国管理科学, 2012, 20(6): 141-148.

[13] Holguín-Veras J, Jaller M, Wassenhove L N V, et al. On the unique features of post-disaster humanitarian logistics[J]. Journal of Operations Management, 2012, 30(7-8): 494-506.

[14] Pérez-Rodríguez N, Holguín-Veras J. Inventory-allocation distribution models for postdisaster humanitarian logistics with explicit consideration of deprivation costs[J]. Transportation Science, 2015, 50(4): 1261-1285.

[15] Zhu L, Gong Y, Xu Y, et al. Emergency relief routing models for injured victims considering equity and priority[J]. Annals of Operations Research, 2019, 283(1-2): 1573-1606.

[16] Sheu J B. Dynamic relief-demand management for emergency logistics operations under large-scale disasters[J]. Transportation Research Part E: Logistics & Transportation Review, 2010, 46(1): 1-17.

[17] Stauffer J M, Pedraza-Martinez A J, Yan L, et al. Asset supply networks in humanitarian operations: A combined empirical-simulation approach[J]. Journal of Operations Management, 2018, 63(1): 44-58.

[18] 姚延敏, 苑航, 李颖, 等. 2008汶川现场实录——依法救灾: 一案三制威力凸显[J]. 中国质量万里行, 2008(6): 38-40.

[19] van der Laan E, van Dalen J, Rohrmoser M, et al. Demand forecasting and order planning for humanitarian logistics: An empirical assessment[J]. Journal of Operations Management, 2016, 45(1): 114-122.

第 14 章 基于灰色神经网络动态预测的跨区域应急决策

本章研究针对大规模灾害严重性和应急救援资源稀缺性之间的矛盾，探讨大规模灾害发生后紧急救援阶段的跨区域伤员应急动态运输调度优化，决策问题包括伤员救援车辆的路径选择以及救援车辆装载伤员人数的分配。本章的动态性主要体现在运用灰色神经网络对应急救援过程待救人数的动态预测，面对实时动态的待救人数，构建一个以救援时间最小、延迟成本最小、救援效用最大为决策目标的跨区域应急救援动态调度优化模型。设计一个非支配排序遗传算法与蚁群算法的混合算法对模型实施求解，并与带有随机交叉和变异的非支配排序遗传算法求解做比较。算例仿真结果和参数的灵敏度分析验证所构模型和算法的可行性和有效性，并得出一些重要结论供应急决策者参考。

14.1 决策问题描述与相关研究

面对突如其来的灾害，人类生命财产和人身安全得不到有效保障，尤其大规模灾害常常造成大量人员伤亡，急需应急救援车辆和人道主义援助的高效运作，以达到挽救生命、减轻灾民痛苦的目的。面对突发灾害发生时，如何及时、合理地跨区域配置救援车辆资源是跨区域应急决策体系的重要组成部分。由于时间和资源的有限性，应急决策者必须在有限的时间内对有限的资源做出最优路径选择和合理调度分配决策[1]。

如本书之前章节所述，有不少文献针对性探讨应急救援车辆调度和路径优化问题，例如 Tzeng 等[2]构建了地震后应急救援车辆优化调度决策模型，该模型提出三个决策目标函数：总成本最小化、总行驶时间最小化、最低需求满意率最大化。Yi 和 Kumar[3]以应急救援服务延迟最小化为目标探讨人道主义救援物流优化问题，决策包括合理的接运方式、需求点最佳服务时间和车辆最佳到达时间等。Ghoseiri 和 Ghannadpour[4]以救援总距离和救援车辆总数量最小化为决策目标，来解决具有时间窗的应急车辆路径优化问题。Cherkesly 等[5]考虑对救援车辆行驶路径总距离控制，以及运力过剩和时间窗冲突等问题的权衡，研究有时间窗和后进先出(last-in-first-out, LIFO)装载的应急救援物资配送优化决策。事实上，人道主义应急救援车辆调度优化的确是一个需要综合考虑多目标权衡的决策问题。Najafi 等[6]在震后应急响应的应急救援车辆调度决策中将未送达伤员总数最小化、未满足需求总数最小化以及救援车辆总数最小化作为目标。Douglas 等[7]构建一个以预置应急库存成本和未满足需求量最小为决策目标的应急物流随机调配网络优化模型。Tofighi等[8]提出一个人道主义救援物流网络模型,有四个决策目标:最小化总配送时间、最小化最大加权救援时间、最小化未使用应急库存总成本,以及最小化未满足需求的加权短缺成本。

国内在救援调度和应急路径分配领域也有较多研究积累。如夏红云[9]等构建带时间窗的应急救援车辆多阶段动态调度模型,探究在有限时间域内如何实现各灾区应急资源需求满足量最大和延迟成本最小。刘波和李砚[10]考虑道路连通可靠性与行程时间可靠性对应急救援车辆路径选择的影响,讨论应急物资车辆调度的鲁棒双层优化决策。杨海强和陈卫明[11]结合实际正在发生灾害的节点及预测未来可能发生灾害的节点,建立以带权重响应时间成本最小和应急物资未满足量最少为目标函数的应急车辆动态调度模型。孙华丽等[12]以各需求点的救援时间满意度之和最大、应急系统总成本最小以及应急物资到达需求点的救援时间之和最小为决策目标,探讨面向多式联运的应急物流三层级网络系统选址-路径优化决策。王付宇等[13]采用聚合优化算法对应急救援区域进行划分,建立以总救援时间最短和相对综合救援权重值最大为目标的救援车辆规划模型。曲冲冲等[14]以保障时效性与分配公平性为目标,研究考虑多种运输方式、多阶段应急物资配送中心选址与运输路径动态优化模型。郭鹏辉等[15]以救援及时性、综合满意度和物资供给公平性为优化目标,构建考虑异质物资合车运输的多目标双层选址-路径-配给优化模型。谭洁等[16]以运输时间最短为目标,在单边模糊软时间窗与模糊需求约束条件下,对比讨论考虑和不考虑二次灾害所致供应点随机失效风险的应急物流车辆路径问题。

上述这些应急救援车辆调度决策中的多目标通常涉及成本、时间和未满足需求等,较少提及不同程度需求延迟满足的救援效用问题。Holguín-Veras等[17]首次提出因受灾需求未满足或延迟满足而引致的剥夺成本,指出表征受灾者心理痛苦的剥夺成本会随着应急救援响应的延迟而不断增加。Huang等[18]用延迟成本来刻画各受灾需求点不被满足时的代价,强调若应急救援车辆不以抢救危重伤员为主的话,则危重伤员的延迟成本会随时间推移而更加严重,提出以救援效用来反映灾民对救援资源的偏好,用边际效用来定量衡量不同程度需求满足的相对重要性。Özdamar和Demir[19]针对面向不同程度受灾人员的应急救援决策,在大规模救灾物流路径选择优化过程中直接给出优先撤离人员名单。

本章基于这些应急救援决策中有关延迟成本和救援效用的探讨研究,认为延迟成本和救援效用都是反映应急救援效率的重要因素,它们在改善应急救灾行动中救援车辆调度优化的人道主义目标方面发挥重要作用,故本章研究在考虑救援时间最短化的基础上将延迟成本最小化和救援效用最大化综合作为跨区域应急救援动态调度优化的决策目标。此外,大部分应急救援调度文献都是以已知需求或采用某种方法预测需求的方式来描述受灾场景下的应急救援决策,例如 Sheu[20]提出利用数据融合方法来预测多个地区的救灾需求,面对动态需求去探讨如何应急物流优化运作。借鉴文献[20]思路,本章研究还创新性地采用灰色神经网络方法来动态预测受灾需求,构建面向灰色神经网络预测需求的跨区域应急救援车辆多目标动态调度决策模型,并针对性设计一个非支配排序遗传算法与蚁群算法的混合算法对模型实施求解,通过不同求解算法结果比较和参数分析验证所构模型和求解算法的可行性和有效性。

14.2 基于灰色神经网络动态预测的跨区域应急决策模型

所构模型决策问题是构建一个有效的伤员运输网络,以尽快提升应急救援效果、尽早减少伤员受灾痛苦。具体地,每个应急供应点都有一定数量的救援车辆,每辆救援车辆都需选择一条路径前往需求点去装载一定数量的伤员。为了实现最佳应急救援状态,需要决策的是救援车辆应该选择哪条救援路径,以及在离开各需求点之前每辆车上应装载多少数量的伤员。

14.2.1 模型假设与符号说明

模型假设条件:① 跨区域道路的应急运输能力能支持所有车辆同时运行,换句话说,所有车辆可以同时选择一条路径进行救援运输活动;② 在整个跨区域应急救援过程中无新增伤情;③ 救援车辆经过应急供应点或受灾需求点均不计算车辆停留时间;④ 若多辆救援车辆同时到达某个受灾需求点时,按照车辆编号先后顺序装载运输伤员;⑤ 从各应急供应点到各受灾需求点的所有运输路径已知;⑥ 救援车辆在选择一条路径后,只在该条路径上装载运输伤员。

模型中用 i 来表示应急救援网络的任意节点,包括应急供应点和应急需求点,$i \in \mathcal{N}$,$\mathcal{N}$ 是救援网络中所有节点的集合,$\mathcal{N}=\{1,\cdots,i,\cdots,N\}$;$P_i$ 表示作为受灾需求点 i 处的初始需求量,即需求点 i 初始待救人数;用 e_i 表示节点 i 处的边际效用;分别用 k_m 和 k_n 表示任一车辆编号,$k_{\mathcal{K}}$ 为救援车辆集合 $k_{\mathcal{K}}=\{1,\cdots,k_m,\cdots,k_n,\cdots,k_K\}$;用 r 来表示应急救援路径编号,$r \in \mathcal{R}$,$\mathcal{R}$ 是所有路径集合,$\mathcal{R}=\{1,\cdots r,\cdots,R\}$;用 i_r 代表路径 r 上的节点 i,L_r 特指路径 r 上最后一个需求点;用 $\mathcal{N}_{\mathcal{R}}$ 代表所有路径上的节点集合;用 $t_{i_r}^{k_m}$ 来表示车辆 k_m 到达路径 r 上需求点 i 的时间,$t_{L_r}^{k_m}$ 则是车辆 k_m 到达路径 r 上最后一个需求点的时间;τ 是整个跨区域应急救援车辆调度过程中任一离散时间,$\tau \in \mathcal{T}$,$\mathcal{T}$ 是救援时间集合,$\mathcal{T}=\{0,\cdots,t_{i_r}^{k_m},\cdots,T\}$,其中 0 表示整个跨区域应急救援车辆调度周期的初始时间,

T 为整个跨区域应急救援车辆调度周期的结束时间；用 q_{k_m} 表示救援车辆 k_m 的最大承载能力。

面向重大突发灾害的跨区域应急救援车辆调度优化模型有两类决策变量：车辆路径选择变量和车辆装载伤员分配决策变量。用 $x_r^{k_m}$ 表示沿着路径 r 行驶的车辆 k_m，换句话说，$x_r^{k_m}$ 是一个表征救援车辆路径选择的二元决策变量，$x_r^{k_m}=1$ 意味着车辆 k_m 选择路径 r，而若 $x_r^{k_m}=0$ 则表示车辆 k_m 不选择路径 r；用 $y_{\tau i r}^{k_m}$ 表示救援车辆 k_m 在时刻 τ 沿着路径 r 在需求点 i 处装载伤员的人数，$y_{\tau i r}^{k_m}$ 是有关伤员分配的决策变量，是一个非负整数。

14.2.2 基于灰色神经网络的待救援伤员人数预测

本章研究采用灰色神经网络方法来动态预测灾后待救援伤员人数，基于灰色神经网络的跨区域应急救援过程中待救援人数预测的算法流程如图 14-1 所示。

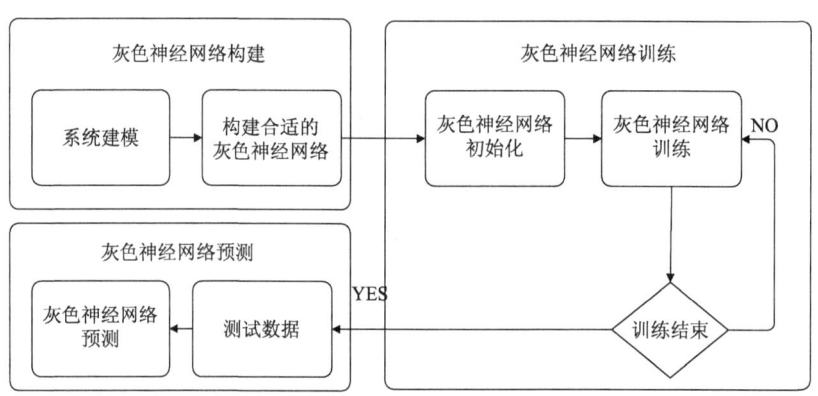

图 14-1 基于灰色神经网络的跨区域应急待救伤员人数预测算法

从图 14-1，基于灰色神经网络预测跨区域应急待救伤员人数的整个流程包含灰色神经网络构建、灰色神经网络训练以及灰色神经网络预测三个部分。其中，灰色神经网络构建是根据输入/输出数据的维数来确定灰色神经网络结构。本章所构模型中救援网络所有节点的输入数据为 5 维、输出为 1 维，故这里灰色神经网络结构为 1-1-6-1：即 LA 层有 1 个节点，输入为时间序列 t；LB 层有 1 个节点，LC 层有 6 个节点；以本章算例仿真中面向气象灾害为例，第 2~6 个分别输入气象灾害程度、后续天气情况(包括气温、风速、气压值、日降水量和相对湿度综合数值)、灾区总人口、灾区医疗保障情况、灾区生活保障情况 5 个因素的归一化数据；输出为待救援伤员人数。灰色神经网络训练用训练数据训练灰色神经网络，使网络具有伤员人数的动态预测能力。

14.2.3 模型构建

1. 决策目标

模型考虑与跨区域应急救援车辆调度相关的三个目标：救援时间、延误成本和救援效用。

1) 总救援时间最短化

跨区域应急救援车辆调度决策中尽可能减少救援时间至关重要。救援时间越短，对受灾需求点伤员的应急救援效果越好。值得注意的是，这里救援时间是指救援车辆从应急供应点出发驶至受灾需求点所需时间。车辆从某应急供应点到某受灾需求点的救援时间计算方式是由供应点与需求点间的距离除以救援车辆的行驶速度，而整个应急调度决策的总救援时间是所有救援车辆行驶时间的总和。救援车辆到达所有受灾需求点的救援时间最短化表达式为

$$\min \text{obj}_1 = \sum_{r=1}^{R} \sum_{k_m=1}^{k_K} x_r^{k_m} \cdot t_{L_r}^{k_m} \tag{14-1}$$

2) 总延迟成本最小化

与文献[17]中的剥夺成本类似，本章所构模型里的延迟成本也表示因应急救援延误而造成伤员或灾民的痛苦。不同于文献[18]中延迟成本的定义，这里将延迟成本定义为受灾需求点处的伤员对等待救援时间累积的不满，强调的是应急救援网络中各受灾需求点在整个救援时间段因需求不满足而累积的痛苦代价。具体而言，模型中延迟成本与延迟时间和未满足需求量有关，而未满足需求量在此指的就是在某时刻仍未被救援的伤员人数。跨区域应急救援车辆调度过程所致延迟成本最小化的表达式为

$$\min \text{obj}_2 = \sum_{i=1}^{N} \sum_{r=1}^{R} \sum_{k_m=1}^{k_K} \sum_{\tau=0}^{T} t_{i_r}^{k_m} \left(P_i - \sum_{r=1}^{R} \sum_{k_m=1}^{k_K} \sum_{\tau=0}^{t_{i_r}^{k_m}} y_{\tau i_r}^{k_m} \right) \tag{14-2}$$

其中，$\sum_{r=1}^{R} \sum_{k_m=1}^{k_K} \sum_{\tau=0}^{t_{i_r}^{k_m}} y_{\tau i_r}^{k_m}$ 表示在救援时间 $t_{i_r}^{k_m}$ 段内，应急救援网络中通过各路径驶至受灾需求点 i 的所有救援车辆在需求点 i 处累计装载的伤员人数。$P_i - \sum_{r=1}^{R} \sum_{k_m=1}^{k_K} \sum_{\tau=0}^{t_{i_r}^{k_m}} y_{\tau i_r}^{k_m}$ 则表示需求点 i 在整个救援阶段结束仍未被车辆装载的伤员人数。故公式(14-2)意味着面对整个应急救援网络的救援车辆调度过程中所有受灾需求点的总延迟成本最小化。各救援车辆到达各受灾需求点的救援时间越长、或救援结束后仍未被装载的伤员人数越多，延迟成本越高。

3) 总救援效用最大化

救援效用的不同主要体现在对不同受伤程度人员实施救援的应急效果，实际上，灾害下应急车辆救援重伤人员比救援轻伤者效用更大。模型采用不同的边际效用来衡量差别化的救援优先级。具体而言，以应急救援网络中任何两节点 i 和 j 为例，若节点 i 处伤员的伤势比节点 j 处的严重，则救援节点 i 处伤员所获边际效用比救援 j 处的要更大，即 e_i 大于 e_j。跨区域应急车辆调度决策总救援效用最大化的表达式为

$$\max \text{obj}_3 = \sum_{i=1}^{N} e_i \cdot \sum_{r=1}^{R} \sum_{k_m=1}^{k_K} \sum_{\tau=0}^{T} y_{\tau i_r}^{k_m} \tag{14-3}$$

其中，$\sum_{r=1}^{R} \sum_{k_m=1}^{k_K} \sum_{\tau=0}^{T} y_{\tau i_r}^{k_m}$ 表示应急救援网络中通过各路径驶至受灾需求点 i 的所有救援车辆在整个救援阶段在需求点 i 处累计装载的伤员人数。

2. 约束条件

面向重大灾害的跨区域应急救援动态调度优化模型，须满足以下约束条件：

$$\sum_{r \in \mathcal{R}} x_r^{k_m} \leqslant 1, \quad \forall k_m \in k_{\mathcal{K}} \tag{14-4}$$

$$\sum_{i \in \mathcal{N}} \sum_{\tau \in \mathcal{T}} y_{\tau i_r}^{k_m} \leqslant q_{k_m} \cdot x_r^{k_m}, \quad \forall k_m \in k_{\mathcal{K}}, \forall r \in \mathcal{R} \tag{14-5}$$

$$\sum_{r \in \mathcal{R}} \sum_{\tau \in \mathcal{T}} \sum_{k_m \in k_{\mathcal{K}}} y_{\tau i_r}^{k_m} \leqslant P_i, \quad \forall i \in \mathcal{N} \tag{14-6}$$

$$y_{\tau i_r}^{k_m} \geqslant 0 \text{ 且为整数} \tag{14-7}$$

$$x_r^{k_m} \in \{0,1\} \tag{14-8}$$

约束条件(14-4)表示一辆救援车辆只能选择在一条路径上行驶。不过每条路线上并没有对车辆数量进行限制，由假设①，一条路径可允许同时有多辆车选择。约束条件(14-5)是两类决策变量的关联关系，表明每辆车不能超载，且救援车辆仅允许在车辆选择行驶路线上的需求点处装载伤员。约束条件(14-6)是需求约束，表示经由各路径驶至受灾需求点 i 的所有救援车辆在整个救援阶段在需求点 i 处累计装载的伤员人数不得超过需求点 i 处原有的伤员数。公式(14-7)确保决策变量 $y_{\tau i_r}^{k_m}$ 是一个非负整数。公式(14-8)是决策变量 $x_r^{k_m}$ 的类型约束，确保 $x_r^{k_m}$ 是一个 0-1 变量，若 $x_r^{k_m}=1$，则救援车辆 k_m 沿路径 r 行驶，否则 $x_r^{k_m}=0$。

14.3 基于灰色神经网络动态预测的跨区域应急决策模型求解

显然，上一节所构模型是多目标决策问题，与第 2 章和第 7 章的模型求解思

路相同，这里仍选择 NSGA-Ⅱ算法及其改进设计来对模型实施求解。NSGA-Ⅱ是一种常用于多目标决策的求解算法[21]，通过采用简单明了的非支配排序机制，可在短时间内找到 Pareto 最优解决方案，具备良好的操作效率和较优的收敛性[22]。有大量文献使用 NSGA-Ⅱ或其改进算法来求解多目标优化模型，如被应用于解决供应链选址-库存优化问题[23-25]、汽轮机动力装置优化问题[26]、应急救援中心选址问题[27]。为便于对求解算法进行比较分析，本节介绍两种求解算法：一种是 NSGA-Ⅱ算法；另一种是基于蚁群算法生成初始种群的 NSGA-Ⅱ算法，它是蚁群和 NSGA-Ⅱ的混合算法。

14.3.1 NSGA-Ⅱ算法

有关 NSGA-Ⅱ算法详细步骤，可参见本书 7.3 节。这里仅简述其流程：首先，NSGA-Ⅱ算法根据实际决策问题要求生成初始种群，每条染色体包含模型决策变量和目标函数值；然后，计算每个染色体的非支配排序和拥挤距离；接着，进行选择、交叉、变异、重组操作；最后，选择 Pareto 最优解。

针对所构模型，为便于算法计算，首先将 obj_3 转化为最小值问题。基于上述算法流程，在此仅详述染色体设计思路：设计适用于解决跨区域应急救援车辆调度决策多目标模型的初始染色体种群，染色体结构如图 14-2 所示。每个染色体包括三部分结构：车辆路径选择决策变量、分配决策变量和目标函数值。车辆路径选择决策变量的长度为 $k_K \times R$，分配决策变量的长度为 $k_K \times R \times N \times T$。模型有三个决策目标函数，故 $M = 3$。例如，$k_K = 3$、$R = 3$，则车辆选择决策变量有 9 个，每个变量的值有 3 个二元变量。令种群大小为 pop，则得到了 pop 条染色体。接下来对染色体进行非支配排序、计算拥挤距离、选择、交叉、变异和重组的操作，为体现应急救援车辆调度的动态性，这里 NSGA-Ⅱ算法选择随机交叉和变异操作。

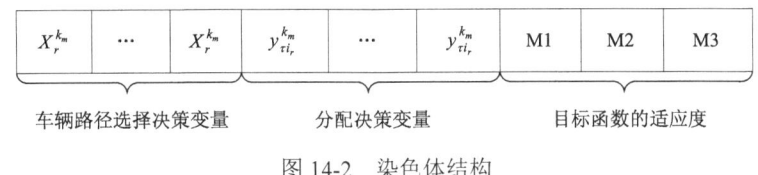

图 14-2 染色体结构

14.3.2 NSGA-Ⅱ和蚁群混合算法

NSGA-Ⅱ和蚁群混合算法的关键之处在于使用蚁群算法来生成初始种群。蚁群算法是一种模仿蚂蚁工作方式的启发式算法[28,29]，有关蚁群算法的详细流程步骤可参见本书 3.3 节。这里应用蚁群算法产生的初始染色体具有较小的目标函数值，与 NSGA-Ⅱ算法混合能使其更快更容易地找到 Pareto 前沿。实际上，本章研究的跨区域应急救援车辆调度问题存在 $k_K \times R + k_K \times R \times N \times T$ 变量,将每个变量中的一个解看作一个节点。将整数变量的上、下界分别定义为 UB 和 LB,每个整数变量中有 UB-LB+1 个节点。蚂蚁选择一个节点,该节点是这个变量的当前值,蚂蚁会总共选择 $k_K \times R + k_K \times R \times N \times T$ 次。用蚁群算法找出初始解之后,接下来的步骤同 14.3.1 节的 NSGA-II 算法流程。

14.4 基于灰色神经网络动态预测的跨区域应急决策算例分析

现应用 NSGA-II 算法以及 NSGA-II 蚁群混合算法分别在 MATLAB 2015a 中实施算例求解和对比分析,然后利用一个大规模数值算例验证所构模型和求解算法的有效性,并对边际效用和车辆运行时间等关键参数实施敏感性分析,从而得出一些管理启示供应急决策者参考。

14.4.1 仿真算例相关设置

仿真算例中以暴雨这类气象灾害为例,假设暴雨发生地这个受灾城市有三个应急供应点、五个需求点、三条应急车辆救援路径。将三个供应点和五个需求点分别记成应急救援网络的节点 1~8,即节点 1、2、3 代表着三个供应点、节点 4、5、6、7、8 代表着五个需求点。路径 $r=1$ 上有节点 1、4、6、7,路径 $r=2$ 上有节点 2、4、5、6、7,路径 $r=3$ 上有节点 3、5、6、8。假设每个应急供应点各有一辆车,意味着每条路径上各有一辆应急救援车辆在行驶,总共三辆救援车辆,每辆车行驶速度相同。

1. 救援车辆到达时间

鉴于救援车辆行驶路径是由车辆选择决策变量决定的,且应急救援路径上任意两节点的距离固定已知,设置各救援车辆 k_m 到达各路径 r 上各需求点 i 的时间,列于表 14.1。

表 14.1 救援车辆到达各路径上各需求点的时间

路径	车辆运行时间 $t_{ir}^{k_m}$				
$r=1$	$t_{41}^{k_m}=1$	$t_{51}^{k_m}=0$	$t_{61}^{k_m}=3$	$t_{71}^{k_m}=4$	$t_{81}^{k_m}=0$
$r=2$	$t_{42}^{k_m}=2$	$t_{52}^{k_m}=4$	$t_{62}^{k_m}=7$	$t_{72}^{k_m}=8$	$t_{82}^{k_m}=0$
$r=3$	$t_{43}^{k_m}=0$	$t_{53}^{k_m}=2$	$t_{63}^{k_m}=4$	$t_{73}^{k_m}=0$	$t_{83}^{k_m}=7$

从表 14.1 看出：① 若车辆 k_m 选择路径 1，意味着车辆 k_m 的路径选择决策变量 $x_1^{k_m}=1$、$x_2^{k_m}=0$、$x_3^{k_m}=0$，车辆 k_m 到达各需求点的时间分别为 1、0、4、0，即车辆 k_m 从节点 1 到节点 4 的行驶时间为 1、车辆 k_m 没有到达节点 5、车辆 k_m 从节点 4 到节点 6 的行驶时间为 2、车辆 k_m 从节点 6 到节点 7 的行驶时间为 1、车辆 k_m 没有到达节点 8；② 若车辆 k_m 选择路径 2，则车辆 k_m 的车辆选择决策变量为 0、1、0，车辆 k_m 到达各需求点的时间分别为 2、4、7、8、0，即车辆 k_m 从节点 2 到节点 4 的行驶时间为 2、k_m 车辆从节点 4 到节点 5 的行驶时间为 2、k_m 车辆从节点 5 到节点 6 的行驶时间为 3、k_m 车辆从节点 6 到节点 7 的行驶时间为 1、车辆 k_m 没有到达节点 8；③ 若车辆 k_m 选择路径 3，则车辆 k_m 的车辆选择决策变量为 0、0、1，车辆 k_m 到达各需求点的时间分别为 0、2、4、0、7，这意味着车辆 k_m 没有到达节点 4、车辆 k_m 从节点 3 到节点 5 的行驶时间为 2、车辆 k_m 从节点 5 到节点 6 的行驶时间为 2、车辆 k_m 没有到达节点 7、车辆 k_m 从节点 6 到节点 8 的行驶时间为 3。

2. 基于灰色神经网络的待救援人数预测

所构模型拟应用灰色神经网络方法来预测暴雨气象灾害下需救援伤员人数，算例中基于灰色神经网络的待救援人数预测算法中所需的气象灾害程度、后续天气情况（包括气温、风速、气压值、日降水量和相对湿度综合数值）、灾区总人口、灾区医疗保障情况、灾区生活保障情况五方面因素调研数据，见表 14.2。其中，整个跨区域应急救援车辆调度周期的结束时间 $T=8$，即救援车辆到达受灾点的最长时间为 8 h。

表14.2 基于灰色神经网络待救伤员人数预测所需的相关因素数据

分段时间	气象灾害程度	后续天气情况	灾区总人口	灾区医疗保障情况	灾区生活保障情况
$t=1$	1.52	0.548	0.868	0.685	0.984
$t=2$	1.43	0.594	0.761	0.656	0.951
$t=3$	1.67	0.634	0.715	0.680	0.949
$t=4$	1.77	0.783	0.889	0.744	0.929
$t=5$	1.63	0.518	0.822	0.633	0.866
$t=6$	1.67	0.720	0.889	0.669	0.951
$t=7$	1.59	0.648	0.691	0.734	0.853
$t=8$	2.04	0.729	0.930	0.678	0.996

应用灰色神经网络方法来预测待救伤员人数，将预测结果与实际待救人数进行对比，其对比情况如图 14-3 所示。从图 14-3 可看出，灰色神经网络预测的待

救伤员人数与实际待救援人数相差不大,这说明利用灰色神经网络来动态预测救援需求较为有效。此外,灰色神经网络训练误差如图 14-4 所示,图中显示在灰色神经网络预测三次进化后,预测误差急剧降低、降低至基本趋近于 0。因此,综合图 14-3 和图 14-4,灰色神经网络动态预测待救伤员人数模型可行并有效。

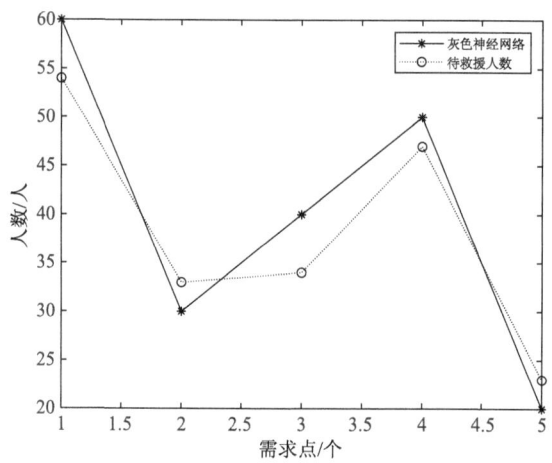

图 14-3　灰色神经网络预测与实际待救人数

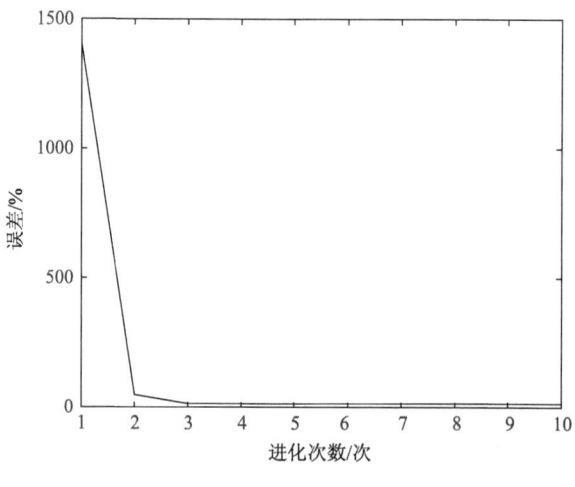

图 14-4　训练误差

3. 算例场景中其他参数

三辆救援车辆的容量分别为:q_{k_1}=50、q_{k_2}=60、q_{k_3}=70。面对仿真算例中暴雨气象灾害,受灾城市里五个需求点的初始受伤人数分别为:P_4=60、P_5=30、P_6=40、

$P_7=50$、$P_8=20$。而节点 1、2、3 因是应急供应点，故 $P_1 = P_2 = P_3=0$。受灾需求点的伤员人数越多，间接反映暴雨气象灾害越严重；而受灾需求点处的暴雨气象灾害越严重，对该区域进行应急救援的边际效用越大。故参考各需求点伤员人数，设置各需求点的边际效用分别为：$e_4=10$、$e_5=4$、$e_6=6$、$e_7=8$、$e_8=2$。而节点 1、2、3 因是应急供应点，所以 $e_1=0$、$e_2=0$、$e_3=0$。

4. 算例仿真求解过程

根据上述已知参数，每条染色体的长度为 $R\times k_K + R\times k_K \times N\times T+M=3\times3+3\times3\times8\times8+3=588$。染色体的组成结构如图 14-2 所示。救援车辆选择决策变量个数为 $R\times k_K$。如若 k_1 选择路径 3、k_2 选择路径 2、k_3 选择路径 1，则车辆选择决策变量为 0、0、1、0、1、0、1、0、0。分配决策变量个数为 $R\times k_K \times N\times T$，例如，车辆 k_1 在受灾需求点 5 处于第 2 时刻装载 10 人、车辆 k_1 在受灾需求点 6 处于第 4 时刻装载 10 人、车辆 k_1 在受灾需求点 8 处于第 7 时刻装载 20 人；车辆 k_2 在受灾需求点 4 处于第 2 时刻装载 30 人、车辆 k_2 在受灾需求点 5 处于第 4 时刻装载 20 人、车辆 k_2 在受灾需求点 6 处于第 7 时刻装载 10 人、车辆 k_2 在受灾需求点 7 处不接伤员；车辆 k_3 在受灾需求点 4 处于第 1 时刻装载 30 人、车辆 k_3 在受灾需求点 6 处于第 3 时刻装载 20 人、车辆 k_3 在受灾需求点 7 处于第 4 时刻装载 20 人。采用上述假设的决策变量数值，由公式(14-1)(14-2)和(14-3)，能够算出该算例下三个目标函数值。

14.4.2 两种算法求解对比分析

现应用 NSGA-II 以及 NSGA-II 蚁群混合算法（下简称混合算法）两种算法，基于上述仿真算例场景在 MATLAB 2015a 中对本章所构模型实施求解，两种算法的交叉概率 pc = 0.9、变异概率 mc = 0.1，种群规模 50、最大迭代次数为 50。为保证求解结果的稳定性，特重复算例求解 30 次，发现应用混合算法求出有效解的数量总是超过 NSGA-II 下有效解数量。这说明相较而言，混合算法比单纯 NSGA-II 算法在保持种群多样性方面更具优势。

1. 决策目标值的对比

为清晰展示两种求解算法下模型三个决策目标值的情况，特将 obj_1 的值扩大 10 倍，并将两种求解算法下 obj_1、obj_2 和 obj_3 在 30 次实验的平均值对比分别展示在图 14-5、图 14-6 和图 14-7 中。从这三幅图均可明显看出，相比单纯 NSGA-II 算法，混合算法下的 Pareto 解趋于实现更小的目标值，这从模型最优解的角度验证了 NSGA-II 蚁群混合算法更有效。另展示 NSGA-II 蚁群混合算法的 Pareto 解，如图 14-8 所示。

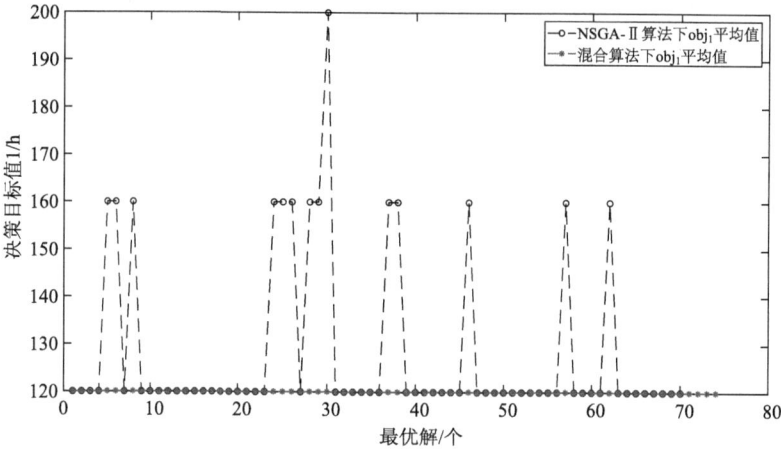

图 14-5　在 30 次实验中应用两种算法的 obj_1 平均值对比

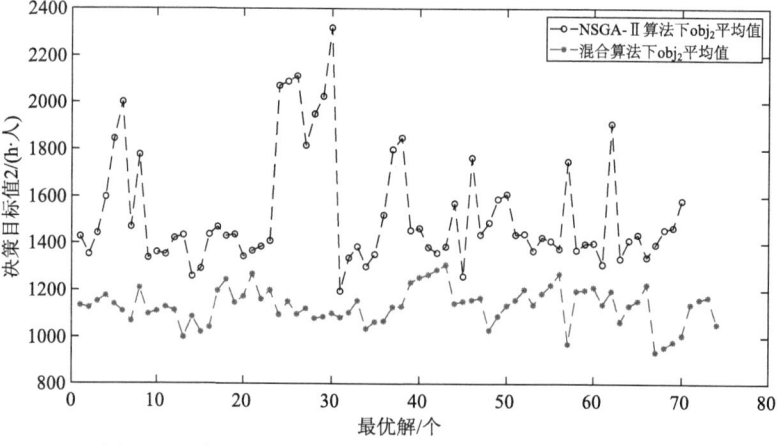

图 14-6　在 30 次实验中应用两种算法的 obj_2 平均值对比

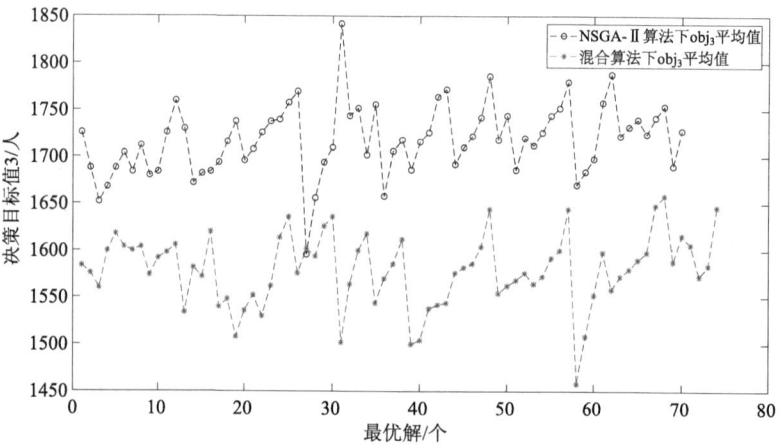

图 14-7　在 30 次实验中应用两种算法的 obj_3 平均值对比

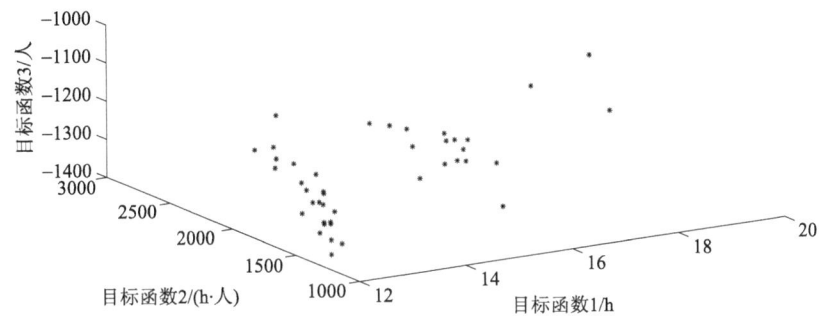

图 14-8 NSGA-Ⅱ蚁群混合算法的 Pareto 解

2. 算法运行时间的对比

改变算例设置的种群规模和最大迭代次数，观察两种算法运行时间上的变化。具体地，做 10 组测试对比，当种群规模分别为 50、100、150、200、250、50、50、50、50、50，以及最大迭代次数相应为 50、50、50、50、50、100、150、200、250、300 时，应用 NSGA-Ⅱ的运行时间分别是 3.97、9.03、16.42、24.73、38.77、6.8、11.9、13.11、16.67、19.71 s，而应用混合算法的运行时间分别是 9.79、27.21、56.02、108.75、162.33、15.84、21.82、39.79、67.48、69.95 s。将 NSGA-Ⅱ和混合算法在运行时间上的对比情况展示在图 14-9 中。从图 14-9 可看出，单纯随机交叉变异的 NSGA-Ⅱ比 NSGA-Ⅱ蚁群混合算法在计算效率方面更优。分析其原因，发现是混合算法在使用蚁群算法生成较优初始解方面花费了更多的时间。因此，若灾情非常严重、伤员亟待救援时，建议选择随机交叉变异的 NSGA-Ⅱ求解算法，毕竟其时效性更好。

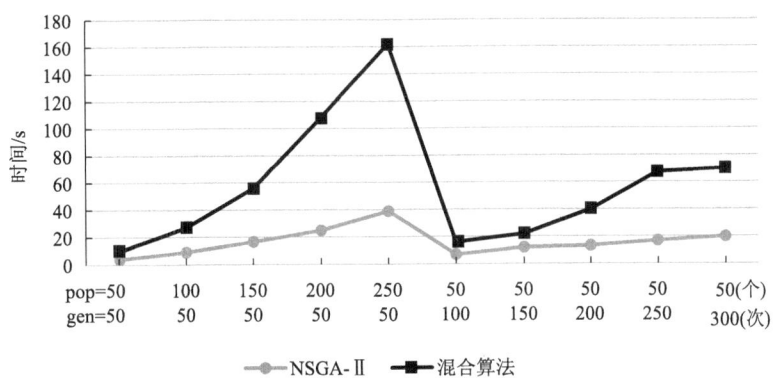

图 14-9 NSGA-Ⅱ和混合算法运行时间的对比

3. 大规模算例下的对比

为验证对比结果的鲁棒性,下面在一个更大规模的应急救援场景中实施两种求解算法的算例仿真对比。这个更大规模的算例里有 25 个节点(其中 5 个应急供应点、20 个受灾需求点),10 条车辆救援路径,共有 10 辆救援车辆。同样,将基于大规模算例场景的两种求解算法下 obj_1、obj_2 和 obj_3 在 30 次实验平均值对比分别展示在图 14-10、图 14-11 和图 14-12 中。从这三幅图中发现,"混合算法比单纯 NSGA-Ⅱ算法在种群多样性以及最优解结果方面更具优势"这一结论具有较好的鲁棒性,算法对比结果通过了大规模算例测试。

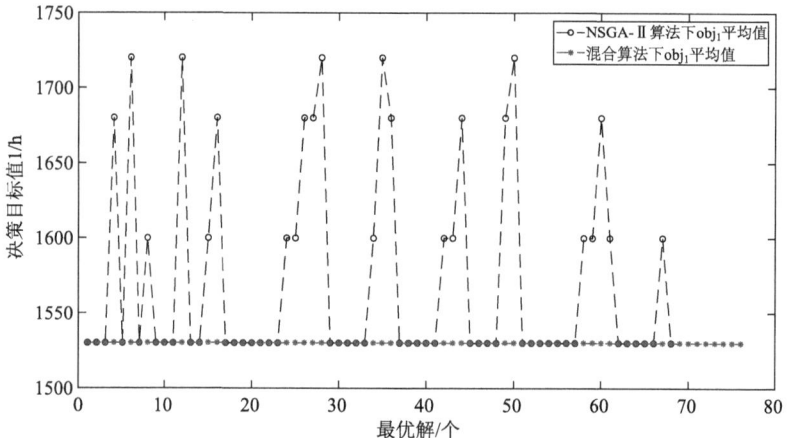

图 14-10　在 30 次大规模算例实验中应用两种算法的 obj_1 平均值对比

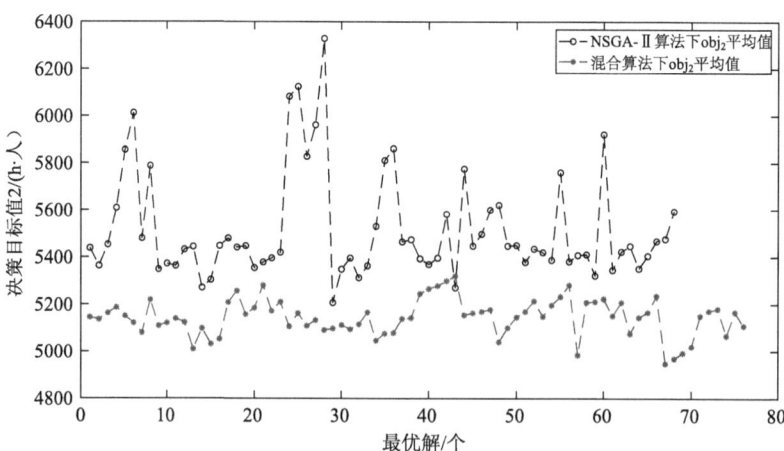

图 14-11　在 30 次大规模算例实验中应用两种算法的 obj_2 平均值对比

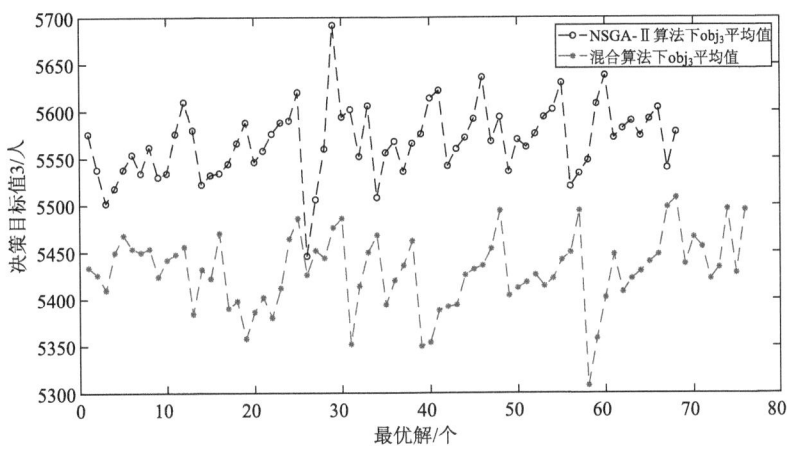

图 14-12 在 30 次大规模算例实验中应用两种算法的 obj_3 平均值对比

14.4.3 算例参数分析

参数分析是研究模型输出变化对模型参数变化的敏感程度的一种方法。现对边际效用和救援车辆行驶时间这两类参数进行敏感性分析,观察其变化对跨区域应急救援决策的影响。

1. 边际效用的影响

表 14.3 展示了改变边际效用 e_4, e_5, e_6, e_7, e_8 对模型最优决策目标值 obj_1、obj_2 和 obj_3 的影响。如前述,边际效用体现满足不同程度需求的相对重要性、反映差别化的救援优先级。

表 14.3 边际效用变化对最优决策目标值的影响

边际效用	最优决策目标		
(e_4, e_5, e_6, e_7, e_8)	obj_1	obj_2	obj_3
方案 A:(10, 4, 6, 8, 2)	12	1441	1411
方案 B:(4, 10, 6, 8, 2)	18	2249	1241
方案 C:(10, 6, 4, 8, 2)	14	1509	1393
方案 D:(10, 4, 8, 6, 2)	13	1431	1408
方案 E:(10, 4, 6, 2, 8)	14	1222	1358

仔细观察表 14.3,发现:① 边际效用由方案 A 变到方案 B(e_4 变小、e_5 变大)时,obj_1 和 obj_2 的值变大、obj_3 变小,这意味着救援车辆调度决策的应急效果变差,因为救援时间变长、延迟成本变大、救援效用变低,这说明受灾需求点 4 处

的需求满足比需求点 6 处的更重要,即受灾需求点 4 处伤员的救援优先性要高于需求点 5;② 类似地,边际效用由方案 A 变到方案 C(e_5 变大、e_6 变小)时,obj_1 和 obj_2 的值变大、obj_3 变小,更加糟糕的应急救援效果说明受灾需求点 6 处伤员的救援优先性要高于需求点 5;③ 而边际效用由方案 A 变到方案 D(e_6 变大、e_7 变小)时,obj_1 变大、obj_2 和 obj_3 的值变小,这意味着救援时间变长、救援效用变低的同时延迟成本降低了,这类情况反映了多目标决策问题中各个目标之间的权衡,无法判断受灾需求点 6 和 7 之间哪个受灾点处的伤员更需要救援;④ 与③同理,边际效用由方案 A 到方案 E(e_7 变小、e_8 变大)的改变,导致延迟成本的降低是以延长救援时间和牺牲救援效用为代价的局面,同样无法判断两个受灾需求点 7 和 8 之间的救援优先性。

2. 救援车辆行驶时间的影响

表 14.4 展示了改变救援车辆行驶时间对最优决策目标值的影响。从表 14.4 可看出,当救援车辆行驶时间由方案一变到方案二时($t_{4_1}^{km}$ 由 1 增到 2),obj_1、obj_2 和 obj_3 三个决策目标都更糟糕了,具体地,救援时间变长、延迟成本变大、救援效用变低;而当救援车辆行驶时间由方案一变到方案三时($t_{6_1}^{km}$ 由 3 降到 2),在 obj_1 值不变的情形下,obj_2 和 obj_3 两个决策目标值均表现更优。继续观察方案一与其他方案(四至十一)之间救援车辆行驶时间变化的影响,得到一致的结论:若能缩短救援车辆行驶时间,跨区域救援车辆调度决策的应急效果可得到全面提升;若救援车辆行驶时间被增加了,则应急效果会变差。

表14.4 救援车辆行驶时间变化对最优决策目标值的影响

救援车辆行驶时间 $t_{i_r}^{km}$(基于算例设置中表 14.1 的数据)	最优决策目标		
	obj_1	obj_2	obj_3
方案一:(1, 3, 4, 2, 4, 7, 8, 2, 4, 7)	12	1441	1411
方案二:(2, 3, 4, 2, 4, 7, 8, 2, 4, 7)	16	3034	1044
方案三:(1, 2, 4, 2, 4, 7, 8, 2, 4, 7)	12	1086	1532
方案四:(1, 3, 5, 2, 4, 7, 8, 2, 4, 7)	16	1741	1359
方案五:(1, 3, 4, 1, 4, 7, 8, 2, 4, 7)	12	1254	1494
方案六:(1, 3, 4, 2, 5, 7, 8, 2, 4, 7)	12	1759	1327
方案七:(1, 3, 4, 2, 4, 6, 8, 2, 4, 7)	12	1255	1453
方案八:(1, 3, 4, 2, 4, 6, 7, 2, 4, 7)	12	1437	1504
方案九:(1, 3, 4, 2, 4, 7, 8, 1, 4, 7)	12	1152	1578
方案十:(1, 3, 4, 2, 4, 7, 8, 2, 3, 7)	12	1380	1454
方案十一:(1, 3, 4, 2, 4, 7, 8, 2, 4, 8)	14	1734	1504

14.5 本章小结

本章研究面对不确定灾害下跨区域伤员紧急救援决策问题，构建了一个以最短化总救援时间、最小化总延迟成本、最大化总救援效用为决策目标的跨区域应急救援车辆动态调度优化模型。模型中最为关键的是面向不确定灾害场景伤员人数的动态预测，这里特别应用灰色神经网络方法来实施动态预测。针对所构模型，创新设计用蚁群算法来生成初始种群的 NSGA-Ⅱ算法，即蚁群 NSGA-Ⅱ混合算法，并将其与 NSGA-Ⅱ算法在不同规模算例下进行模型求解对比。通过算例仿真分析验证所构模型可行性和有效性，并得出蚁群 NSGA-Ⅱ混合算法虽然在运行效率上稍逊于 NSGA-Ⅱ，但在种群多样性及最优救援方案方面更具优势这一结论。最后，选择边际效用和救援车辆行驶时间实施参数敏感性分析。

未来研究可考虑除了救援时间、延迟成本和救援效用等因素之外的决策目标，如可关注应急救援公平性等因素；可尝试突破道路运输能力支持所有救援车辆同时运行的模型假设，考虑真实灾害应急中常出现的道路被摧毁、其通行能力受限的情形；也可采用其他动态预测需求的方法，进一步对不同预测方法下需求驱动的跨区域应急救援决策方案进行比较分析；此外，本章研究仅关注伤员的救援调度，后续可综合考虑伤员和急救物资如何协同调度优化；且本章研究仅设计蚁群 NSGA-Ⅱ算法实施模型仿真求解，今后也可给出更高效的算法来求解模型并全面实施算法的对比分析。

参 考 文 献

[1] Wang H, Du L, Ma S. Multi-objective open location-routing model with split delivery for optimized relief distribution in post-earthquake[J]. Transportation Research Part E: Logistics and Transportation Review, 2014, 69: 160-179.

[2] Tzeng G H, Cheng H J, Huang T D. Multi-objective optimal planning for designing relief delivery systems[J]. Transportation Research Part E: Logistics and Transportation Review, 2007, 43(6): 673-686.

[3] Yi W, Kumar A. Ant colony optimization for disaster relief operations[J]. Transportation Research Part E: Logistics and Transportation Review, 2007, 43(6): 660-672.

[4] Ghoseiri K, Ghannadpour S F. Multi-objective vehicle routing problem with time windows using goal programming and genetic algorithm[J]. Applied Soft Computing, 2010, 10(4): 1096-1107.

[5] Cherkesly M, Desaulniers G, Laporte G. A population-based metaheuristic for the pickup and delivery problem with time windows and LIFO loading[J]. Computers & Operations Research, 2015, 62: 23-35.

[6] Najafi M, Eshghi K, Dullaert W. A multi-objective robust optimization model for logistics

planning in the earthquake response phase[J]. Transportation Research Part E: Logistics and Transportation Review, 2013, 49(1): 217-249.

[7] Douglas A, Alistair C, Alfredo M. Stochastic network models for logistics planning in disaster relief[J]. European Journal of Operational Research, 2016, 255(1): 187-206.

[8] Tofighi S, Torabi S, Mansouri S. Humanitarian logistics network design under mixed uncertainty[J]. European Journal of Operational Research, 2016, 250(1): 239-250.

[9] 夏红云, 江亿平, 赵林度. 基于双层规划的应急救援车辆调度模型[J]. 东南大学学报(自然科学版), 2014, 44(2): 425-429.

[10] 刘波, 李砚. 应急物资车辆调度的鲁棒双层优化模型[J]. 系统工程, 2016, 34(5): 77-81.

[11] 杨海强, 陈卫明. 存在不确定灾害点的交通运输网络应急车辆调度研究[J]. 安全与环境工程, 2017, 24(5): 26-30.

[12] 孙华丽, 崔全一, 薛耀锋. 风险应对视角下不确定需求定位-路径鲁棒优化研究[J]. 运筹与管理, 2017(11): 26-34.

[13] 王付宇, 叶春明, 王涛, 等. 震后伤员救援车辆两阶段规划模型及算法研究[J]. 管理科学学报, 2018, 21(2): 68-79.

[14] 曲冲冲, 王晶, 黄钧, 等. 考虑时效与公平性的震后应急物资动态配送优化研究[J]. 中国管理科学, 2018, 26(6): 178-187.

[15] 郭鹏辉, 朱建军, 王翯华. 考虑异质物资合车运输的灾后救援选址-路径-配给优化[J]. 系统工程理论与实践, 2019, 39(9): 2345-2360.

[16] 谭洁, 李文莉, 刘康康. 考虑二次灾害的开放式应急物流车辆路径问题[J]. 系统工程, 2020, 39(2): 61-71.

[17] Holguín-Veras J, Pérez N, Jaller M, et al. On the appropriate objective function for post-disaster humanitarian logistics models[J]. Journal of Operations Management, 2013, 31(5): 262-280.

[18] Huang K, Jiang Y, Yuan Y, et al. Modeling multiple humanitarian objectives in emergency response to large-scale disasters[J]. Transportation Research Part E: Logistics and Transportation Review, 2015, 75: 1-17.

[19] Özdamar L, Demir O. A hierarchical clustering and routing procedure for large scale disaster relief logistics planning[J]. Transportation Research Part E: Logistics and Transportation Review, 2012, 48(3): 591-602.

[20] Sheu J. Dynamic relief-demand management for emergency logistics operations under large-scale disasters[J]. Transportation Research Part E: Logistics and Transportation Review, 2010, 46(1): 1-17.

[21] Wang X D, Hirsch C, Kang S, et al. Multi-objective optimization of turbomachinery using improved NSGA-II and approximation model[J]. Computer Methods in Applied Mechanics & Engineering, 2011, 200(9-12): 883-895.

[22] Ramesh S, Kannan S, Baskar S. Application of modified NSGA-II algorithm to multi-objective reactive power planning[J]. Applied Soft Computing, 2012, 12(2): 741-753.

[23] Pasandideh S H R, Niaki S T A, Asadi K. Bi-objective optimization of a multi-product

multi-period three-echelon supply chain problem under uncertain environments: NSGA-II and NRGA[J]. Information Sciences, 2015, 292: 57-74.

[24] Hajabdollahi F, Hajabdollahi Z, Hajabdollahi H. Soft computing based multi-objective optimization of steam cycle power plant using NSGA-II and ANN[J]. Applied Soft Computing, 2012, 12(11): 3648-3655.

[25] Asl-Najafi J, Zahiri B, Bozorgi-Amiri A, et al. A dynamic closed-loop location-inventory problem under disruption risk[J]. Computers & Industrial Engineering, 2015, 90: 414-428.

[26] Sadeghi J, Niaki S T A. Two parameter tuned multi-objective evolutionary algorithms for a bi-objective vendor managed inventory model with trapezoidal fuzzy demand[J]. Applied Soft Computing, 2015, 30: 567-576.

[27] Cheng Y H, Liang Z X. A strategic planning model for the railway system accident rescue problem[J]. Transportation Research Part E: Logistics and Transportation Review, 2014, 69: 75-96.

[28] Saidi-Mehrabad M, Dehnavi-Arani S, Evazabadian F, et al. An ant colony algorithm (ACA) for solving the new integrated model of job shop scheduling and conflict-free routing of AGVs[J]. Computers & Industrial Engineering, 2015, 86: 2-13.

[29] Yagmahan B. Mixed-model assembly line balancing using a multi-objective ant colony optimization approach[J]. Expert Systems with Applications, 2011, 38(10): 12453-12461.